Notre stand à poutine à BANGKOK.

EN COMMENÇANT PAR LA FIN

Boris a étudié au Vietnam et il est devenu instructeur de plongée sous-marine. Il travaille présentement en Asie du Sud-Est, et il est marié avec Sophie, une Chinoise. Big Pete s'est installé aux Philippines, où il est désormais une référence en matière d'observation des oiseaux, et il travaille avec le gouvernement philippin afin de protéger les espèces rares. Et moi...

Et moi?

Avant de vous proposer le tome 4, L'Ultime, j'ai demandé aux Éditions La Presse un peu de temps. Le temps de prendre du recul sur mon travail, mais aussi sur la vie en général.

Depuis sept ans, j'écrivais une chronique hebdomadaire, presque 52 semaines par année, et j'étais fatigué. Usé.

À force de trimballer mon sac trop lourd, je me suis soudé les lombaires sur le coccyx...

Voyagez léger! Ne partez pas comme moi avec votre maison sur le dos. Quand je pense qu'aujourd'hui, le total de mon bagage serait plus petit que mon sac pharmacie initial...

Enfin. J'étais las. Un peu blasé, même.

J'avais besoin de changement.

Oui, du changement! Je sais que c'est une affirmation saugrenue de la part de quelqu'un qui vient de parcourir des dizaines de pays, mais c'est vrai.

On raconte qu'à tous les sept ans, il se passe quelque chose comme un grand bouleversement, et justement, j'avais le besoin qu'il ne se passe... plus rien.

Vivre dans mon sac pendant aussi longtemps m'avait complètement déraciné et je ne savais plus du tout à quoi, ni à qui désormais j'appartenais.

Étais-je de Rosemont, d'Asie ou d'Afrique?

Puis, durant les deux dernières années de mon périple, j'avais travaillé sur une émission de télévision qui faisait la promotion du tourisme équitable; et quand j'ai réalisé l'impact du tourisme sur le globe, j'ai voulu arrêter de voyager.

Avouez que c'est une belle façon de commencer un chapitre sur le voyage!!!

Laissez-moi phraser tout ça différemment: j'ai voulu voyager autrement.

Sans me déplacer.

Et mon nouveau truc, j'appelle ça «voyager pour de bon».

Explorer un petit coin du monde, à satiété. L'habiter, le comprendre, le connaître, l'aimer, ou le détester, m'y attacher, et éventuellement m'en séparer.

Et dans l'exercice, changer.

Changer le cours de mon existence. Revoir mes priorités. Corriger le tir. À la limite, et s'il le fallait, changer d'identité.

Et je voulais d'une vie simple, dans un pays chaud, avec deux paires de shorts et 3 t-shirts, et des nouveaux amis qui ne savent pas d'où je viens ni qui je suis.

Reprendre tout à zéro.

Or, je me suis posé. J'ai loué un appartement et déposé mon sac.

Pour ma première étape, j'ai choisi Bangkok.

Pourquoi Bangkok? Parce que c'est la ville que je préfère en Asie du Sud-Est, mon coin favori du globe. Parce que mon fils travaille aussi en Asie et je ne voulais pas m'installer trop loin de chez lui.

Parce que je souhaite apprendre la langue thaï, la boxe thaï, la cuisine thaï et le massage thaï.

Puis, devenir moine.

Tout à fond.

Et surtout, parce qu'en compagnie de Onnicha (qui est en fait la Supak de la Frousse 3, ma copine de Bangkok, qui a changé de nom*), nous venons d'ouvrir un petit snack bar, dans le quartier Pranakorn, à cinq minutes de Khao San Rd, sur le coin de la rue Samsaen Soi 2.

Directement sur le trottoir!

Et on y vend des souvlakis, des sandwichs fallafel, des sandwichs schnitzel, des bonnes patates frites et, vous me voyez venir, j'en suis certain — de la POUTINE!

Nous sommes les premiers à en offrir à Bangkok, corrigez-moi si je me trompe, parce que, personnellement, en Asie du Sud-Est, de la poutine, j'en ai seulement mangé au Vietnam.

L'idée de départ était d'avoir la satisfaction d'écrire en grosses lettres sur une affiche à Bangkok le mot «POUTINE». Parce que moi, je sais que si j'aperçois le mot «poutine» en Asie, ou ailleurs, je souris très fort. C'est aussi niaiseux que ça. Et ça marche! Dès le premier jour, des voyageurs de la Colombie-Britannique, hilares, se sont arrêtés pour photographier notre pancarte.

Nous n'avions aucune prétention culinaire, surtout dans un pays comme la Thaïlande où une multitude de plats délicieux abonde. Mais le défi demeurait de taille: sans aucune possibilité de nous procurer de la sauce en poudre ou du fromage en crottes, il s'agissait pour nous de trouver le moyen de patenter un plat d'inspiration «poutinienne».

On s'entend que ce n'est pas la recette la plus élaborée du système solaire. Du coup, Onnicha préparait déjà des bonnes frites. Un élément sur trois allait être réussi.

J'ai donc exploré le Web à la recherche d'une recette de «sauce à poutine». C'est étonnant le nombre de personnes qui s'improvisent Sœur Angèle sur YouTube!

Mais insatisfait des résultats après plusieurs heures de recherche, j'ai eu recours au truc le plus ancien de la Terre: j'ai appelé ma mère.

— Maman, comment on s'y prend pour faire de la sauce brune?

— Facile. Pour chaque tasse de XYZ, tu prends 2 cuillérées de XYZ, plus 2 de XYZ...

Et voilà. XYZ ! Vous ne pensiez sérieusement pas que j'allais vous révéler le secret de la sauce de Brune... Faut venir y goûter.

En ce qui concerne le fromage, je me doutais que la tâche allait être difficile... Par quoi remplace-t-on le fameux fromage en crottes?! Allez leur expliquer, ici, alors qu'il n'existe même pas de mots en thaï pour « fromage en crottes »... Et, pour toutes sortes de raisons techniques, il était impossible pour nous d'en fabriquer ici.

Alors, nous sommes allés au supermarché. Au comptoir des produits laitiers, un choc : en grand format, nous n'avions que le choix entre un cheddar et un mozzarella. C'est tout ! Ils ne sont décidément pas des mangeux de fromage, les Thaïs...

Dans le genre mou qui pue un peu, ils sont plutôt des fans du fruit qu'on appelle le durian. Un morceau de bon vieux durian bien mûr, ça sent comme si quelqu'un avait vomi dans une vieille paire d'espadrilles.

Ça pue tellement qu'il est interdit d'en apporter dans l'avion, dans l'aéroport, dans l'autobus et à l'hôtel !

Le durian est donc une délicatesse que l'on déguste au coin d'une rue, avec un pince-nez. Nous avons donc acheté un bloc de cheddar et un bloc de mozzarella, et j'ai attaqué : j'ai coupé une belle grosse tranche épaisse de chacun des fromages, que j'ai brisée en morceaux avec mes doigts. Puis, j'ai posé les « crottes » improvisées sur les frites chaudes.

Onnicha a versé la sauce.

Le fromage s'est aussitôt mis à fondre, mais doucement, sans devenir coulant, et les motons ont subtilement étreint les frites... Miam ! Ç'avait quasiment l'air vrai.

Onnicha était perplexe.

— Mmmm... C'est ça, de la « poutigne » ?

— Ouais. Si on veut...

Dans un pays où presque tous les plats sont épicés à mort, « ça » ne l'impressionnait pas du tout. Elle en a pris une bouchée. Et ses yeux se sont illuminés. Elle en a pris une deuxième bouchée. Le fromage dégoulinait, la sauce fumait... Le verdict est tombé.

— Very good !

Et puis, à deux, on a englouti le plat comme des ados qui venaient d'en fumer un gros.

En deux mots, ce n'est peut-être pas de la poutine « trad », mais c'est cochon en masse, et « ça » fait la job.

Et en plus, ça nous permet de rencontrer plein de Québécois qui se donnent rendez-vous chez nous pour une poutine, une jasette ou une grosse bière frette !

Une petite précision pour Revenu Canada, et pour Immigration Thaïlande : ici, moi, je ne suis que l'inspiration et la... mascotte ! Le snack bar appartient à Onnicha.

C'est son business. Et c'est son initiative.

Et elle en est très fière. Grâce à son nouveau job, Onnicha a doublé son salaire : avant, elle gagnait un dollar de l'heure... Faites le calcul ! Alors, SVP, oubliez ce que vous racontent certains guides de voyage, et laissez 10-15-25 cents de pourboire quand on vous offre un bon service; c'est la moindre des choses, et ça ne corrompt pas les individus: ça leur permet simplement d'avoir un salaire un peu plus décent. Je le précise, parce que depuis quelques semaines, je réalise que le touriste moyen est avare en calvaire… Arrivé en Asie, c'est comme si on perdait le sens de la perspective. Il est où le problème? On est généreux à la maison, non? Pourquoi, lorsqu'on débarque ici, on devient des êtres complètement paranoïaques qui ont l'impression de toujours se faire arnaquer?

Voyager léger, c'est aussi voyager le cœur en paix, et pas sous haute tension…

Et être généreux.

Parce que, malgré l'apparence simple du lieu, je vous jure que ce n'est pas facile, gérer un snack bar au coin d'une rue… Vous dire que je vous admire beaucoup plus aujourd'hui, les serveurs, les serveuses, les cuisiniers, les gérants de bar, de restos, de snack bar, serait vous mentir: je me prosterne à vos pieds!

J'avais déjà un grand capital de sympathie pour vous, mais il fallait vraiment que je me mette dans vos souliers pour saisir le niveau de stress de votre métier. Il y a toujours un problème à régler, hein?!

Du conflit avec le propriétaire aux erreurs d'achats, des semaines mortes aux jours plats, des pertes, des troubles électriques, des soirées sans eau, des fourmis dans la salade, des pluies diluviennes qui bousillent la friteuse, des fourmis dans le sucre, de la glace sale, des termites dans les chaises, de la sauce ratée, des fourmis dans la sauce ratée, des voisins jaloux, des cons et des saouls…

Ah!

Mais même si on se prend parfois la tête, nous n'abandonnerons pas. Et nous ne déménagerons pas, à moins d'une invasion de scorpions, ou de l'arrivée d'un nouveau voisin sur le trottoir en face du nouveau voisin.

Puis, ma vie a été bouleversée par le début de mes cours de langue thaï à l'école…

Un véritable cauchemar!

Sans le savoir, je me suis retrouvé dans une classe d'étudiants qui sont tous là depuis plusieurs mois…

Au premier jour, nerveux, je me suis assis devant, et le cours a commencé. À la page 27.

Hein?! Je n'ai rien compris de tout l'après-midi… J'étais tellement malheureux.

Alors, mes journées libres ont été consacrées à essayer de rattraper les autres. Et ce n'est pas facile. Depuis le temps que j'avais étudié (la langue arabe à Sanaa au Yémen, il y a au moins trois ans), mon cerveau sentait le renfermé… Cette semaine, chaque jour, pendant la troisième heure du cours, il était pire qu'un pneu lisse sur une route boueuse, le vieil organe! Quand la prof me posait une question, ce qui sortait de sa bouche bourdonnait comme un essaim d'abeilles dans un pot Tupperware.

— Wizizizìiizizíziwiwizizizi?
— Euh…

Mais vous savez quoi?

J'y arriverai.

Exemple de difficulté majeure? Dans la langue thaï, il existe un mot qu'on utilise à toutes les sauces: le mot ti. Selon mon dictionnaire anglais-thaï, le mot ti signifie:

At, to, in, for, on, as. Adverb, and preposition. Je comprends désormais pourquoi son utilisation me mélange, parfois.

Dans le domaine des expressions thaïlandaises, faire l'amour, c'est «jouer à la couverture fantôme». Ici, on ne mange pas comme un cochon: on mange «comme un chien». On ne dort pas comme une bûche, mais «on dort comme un mort».

Et d'inventer des histoires à dormir debout, on dit que c'est de «modeler des figurines avec de l'eau»... Joli, non?

Dans le domaine des grandes découvertes, j'ai appris que la consonne CH se prononce T lorsque placée à la fin d'une phrase, et que deux consonnes R, lorsque collés, se prononcent AN.

J'ai aussi appris qu'un «diamant» en Thaïlande, c'est un «pet»... Ça fait un beau cadeau!

— Veux-tu m'épouser, mon amour?
— Oui, je t'aime!

Prout!

Mais, attention: «pet» veut aussi dire «canard», «huit» et... «épicé»!

Ajouter à ça «tè», qui veut dire «mais», et «toucher», et «pit», qui signifie «faux» «fermer» et «poison».

Et vous aurez une phrase qui ressemble à «tè pit pet pit pet pet tè pet tè pit tè pet».

Ha! Je vous l'assure: que-du-bon-heur!

Et *pet* en thaï?

Tot.

Puis, j'ai commencé à me faire taper dessus dans un ring de muay thai.

Pour ceux qui se demandent:

— Commencer à faire de la boxe à 47 ans... Ça n'est pas un peu trop vieux?

Je répondrai que trop vieux et trop tard, c'est l'excuse des pissous et des paresseux. Trop vieux pour apprendre la guitare? Trop vieux pour faire du surf? Et pis quoi encore? Trop vieux pour être en vie?

«Ah! J'aurais tellement aimé ça, faire du XYZ...»

Fais-le, mon vieux! Et fuck les verbes au conditionnel passé: la vie, c'est au présent.

Et puis, si vous saviez le plaisir de se donner des tapes sur la gueule entre amis...

Fin du sermon.

Un détail: comme je n'ai plus 20 ans depuis plus de 20 ans, je me suis entraîné sérieusement au gym, pendant 4 mois, avant d'entreprendre le muay thai. Et c'était d'ailleurs le plan. Je recommanderais à tous ceux et celles qui veulent s'essayer à la boxe de se mettre en forme avant d'aller dans le ring: parce que ça cogne dur, et le corps en prend un coup. Et la satisfaction est plus grande quand on sent une amélioration, et non pas une détérioration.

N'empêche que j'ai mal partout.

Et l'avenir? Quand j'aurai passé avec succès l'examen de muay thaï avancé (plus de 200 heures d'études), j'irai me reposer au monastère. Ou chez mes amis les hippies. Puis voyager, écrire, ou faire de la télé. On verra bien.

Cela dit, mon éditrice m'a proposé de vous donner des conseils de voyage. Des conseils, t'es sérieuse? que je lui ai répondu.

Ouf. N'y a-t-il pas déjà assez de voyageurs qui en donnent sur le Web?

Ah, et puis allez, un conseil, tiens: méfiez-vous des conseils.

Dans le genre, j'ai déjà entendu:

— Moi, je n'ai pas aimé le Cambodge.
— Et pourquoi?
— Parce que j'ai été malade.

Or, si vous aviez demandé à cette personne des conseils au sujet du Cambodge, elle vous aurait probablement suggéré de « ne pas aller au Cambodge parce que vous allez être malade. »

Vérifiez vos sources. Et lavez vos mains avant de manger.

Puis, n'oubliez jamais de vous surprendre. Le succès d'un voyage réside souvent dans l'équation « d'où tu viens + où tu vas ».

Par exemple, passer du Yémen à l'Éthiopie, ou vice-versa, ne fera que souligner encore un peu plus la singularité et la richesse de chacun des pays et augmenter du coup le potentiel « j'aime » du périple.
En toute vérité, la première fois que vous atterrissez à Sanaa, en provenance de Addis-Ababa, c'est l'équivalent de débarquer sur une autre planète… et d'être E.T.

Parmi mes autres chocs les plus intéressants figurent en tête de liste Pékin-Oulan Baator, Tokyo-Phnom Penh, Assouan-Wadi Halfa, et à l'intérieur d'un même pays, le Pérou, passer du Lac Titicaca à la forêt amazonienne…

Donc, créez-vous un itinéraire funky, en dents de scie, et vous en serez plus ravi; et si vous disposez d'encore plus de temps, planifiez même des arrêts dans des endroits dont vous ne connaissez rien! Parce que même si vous aviez le guide de pays entre les mains, vous vous êtes retenu de le lire… Vous n'y avez trouvé que la meilleure manière de vous rendre à un hôtel à partir de l'aéroport, et vous n'avez surtout pas regardé les photos.

Bien entendu, vous vous êtes renseignés sur le taux de change et vous avez appris comment dire bonjour et merci.

Et le reste, vous vous l'êtes réservé pour un voyage en mode découverte et surprise, bravo!

Est-ce que je suis en train de vous donner des conseils, moi là?!

Stop.

Je vous souhaite simplement un bon voyage.

Merci beaucoup d'avoir partagé le mien, et au plaisir de vous croiser, quelque part sur Terre…

Votre humble reporter,
Bruno XXX

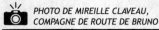

PHOTO DE MIREILLE CLAVEAU, COMPAGNE DE ROUTE DE BRUNO

***

Pourquoi Onnicha a-t-elle changé de nom? D'abord, ce n'est pas Onnicha, mais c'est bien Supak qui a changé de nom.

C'est la Supak Chaisoi que je connaissais depuis cinq ans qui, un jour, sans avertissement, m'a annoncé qu'elle changeait son nom pour Onnicha Akkadattayaporn.

J'ai sursauté.

— Pardon?

— Mon nom est maintenant: Onnicha Akkadattayaporn.

— Akkatayatadequessé?

— Onnicha Akkadattayaporn. Et ne m'appelle plus Supak: j'ai déjà fait changer mon nom sur ma carte d'identité.

— Mais je ne serai jamais capable de prononcer ton nom de famille...

Parce que toutes les lettres se prononcent dans Akkadattayaporn. Deux fois plutôt qu'une (ça m'a pris des semaines à le prononcer correctement!).

J'ai cherché à comprendre.

— Pourquoi as-tu changé de prénom et de nom?

— Je voulais changer parce que je ne l'aimais plus. Et que je voulais changer ma vie. C'est tout. En Thaïlande, ce n'est pas un problème.

— Et ta mère, et ta famille? Ils ne sont pas fâchés que tu changes ton nom?
— Non. Ma mère est heureuse si je suis heureuse. Je n'ai tué personne! J'ai seulement changé de nom de famille! Et puis, deux de mes sœurs ont déjà changé leur nom aussi.

— Ah oui?

J'étais étonné.

— Sais-tu que si ma sœur et moi, au Canada, on devait changer de nom de famille, nos parents seraient déçus?

— Pourquoi?

— Parce que c'est comme si on refusait de porter leur nom, comme si on leur disait que leur nom était mauvais...

— Tu ne comprends pas. Mon nom était mauvais, et ma mère le savait. À l'école, tout le monde riait quand je disais mon nom! Parce que Chaisoi, ça signifie «Pauvre parce qu'il gaspille son argent». Et c'est pour ça que ma mère est pauvre: parce qu'elle s'appelle Pauvre. Je ne veux plus être Pauvre.

— D'accord...

Une logique thaï?

— Moi, je connais un Vaillant qui se pogne le cul, une Lépine douce, un Léger obèse et un Roux aux cheveux bruns.

— What do you say?

— Nothing. Et qu'est-ce qu'il signifie ton nouveau nom, Akkatayatadequessé?

— Akkadattayaporn. Attends un peu, je te montre le papier que m'a donné l'astrologue. Parce que c'est un astrologue qui, à partir de sa date de naissance, et pour 25 dollars, lui a suggéré une liste de cinq noms de famille et de cinq prénoms. Supak a montré les prénoms à sa mère, et c'est sa maman qui a choisi Onnicha ; puis, elle a elle-même choisi Akkadattayaporn comme nom de famille.

Elle trouve le papier, glissé entre deux pages de son livre sur Bouddha.

— Voilà. C'est très bon, tu vas voir...

Sur le papier, un paragraphe long de même écrit en thaï explique la signification de Akkadattayaporn. Elle entre le texte dans l'outil de traduction Google en anglais.

Voici le résultat :

I usually have better luck frequently. Often face unexpected good fortune often to get good intelligence and cooperation from all circles as well. The big thing for all forms of risk. Job security is on hand to help protect the sacred is not convincing. I smoothly. Negotiating skills of speaking or preaching. Bleak mind unshaken.

— You see? Very good, huh?

Wow. J'adore ces traducteurs instantanés. Il y a quelque chose de l'art naïf là-dedans. Alors, je l'essaye en français, bien sûr.

Et ça donne :

J'ai habituellement une meilleure chance fréquemment. Souvent visage inattendu bonne fortune souvent pour obtenir de bons renseignements et la coopération de tous les milieux aussi bien. La grande chose pour toutes les formes de risque. Sécurité d'emploi est à portée de main pour aider à protéger le sacré n'est pas convaincante. J'ai en douceur. Techniques de négociation de parler ou de prédication. Inébranlable esprit morne.

— Do you like it?

Tu parles ! *J'ai en douceur ?* Wow.

— I love it.

Parlant de nom compliqué, saviez-vous que le nom en thaï de Bangkok est Krung Thep, qui signifie « la cité des anges » ; et que le véritable nom de Bangkok, dans toute sa longueur — attachez votre tuque —, c'est :

Krung Thep Mahanakhon Amon Rattanakosin Mahinthara Yuthaya Mahadilok Phop Noppharat Ratchathani Burirom Udomratchaniwet Mahasathan Amon Phiman Awatan Sathit Sakkathattiya Witsanukam Prasit.

Or, ici, tout le monde le connaît par cœur ; ce n'est donc pas un nom de famille comme Akkadattayaporn qui va effrayer un Bangkokais, ou une Bangkokette...

TEXTE BONUS : LES BÛCHES DE NOËL

— KATMANDOU, NÉPAL —

À un jet de pierre du centre-ville de Katmandou, au bord de la rivière sacrée Bagmati, se trouve le temple hindou le plus important du Népal, le Pashupatinath. Et c'est là que je débarque avec ma copine thaïlandaise, mes gros sabots et ma curiosité morbide d'ingénu, vous savez, celle qui cause les embouteillages.

— Ça va être le fun de voir du monde qui brûle, hein?!

Ce matin, au réveil, ma belle Supak* m'a offert une montre. La romantique, elle l'avait réglée à l'heure de la Thaïlande. *Sawasdi Khap* ! À l'heure de boire un pot sur la plage à Koh Tao, à l'heure de manger du Lap Moo, puis de s'endormir sur une paillasse à Chiang Mai, à l'heure de traverser le Chao Phraya et de rentrer à la maison. Quel beau cadeau !

Je n'aime pas particulièrement les montres, je n'ai pas l'habitude d'en porter, mais tenir au poignet le temps thaïlandais, c'était un magnifique présent.

Et moi, le chum ingrat, je n'avais rien à lui offrir...

C'est que depuis une semaine, nous étions descendus au Népal en amoureux, et pas du tout dans l'esprit du temps des Fêtes. Du moins, c'était ce que je croyais, avant qu'elle ne m'arrive avec cette surprise, de Citizen... Les mains vides, j'ai eu un flash de génie ! Et si on faisait quelque chose de vraiment, vraiment, vraiment spécial pour Noël?

— Supak… Si on allait voir les ghâts?

Les ghâts, pour ceux qui l'ignorent, ce sont ces quais où l'on brûle les morts, dans la religion hindouiste. On place le corps sur un bûcher, on allume, il brûle et on balaie les cendres dans la rivière ou le fleuve sacré. Enfin, c'est ce qu'on m'a dit: je devais aller les voir, ces fameux ghâts, avec des amis l'an dernier en Inde, mais une turista spectaculaire, pétaradante, digne des feux du Benson & Hedges (fallait voir les voisins sortir en pyjama sur leur balcon) m'avait empêché de quitter Calcutta pour Varanasi. C'est ma seconde chance aujourd'hui. Supak hésite. Elle connaît déjà le principe, utilisé dans les rites funéraires bouddhistes.

— Bruno, tu sais que ce n'est pas très « ho ho ho » !

— D'accord. Mais tu en connais combien, des gens, qui ont célébré Noël de cette façon?

À 34 ans, c'est le premier voyage de Supak. J'ai proposé « n'importe où sur Terre », et elle a choisi le Népal avec, en tête, des montagnes enneigées et la blancheur de l'hiver, qu'elle n'a jamais connue. Mais depuis une semaine, elle est bouleversée par la pauvreté, la malpropreté et le manque d'organisation…

— C'est comme la Thaïlande quand j'étais enfant!

Je comprends sa réaction. Le Népal, comme l'Inde, peut effectivement être le genre de voyage « rentre-dedans », que l'on apprécie plus après que pendant… Au retour, en pantoufles, avec un thé et des biscuits Goglu. Comme un bon fruit qu'il faut laisser mûrir. N'est-ce pas?

**VOUS AUREZ COMPRIS QUE CETTE CHRONIQUE DATE DE L'ÉPOQUE OÙ ONNICHA ÉTAIT ENCORE SUPAK, MAIS QUE C'EST LA MÊME FEMME ET QUE C'EST MAINTENANT ONNICHA! EN CAS DE DOUTE, RELISEZ LES DEUX PAGES PRÉCÉDENTES…*

Puis, c'est sûr que, dans la vie, on peut s'offrir des bijoux, des Game Cubes, des iPhone, des iPod ou des iPoune, et être tranquille; mais selon moi, même le plus beau des cadeaux à piles lithium ne vaut pas un bon gros choc culturel qui vous secoue de l'arête du nez jusqu'aux orteils.

Et choc ce fut.

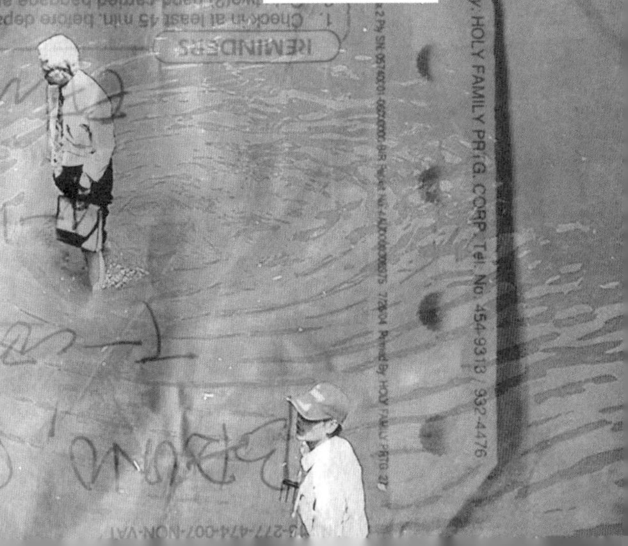

>>>

Le décédé, un homme d'une cinquantaine d'années, est arrivé dans un cercueil ouvert… « Une boîte de bois sans couvercle » serait une façon plus juste de décrire le modeste et dernier véhicule du défunt. Dans le cortège, la famille : le fils, un jeune homme handicapé, marchait difficilement avec une branche qui lui servait de béquille ; à son bras, une jeune fille, pieds nus, qui devait être sa soeur ; une femme inconsolable, qui devait être l'épouse et la mère ; et fermait la marche une belle grand-maman aux longs cheveux blancs. Après avoir rapidement assemblé un bûcher brinquebalant au bord de l'eau et lavé le corps du père avec l'eau sale de la rivière, on l'enveloppa et on le coucha sur le tas de bois. À la suite d'une série de prières et d'incantations, on alluma un flambeau et on le remit au fils. Supak me serrait la main. Je serrais les dents. Le jeune homme lança sa béquille et, hardi, entreprit de faire trois fois le tour du bûcher, en claudiquant, la torche à la main. À chaque pas, c'était l'horreur : on avait peur qu'il trébuche et qu'il mette le feu à ses vêtements. La mère, à genoux devant le mort, implorait le ciel ; l'adolescente, hystérique, s'était accrochée aux seins de sa grand-mère qui, elle, hurlait sa douleur. La scène était insupportable. L'attente, encore pire. Enfin, le jeune homme s'immobilisa. En déséquilibre pendant un instant, il réussit à se stabiliser, heureusement. Il se pencha à l'oreille de son père, sans doute pour lui souffler un « adieu »… Et il alluma le bûcher. Les flammes immédiatement consumèrent le linceul qui recouvrait le corps, exposant le papa, nu, qui allait bientôt disparaître à tout jamais. L'épouse voulut se jeter dans le feu. Les hommes l'en empêchèrent. L'adolescente courut s'emparer de sa maman. Les deux femmes se laissèrent choir dans la boue du rivage, en pleurant. Derrière, la grand-mère ne bougeait plus, la bouche grande ouverte, son dernier cri paralysé par la tristesse. Au bord de la rivière, le fils, demeuré debout et le dos droit, comme un fils doit le faire, regardait brûler son père, les yeux rougis par la fumée et la chemise trempée de larmes. Supak s'est tournée vers moi. J'étais muet. Elle m'a dit « *Are you OK* ? » Je n'ai pas pu lui répondre. J'étais en sanglots. Elle m'a prise dans ses bras.

— Ne pleure pas, Bruno. L'homme s'est réincarné maintenant.

Elle m'a bercé.

— *Merry Christmas, my love.*

Une fine pluie s'est mise à tomber. Les enfants, qu'on avait retenus jusque-là, couraient dans tous les sens autour du bûcher. La mère s'était relevée et essuyait sa robe. Le fils avait saisi le bras de sa soeur et les deux s'éloignaient en s'embrassant. La grand-mère avait crêpé son chignon et essayait maintenant d'attraper les enfants. Bientôt, le feu allait s'éteindre. On allait pouvoir commencer à penser au lendemain. J'ai regardé ma montre.

À Bangkok, il était 10 h du matin.

FIN.

je m'ennuierais assis ds
un bureau à MTL!

Catalogage avant publication de Bibliothèque et Archives nationales du Québec et Bibliothèque et Archives Canada

Blanchet, Bruno
La frousse autour du monde
Sommaire : t. 4. L'ultime frousse autour du monde.
ISBN 978-2-89705-184-6

1. Blanchet, Bruno — Voyages.
2. Voyages autour du monde.
I. Titre. II.
Titre : L'ultime frousse autour du monde.
G440.B53A3 2008 910.4'1 C2008-941894-8

— Présidente : **Caroline Jamet**
— Directrice de l'édition : **Martine Pelletier**
— Directrice à la commercialisation : **Sandrine Donkers**
— Éditrice déléguée : **Jacinthe Laporte**
— Design graphique : **Atelier BangBang (Simon Laliberté)**
— Crédits photos : **Bruno Blanchet + Partir Autrement**
— Recherche photographique : **Yves Dugas**
— Correction : **Violaine Ducharme**

L'éditeur bénéficie du soutien de la Société de développement des entreprises culturelles du Québec (SODEC) pour son programme d'édition et pour ses activités de promotion.

L'éditeur remercie le gouvernement du Québec de l'aide financière accordée à l'édition de cet ouvrage par l'entremise du Programme de crédit d'impôt pour l'édition de livres, administré par la SODEC.

Nous reconnaissons l'aide financière du gouvernement du Canada par l'entremise du Fonds du livre du Canada (FLC).

Dépôt légal — 4e trimestre 2013
ISBN : 978-2-89705-184-6
Imprimé et relié au Canada

LES ÉDITIONS LA PRESSE
Présidente : Caroline Jamet
7, rue Saint-Jacques,
Montréal (Québec),
H2Y 1K9

— TOME 4 —

L'ULTIME

FROUSSE AUTOUR DU MONDE

— BRUNO BLANCHET —

les éditions LA PRESSE

TABLE DES MATIÈRES

— *L'ULTIME* —

NOTE DE L'ÉDITRICE

— *JACINTHE LAPORTE* —

Il s'est écoulé 3 ans depuis le dernier tome de *La Frousse autour du monde* et pourtant, les livres n'ont pas pris une ride. L'aventure n'était pas terminée et les textes attendaient que leur auteur veuille bien leur consacrer un peu de temps et d'attention. Bruno avait besoin de vacances, mais son humble éditrice n'a jamais cessé de l'enquiquiner afin que cet ultime volume, suite et fin de cette *Frousse autour du monde* voie le jour. Si la publication a débuté en 2008, le périple, lui, est en cours depuis près de 10 ans et ne semble pas sur le point de se terminer. Bruno reste le même Bruno (quelques rides et des milliers d'histoires en plus) et il n'a pas fini de nous étonner, de nous enchanter, de nous charmer, de nous raconter le monde — son monde — si différent !

Bonne ultime lecture !

MOT DE BRUNO

— LES RÉSOLUTIONS DU VOYAGEUR —

Chers lecteurs qui me suivez... Vous vous demandez peut-être pourquoi je suis de retour après avoir publié en chronique des adieux déchirants? C'est simplement parce que j'ai coupé court à ma sabbatique, finalement. J'ai plongé, j'ai boxé, j'ai parlé thaï, puis je me suis mis à tourner en rond... J'ai donc décidé de prendre un petit congé sabbatique de ma sabbatique, vous me suivez toujours?

En gros, je m'ennuyais. Je m'ennuyais de vous, je m'ennuyais de moi... je m'ennuyais de NOUS!

Quand vous n'êtes pas là, je deviens un peu mou. Un peu lâche. Et quand je vous écris, c'est comme si j'existais un peu plus. Vous me donnez souvent le courage d'aller au-delà de tout ce que j'aurais pu imaginer accomplir dans la vie. Et à chaque hésitation, je sens que vous êtes là, derrière, à m'encourager, ou à m'engueuler comme du poisson pourri...

— Vas-y Bruno!
— Qu'est-ce que t'attends pour être heureux?
— Non mais, ce que tu peux être con!

Oui! À preuve:

• Je ne prendrai jamais plus un taxi à l'aéroport avant d'avoir négocié le prix en devises locales: parce qu'il y a une légère différence entre 100 dollars et 100... ringgits. Une différence d'à peu près 70 dollars.
• Je ne laisserai plus jamais d'argent dans mon sac dans la soute à bagages d'un autobus en Thaïlande.
• Dans le train, en Inde, durant la nuit, je me méfierai toujours de celui qui dissimule un cul-de-jatte dans son sac.
• Je ne me laisserai plus caresser par des prostituées indiennes avec des couteaux dans une cage d'escalier aux Chongking Mansions, à Hong Kong.
• En Chine, quand je commanderai du poulet, je spécifierai toujours que c'est la VIANDE qui m'intéresse.

• Au Vietnam, j'éviterai de bouffer quelconque animal auquel un enfant voudrait donner un nom.
• Et le petit truc brun et mou non identifié, je ne le mangerai pas, même avec de la sauce rouge.
• Je ne boirai plus jamais de l'alcool de riz jusque tard dans la nuit avec des étrangers, dans la jungle. Et j'éviterai toujours de poser mon sac, ou mon cul, sur une colonie de fourmis rouges.
• Je ne me ferai plus jamais masser par un ladyboy qui me trouve de son goût.
• Je ne grimperai plus jamais un cocotier, même si grimper doucement, c'est plutôt facile : c'est parce qu'en redescendant, ça va vite en sacramant.
• Avant de m'asseoir sur le toit de l'autobus pour un long voyage au Népal, je consulterai les prévisions de la météo. Deux degrés Celsius à 80 kilomètres/heure pendant 3 heures, ça fait combien dans le style facteur-vent-je-me-les-gèle?
• Aux Philippines, j'éviterai de faire du deltaplane pendant la saison des typhons, pour ne pas atterrir au Japon.
• Je demanderai toujours la profondeur du cours d'eau avant de plonger dans de l'eau brune.
• Je ne ferai plus jamais de l'apnée nu, dans la Mer Rouge.
• Je m'assurerai toujours que c'est bien une vache, qui broute au loin là-bas, avant de passer sous la clôture du voisin filipino. Parce que c'est gentil, une vache, et ça court beaucoup moins vite qu'un taureau.
• À Bamako, au Mali, j'éviterai de dire au policier qui vient de m'arrêter que je suis pressé.
• Au restaurant, je ne demanderai pas au serveur qui parle trois mots d'anglais s'il est possible, avec le steak, de remplacer les frites par du riz, ou des légumes.
— Pas de frites?
— Non merci. Juste du riz, si possible avec des légumes.
Parce que je saurai qu'il y a alors 90% de risque de recevoir une assiette de riz aux légumes.
— Il est où le steak?
— Quel steak?
• Dans le train en Chine, je choisirai toujours la banquette la PLUS éloignée des chiottes. Et je n'oublierai pas que le plancher sert aussi de crachoir.
• Quand un Indien passera devant moi pour la dixième fois dans une file d'attente, je garderai mon calme. Parce que j'aurai enfin compris! Et toutes les fois suivantes, en Inde, je passerai devant tout le monde.

- À Istanbul, quand un Turc sorti de nulle part deviendra immédiatement mon meilleur ami et m'invitera à boire un pot avec ses frères, je rentrerai à la maison, plutôt que de me réveiller le lendemain matin derrière une poubelle dans une ruelle avec pour seuls vêtements une chaussette et mes lentilles cornéennes.
- Sous aucun prétexte je ne rentrerai au pays avec un fémur dans ma valise.
- Quand une femme avec un gamin dans les bras me demandera de lui acheter une boîte de lait en poudre à 8 dollars, à Calcutta, malgré toute ma bonté, je me méfierai. Surtout lorsque la veille, elle ne portait pas le même gamin.
- Je transporterai toujours de l'argent Canadian Tire pour offrir aux douaniers du monde entier.
- Je ne mangerai de la viande de chameau crue qu'en cas d'extrême nécessité. Et partout où j'irai, j'aurai dans mon sac un rouleau de papier de toilette.
- Je me souviendrai toujours qu'un bébé panda, c'est joli, mais comme un bébé ours, ça fait difficilement la différence entre mon index et le morceau de bambou.
- Je vérifierai toujours si la chaise a 4 pattes avant de m'asseoir avec mon assiette de riz frit fumant dans une main et mon délicieux thé au lait dans l'autre, à Dhaka, au Bangladesh.
- En pays bouddhiste, je porterai toujours des souliers : parce que la politesse veut qu'on se déchausse avant d'entrer. Sans soulier, qu'est-ce qu'on enlève ? Ses pieds ?
- En Asie, je saurai désormais qu'il y existe des variétés de bananes avec des noyaux très durs à l'intérieur ; et je me rappellerai, par la même occasion, qu'on trouve d'excellents dentistes.
- Avant de partir pour le Japon, j'aviserai tous mes ami(e)s de manière à peut-être me trouver un endroit où dormir gratis, ne serait-ce que pour une nuit. Parce que le prix d'une nuit en hôtel à Tokyo équivaut à deux semaines de voyage au Vietnam.
- Dans les mots les plus importants à apprendre dans la langue locale du pays que je visiterai, il y aura toujours « bonjour », « merci », « combien ? », et « frais peint ».
- Je ne mettrai plus jamais le doigt dans le trou. Ni la tête, itou.

AKUNA MATATA

LE GROS ÉTAIT AU RENDEZ-VOUS

— CEBU, PHILIPPINES —

Le vol 5J-311, dans un avion sans nom, comme les boîtes de conserve jaunes d'où provenait sans doute le métal de la carlingue, nous retournait sens dessus-dessous depuis une heure. Comme dans un malaxeur.

D'ailleurs, le « jus » était déjà extrait d'à peu près tous les individus à bord... L'odeur dans l'avion ? Bile, bacon et carburant : un mélange foudroyant.

Enfin, la piste était en vue. Le vent soufflait à 70 km/h. Du nord-est, l'imprévu... On l'avait dans le cul ! Le pilote consulte son copilote. Le copilote consulte sa montre. Faut y aller. Le tout pour le tout !

Atterrissage à Cebu, aux Philippines, sur une roue. Et zigzag jusqu'en bout de piste. À l'arrêt, le pilote se tape sur les cuisses.
« Ha ha ! Yahou ! »

Bordel. Même la boîte noire, elle était verte.

Pause.

Raison supplémentaire de ce retour dans l'action, en plus de votre pression, chers lecteurs, de celles de mon éditrice, je venais de subir également la pression d'un vieil ami qui avait besoin de réconfort, dans un pays voisin, pour une raison que j'ignore encore... Un ami globetrotteur qui venait de survivre à un typhon, entre autres aventures. Et je n'allais pas refuser. D'abord parce que je l'aime, puis parce qu'il me fournit toujours de bonnes histoires à vous raconter et parce qu'en quatre ans de voyage, c'était la première fois qu'on allait m'accueillir à l'aéroport !

Quand on vous offre une douceur pareille, vous en profitez. Surtout quand c'est le Gros Pierre qui vous attend... THE Big Pete ! Celui-là même de l'aventure à Madagascar. L'ornithologue amateur et hooligan professionnel qui m'a fait vieillir de huit ans en cinq semaines. Vous ne l'avez pas oublié, je l'espère ? Il en serait vexé... Et il pourrait se fâcher contre vous, vous trouver n'importe où sur le globe, et vous faire du mal.

Il était de l'autre côté de la rue, le Gros. Pas question qu'il m'accueille devant la sortie des passagers, comme tout le monde : ç'aurait fait trop sensible !

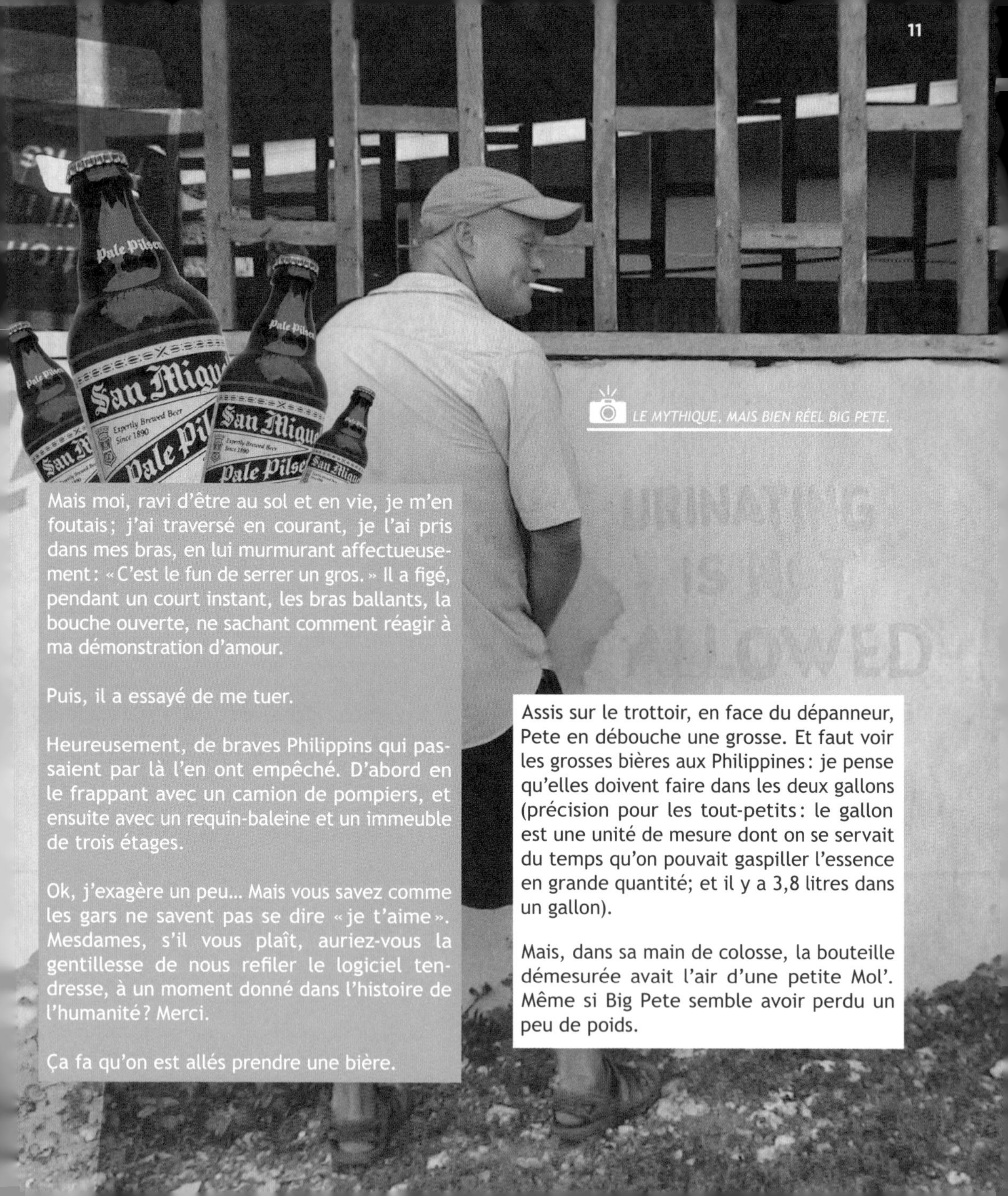

LE MYTHIQUE, MAIS BIEN RÉEL BIG PETE.

Mais moi, ravi d'être au sol et en vie, je m'en foutais ; j'ai traversé en courant, je l'ai pris dans mes bras, en lui murmurant affectueusement : « C'est le fun de serrer un gros. » Il a figé, pendant un court instant, les bras ballants, la bouche ouverte, ne sachant comment réagir à ma démonstration d'amour.

Puis, il a essayé de me tuer.

Heureusement, de braves Philippins qui passaient par là l'en ont empêché. D'abord en le frappant avec un camion de pompiers, et ensuite avec un requin-baleine et un immeuble de trois étages.

Ok, j'exagère un peu... Mais vous savez comme les gars ne savent pas se dire « je t'aime ». Mesdames, s'il vous plaît, auriez-vous la gentillesse de nous refiler le logiciel tendresse, à un moment donné dans l'histoire de l'humanité ? Merci.

Ça fa qu'on est allés prendre une bière.

Assis sur le trottoir, en face du dépanneur, Pete en débouche une grosse. Et faut voir les grosses bières aux Philippines : je pense qu'elles doivent faire dans les deux gallons (précision pour les tout-petits : le gallon est une unité de mesure dont on se servait du temps qu'on pouvait gaspiller l'essence en grande quantité; et il y a 3,8 litres dans un gallon).

Mais, dans sa main de colosse, la bouteille démesurée avait l'air d'une petite Mol'. Même si Big Pete semble avoir perdu un peu de poids.

« I lost one stone », qu'il prétend Obélix.

Une roche? C'est une expression anglaise qui désigne 15 livres (la livre, c'est dans le temps qu'on avait le droit d'être gros, et 15, c'est un peu moins de sept kilos, les enfants).

Je le taquine.

– Et qu'est-ce que t'as fabriqué pour perdre une roche, mon gigantesque? Du jambon de Big Pete? De la saucisse Simpson?

– Non, du souci, me répond le gentil géant.

Big Pete vivait au Kenya. Il est parti avant les émeutes. Il a des amis, des Kényans, qui y sont restés. Littéralement. Du moins, il le croit. Car il n'a plus de nouvelles d'eux. Et il est inquiet. Pendant qu'il me raconte son histoire, ses yeux se remplissent de larmes.

« Je dois être allergique à quelque chose », prétend le Gros Pierre en reniflant.

On profite d'un premier silence pour se taire.

En face, dans un bar, la musique retentit.

Quelqu'un au karaoké chante la chanson *Zombie*, des Cranberries, et massacre le refrain d'une manière criminelle.

Le Gros se lève et me saisit par le bras.

– Come on Bruno ! Viens voir mon nouveau talent !

On tourne à gauche, et on entre dans le premier bar à karaoké. Je m'assois. Pete s'empare du micro, commande deux bières San Miguel et s'installe debout devant l'écran. Il appuie sur les boutons de la télécommande et choisit une chanson. Deux femmes assises dans le coin ricanent doucement. Elles me font signe de me joindre à elles. D'un signe du menton, Pete m'ordonne d'y aller, et commande deux bières additionnelles.

– Let the fun begin, brother.

Parfait mon Gros, je n'ai aucun problème avec le plaisir. Après deux mois passés aux Philippines, le Gros s'est déjà mis aux coutumes locales... Ici le karaoké, c'est un sport national, avec la San Miguel et le basketball.

Et, surprise, alors que je m'attendais à du Elvis, à *I will survive*, ou à du Aerosmith, Big Pete se met à chanter *Creep*, de Radiohead...

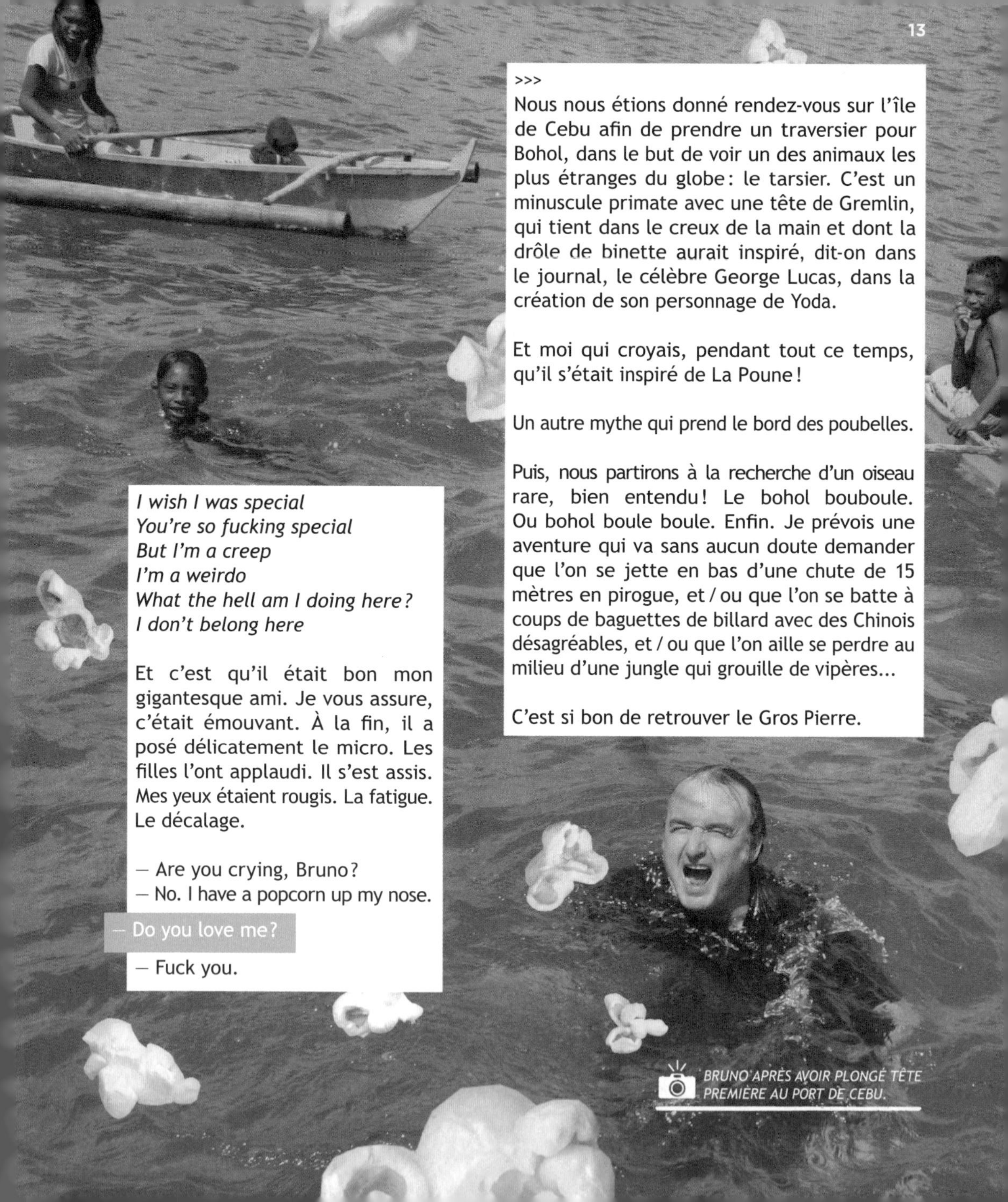

>>>
Nous nous étions donné rendez-vous sur l'île de Cebu afin de prendre un traversier pour Bohol, dans le but de voir un des animaux les plus étranges du globe : le tarsier. C'est un minuscule primate avec une tête de Gremlin, qui tient dans le creux de la main et dont la drôle de binette aurait inspiré, dit-on dans le journal, le célèbre George Lucas, dans la création de son personnage de Yoda.

Et moi qui croyais, pendant tout ce temps, qu'il s'était inspiré de La Poune !

Un autre mythe qui prend le bord des poubelles.

Puis, nous partirons à la recherche d'un oiseau rare, bien entendu ! Le bohol bouboule. Ou bohol boule boule. Enfin. Je prévois une aventure qui va sans aucun doute demander que l'on se jette en bas d'une chute de 15 mètres en pirogue, et / ou que l'on se batte à coups de baguettes de billard avec des Chinois désagréables, et / ou que l'on aille se perdre au milieu d'une jungle qui grouille de vipères...

C'est si bon de retrouver le Gros Pierre.

I wish I was special
You're so fucking special
But I'm a creep
I'm a weirdo
What the hell am I doing here?
I don't belong here

Et c'est qu'il était bon mon gigantesque ami. Je vous assure, c'était émouvant. À la fin, il a posé délicatement le micro. Les filles l'ont applaudi. Il s'est assis. Mes yeux étaient rougis. La fatigue. Le décalage.

— Are you crying, Bruno?
— No. I have a popcorn up my nose.
— Do you love me?
— Fuck you.

BRUNO APRÈS AVOIR PLONGÉ TÊTE PREMIÈRE AU PORT DE CEBU.

BOUBOULE ET TARSIER

— ÎLE DE BOHOL, PHILIPPINES —

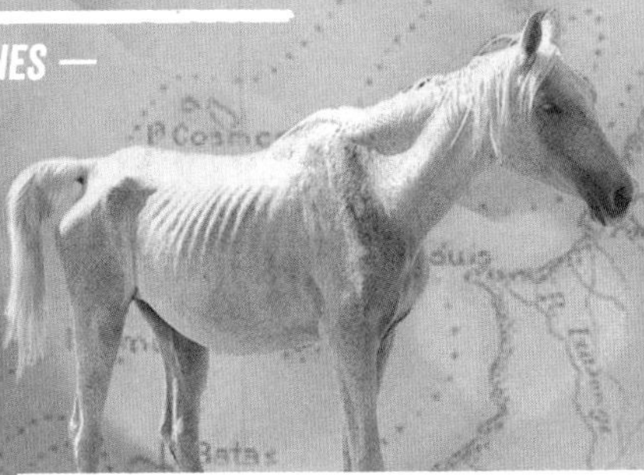

La semaine dernière, je vous avais promis un nouvel épisode des aventures de Bud Spencer et Terence Hill, mettant en vedette le Big Pete et le Petit Brun ; et je croyais vraiment que notre escapade allait faire pâlir d'envie le film *Attention les dégâts* !

Et c'est ce que je souhaitais, secrètement...

Parce que les tapes sur la gueule, les plans foireux et les commotions cérébrales en pays exotiques font tous de beaux sujets sur lesquels s'étendre durant des semaines...

Pendant lesquelles moi, en bédaine sur une plage en Thaïlande, je peux écrire mes chroniques, tranquillo...

Oups ! Viens-je de vous révéler mon secret ?! Regardez le pendule, et dans 3, 2, 1, vous avez tout oublié.

Non mais, quand on y songe, quel beau métier je fais. Même lorsque ça va mal, et surtout quand ça va mal, pour moi, tout va bien.

Or, nous sommes allés sur l'île de Bohol afin de voir le tarsier, cette jolie petite horreur que vous apercevez sur la photo.

Le temps était doux. Mais le bureau, fermé. Nous étions arrivés avec une heure d'avance, dans le but d'observer les oiseaux avant l'arrivée des touristes. Derrière la réception du parc des tarsiers, un grand étang avait déjà attiré de nombreux volatiles. Big Pete s'y est précipité sur la pointe des pieds. Je l'ai suivi.

Un cheval blanc y était attaché à un poteau, et le terrain autour de lui était manifestement au sec depuis des lustres. Le pauvre cheval était d'une maigreur à faire peur. On voyait quasiment au travers ! À tel point qu'on avait l'impression d'assister à un cours d'anatomie équine.

— Hon, pauvre cheval...

Je me suis approché pour lui flatter le front, et le réconforter. J'ai tendu la main. Il a avancé la tête, et SNAP ! il m'a mordu à l'intérieur de la cuisse, à quelques centimètres à peine de mon paquet.

Du coup, j'ai compris le truc du « bec de cheval » avec lequel on se torturait entre gamins !

Mais, évidemment, dans la surprise, j'ai poussé un cri de fillette. Et les oiseaux se sont envolés.

Big Pete a haussé les épaules, et il a sifflé, entre les dents.

UN ADORABLE ET UN BRIN TERRIFIANT PETIT TARSIER DE L'ÎLE DE BOHOL, AUX PHILIPPINES.

— Never a dull moment, huh, Bruno?

Non, mon Gros. Y en aura pas de facile. Et la prochaine fois que je croise un animal en difficulté, j'appellerai plutôt les autorités concernées.

Et c'était l'heure d'ouverture. Première déception, les tarsiers étaient gardés dans une espèce de zoo. Pete et moi espérions une expérience un peu plus sauvage, comme celle des lémuriens au Madagascar. Nous sommes donc entrés dans le parc entouré de clôtures Frost, et nous en avons vu cinq, des tarsiers. Big Pete les a photographiés. Il n'a pas tenté d'en saisir un et de le mettre dans son slip. Il n'a pas non plus émis de commentaire du type : « Bruno, mets ton visage à côté du sien, je pense que c'est ton fils. »

Puis, un peu plus tard, en marchant dans la forêt, en douceur, nous avons aperçu l'oiseau que le Gros Pierre recherchait. Il s'est simplement exclamé : « Ah ! Le voici. » Puis, il a sorti son grand livre et a coché la petite case « Bohol Bouboule ». Ou un truc comme ça. C'est tout ? Oui.

Sept jours sans bagarre ! Sept jours sans violence aucune ! Sans destruction et sans pliage de panneau de signalisation (je l'ai déjà vu faire de l'origami avec un STOP malgache). Sept jours de bonheur paisible... J'étais sincèrement inquiet. Serait-ce que mon Gros Pierre se serait rangé dans le camp des « *peace and love* » ? Est-ce que le monde viendrait de perdre un de ses plus spectaculaires trouble-fêtes?

Non. Rassurez-vous, la situation est temporaire. Un soir, sur l'oreiller, dans une chambre où nos deux lits se touchaient presque, il s'est confié :

— I miss my girlfriend. I hope she is OK...

Big Pete est amoureux !

Voilà le nœud. Sept jours à me raconter des petits bouts, pour finalement m'avouer la vérité. La mauvaise nouvelle est qu'il repartira au Kenya.

Et qu'il me manque déjà.

Mais ça, je ne lui dirai pas. Voilà donc une bonne raison de changer de sujet.

— Big Pete, un typhon, à quoi ça ressemble?
— *A typhoon*?

— Oui. Comme celui auquel tu as survécu, il y a quelques semaines... What is it like?

— Tu veux vraiment le savoir?
— Bien sûr !

Erreur. Je comprends instantanément à son sourire satisfait que j'ai posé la mauvaise question, de la mauvaise façon, et dans les mauvaises circonstances... Et qu'il a aussitôt vu une excellente occasion de me briser les vertèbres, ou de me lancer par la fenêtre. Le destin ne me fait pas languir longtemps. Le Gros se dresse dans le lit, nu, dans toute sa splendeur, écarte les bras, et tonne.

— FEEL THE TYPHOON, BABY !

Et il bondit. Comme un gros thon. Comme un lutteur sumo volant. Comme un typhon. Et il s'abat sur moi.

Sous l'impact, les pattes du lit éclatent, et malgré la douleur de recevoir un ours sur la poitrine, je ne peux pas m'empêcher de céder au bonheur de voir mon ami, mon Gros Pierre favori, enfin revenu à lui.

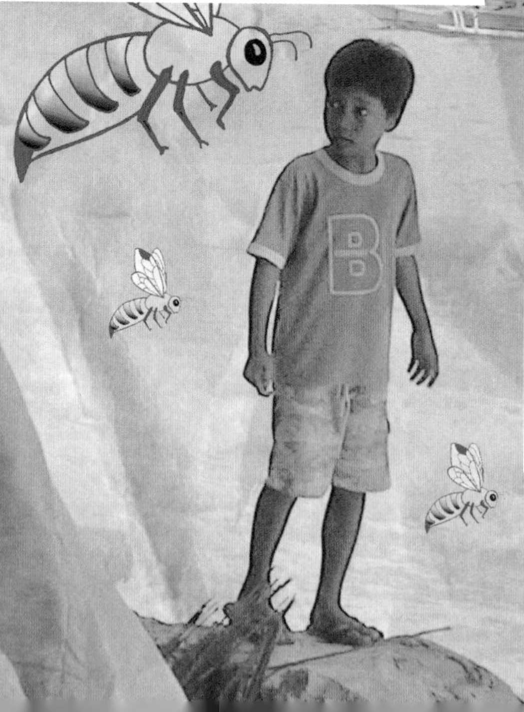

>>>

Avant de se quitter, nous nous sommes posés sur la plage d'Alona, sur l'île de Panglao, juste à côté de celle de Bohol, où il y a des bungalows à louer, des hôtels, des motels et des centres de plongée. Des dizaines de centres de plongée ! Quand vous marchez sur la plage de fin sable blanc (un des plus beaux sables du monde, c'est garanti), les affiches défilent : Bungalows, Centre de plongée, Restaurant, Hôtel, Centre de plongée, Motel, Centre de plongée, Centre de plongée... Et moi, j'étais furieux ! Parce qu'aux Philippines, où la plongée est réputée formidable, j'étais là, depuis cinq jours, comme un vieux maître-plongeur inutile, à me battre avec un mal d'oreille (aux néophytes : on ne peut pas plonger avec un mal d'oreille ou un problème de sinus, à cause de la pression).

J'avais mal à l'oreille gauche. Et si j'avais huit ans, je dirais « maman, j'ai une abeille dedans ».

Une abeille qui s'amuse à me piquer une fois de temps en temps, et qui s'agite toujours au moment précis où je m'endors.

— Zzz... Aouch !

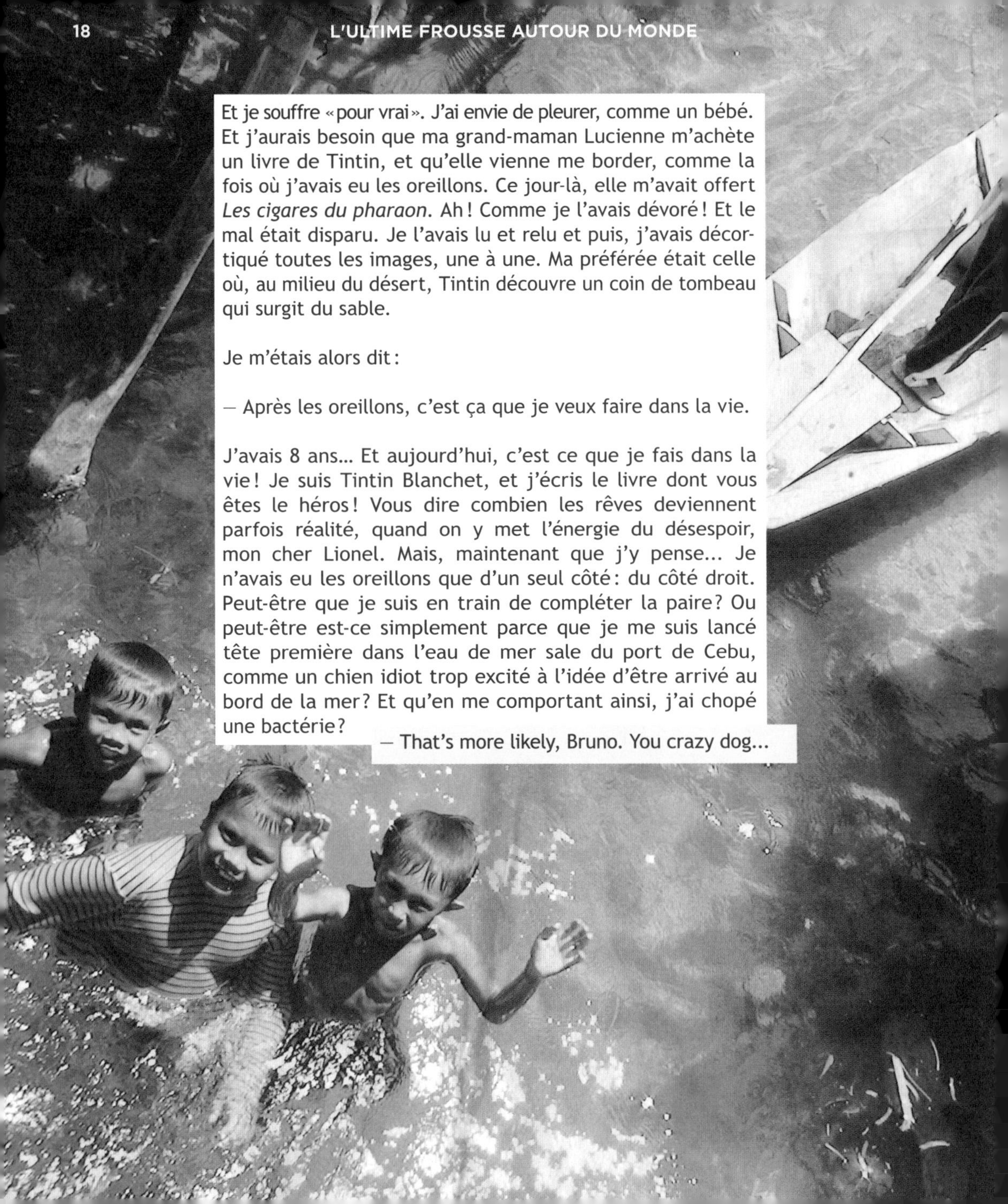

Et je souffre «pour vrai». J'ai envie de pleurer, comme un bébé. Et j'aurais besoin que ma grand-maman Lucienne m'achète un livre de Tintin, et qu'elle vienne me border, comme la fois où j'avais eu les oreillons. Ce jour-là, elle m'avait offert *Les cigares du pharaon*. Ah ! Comme je l'avais dévoré ! Et le mal était disparu. Je l'avais lu et relu et puis, j'avais décortiqué toutes les images, une à une. Ma préférée était celle où, au milieu du désert, Tintin découvre un coin de tombeau qui surgit du sable.

Je m'étais alors dit :

— Après les oreillons, c'est ça que je veux faire dans la vie.

J'avais 8 ans... Et aujourd'hui, c'est ce que je fais dans la vie ! Je suis Tintin Blanchet, et j'écris le livre dont vous êtes le héros ! Vous dire combien les rêves deviennent parfois réalité, quand on y met l'énergie du désespoir, mon cher Lionel. Mais, maintenant que j'y pense... Je n'avais eu les oreillons que d'un seul côté : du côté droit. Peut-être que je suis en train de compléter la paire ? Ou peut-être est-ce simplement parce que je me suis lancé tête première dans l'eau de mer sale du port de Cebu, comme un chien idiot trop excité à l'idée d'être arrivé au bord de la mer ? Et qu'en me comportant ainsi, j'ai chopé une bactérie ?

— That's more likely, Bruno. You crazy dog...

Big Pete, qui se prépare à repartir pour l'Afrique, est plutôt d'accord avec cette théorie. Assis sur le lit, je feuillette le Lonely Planet.

— What do you do next?
— Ce que je fais après? Je l'ignore…
— You want to beat me at something?
— Te battre à quelque chose?!

L'idée me plaît déjà beaucoup…

— Va sur l'île de Tawi-Tawi, Bruno, pour voir la colombe brune de Tawi-Tawi. C'est une espèce endémique, que bien peu de gens ont vue…

— Hum. Tu m'intéresses, mon Gros Pierre.

Au sud des Philippines se trouve l'archipel des Sulu, et parmi ces îles, celle de Tawi-Tawi… Personne n'y va, ou presque, à cause de la menace terroriste qui plane au-dessus de l'île de Jolo, la base du mouvement terroriste Abu Sayaf.

Sauf que, le tourisme est effectivement possible à Tawi Tawi.

« Avec précautions », dit-on dans les guides.

Et partout où je suis allé aux Philippines, jusqu'à présent, le voyage était trop prévisible, avec trop de touristes, trop de trucs organisés, et trop de mononcles cochons…

Bordel, il nous faut de l'aventure !

Le Gros Pierre se prépare à partir. Quand je le vois remplir son sac, je préfère sortir de la chambre. Je l'aime trop mon Gros.

On y va? Allez, je n'ai jamais vu ça, des Tawins.

BOUM BOUM

— MANILLE / ZAMBOANGA, PHILIPPINES —

Aux Philippines, dans les villes, la vie ordinaire gravite autour du centre commercial. À Manille se trouve d'ailleurs le plus grand centre commercial de l'Asie, le *Mall of Asia*. Une MERVEILLE. On s'y sent comme au paradis. Toutes les marques, toutes les griffes, et même des fruits. Si un jour je meurs, je veux mourir ici.

Le peuple philippin, de foi catholique en grande majorité, est très pratiquant. La nouvelle place de l'église? Dans le Mall. Après les marchands du temple, ce sont les temples au marché. Faut bien être de son temps !

Et avouez que c'est toujours pratique, de pouvoir prier entre le MacDonald's et le Dollarama.

« Voulez-vous un cierge avec ça ? »

Big Pete parti, je suis seul et c'est soudainement un peu triste. Mais il y a une activité que je répète dans chaque pays que je visite lorsque je m'ennuie : je sors voir un film au cinéma. Ç'a l'air beige dit comme ça, mais je vous assure que ça ne se déroule nulle part de la même façon.

Aux Philippines ?

Quand les lumières s'éteignent dans la salle, le party pogne. Les jeunes Filipinos et Filipinettes y vont en couple pour faire du necking. Comme chez nous, en 1960... Difficile de croire au conservatisme de la société philippine quand partout, d'immenses panneaux publicitaires affichent des images de stars en sous-vêtements, et qu'il est impossible de compter en ville le nombre de salons de « massage », de bars de karaoké où le micro dans lequel on chante n'est pas nécessairement branché au mur et de bars à gogo, où les serveuses se louent à l'heure, à la journée ou au mois.

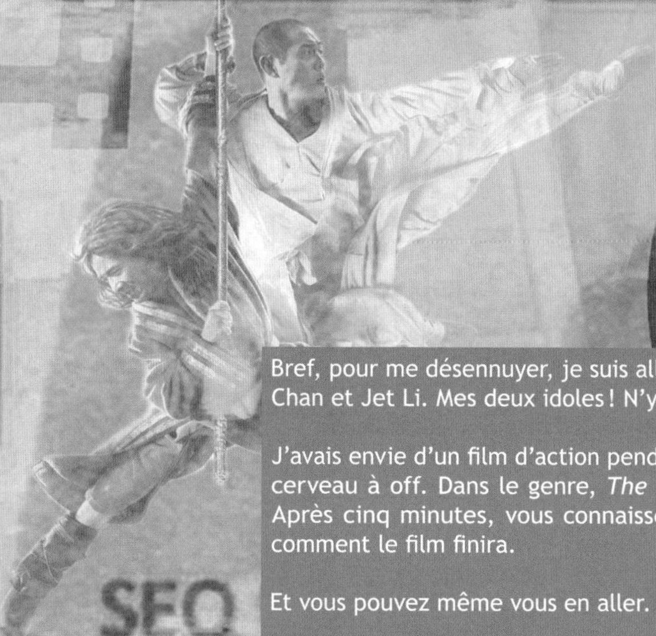

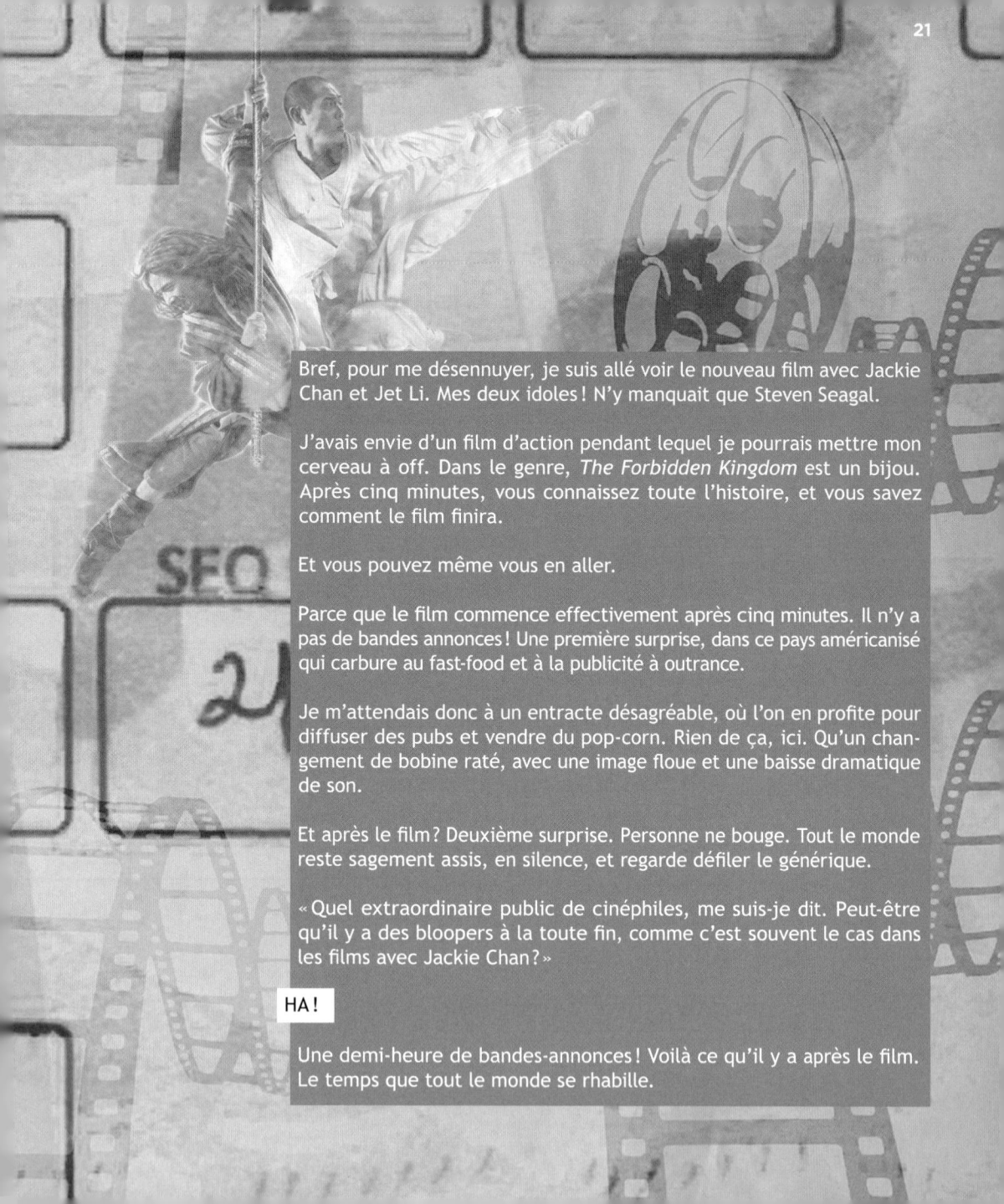

Bref, pour me désennuyer, je suis allé voir le nouveau film avec Jackie Chan et Jet Li. Mes deux idoles ! N'y manquait que Steven Seagal.

J'avais envie d'un film d'action pendant lequel je pourrais mettre mon cerveau à off. Dans le genre, *The Forbidden Kingdom* est un bijou. Après cinq minutes, vous connaissez toute l'histoire, et vous savez comment le film finira.

Et vous pouvez même vous en aller.

Parce que le film commence effectivement après cinq minutes. Il n'y a pas de bandes annonces ! Une première surprise, dans ce pays américanisé qui carbure au fast-food et à la publicité à outrance.

Je m'attendais donc à un entracte désagréable, où l'on en profite pour diffuser des pubs et vendre du pop-corn. Rien de ça, ici. Qu'un changement de bobine raté, avec une image floue et une baisse dramatique de son.

Et après le film ? Deuxième surprise. Personne ne bouge. Tout le monde reste sagement assis, en silence, et regarde défiler le générique.

« Quel extraordinaire public de cinéphiles, me suis-je dit. Peut-être qu'il y a des bloopers à la toute fin, comme c'est souvent le cas dans les films avec Jackie Chan ? »

HA !

Une demi-heure de bandes-annonces ! Voilà ce qu'il y a après le film. Le temps que tout le monde se rhabille.

>>>

À l'aéroport de Zamboanga, dans l'île de Mindanao, ma première escale en route pour l'archipel de Sulu, une grande enseigne vous accueille dans « la ville latine de l'Asie ».

On y parle en effet un mélange de visayan et de chavacano, termes utilisés pour les créoles à base d'espagnol.

Les toilettes des hommes sont identifiées par « hombre », et celles des femmes, par « mujer ». Et c'est franchement étonnant, en pleine mer des Célèbes.

Le lendemain, je me fais réveiller par le bruit des hélicoptères de l'armée. J'allume la télé. Il y a la BBC. Dans les titres qui défilent, il y en a un qui retient mon attention : « DEUX BOMBES EXPLOSENT À CINQ HEURES DU MATIN DANS UNE ÉGLISE À ZAMBOANGA. »

Ma petite voix m'a alors posé une question.
« Sept mille îles aux Philippines. Pourquoi as-tu choisi celle-là, Bruno ??? »

Je suis descendu à la réception.

— Est-ce dangereux de sortir de l'hôtel, mon cher ami réceptionniste ?

Le mec au comptoir a pouffé de rire.

— Deux bombes à 5h du matin dans un parking vide d'église? Ha! Ne le répétez à personne, Monsieur, mais ça n'est pas l'oeuvre de terroristes. C'est le gouvernement qui plante des bombes parce qu'il a besoin de justifier ses dépenses militaires!

— Ah bon.

Ça m'a vraiment rassuré. À Zamboanga, même la police peut vous faire exploser.

— Mais si vous n'avez pas à quitter l'hôtel, Monsieur, il vaut peut-être mieux demeurer à l'intérieur.

— C'est parce que je dois aller prendre un avion pour Tawi-Tawi.

— Tawi-Tawi? Vous êtes fou? C'est beaucoup trop dangereux!

— Plus qu'ici?
— Oh oui!

Ouf. « Hasta la vista, baby. »

PAS MAL DE SÉCURITÉ, JUSTE POUR OBTENIR DES INFORMATIONS TOURISTIQUES. BIENVENUE AUX PHILIPPINES!

TAWI-TAWI

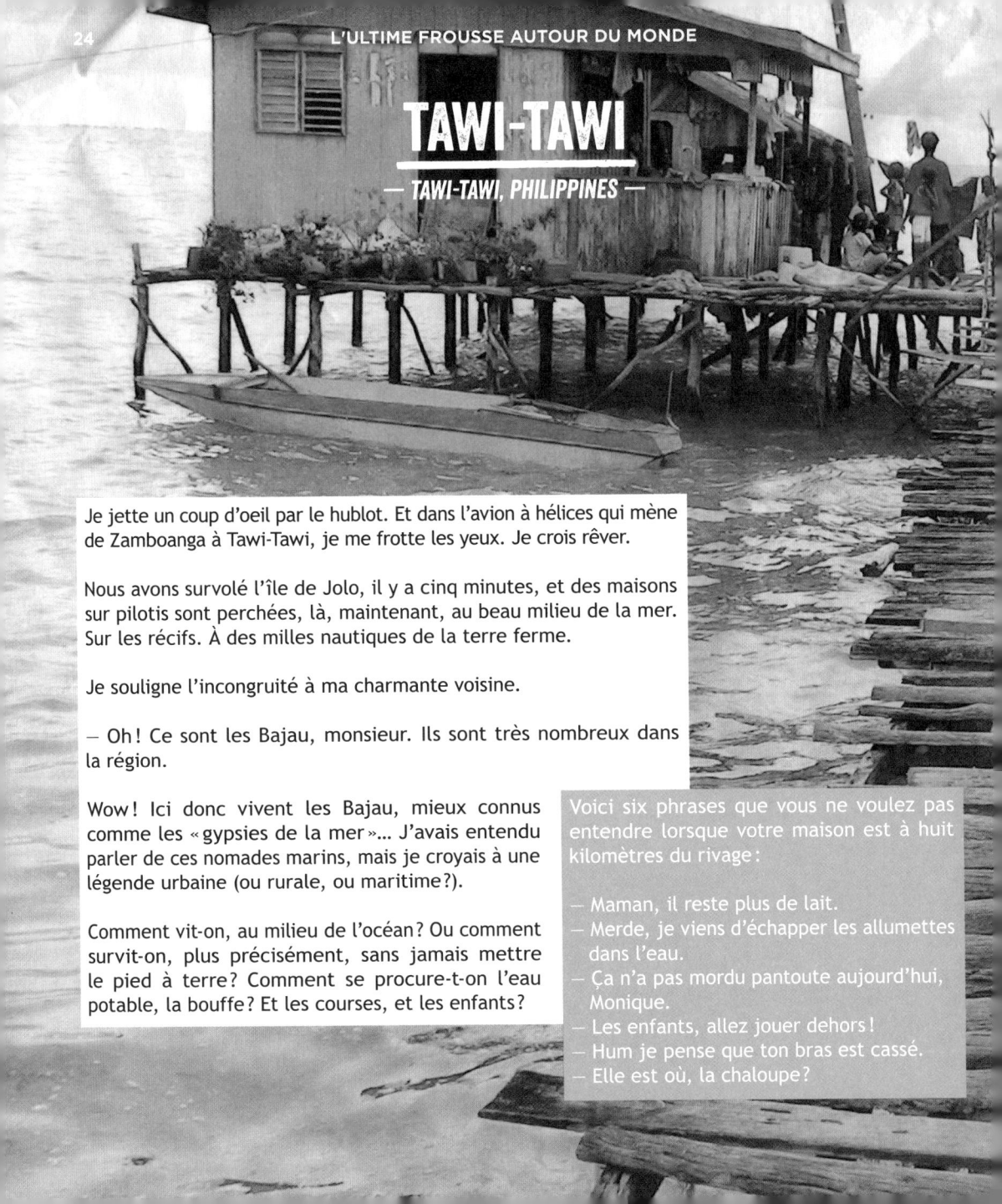

— TAWI-TAWI, PHILIPPINES —

Je jette un coup d'oeil par le hublot. Et dans l'avion à hélices qui mène de Zamboanga à Tawi-Tawi, je me frotte les yeux. Je crois rêver.

Nous avons survolé l'île de Jolo, il y a cinq minutes, et des maisons sur pilotis sont perchées, là, maintenant, au beau milieu de la mer. Sur les récifs. À des milles nautiques de la terre ferme.

Je souligne l'incongruité à ma charmante voisine.

— Oh ! Ce sont les Bajau, monsieur. Ils sont très nombreux dans la région.

Wow ! Ici donc vivent les Bajau, mieux connus comme les « gypsies de la mer »... J'avais entendu parler de ces nomades marins, mais je croyais à une légende urbaine (ou rurale, ou maritime ?).

Comment vit-on, au milieu de l'océan ? Ou comment survit-on, plus précisément, sans jamais mettre le pied à terre ? Comment se procure-t-on l'eau potable, la bouffe ? Et les courses, et les enfants ?

Voici six phrases que vous ne voulez pas entendre lorsque votre maison est à huit kilomètres du rivage :

— Maman, il reste plus de lait.
— Merde, je viens d'échapper les allumettes dans l'eau.
— Ça n'a pas mordu pantoute aujourd'hui, Monique.
— Les enfants, allez jouer dehors !
— Hum je pense que ton bras est cassé.
— Elle est où, la chaloupe ?

>>>

Je débarque à Tawi-Tawi. La première chose qu'on me demande, c'est :

— Où est ton escorte ?
— Mon escorte ?
— Tu n'as pas d'escorte ?

J'apprends vite que personne, en principe, ne visite la région sans « escorte ».

D'accord. Mais qu'est-ce que c'est qu'une « escorte » ? Est-ce comme une jolie femme qui fait semblant d'être ta copine, ou un mercenaire armé jusqu'aux dents ? Et comment je fais pour m'en procurer une ?

À l'aéroport, le gardien de sécurité tente de m'expliquer. Mais le gentilhomme parle l'anglais comme quelqu'un qui ne sait pas parler l'anglais, et il a une grosse bosse molle dans le front, entre les yeux, qui grouille comme une balloune d'eau quand il ouvre la bouche, et tout ça me distrait terriblement. Rien que pour ne pas fixer impoliment son blob, je dois redoubler de concentration. Alors, je promène mon regard entre le mur derrière lui, sa bouche, et mes souliers, et le mur...

Et voilà six phrases que vous n'entendrez jamais à huit kilomètres du rivage :

— Y avait assez de trafic à matin !
— Maurice, les toilettes sont bouchées.
— Fait trop chaud, je vais aller me coucher dans la cave.
— Encore des reprises... Change de poste !
— Est-ce que le facteur est passé ?
— Les enfants, allez pelleter l'entrée !

Bref, je n'ai rien compris. Alors je saute dans ce qu'ils appellent ici un tricycle (une Kawasaki 125 qui pétarade comme une Harley, avec un siège ajouté à droite, posé sur une roue de vélo), direction Bongao Poblacion, la capitale de l'île, où quelqu'un pourra sans doute répondre à mes questions.

Arrivé à destination, comme pour les taxis à Manille, je paye deux fois plus que l'habitant : mais pour une piastre au lieu de 50 cents, je ne discute pas. Je sais qu'il y tellement de voyageurs (dont moi !) qui perdent parfois la notion de l'espace, et oublient ce que la différence entre quelques sous, de plus ou de moins, représente pour les habitants d'un pays pauvre. À la maison, on dépense volontiers 10 $ pour un paquet de cigarettes, 450 000 $ pour une maison, ou 35 000 $ pour un tas de ferraille. Puis, on part chez des gens qui n'ont même pas les moyens de s'acheter un passeport, ou une identité, et on négocie des cennes noires.

Enfin.

Je ne suis pas ici pour vous faire la leçon. Je me suis déjà pris la tête avec un vendeur, pendant 15 minutes, pour un truc en peau de noix de coco à 4 $. Je voulais payer 2 $.

Tout un affrontement !

En fin de journée, il en avait manifestement marre d'être sur son coin de rue, et moi, j'allais prendre le train. Il savait que je le voulais, son truc, et je savais qu'il le savait. Il savait que je savais qu'il le savait. Je savais aussi qu'il voulait le vendre pour pouvoir fermer boutique. Il savait que je le savais. Et ça, je le savais aussi. Et tous les deux, donc, parfaitement au courant du jeu de l'autre, on négociait comme si la transaction ne nous importait pas vraiment. Un pur divertissement. Je l'ai finalement payé 2,50 $. J'étais fier de mon coup. Je l'ai montré à mon ami. Il s'en était acheté un dans l'après-midi.

Pour une piasse et demie.

En ville, je me trouve trop facilement une chambre dans un hôtel. Ça n'a pas l'air d'être la saison haute... À la réception, je croise le premier touriste étranger aperçu depuis Cebu. Patrick, Français, photographe. Il y est depuis quelques jours. Il me demande ce que je fabrique ici.

— Je viens à la recherche de la colombe brune. Une espèce rare dont le chant ressemble au bruit d'une balle de ping-pong (oups, j'avais oublié de vous le mentionner)... Et j'aimerais beaucoup aller à Sitangkai (Sitangkai est un village sur pilotis, au milieu de la mer, que l'on surnomme la « Venise des Philippines »).

DES ENFANTS DE TAWI-TAWI

Sitôt après avoir prononcé le mot Sitangkai, je n'ai pas pu m'empêcher de voir son visage s'assombrir, comme si le soleil venait de se coucher derrière ses yeux.

— Et tu ne sais pas comment ça fonctionne, je présume?
— Non, pas vraiment.

— As-tu une escorte ?

— Ha ! On me l'a déjà faite celle-là.
— Et ce n'est que le début des ennuis, mon ami...

Parfait. C'est pour ça qu'on est ici !

TROIS TRAVESTIS ET DEUX SOLDATS

— BONGAO, PHILIPPINES —

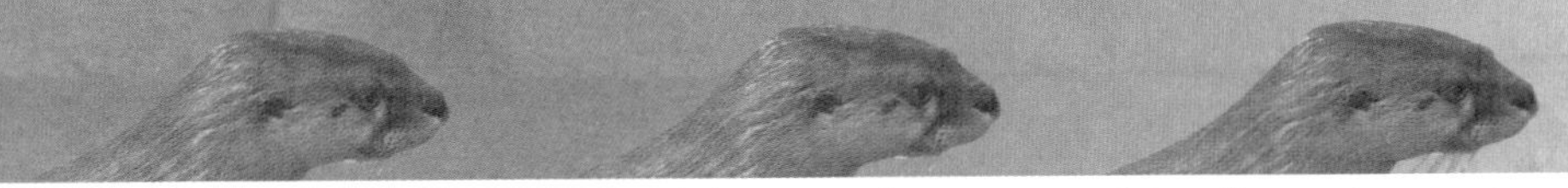

Pour répondre à vos interrogations, l'intérêt d'aller à Bongao — où les distractions sont rares — n'était vraiment que d'atteindre l'île de Sibutu, où se trouverait peut-être notre colombe, et ultimement, d'atteindre Sitangkai, la Venise des Philippines.

Ou pour aller à Simunol, une île habitée par des descendants d'Arabes et de Japonais. Méchant mélange, non? N'empêche, ils doivent être drôlement beaux. Et peut-être même qu'ils mangent du sushi de chameau!

Vous riez sans doute, mais sachez qu'on en mange, du chameau cru, à Harar, une ville musulmane de l'est de l'Éthiopie, et c'est délicieux; et si on est chanceux, on n'a même pas de ver solitaire, le lendemain.

En attendant, je me promène avec un sourire idiot et un regard beige derrière lesquels j'essaie de disparaître. Si j'étais un chien, j'aurais les oreilles basses et la queue entre les pattes. Et si on m'approchait brusquement, comme Vacarme le chien de Richard, je ferais un petit pipi par terre.

Dans les cabanes sur pilotis au bord d'une mer sale, des bébés couverts de plaies et de boutons purulents, des enfants qui toussent comme des charbonniers, des vieillards maigres à faire peur et des familles entières vivant sous le seuil du seuil du seuil de la misère.

L'Afrique? L'Inde? Non, les Philippines.
J'en ai vu, des pauvres. J'en ai croisé, des miséreux. Mais à Bongao, j'ai eu un choc.

Et c'est Pedro, le réceptionniste de l'hôtel qui m'a amené là, croyant sans doute bien faire. Les activités touristiques ne sont pas nombreuses à Bongao, et il est interdit en ce moment de trop s'éloigner de la ville, à cause des terroristes; donc, une visite chez les plus infortunés des Samals fait partie du «circuit».

Un groupe d'enfants m'encercle. Mon guide, Pedro, me demande de lancer des pièces de monnaie dans l'eau, pour que les enfants plongent, et les ramènent, par trois mètres de fond, en se tortillant comme des petites loutres, et les gardent comme récompense. Ils ont un talent extraordinaire en apnée, prétend-il. D'accord. Un chien savant avec ça?

— Mais, mon cher Pedro, j'ai lu quelque part qu'ils s'éclataient les tympans pour pouvoir descendre toujours plus creux... Est-ce vrai?

— Bien sûr, qu'il me répond avec un large sourire.

Alors, ça, c'est vraiment top...

— Est-ce qu'on peut faire autre chose, ailleurs?

Oh, il y a bien derrière Bongao une jolie colline boisée, le Bud Bongao, qui abrite une grande communauté de singes, pas malins pour deux sous; on peut les approcher et leur donner des bananes. Mais, honnêtement, ça n'est vraiment que pour ceux et celles qui n'ont jamais vu de collines, de singes ou de bananes.

Ou pour passer le temps, en attendant le traversier du lendemain.

Un petit conseil : allez plutôt à la pharmacie, pour faire le plein de désinfectant et de pansements.

Et retournez visiter les indigents.

>>>

La première chose à faire en débarquant à Bongao est de prendre contact avec le bureau de tourisme local, m'a expliqué Patrick, le photojournaliste français venu avec son copain José, du Portugal, pour compléter son reportage-photo sur les nomades de la mer.

Ainsi, le responsable du tourisme pourra contacter les autorités policières afin de les avertir de votre présence dans l'île et choisir une «escorte» adaptée à votre itinéraire. L'idée qu'on me colle une « escorte » me déplaît royalement… Voyager avec un chaperon, ça m'agace. Et à quelqu'un qui surveille où je mets les pieds, je préfère trébucher.

Mais Patrick réussit assez facilement à me convaincre de jouer le jeu.

– Bruno, on n'a pas le choix. C'est ça ou rien ! Parce qu'il n'y a pas d'hôtel sur Sibutu, la prochaine île, d'où nous pourrons atteindre Sitangkai. Et ce sont les gens du bureau du tourisme qui s'arrangent pour nous trouver une chambre chez l'habitant. Or, en ce qui concerne l'anonymat, et le petit voyage « off radar » comme je les aime, c'est foutu : nous serons les trois seuls étrangers sur l'île, et la propriétaire de l'auberge est la femme du gouverneur.

– Alors Bruno, tu viens ?

Patrick m'invite à me joindre à eux. José et lui doivent partir le lendemain.

Je n'ai aucune hésitation.

– OK !

Patrick avise le responsable qu'il y aura un voyageur additionnel. Pas de problème. Je prépare vite mon sac, et je cours au café internet pour imprimer une image de la colombe brune.

Lorsque je reviens, dans le hall d'entrée nous attendaient nos « escortes ».

Surprise !

On pense à un pays comme les Philippines, qui est le théâtre de conflits armés, de coups d'État et d'attentats, comme à un territoire « viril ». Non ?

Je vous explique.

Ma logique de joueur de hockey de Fabreville, Laval, tient dans l'équation suivante : terrorisme + islam + danger de se faire tirer dessus = machos. Est-ce que je m'égare ? Peut-être. Mais il me semble que l'on associe plus naturellement l'agressivité au « gorille » qu'à la « femme en nous ».

Tout ça pour dire que j'ai rarement vu autant de ladyboys qu'aux Philippines. Encore plus qu'en Thaïlande ! Quel soulagement de découvrir un endroit supplémentaire sur Terre où les homosexuels, les travestis et les transsexuels peuvent s'affirmer. Bravo, Philippines !

Et quel plaisir de savoir que, pour assurer notre bien-être et notre sécurité pendant les trois prochains jours, on nous a assigné trois travestis, et deux soldats.

UN PONT RELIANT LA TERRE À LA MER, LE MONDE À LA MAISON, À TAWI-TAWI.

CHOCS CULTURELS

— ÎLE DE SIBUTU / SITANGKAI, PHILIPPINES —

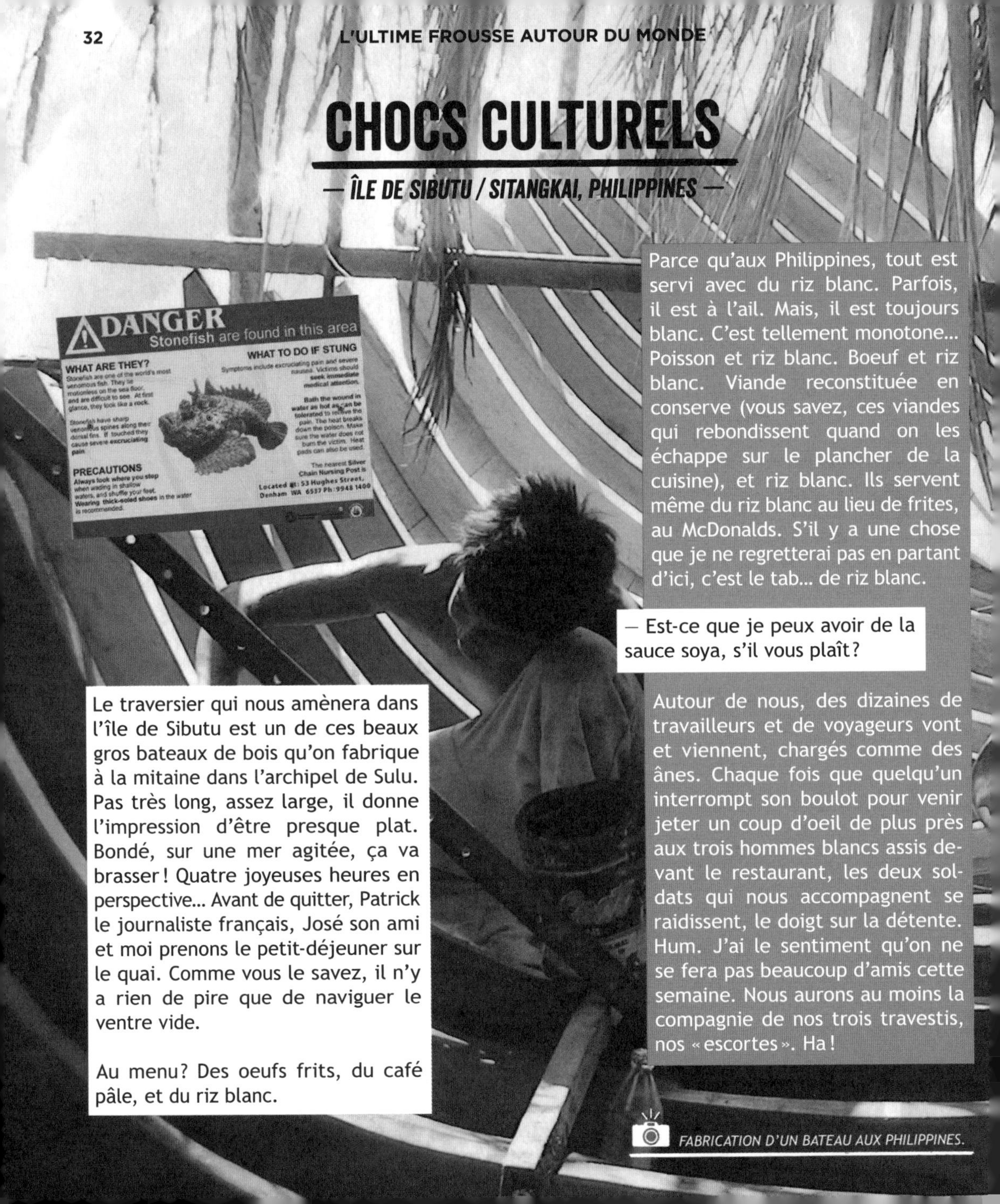

DANGER
Stonefish are found in this area
WHAT ARE THEY?
WHAT TO DO IF STUNG
PRECAUTIONS

Parce qu'aux Philippines, tout est servi avec du riz blanc. Parfois, il est à l'ail. Mais, il est toujours blanc. C'est tellement monotone... Poisson et riz blanc. Boeuf et riz blanc. Viande reconstituée en conserve (vous savez, ces viandes qui rebondissent quand on les échappe sur le plancher de la cuisine), et riz blanc. Ils servent même du riz blanc au lieu de frites, au McDonalds. S'il y a une chose que je ne regretterai pas en partant d'ici, c'est le tab... de riz blanc.

— Est-ce que je peux avoir de la sauce soya, s'il vous plaît?

Autour de nous, des dizaines de travailleurs et de voyageurs vont et viennent, chargés comme des ânes. Chaque fois que quelqu'un interrompt son boulot pour venir jeter un coup d'oeil de plus près aux trois hommes blancs assis devant le restaurant, les deux soldats qui nous accompagnent se raidissent, le doigt sur la détente. Hum. J'ai le sentiment qu'on ne se fera pas beaucoup d'amis cette semaine. Nous aurons au moins la compagnie de nos trois travestis, nos « escortes ». Ha!

Le traversier qui nous amènera dans l'île de Sibutu est un de ces beaux gros bateaux de bois qu'on fabrique à la mitaine dans l'archipel de Sulu. Pas très long, assez large, il donne l'impression d'être presque plat. Bondé, sur une mer agitée, ça va brasser! Quatre joyeuses heures en perspective... Avant de quitter, Patrick le journaliste français, José son ami et moi prenons le petit-déjeuner sur le quai. Comme vous le savez, il n'y a rien de pire que de naviguer le ventre vide.

Au menu? Des oeufs frits, du café pâle, et du riz blanc.

FABRICATION D'UN BATEAU AUX PHILIPPINES.

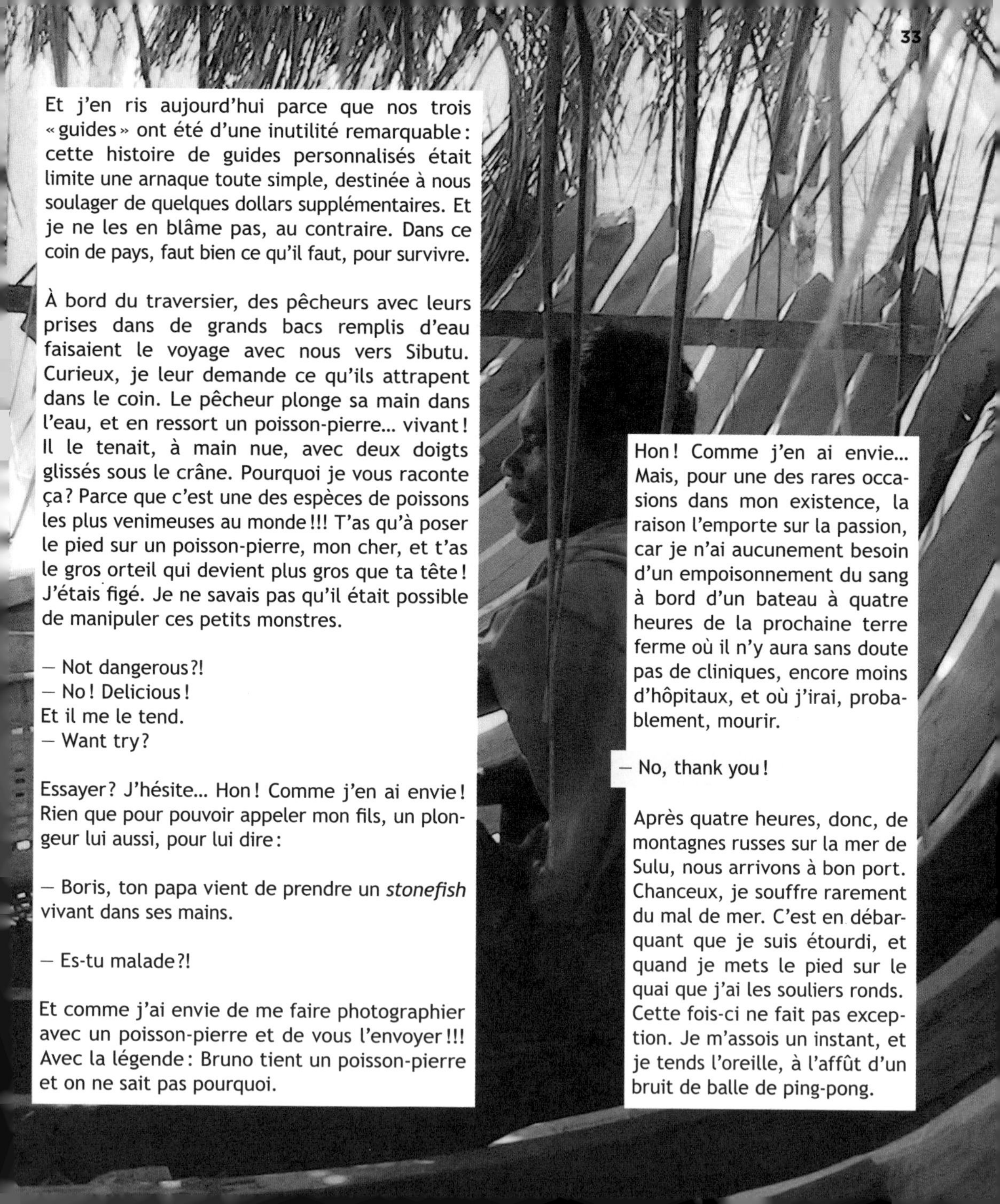

Et j'en ris aujourd'hui parce que nos trois « guides » ont été d'une inutilité remarquable : cette histoire de guides personnalisés était limite une arnaque toute simple, destinée à nous soulager de quelques dollars supplémentaires. Et je ne les en blâme pas, au contraire. Dans ce coin de pays, faut bien ce qu'il faut, pour survivre.

À bord du traversier, des pêcheurs avec leurs prises dans de grands bacs remplis d'eau faisaient le voyage avec nous vers Sibutu. Curieux, je leur demande ce qu'ils attrapent dans le coin. Le pêcheur plonge sa main dans l'eau, et en ressort un poisson-pierre... vivant ! Il le tenait, à main nue, avec deux doigts glissés sous le crâne. Pourquoi je vous raconte ça ? Parce que c'est une des espèces de poissons les plus venimeuses au monde !!! T'as qu'à poser le pied sur un poisson-pierre, mon cher, et t'as le gros orteil qui devient plus gros que ta tête ! J'étais figé. Je ne savais pas qu'il était possible de manipuler ces petits monstres.

— Not dangerous ?!
— No ! Delicious !
Et il me le tend.
— Want try ?

Essayer ? J'hésite... Hon ! Comme j'en ai envie ! Rien que pour pouvoir appeler mon fils, un plongeur lui aussi, pour lui dire :

— Boris, ton papa vient de prendre un *stonefish* vivant dans ses mains.

— Es-tu malade ?!

Et comme j'ai envie de me faire photographier avec un poisson-pierre et de vous l'envoyer !!! Avec la légende : Bruno tient un poisson-pierre et on ne sait pas pourquoi.

Hon ! Comme j'en ai envie... Mais, pour une des rares occasions dans mon existence, la raison l'emporte sur la passion, car je n'ai aucunement besoin d'un empoisonnement du sang à bord d'un bateau à quatre heures de la prochaine terre ferme où il n'y aura sans doute pas de cliniques, encore moins d'hôpitaux, et où j'irai, probablement, mourir.

— No, thank you !

Après quatre heures, donc, de montagnes russes sur la mer de Sulu, nous arrivons à bon port. Chanceux, je souffre rarement du mal de mer. C'est en débarquant que je suis étourdi, et quand je mets le pied sur le quai que j'ai les souliers ronds. Cette fois-ci ne fait pas exception. Je m'assois un instant, et je tends l'oreille, à l'affût d'un bruit de balle de ping-pong.

À Sibutu, pas l'ombre d'un taxi, d'un tuk-tuk, d'un hôtel, d'une boutique de souvenirs ou d'une discothèque. L'île est plate, le village est plat et le minaret d'une mosquée est le seul élément de plus de deux étages à l'horizon. Les cocotiers sont singulièrement grands, avec de longs et très fins troncs. L'archipel de Sulu n'est jamais frappé par les typhons, ce qui explique peut-être la taille inhabituelle des arbres. Cela dit, la force tranquille de leurs longilignes silhouettes me rappelle Giacometti… Ou Jacques Laperrière à la ligne bleue, en 1970.

Nous sommes accueillis chaleureusement par Tom, un ami d'un ami d'un employé du ministère du Tourisme. Nous passerons le week-end chez lui.

La table est déjà mise, et le repas est copieux, du type « tant que t'en veux ». Le poisson est tellement bon que j'en oublie presque le riz blanc en accompagnement. Puis, il ne nous faudra que quelques heures pour être présentés au maire, au docteur et au reste de la communauté. Le premier soir, invités d'honneur (assis au premier rang !), nous avons assisté au spectacle d'un boys band local, les TM Boys, avec, en première partie, les Gypsy Sons. La place communautaire était bondée, et c'était très excitant, surtout quand le chanteur s'est électrocuté en branchant son micro.

Le lendemain, nous avons fait le tour de l'île, assis dans une boîte de pick-up. C'était vraiment très cool. On était populaires comme des rock stars ! Partout où on s'arrêtait, les habitants entouraient le camion et voulaient nous saluer, nous serrer la main ou se faire prendre en photo avec nous… Les gamins du monde entier adorent se voir sur le moniteur de l'appareil-photo !

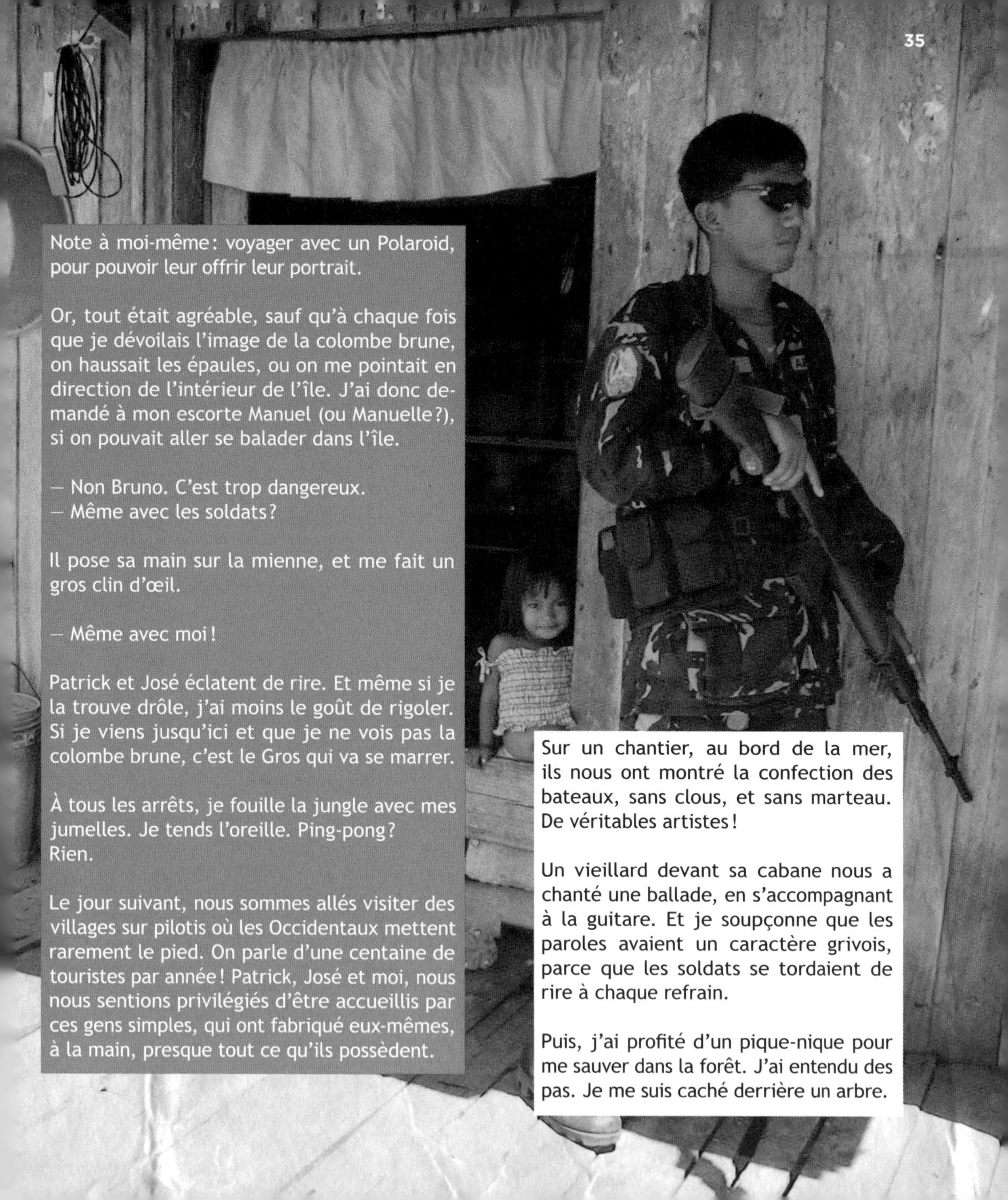

Note à moi-même : voyager avec un Polaroid, pour pouvoir leur offrir leur portrait.

Or, tout était agréable, sauf qu'à chaque fois que je dévoilais l'image de la colombe brune, on haussait les épaules, ou on me pointait en direction de l'intérieur de l'île. J'ai donc demandé à mon escorte Manuel (ou Manuelle ?), si on pouvait aller se balader dans l'île.

— Non Bruno. C'est trop dangereux.
— Même avec les soldats ?

Il pose sa main sur la mienne, et me fait un gros clin d'œil.

— Même avec moi !

Patrick et José éclatent de rire. Et même si je la trouve drôle, j'ai moins le goût de rigoler. Si je viens jusqu'ici et que je ne vois pas la colombe brune, c'est le Gros qui va se marrer.

À tous les arrêts, je fouille la jungle avec mes jumelles. Je tends l'oreille. Ping-pong ?
Rien.

Le jour suivant, nous sommes allés visiter des villages sur pilotis où les Occidentaux mettent rarement le pied. On parle d'une centaine de touristes par année ! Patrick, José et moi, nous nous sentions privilégiés d'être accueillis par ces gens simples, qui ont fabriqué eux-mêmes, à la main, presque tout ce qu'ils possèdent.

Sur un chantier, au bord de la mer, ils nous ont montré la confection des bateaux, sans clous, et sans marteau. De véritables artistes !

Un vieillard devant sa cabane nous a chanté une ballade, en s'accompagnant à la guitare. Et je soupçonne que les paroles avaient un caractère grivois, parce que les soldats se tordaient de rire à chaque refrain.

Puis, j'ai profité d'un pique-nique pour me sauver dans la forêt. J'ai entendu des pas. Je me suis caché derrière un arbre.

LES FEMMES DU VILLAGE ET LEUR TAPIS POUR LES TOURISTES.

— Bruno !!!

Patrick arrivait en courant. Il était très essoufflé.

— Bruno, viens vite, je pense que j'ai vu ton oiseau !

Je le suis au pas de course. À l'orée de la forêt, il me saisit le bras.

— Chut ! Là-bas, dans le gros arbre, il était en haut, en gauche…

Je sors les jumelles. En haut à gauche, il n'y a rien.

— Tu me fais une blague, Pat ?

— Non je te jure ! Le bruit de la balle de ping-pong, tout y était.

J'écoute… Je voudrais au moins l'entendre ! Silence. Une cigale. Les vagues. Vroum ! Le camion démarre. Manuel m'appelle.

— Tu viens mon chéri ? Le vent se lève, et faut prendre le bateau…

Un dernier coup d'œil. Rien. Dommage ! Je pourrai quand même dire au Gros que j'étais avec quelqu'un qui pense l'avoir vu… Petite victoire, mais je l'aurai quand même un peu battu !

Nous nous sommes rendus au quai, afin de sortir en mer, à la rencontre des Bajau.

Pour le voyage en chaloupe, on nous a assignés 6 soldats.

— Very dangerous !

Et comme il n'y avait pas assez d'espace, plus de travestis. Mauvaise nouvelle donc pour votre reporter, car plus personne ne parlait l'anglais. Et quinze minutes après être partis, comble de malheur, on s'est rendu compte que le bateau fuyait.

Nos soldats armés jusqu'aux dents se sont alors mis à vider la chaloupe avec leurs casques. Une scène mémorable, dans les circonstances.

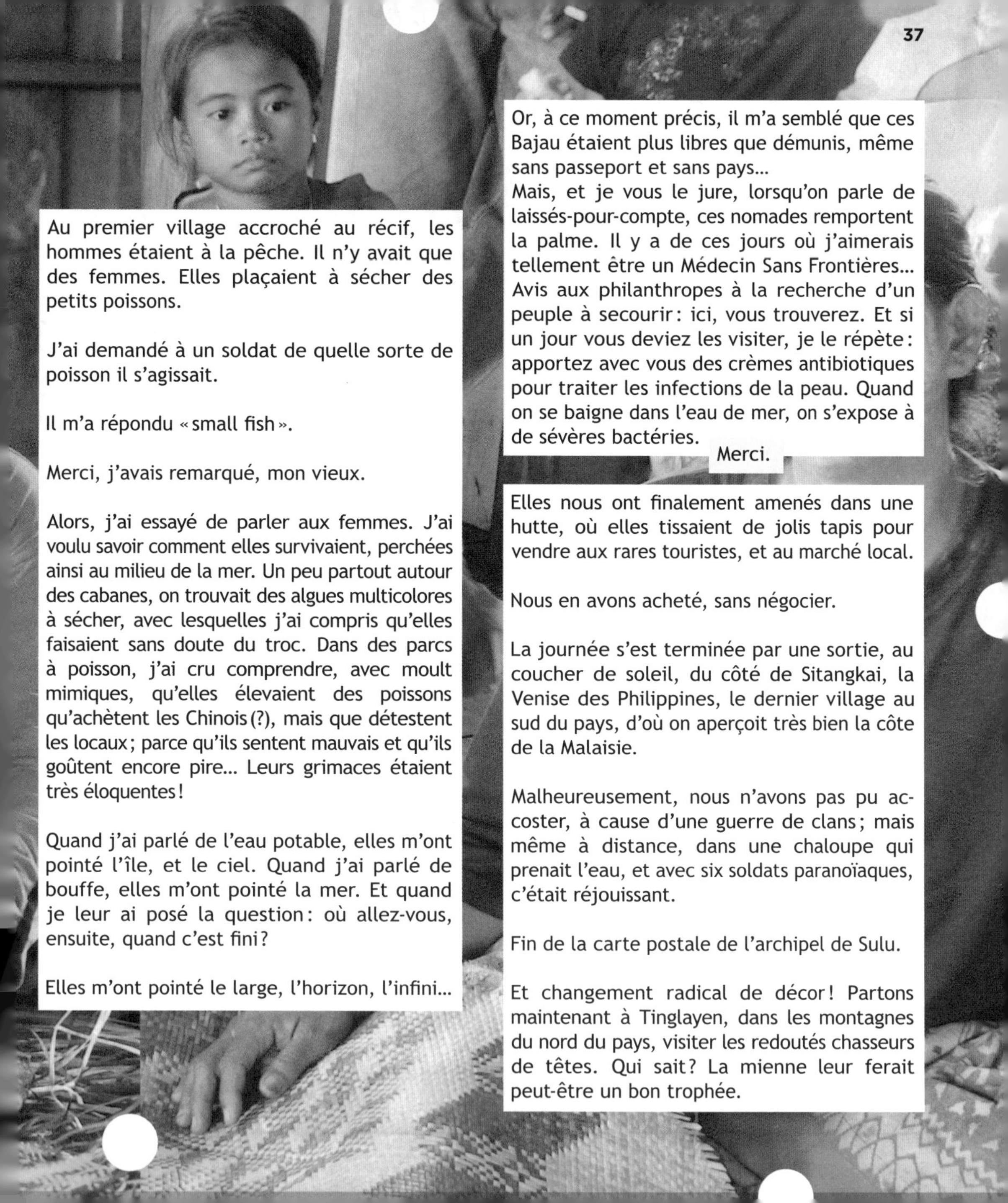

Au premier village accroché au récif, les hommes étaient à la pêche. Il n'y avait que des femmes. Elles plaçaient à sécher des petits poissons.

J'ai demandé à un soldat de quelle sorte de poisson il s'agissait.

Il m'a répondu « small fish ».

Merci, j'avais remarqué, mon vieux.

Alors, j'ai essayé de parler aux femmes. J'ai voulu savoir comment elles survivaient, perchées ainsi au milieu de la mer. Un peu partout autour des cabanes, on trouvait des algues multicolores à sécher, avec lesquelles j'ai compris qu'elles faisaient sans doute du troc. Dans des parcs à poisson, j'ai cru comprendre, avec moult mimiques, qu'elles élevaient des poissons qu'achètent les Chinois (?), mais que détestent les locaux; parce qu'ils sentent mauvais et qu'ils goûtent encore pire... Leurs grimaces étaient très éloquentes!

Quand j'ai parlé de l'eau potable, elles m'ont pointé l'île, et le ciel. Quand j'ai parlé de bouffe, elles m'ont pointé la mer. Et quand je leur ai posé la question : où allez-vous, ensuite, quand c'est fini?

Elles m'ont pointé le large, l'horizon, l'infini...

Or, à ce moment précis, il m'a semblé que ces Bajau étaient plus libres que démunis, même sans passeport et sans pays...
Mais, et je vous le jure, lorsqu'on parle de laissés-pour-compte, ces nomades remportent la palme. Il y a de ces jours où j'aimerais tellement être un Médecin Sans Frontières... Avis aux philanthropes à la recherche d'un peuple à secourir : ici, vous trouverez. Et si un jour vous deviez les visiter, je le répète : apportez avec vous des crèmes antibiotiques pour traiter les infections de la peau. Quand on se baigne dans l'eau de mer, on s'expose à de sévères bactéries.

Merci.

Elles nous ont finalement amenés dans une hutte, où elles tissaient de jolis tapis pour vendre aux rares touristes, et au marché local.

Nous en avons acheté, sans négocier.

La journée s'est terminée par une sortie, au coucher de soleil, du côté de Sitangkai, la Venise des Philippines, le dernier village au sud du pays, d'où on aperçoit très bien la côte de la Malaisie.

Malheureusement, nous n'avons pas pu accoster, à cause d'une guerre de clans; mais même à distance, dans une chaloupe qui prenait l'eau, et avec six soldats paranoïaques, c'était réjouissant.

Fin de la carte postale de l'archipel de Sulu.

Et changement radical de décor! Partons maintenant à Tinglayen, dans les montagnes du nord du pays, visiter les redoutés chasseurs de têtes. Qui sait? La mienne leur ferait peut-être un bon trophée.

PERDRE LA TÊTE

— BONGAO / MANILLE, PHILIPPINES —

Avant de quitter la mer pour la montagne, je me suis baigné à la plage de Bongao, et j'ai sauvé un gamin de la noyade.

Il flottait sur le ventre, immobile, les bras en croix, à l'écart du groupe. J'ai plongé, je l'ai sorti de l'eau, je lui ai tapé dans le dos et il a vomi. Je l'ai enveloppé dans ma serviette d'hôtel. Il tremblait, effrayé. Puis il s'est mis à pleurer. J'ai cherché un responsable. Personne autour de nous n'avait plus de 10 ans. Et personne n'avait été témoin de mon sauvetage.

Alors j'étais là, debout sur une plage, avec un enfant philippin d'à peu près 3 ans dans les bras. Et le petit, il hurlait. Et ses cris ont alerté les adultes, au bar de karaoké, près du stationnement.

Un homme a accouru et m'a arraché l'enfant des bras, avec l'air de croire que je m'apprêtais à le kidnapper.

« Mais, monsieur... »

Je n'ai eu pas le temps de finir ma phrase. Il est reparti en grognant, avec le petit. Et avec ma serviette d'hôtel !

Non mais... Comment j'explique ça à la madame de la réception, moi ?

Je suis retourné à Manille, sans mes amis Patrick et José, qui devaient rentrer en France pour le boulot. De retour en mode solo, j'ai eu les blues. Je me suis enfermé dans ma chambre, et j'ai regardé la grande ville, de ma fenêtre. Mauvaise idée. Il n'y a rien comme le brouhaha d'une grande ville pour vous faire perdre le focus. Et vous replonger dans le tourbillon des grandes questions existentielles... Pourquoi la vie ? Pourquoi la mort ? Pourquoi ai-je laissé un boulot qui m'apportait la célébrité et la gloire ?

Et six piasses, qu'ils m'ont demandé à l'hôtel pour la serviette... Alors que j'aurais dû recevoir une médaille !

Je me suis réconforté en me disant que ma B.A. s'inscrira assurément dans mon karma, et que Dieu, un jour, rétablira l'équilibre. Chaque fois que je me dis un truc pareil, ma petite voix m'engueule.

— Et si Dieu n'existait pas, monsieur Bruno ?
— Tant pis.

Je l'aurais fait pareil.

Le surlendemain, j'étais dans un avion pour Baguio, à la porte de la Cordillera, la chaîne de montagnes du nord de l'île de Luzon.

Mission : rencontrer des chasseurs de têtes. Vous avez bien lu : des hommes qui chassent des têtes. Et on ne parle pas de tête de violon, de tête de bétail, ou de tête de chou.

Des chasseurs de têtes humaines.

Et pour moi, l'insolite de ces expériences extrêmes demeure le moment de leur genèse.

Comme le premier humain qui a mangé une crevette... À quoi pensait-il? « Miam, ça a l'air délicieux »? Ou bien « je vais faire une blague au beau-frère et lui en mettre une dans la bouche pendant qu'il ronfle »?

Sans compter qu'il y eut assurément dans l'Histoire des ratés, tels la salade d'herbes à puces, le steak de mouffette ou la brochette de poils.

BRUNO, AVEC TOUTE SA TÊTE, DANS UN COIN DES PHILIPPINES OÙ LES TÊTES SONT PARTICULIÈREMENT CONVOITÉES...

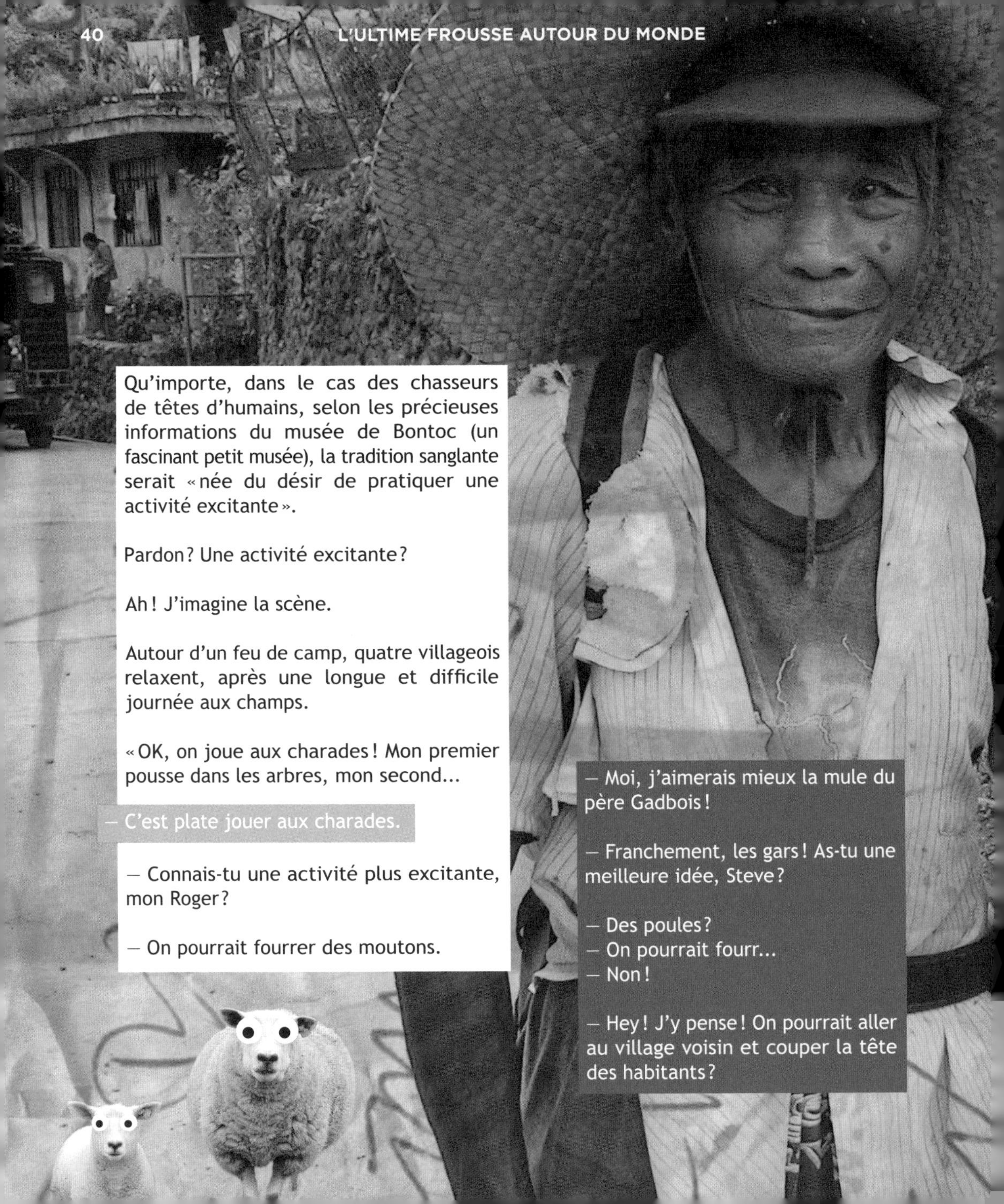

Qu'importe, dans le cas des chasseurs de têtes d'humains, selon les précieuses informations du musée de Bontoc (un fascinant petit musée), la tradition sanglante serait « née du désir de pratiquer une activité excitante ».

Pardon ? Une activité excitante ?

Ah ! J'imagine la scène.

Autour d'un feu de camp, quatre villageois relaxent, après une longue et difficile journée aux champs.

« OK, on joue aux charades ! Mon premier pousse dans les arbres, mon second...

— C'est plate jouer aux charades.

— Connais-tu une activité plus excitante, mon Roger ?

— On pourrait fourrer des moutons.

— Moi, j'aimerais mieux la mule du père Gadbois !

— Franchement, les gars ! As-tu une meilleure idée, Steve ?

— Des poules ?
— On pourrait fourr...
— Non !

— Hey ! J'y pense ! On pourrait aller au village voisin et couper la tête des habitants ?

— Couper des têtes? Hey... C'est bon ça! Comment se fait-il qu'on n'ait pas pensé avant à cette activité excitante?

— Stie qu'on est caves...

— Et pis après avoir coupé la tête, on pourrait se faire des poignées de tam-tam avec les mâchoires?

— Yeah!!! Super excitant!

Parce que c'est exactement ce qu'ils faisaient avec les mâchoires, après avoir fait bouillir le crâne pour en détacher les chairs.

Je vous jure, ils ont de ces idées dans le coin.

À San Fernando de La Union, à une soixantaine de kilomètres d'ici, un médecin, Jessie Miranda, a tenté, au mois d'avril dernier, d'établir le record Guinness du plus grand nombre de circoncisions en une heure. Il a circoncis 66 jeunes, en 60 minutes, avec l'aide d'un laser. Son temps le plus rapide pour découper un prépuce? Cinq secondes!

Remarquable, n'est-ce pas? Par contre, l'article de journal ne mentionnait pas comment il a réussi à recruter ses courageux cobayes...

— Salut le jeune, ça te tenterait-tu de te faire découper le prépuce à toute vitesse, avec un laser?

— Euh. Pas sûr. monsieur.

Certains mystères demeureront à jamais irrésolus.

DES TATOUAGES DANS LE VISAGE

— TINGLAYAN, PHILIPPINES —

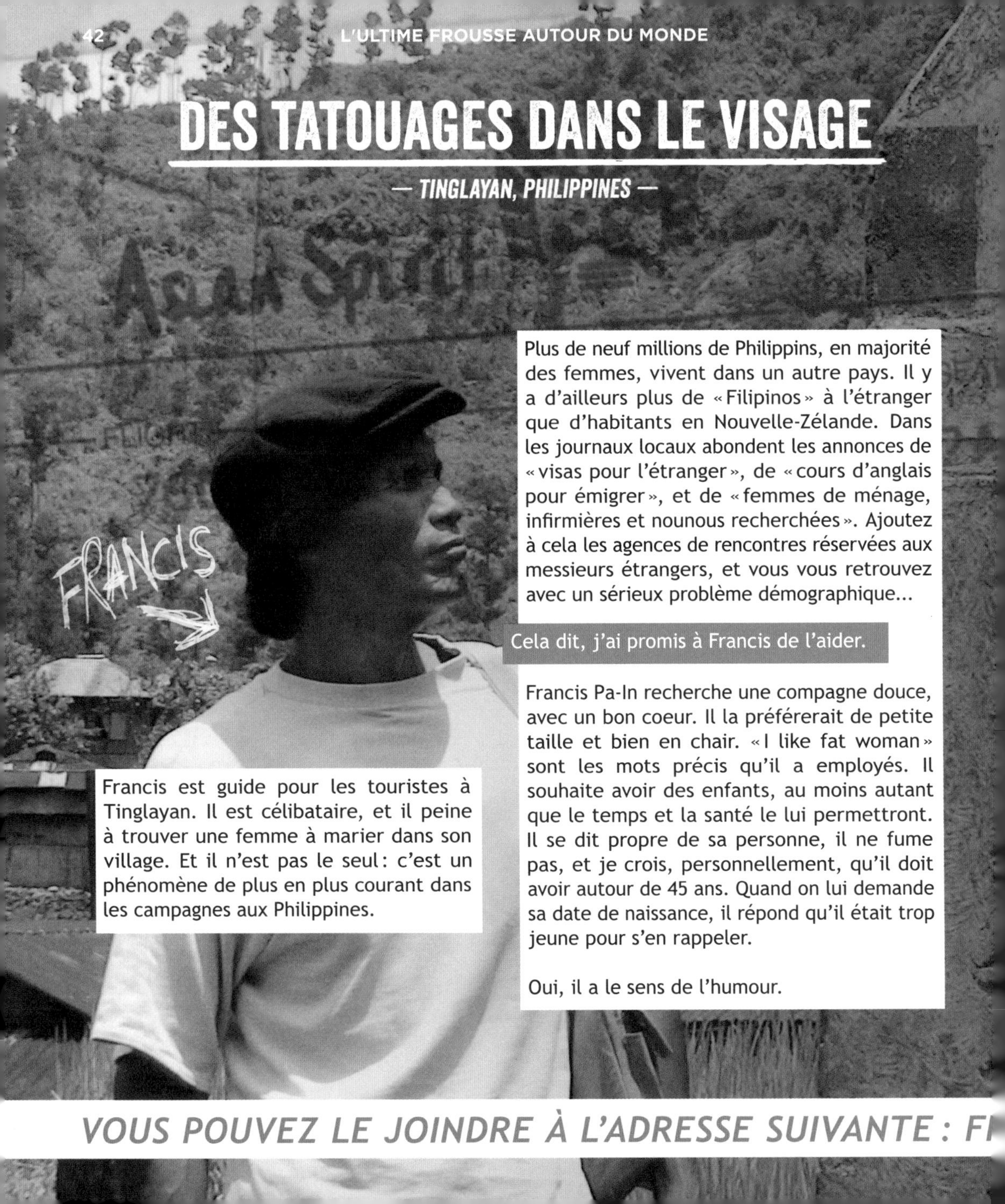

Plus de neuf millions de Philippins, en majorité des femmes, vivent dans un autre pays. Il y a d'ailleurs plus de « Filipinos » à l'étranger que d'habitants en Nouvelle-Zélande. Dans les journaux locaux abondent les annonces de « visas pour l'étranger », de « cours d'anglais pour émigrer », et de « femmes de ménage, infirmières et nounous recherchées ». Ajoutez à cela les agences de rencontres réservées aux messieurs étrangers, et vous vous retrouvez avec un sérieux problème démographique...

Cela dit, j'ai promis à Francis de l'aider.

Francis est guide pour les touristes à Tinglayan. Il est célibataire, et il peine à trouver une femme à marier dans son village. Et il n'est pas le seul : c'est un phénomène de plus en plus courant dans les campagnes aux Philippines.

Francis Pa-In recherche une compagne douce, avec un bon coeur. Il la préférerait de petite taille et bien en chair. « I like fat woman » sont les mots précis qu'il a employés. Il souhaite avoir des enfants, au moins autant que le temps et la santé le lui permettront. Il se dit propre de sa personne, il ne fume pas, et je crois, personnellement, qu'il doit avoir autour de 45 ans. Quand on lui demande sa date de naissance, il répond qu'il était trop jeune pour s'en rappeler.

Oui, il a le sens de l'humour.

VOUS POUVEZ LE JOINDRE À L'ADRESSE SUIVANTE : F

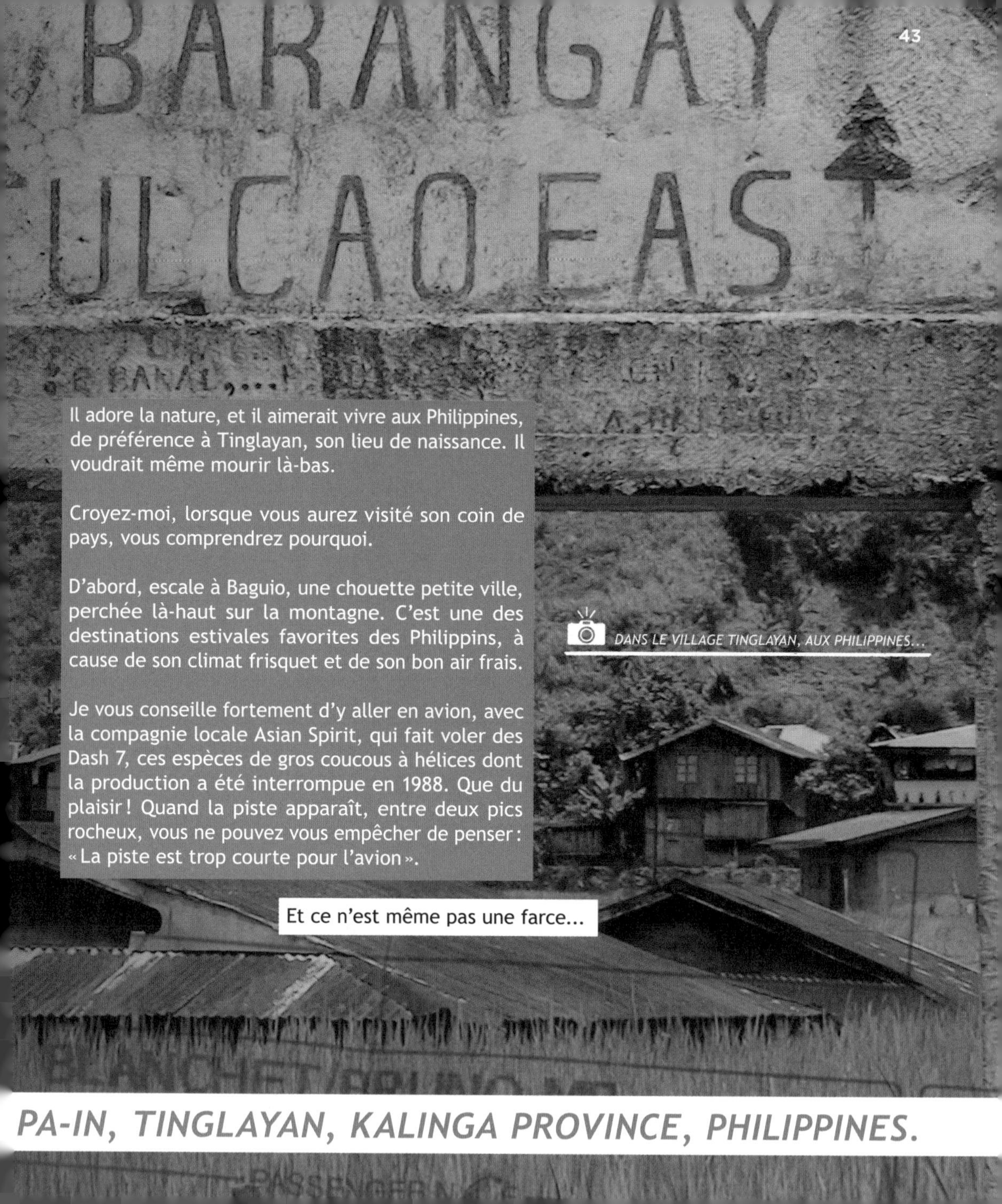

Il adore la nature, et il aimerait vivre aux Philippines, de préférence à Tinglayan, son lieu de naissance. Il voudrait même mourir là-bas.

Croyez-moi, lorsque vous aurez visité son coin de pays, vous comprendrez pourquoi.

D'abord, escale à Baguio, une chouette petite ville, perchée là-haut sur la montagne. C'est une des destinations estivales favorites des Philippins, à cause de son climat frisquet et de son bon air frais.

Je vous conseille fortement d'y aller en avion, avec la compagnie locale Asian Spirit, qui fait voler des Dash 7, ces espèces de gros coucous à hélices dont la production a été interrompue en 1988. Que du plaisir ! Quand la piste apparaît, entre deux pics rocheux, vous ne pouvez vous empêcher de penser : « La piste est trop courte pour l'avion ».

DANS LE VILLAGE TINGLAYAN, AUX PHILIPPINES…

Et ce n'est même pas une farce…

PA-IN, TINGLAYAN, KALINGA PROVINCE, PHILIPPINES.

Bang ! L'atterrissage le plus brutal de ma courte expérience de globetrotteur. Quand l'avion touche le sol, l'hôtesse de l'air crie : « Placez vos pieds en chasse-neige ! »

Avis aux propriétaires de dentier : attachez-le avec de la broche.

C'est de Baguio que l'on prend l'autobus pour se rendre à Bontoc, en empruntant l'autoroute Halsema. Autoroute ? Ah ! Le chemin de Saint-Elzéar plutôt, oui ! Avec des falaises en bonus... Halsema est une route étroite, à deux voies, qui grimpe jusqu'à 2255 mètres, le point le plus haut du réseau routier philippin. On la surnomme la « périlleuse », et elle mérite amplement ce qualificatif.

Dans certains tournants en épingle, lorsque vous regardez en bas, par la fenêtre du bus, vous ne voyez pas la route. Ni l'accotement. Rien qu'un trou béant. Et vu d'un gros vieux véhicule avec les pneus mous sur de l'asphalte trempé, il y a de quoi remettre en question son dévouement à la cause du tourisme d'aventure.

Le pire, c'est qu'il était à venir.

De Bontoc jusqu'à Tinglayan, la route se transforme en sentier, tout aussi escarpé, que vous devez négocier maintenant à bord d'un jeepney : ce camion typiquement philippin, fabriqué à l'origine à partir d'un ex-devant de Jeep (gracieuseté des « cours à scrap » de l'armée américaine).

La jeepney moderne est habituellement équipée de pneus lisses, d'un radiateur qui fuit et d'une suspension finie. Pratique, elle dispose d'assez d'espace pour asseoir au moins 20 personnes sur le toit.

Et là, t'as les pieds qui balancent au-dessus du gouffre et, je t'assure, tu te fais secouer comme une mouche sur la queue d'une vache !

Avis aux propriétaires de moumoute : c'est un cas de « gaffer tape ».

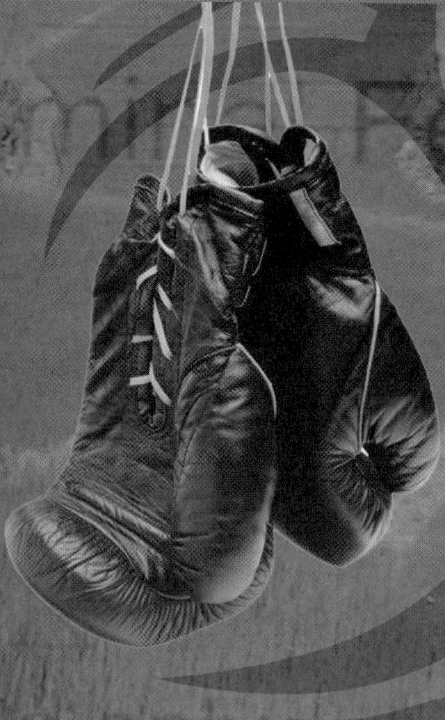

Bref, avant d'arriver à Tinglayan, je craignais un peu d'aller me balader dans des villages où les gens, il n'y a pas si longtemps, s'amusaient à collectionner des crânes humains. Après avoir survécu à l'odyssée qui m'a mené jusqu'ici ? Pfff ! Ça va en prendre épais pour m'effrayer.

Comme quoi tout est relatif...

— Et comment je les reconnaîtrai, les chasseurs de têtes, Francis ?

— Ils portent des tatouages dans le visage.

— Comme Mike Tyson ?
— Mike qui ?
— Mike Tyson, le boxeur.
— Boxeur comme Cassius Clay ?

Wow. Quand je vous parlais d'un coin reculé. Ici, Mohammed Ali n'a même pas encore changé de nom. Et les hommes rêvent encore de mariage et d'enfants...

MA PEUR DES CHIENS

— QUELQUE PART DANS LA JUNGLE, PHILIPPINES —

Nous sommes en route vers les villages de chasseurs de têtes philippins. Dans mon sac, j'ai des boîtes d'allumettes et des crayons de bois. Au magasin général, on m'a conseillé d'apporter ces cadeaux pour les amadouer.

« Si ça ne fonctionne pas? »

— Cours le plus vite possible, dans une pente, en ôtant tes vêtements.

— Hum... C'est pas pour les ours bruns, ça?

Ils rient.

— Mais non, ne t'en fais pas. Tu n'as pas la tête de l'emploi!

À mon tour de rire.

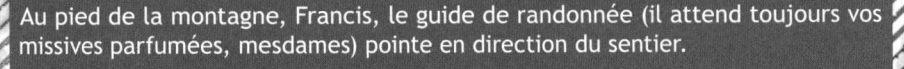

Au pied de la montagne, Francis, le guide de randonnée (il attend toujours vos missives parfumées, mesdames) pointe en direction du sentier.

« C'est par ici. »

Devant nous, donc, une piste étroite et boueuse — et tellement à pic que je serais tenté de l'appeler un mur — se faufile entre une petite maison et un berger allemand qui, vraisemblablement, n'apprécie pas la présence d'étrangers. Enfin, c'est ce que l'on pourrait penser à la vue du gros toutou : il grogne, il montre les dents et il a de la mousse au bord des babines. Des indices...

Encore une fois, ça part bien, et votre dévoué trekkeur du dimanche est ravi! Vous savez comme j'aime relever des défis... La loi de Murphy, qu'ils disent? Parlez-m'en! Je prends un bateau, et le vent se lève. Je hèle un taxi, et le chauffeur, qui vient de voler la voiture, est saoul. Dans l'autobus, j'ai toujours droit au siège défoncé et, plus le trajet est long, plus j'ai de chances que le passager assis à côté de moi n'utilise pas de dentifrice, de déodorant et/ou ait mangé du chou.

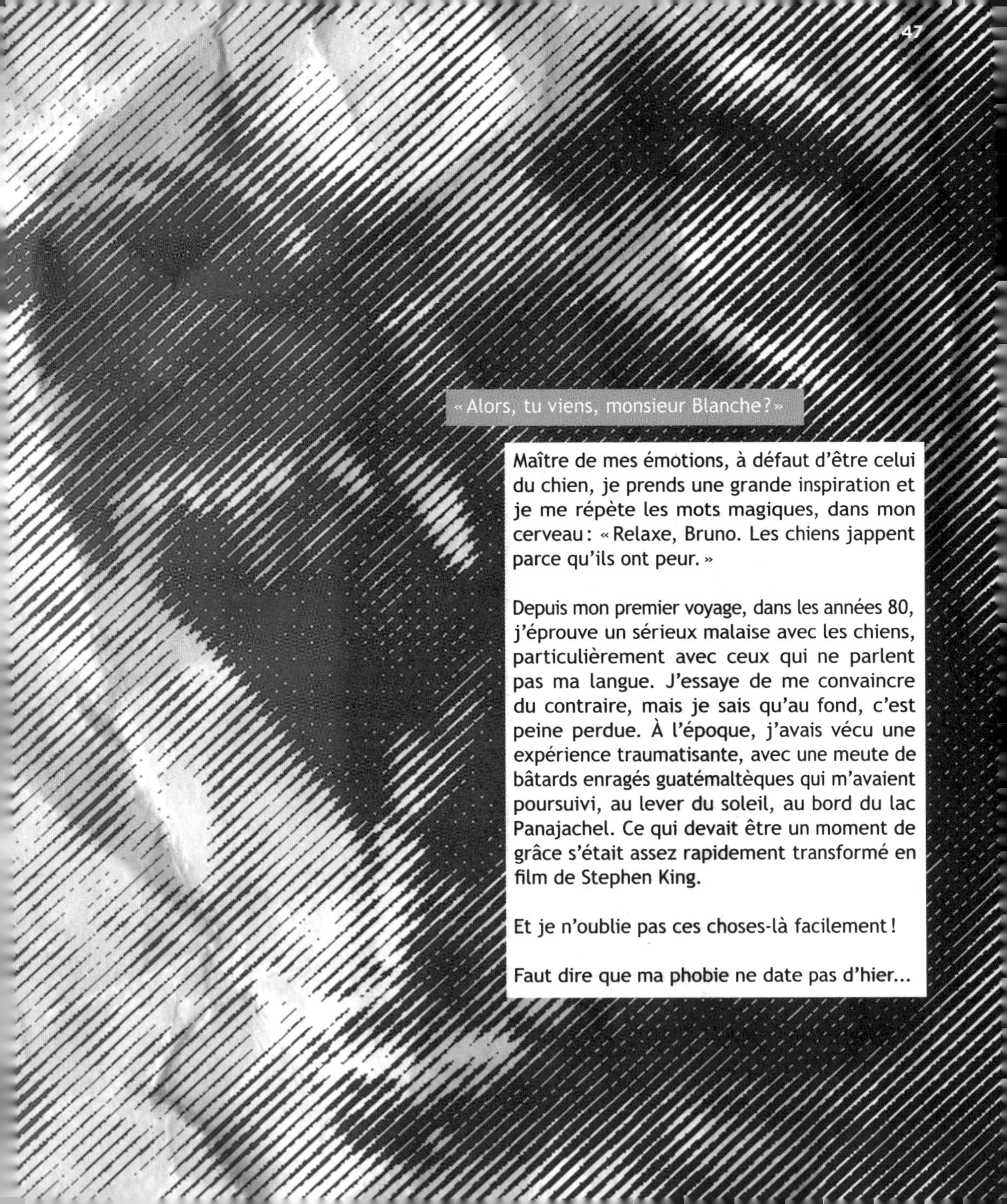

« Alors, tu viens, monsieur Blanche ? »

Maître de mes émotions, à défaut d'être celui du chien, je prends une grande inspiration et je me répète les mots magiques, dans mon cerveau : « Relaxe, Bruno. Les chiens jappent parce qu'ils ont peur. »

Depuis mon premier voyage, dans les années 80, j'éprouve un sérieux malaise avec les chiens, particulièrement avec ceux qui ne parlent pas ma langue. J'essaye de me convaincre du contraire, mais je sais qu'au fond, c'est peine perdue. À l'époque, j'avais vécu une expérience traumatisante, avec une meute de bâtards enragés guatémaltèques qui m'avaient poursuivi, au lever du soleil, au bord du lac Panajachel. Ce qui devait être un moment de grâce s'était assez rapidement transformé en film de Stephen King.

Et je n'oublie pas ces choses-là facilement !

Faut dire que ma phobie ne date pas d'hier...

À l'âge de 6 ans, j'ai lâché la main de ma mère, sans avertissement, et j'ai traversé le boulevard Langelier en pleine heure de pointe parce qu'un gros chien avait jappé derrière moi sur le trottoir. Ma mère a rectifié les faits, récemment : il ne s'agissait pas d'un gros chien, mais bien d'un caniche.

« Un caniche ? »

— Oui, un caniche !

— Dis-moi au moins que c'était un caniche géant, maman !

— Non, Bruno. Un petit caniche. Avec un pompon.

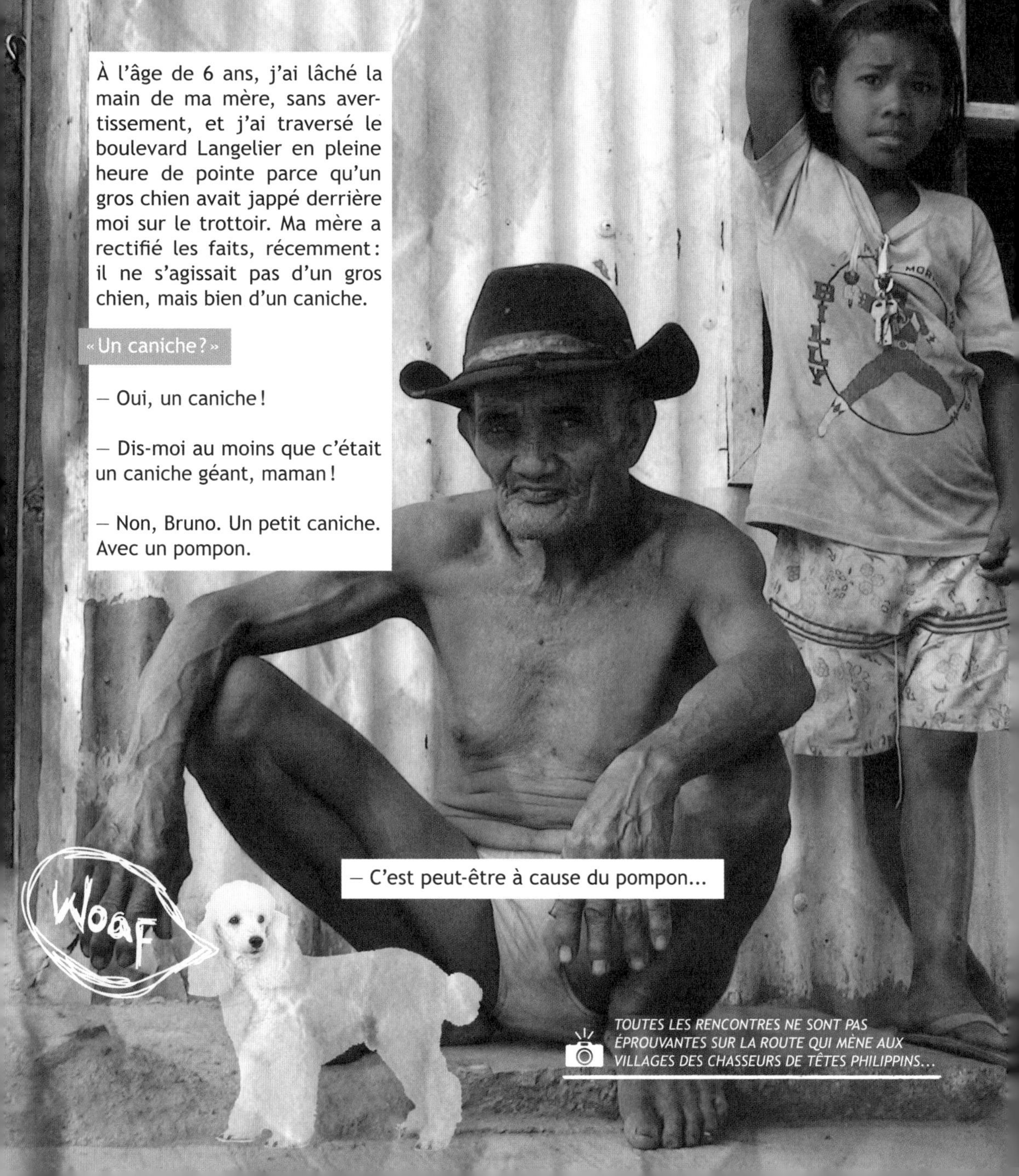

— C'est peut-être à cause du pompon...

TOUTES LES RENCONTRES NE SONT PAS ÉPROUVANTES SUR LA ROUTE QUI MÈNE AUX VILLAGES DES CHASSEURS DE TÊTES PHILIPPINS...

Avant de partir, il y a quatre ans, j'avais même songé à me procurer une petite bouteille de poivre de Cayenne, au cas où je tomberais sur du canin malin non identifié.

Je n'avais jamais mis mon plan diabolique à exécution mais, pendant qu'on y est, et pour tous ceux qui auraient envie de se balader avec du poivre sous pression dans la pochette, j'ai une histoire très éducative à vous raconter.

Couchez les petits, il y a du sexe là-dedans.

Un soir, à Antananarivo, capitale du Madagascar, une ville peu recommandable après la tombée de la nuit, notre ami Big Pete s'est fait attaquer. Pas par un chien. Par des bandits. Ils ont taillé la poche de son pantalon avec un rasoir et piqué son portefeuille vide (nous venions d'en boire le contenu). Big Pete n'a pas eu le temps de réagir. Ils avaient filé. Frustré, notre gros copain s'est alors souvenu qu'il avait du poivre de Cayenne dans son sac. Il ne l'avait jamais utilisé. Sur la bouteille, il est écrit qu'on doit en pulvériser un petit coup, une fois de temps en temps, pour éviter que le trou se bouche. Alors ce soir-là, en faisant bien attention, Big Pete a pesé sur la détente. Mais pas assez fort. Ç'a fait pschiiit, et le liquide a coulé sur sa main. Il est rentré à l'hôtel, s'est rincé les doigts au lavabo, et s'est glissé sous les couvertures.

Et comme le font tous les hommes qui ont au moins une main, il s'est instinctivement tâté les parties intimes avant de s'endormir, pour s'assurer qu'elles y étaient toujours.

Mauvaise idée.

La peau du scrotum est extrêmement sensible au poivre de Cayenne, et à tout autre irritant. Même en infime quantité.

Alors, ça s'est mis à chauffer. Un peu, beaucoup, énormément!

Le lendemain matin, au petit-déjeuner, je lui ai trouvé l'air fatigué.

— T'as pas bien dormi, Pete?

— Non. J'ai passé la moitié de la nuit sur la pointe des pieds avec les couilles dans le lavabo, sous le robinet d'eau froide... T'as pas besoin d'une bouteille de poivre de Cayenne, par hasard?

Un ami, un vrai, ce gros Pierre.

Et ce chien qui grognait toujours...

Allez, courage! Dans le prochain épisode, nous vaincrons nos phobies, et la foi déplacera les montagnes.

LA TÊTE DANS LES NUAGES

— QUELQUE PART DANS LA JUNGLE, PHILIPPINES —

Nous avions grimpé pendant deux bonnes heures.

J'avais le coeur qui cognait dans les tempes, les mollets en feu, et j'attendais encore ce fameux « deuxième souffle », mon cher Lionel.

Peut-être n'aurais-je pas dû épuiser le premier?

Francis, mon guide, marchait à vive allure parce qu'il fallait atteindre notre gîte avant la nuit; le soleil qui se levait me pesait comme si je le portais, et la chaleur mêlée à la rosée avait rapidement transformé la boueuse randonnée en un insurmontable combat contre l'humidité. J'avais l'impression de respirer dans l'eau, à contre-courant. Et en pente, mes gougounes ne valaient pas de la chnoute. Bonne idée, Bruno, de ne pas porter tes sandales en téflon!

— Je ne voulais pas les salir...

Ben intelligent! Souffre, maintenant...

Enfin, Francis s'est arrêté.

« Quelqu'un vient. »

Il existe bien des choses que je ne comprendrai jamais en ce bas monde... Et en voici une: un mec aux cheveux longs, avec un t-shirt de Metallica, a jailli du bois, les yeux rouges comme un lapin; il s'est avancé, presque au ralenti, les bras tendus comme un zombie, avec une grosse boulette brune dans la main. De loin, ç'avait l'air d'un caca. De près, ça n'était guère mieux.

Il a salué mon guide et s'est adressé à moi.

« You want buy haschisch, my friend? »

Ah, je rêve! À huit heures du matin, en pleine montagne, au beau milieu de la Cordillera, je rencontre un pusher de la rue Saint-Denis? Sans hésiter, je lui réponds: «Non merci.»

Aujourd'hui, avec le recul, je sais que j'aurais très bien pu lui répondre « avec plaisir ! », et faire découvrir à notre trek une nouvelle dimension ; mais quand on me surprend avec des substances illicites, surtout de cette façon, j'ai toujours le réflexe de spontanément dire non. Au Laos, le premier chauffeur de taxi dans lequel j'étais monté m'avait jeté sur les genoux un sac de marijuana.

— You want get high ?

Il n'avait pas fini sa question que je l'avais relancé sur le siège en avant, comme une patate chaude qui me brûlait les doigts.

Paranoïa, réflexe de survie ou peur de la loi ? Quoi qu'il en soit, le rocker sauvage a secoué sa crinière, rangé sa grosse bite de H, puis s'en est retourné dans sa forêt.

— Ici, faut faire gaffe à ne pas traverser une plantation, m'a alors confié Francis.

— Merci mon cher.

Pendant une seconde, je me suis demandé si ce n'était pas moi qui en avais fumé du bon.

Je dis ça, mais au fond, je n'étais pas du tout surpris de croiser un amateur de musique heavy metal, dans la forêt, à 2000 mètres d'altitude. Ici, les rockers, ils sont partout ! Parce qu'aux Philippines, le rock lourd, je vous assure, c'est super méga populaire. C'est une véritable religion ! Avis aux fabricants de vêtements : les Philippines, c'est LA place pour vendre des t-shirts noirs et n'importe quoi avec des imprimés de têtes de mort. D'ailleurs, cette semaine, à Manille, on annonçait en grande pompe à la une des quotidiens, comme pour un show de Céline chez nous, un festival de death metal, intitulé sagement le KILLFEST, avec plein de joyeux groupes, tels I will Break your face (Je vas te briser ta face), Nosebleed (Saigner du nez) et Devil Puke Sound (Le son du vomi du diable), et en tête d'affiche, le groupe allemand PrinkleSSmagstein (Joli chaton blanc).

Nous sommes descendus nous rafraîchir dans l'eau d'une chute grandiose, puis nous avons poursuivi la route en grimpant de splendides rizières en terrasses. À distance, cette harmonie de formes qui se chevauchent en dévalant la montagne est une image onctueuse, qui invite à la poésie ; et vu dans son ensemble, c'est exquis, ravissant, et presque aussi suave que le roulis des vagues sur un océan verdoyant. Mais sur le terrain, c'est une autre tabarnak d'histoire, croyez-moi...

Escalader des murets de deux mètres de hauteur, en prenant appui sur des roches mouillées, et avancer sur des remparts pas plus larges que ses pieds ?

C'est du sport, mon ami !

Tout au long du trajet, Francis demande aux locaux s'il existe encore des chasseurs de têtes dans la région. Malheureusement, quasiment toutes les réponses sont négatives. Il n'y en aurait qu'un seul, affirme un fermier, et il serait si vieux qu'on se demande s'il n'est pas décédé. Je suis déçu. Mais le trek est si bon que je serais idiot de gâcher mon plaisir avec des mauvaises vibrations.

Parlant de morts, ici, on a une manière assez particulière de célébrer le décès de quelqu'un : on assoit le défunt sur une chaise haute, comme celle d'un arbitre de tennis, puis on attache bien les bras, la tête et les jambes, et on place la chaise devant la maison.

Et avec la famille et les voisins, on fait la fête, pendant 3-4 jours, en apportant des plats et de l'alcool au mort et en lui racontant des blagues, comme s'il était vivant.

Ensuite, on lui met un maillot de bain rouge, on l'amène à la plage, et on fait semblant qu'il est le sauveteur de *Alerte à Malibu*.

Deux vérités et un mensonge !

Par contre, nous avons croisé un groupe de femmes âgées issues de cette ethnie ; de splendides et fières amazones aux cheveux longs, vêtues d'une simple jupe sombre, et arborant des tatouages élaborés, du bout des doigts jusqu'à la clavicule. Elles étaient si belles ! Et j'aurais tant aimé vous les présenter ! Mais elles ne voulaient pas être photographiées...

J'ai respecté leur souhait.

En fin de journée, au village de Denanao, une dame qui battait le riz sur son balcon nous a spontanément invités dans sa maison. Elle nous a offert à manger et à boire. Un jus de fruits frais, un bol de fèves, et du riz... rouge. Rouge ! Pas blanc ! Ce que j'étais heureux.

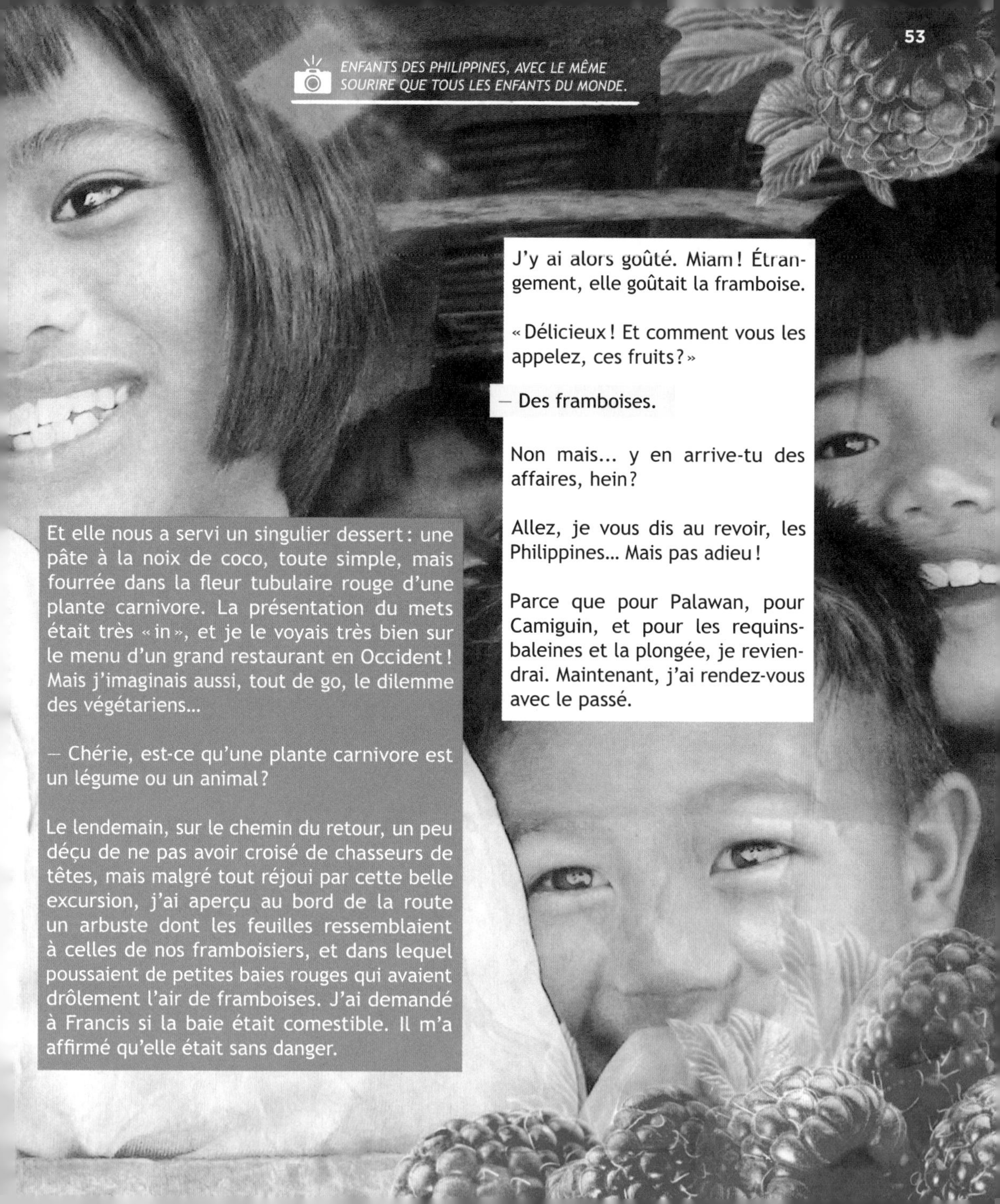

ENFANTS DES PHILIPPINES, AVEC LE MÊME SOURIRE QUE TOUS LES ENFANTS DU MONDE.

Et elle nous a servi un singulier dessert : une pâte à la noix de coco, toute simple, mais fourrée dans la fleur tubulaire rouge d'une plante carnivore. La présentation du mets était très « in », et je le voyais très bien sur le menu d'un grand restaurant en Occident ! Mais j'imaginais aussi, tout de go, le dilemme des végétariens...

— Chérie, est-ce qu'une plante carnivore est un légume ou un animal ?

Le lendemain, sur le chemin du retour, un peu déçu de ne pas avoir croisé de chasseurs de têtes, mais malgré tout réjoui par cette belle excursion, j'ai aperçu au bord de la route un arbuste dont les feuilles ressemblaient à celles de nos framboisiers, et dans lequel poussaient de petites baies rouges qui avaient drôlement l'air de framboises. J'ai demandé à Francis si la baie était comestible. Il m'a affirmé qu'elle était sans danger.

J'y ai alors goûté. Miam ! Étrangement, elle goûtait la framboise.

« Délicieux ! Et comment vous les appelez, ces fruits ? »

— Des framboises.

Non mais... y en arrive-tu des affaires, hein ?

Allez, je vous dis au revoir, les Philippines... Mais pas adieu !

Parce que pour Palawan, pour Camiguin, et pour les requins-baleines et la plongée, je reviendrai. Maintenant, j'ai rendez-vous avec le passé.

LE RETOUR À LA MAISON

— MONTRÉAL, CANADA —

Partir, il y a quatre ans, pour toutes sortes de raisons, était troublant: j'allais vendre tout, et laisser le boulot, la famille, les amis, et le confort de mon 6 et demi pour un sac à dos...

Et aujourd'hui, le retour à la maison me le semble tout autant.

On raconte que de rentrer d'un long périple ne se fait jamais sans heurt et que le choc culturel s'effectue aussi, dans l'autre sens, à l'envers. Mais cet obstacle, au fond, je m'en fous.

À la limite, je le trouve même excitant: je pars en voyage, à la maison! Je vous avoue que ma principale inquiétude à ce moment est justement d'être, comme on dit chez nous, complètement dans le champ. Parce que, qu'est-ce que je vous rapporte de mes 48 mois de voyage, concrètement? Rien! Deux passeports, une petite bedaine, un mal de dos, un vieux sac sale, un atlas usé à la corde, des sous-vêtements de Thaïlande et un cahier de notes où il est écrit « merci » en 25 langues...

— C'est tout, monsieur Blanchet?

Oui. Et dans votre univers, je sens que je serai désuet comme un vieux souvenir poussiéreux. Parce que je n'ai pas idée de ce qui s'est passé durant mon absence. Je n'arrive pas de la Thaïlande ou des Philippines : j'arrive de l'année 2004 ! Entre autres choses que j'ai ratées, il y a le nouveau look d'Anne-Marie Losique (on m'a dit qu'elle avait encore changé de visage ?), les dernières Coupes Stanley, les élections nationales, provinciales et municipales, et le nom du nouveau député de mon ancien comté.

Et honnêtement, aujourd'hui, je ne me souviens même plus du nom de mon ancien comté.

J'ai brutalement l'impression de sortir de l'obscurité. Je me sens comme un homme des cavernes qui débarque de partout et de nulle part.

Et mes sens s'affolent.

À l'aéroport de Heathrow où je suis descendu pour une escale de quatre heures, le temps de manger un *fish and chips* à 28 $, la civilisation m'est rentrée dedans : en moins de trente secondes, dans le bus pour le terminal 4, j'ai pu lire, en lettres majuscules, sur des pancartes aux couleurs fluos : ATTENTION À LA MARCHE, GARDEZ VOTRE DROITE, RÉSERVÉ, INTERDICTION DE CIRCULER, PRIORITÉ AUX PERSONNES À MOBILITÉ RÉDUITE, SORTIE, ENTRÉE, TENEZ LA RAMPE, et NE PARLEZ PAS AU CHAUFFEUR.

Étourdissant ! À l'aéroport de Baguio Socotra, d'où j'avais amorcé mon retour la semaine passée, il n'y avait qu'une seule petite pancarte brune, sur laquelle était écrit, en lettres minuscules : no guns in the airport !

Et tout s'est bien déroulé.

Corrigez-moi si je me trompe : est-ce que quelqu'un, quelque part, cherche à se déresponsabiliser, et/ou est-ce qu'on aurait un peu tendance à prendre les gens pour des sots, en Occident ?

Vous comprendrez mon émerveillement quand j'ai vu, deux jours plus tard, à Montréal rue Saint-Laurent, l'affiche COMMENT BARRER VOTRE VÉLO. Pardon ? Vous dites que je dois descendre de la selle avant de barrer le vélo ? Fiou. Merci, Ma'ame Affiche ! Qu'est-ce que j'aurais fait sans vous ? Je me serais sans aucun doute barré la jambe avec le vélo, après sur le poteau, et je serais mort de faim !

Six heures plus tard, l'avion survole Montréal. J'ai la gorge qui se noue. Je vois des maisons comme la maison que je connais. Comme la maison que je dessinais quand j'étais petit. Je me tourne vers le hublot pour qu'on ne me voie pas chialer.

Je suis à bord du quarante-neuvième avion de mon périple, je viens de le calculer. J'aurais aimé, symboliquement, que ce soit le cinquantième ; mais y a des choses comme celle-ci dans la vie qu'on peut difficilement changer.

L'avion touche le sol. Ça y est. Je suis rentré. En un seul morceau.

Dans la file d'attente pour les douanes, je comprends parfaitement ce qui se dit autour de moi... Et ça me fait un drôle d'effet ! D'habitude, dans une foule, je peux me soustraire à l'action et me laisser bercer par le charabia. Mais maintenant, je peux difficilement faire abstraction de la conversation du couple devant moi.

— J'espère que Jacques va m'nir nous charcher.
— Inquiète-toi pas. J'y ai parlé à matin.
— Ouain, je le sais ben ! Mais sa torrieuse de minoune, dins fois qu'a lâcherait s'a 20.

Wow. Essaye de raconter ça à un Français ! Si j'avais des doutes sur ma destination, c'est réglé... Mais je vis malgré tout une impression d'étranger : lorsque je suis parti du Québec, les gens me saluaient et m'adressaient souvent la parole, sur la rue, au resto ou ailleurs, à cause de ma présence régulière à la télévision; et aujourd'hui, personne ne fait attention à moi. Je suis un peu inquiet. Ai-je changé à ce point? Ou suis-je un has-been de 44 ans? Ai-je déjà apparu dans l'infâme chronique « Que sont-ils devenus ? »

C'est alors qu'un monsieur que je croisais et recroisais dans le serpentin d'attente, et qui me dévisageait d'une étrange façon, soudain, s'est avancé dans ma direction.

COLLABORATION SPÉCIALE : LA FAMILLE RÉUNIE POUR LE SOUPER : MAMAN, PAPA ET MA SOEUR CHANTAL.

— Est-ce qu'on vous a déjà dit que vous ressemblez au comédien Bruno Blanchet?

— Euh, oui... Une fois ou deux!

— Je me demande ce qu'il fait, ces temps-ci. Ça fait longtemps qu'on ne l'a pas vu. Y était fou lui, hein?

— Oui. Et je suis sûr qu'il l'est encore.

Je sors dans le hall. Mon coeur bat à 200 à l'heure. Je cherche mes parents dans la foule. Je ne les vois nulle part. Pendant un instant, je panique comme un garçon de 6 ans perdu au centre commercial.

Ouf! Ma mère apparaît. Mon père la suit.

— Mon doux, mais t'as donc ben des cheveux gris, Bruno!

— Ouais, j'ai peut-être vieilli.

Ma mère pleure. Mon père se retient. Il me met la main sur l'épaule. Et il me dit la plus belle chose que j'ai entendue depuis longtemps.

— Viens-t'en à la maison, mon grand.

FEU DE BROUSSE

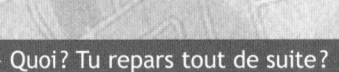

— MONTRÉAL, CANADA —

— Quoi ? Tu repars tout de suite ?

— Mais oui ! Je suis venu au Québec seulement pour fêter le 70e anniversaire de papa. Et si je ne voyage pas, je n'ai plus de travail, et si je n'ai plus de travail, je ne peux pas voyager…

— Ouain. C'était pas très long.

Ma grande soeur Chantal est un peu fatiguée d'avoir un frérot-toujours-sur-la-go. Mais elle le sait que j'en ai besoin. Elle sait que je ne me sauve pas du Québec, ni de la famille, mais que je cours. Je cours contre la montre… Je me sens vieillir, et quand je serai mort, il sera trop tard ! Et partout où j'atterris, je brûle de repartir. Il y a trop à voir, trop à fouiller, trop à découvrir. Et j'aime apprendre. N'importe quoi, n'importe où ! Une journée où l'on n'apprend rien est une journée perdue… Et puis, j'aime avoir peur. J'aime être perdu au milieu de la jungle. J'aime les villes hostiles, j'aime être obligé de dormir sur la plage, j'aime me faire voler mon sac et repartir à zéro…

J'aime être dans la marde !

C'est ce qui me stimule et me garde vivant. Chez nous, c'est trop confortable. Ça m'éteint. Il y a quelque chose de monotone. De répétitif. Et je déteste refaire deux fois le même truc… Quoi que ce soit ! Dans la vie, à quoi sert de refaire quelque chose que tu sais que tu sais faire ? Je serais humoriste, au troisième spectacle, je voudrais tout changer. Au sixième, tout changer tout ce que j'ai changé. Et au dixième, je m'immole.

Par contre, parcourir le monde vous offre rarement deux fois la même expérience, et c'est mon choix.

J'entends soudain l'écho de ma mère, un matin d'hiver :

— Bruno, va jouer dehors !

Et aujourd'hui, je la comprends. Ça signifiait :

— Reste pas là à rien faire !

Ma sœur hoche la tête.

— Et tu t'en vas où, maintenant ?

>>>
À l'aéroport Pierre-Elliott-Trudeau, assis seul au bar du Casey's, je suis brumeux, troublé et confus. C'est si difficile de vous écrire à propos de la maison… J'ignore pourquoi, mais je suis mille fois plus inspiré lorsque j'écris à propos de choses que je ne connais pas du tout. Comme cet outil tribal, en vente dans un marché africain :

– Dites-moi monsieur, quel est cet outil ?

– Celui-là ? C'est une rallonge de pipette à gloutte.

– Et ça sert à quoi ?

– Ça sert de rallonge, si ta pipette est trop petite, ou si la gloutte est trop longue.

– Ah !

Ces trucs ont un effet magique sur moi. Je me propulse avec ravissement dans un présent imaginaire, et je la vois très bien, cette gloutte qui pendouille, beaucoup trop longue et moi, dessous, avec ma petite pipette, en train de me dire :

– Ah, si seulement j'avais la rallonge !

Trève de plaisanteries, je vous assure que ç'a été dur de quitter la famille… Mais je n'ai pas envie d'écrire sur la tristesse, ce soir.

Allons-y plutôt avec ce qui m'a amusé. Dans le désordre.

D'abord, une surprise : quand on constate l'état des routes du Québec, on se réjouit ! En effet, la Belle Province n'a vraiment plus rien à envier à la Mongolie. Suggestion à la Ville de Montréal : à Oulan Bator, dans les nids-de-poule, on loge des familles entières de sans-abri.

Grosse déception : je croyais que l'édifice du Colossus à Laval, au bord de la 15, était un véritable ovni ; malheureusement, j'ai constaté qu'il n'avait pas encore décollé…

Le cipâte de ma mère demeure mon mets préféré au monde entier. Le premier soir, nostalgique, j'en ai bouffé trois assiettes plutôt qu'une, pour être certain de ne jamais l'oublier. En deuxième place : sa sauce aux boulettes. Hier, avant de partir, j'ai dû en manger trois kilos ! En troisième place ? La tom ka gai, une soupe thaïlandaise de poulet au lait de coco. Puis viennent naturellement les a tom yam koung, le somtam thai sai pou, le namtok mou, le lap mou, le touriam khao niao… Rien que d'en parler, j'ai envie de rentrer en Thaïlande !

Et au dernier rang?

Du Madagascar, la queue de zébu à la menthe. La menthe n'y est pour rien: j'ignorais qu'on parlait de cette queue-là.

Sinon, c'est l'fun de regarder la télé au Québec, hein? Je ne sais pas si vous avez remarqué, mais il y a des émissions entre les publicités...

Mais c'est devenu insupportable! C'est du matraquage, de la propagande! C'est *1984* de Orwell! Imaginez un instant si je ponctuais le récit (ACHETEZ LE LIVRE DE LA FROUSSE TOME 3!) avec des (PROCUREZ-VOUS LA FROUSSE TOME 1, LE DÉBUT DE LA SAGA!) publicités en lettres majuscules qui (VOUS AI-JE PARLÉ DU TOME 2 DE LA FROUSSE AUTOUR DU MONDE?) ne mènent nulle part?

Révoltez-vous, bonnes gens! (ET ACHETEZ DONC TOUS LES VOLUMES DE LA FROUSSE) Bref, l'intoxication commerciale m'aura tout de même permis de découvrir un produit que je pourrai difficilement me procurer en Éthiopie: le bâton de désodorisant invisible. Quelle bonne idée! Je m'en suis acheté un. Je ne le trouve plus.

Dans le même ordre d'idées, j'ai rencontré, au coin d'Amherst et de Maisonneuve, mon ami le toujours intense Patrick G., qui m'a demandé:

— Bruno, après avoir visité des dizaines de pays, as-tu trouvé ce que tu cherchais?

— Euh...

— As-tu trouvé la paix intérieure, la recette du bonheur? La preuve de l'existence de Dieu?

— Non. J'ai eu assez de trouble à me trouver une chambre d'hôtel certains soirs, ça fait que...

— Mais dans ta quête de liberté, est-ce que tu t'es trouvé, toi, Bruno Blanchet?

Hum! La question à un million de pesos... On se cherche toujours un peu dans la vie, n'est-ce pas? Et a-t-on vraiment besoin d'aller en voyage pour ça? J'ai quand même posé la question à mon ami John R., de Wimbledon, philosophe de profession et globetrotteur insatiable, qui m'a répondu à peu près ceci:

— Si tu dois te trouver toi-même, dans l'effort, peut-être devras-tu d'abord trouver qui tu n'es pas. Et en ce sens, le voyage est extraordinaire, parce qu'il te permet de comprendre que tu es peut-être celui que tu croyais ne pas être; et ensuite de réaliser, à ta grande stupéfaction, que le mec assis derrière toi, avec la peau brune, la casquette jaune et le t-shirt Nike, c'est toi, lui aussi.

Et vlan. C'est beau, non?
Si au moins je pouvais comprendre.

>>>

Ma sœur me regarde de travers. Elle connaît déjà ma réponse.

— Je traverserai le Proche-Orient... puis en direction de l'Afrique du Sud, Chantal.

— Encore l'Afrique?

UNE DE CES RENCONTRES DONT LE HASARD A LE SECRET : ALORS QU'IL ATTENDAIT SON AVION POUR RETOURNER VERS DE NOUVELLES AVENTURES, BRUNO A CROISÉ SON AMI KEN SCOTT À L'AÉROPORT.

Oui. Le continent que je craignais tant avant mon départ. L'Afrique est maintenant devenue mon continent chouchou. Il y a quatre ans, lorsque j'avais rencontré Julien, mon agent de voyage pour préparer mon périple, il m'avait décrit l'Afrique avec un feu de brousse dans les yeux. Mais son bel entrain ne m'avait pas du tout convaincu : pour moi, l'Afrique, c'était un lieu juste à côté de l'Enfer, adresse civique 668, où les gens t'attendent à l'aéroport avec une machette et un sac de poubelle.

— Ça ne me tente pas de mourir avant d'être vieux, Julien.

— Bruno ! Imagine que tu arrives dans un village Masaï, au milieu du désert, et que le chef sorte de sa hutte pour venir te serrer la main, en criant : « Salut, Julien ! » C'est fabuleux, non ?

Oui, Julien. Tu avais raison. C'est fabuleux. Sauf qu'à moi, le chef, il dit : « Salut, Bruno ! »

Et c'est presque aussi beau.

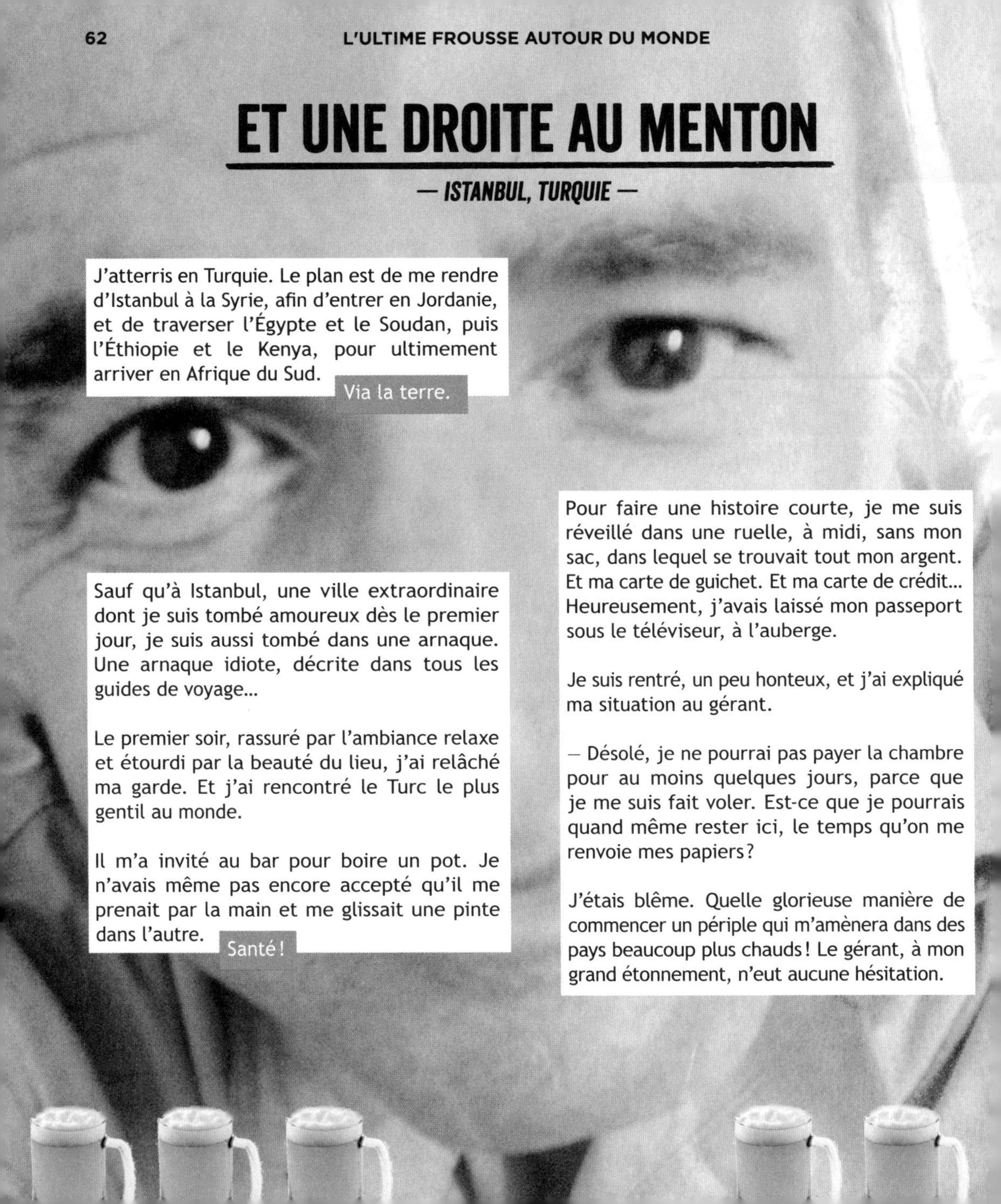

ET UNE DROITE AU MENTON

— ISTANBUL, TURQUIE —

J'atterris en Turquie. Le plan est de me rendre d'Istanbul à la Syrie, afin d'entrer en Jordanie, et de traverser l'Égypte et le Soudan, puis l'Éthiopie et le Kenya, pour ultimement arriver en Afrique du Sud. Via la terre.

Sauf qu'à Istanbul, une ville extraordinaire dont je suis tombé amoureux dès le premier jour, je suis aussi tombé dans une arnaque. Une arnaque idiote, décrite dans tous les guides de voyage…

Le premier soir, rassuré par l'ambiance relaxe et étourdi par la beauté du lieu, j'ai relâché ma garde. Et j'ai rencontré le Turc le plus gentil au monde.

Il m'a invité au bar pour boire un pot. Je n'avais même pas encore accepté qu'il me prenait par la main et me glissait une pinte dans l'autre. Santé !

Pour faire une histoire courte, je me suis réveillé dans une ruelle, à midi, sans mon sac, dans lequel se trouvait tout mon argent. Et ma carte de guichet. Et ma carte de crédit… Heureusement, j'avais laissé mon passeport sous le téléviseur, à l'auberge.

Je suis rentré, un peu honteux, et j'ai expliqué ma situation au gérant.

— Désolé, je ne pourrai pas payer la chambre pour au moins quelques jours, parce que je me suis fait voler. Est-ce que je pourrais quand même rester ici, le temps qu'on me renvoie mes papiers ?

J'étais blême. Quelle glorieuse manière de commencer un périple qui m'amènera dans des pays beaucoup plus chauds ! Le gérant, à mon grand étonnement, n'eut aucune hésitation.

— Pas de problème, Bruno. C'est fréquent, tu sais. Prends le temps que tu veux. En attendant, as-tu besoin d'argent?

— Oui. Merci, mon cher ami.

C'est ainsi que j'ai passé 4 jours sur le bras de la Turquie.

Et malgré ma mésaventure, si un jour on m'annonçait que je devais vivre à Istanbul, j'accepterais sans hésiter. Ce mélange d'Europe, d'Asie, d'Islam et ce parfum de culture ottomane forment un milieu stimulant, un lieu qui change de visage et de langage de quartier en quartier.

Istanbul est sans contredit une des plus belles villes que j'ai eu la chance de visiter. Finalement, j'ai reçu ma carte de crédit, et je suis parti de l'auberge en laissant le plus gros pourboire de ma vie.

Et j'ai découvert que la Turquie est un joli pays fleuri où il pousse tant de roses qu'on en fait de la compote. Un pays qu'il faut parcourir, pépère, au mois de mai, à bord d'autocars confortables et climatisés dans lesquels on vous sert les petits gâteaux et le thé.

Je me pose à Selçuk, pour visiter les ruines d'Ephèse, mais surtout pour voir le temple d'Artémis, une des sept merveilles originales du monde. La seule autre merveille encore debout est la pyramide de Gizeh, que nous visiterons sous peu.

Le matin, je loue une bicyclette et je pars en direction du temple. Déception. Il n'en reste qu'un pilier, sur lequel une insolente cigogne a fait son nid.

Mais malgré tout, c'est joli. Et surtout, c'est un bon site à cocher, dans une liste de globetrotteur.

Je me suis ensuite arrêté à Pammukkale pour voir les travertines et visiter les ruines d'Afrodisias. Une belle escale, où j'ai rencontré les deux Claude, un couple du Québec, que je salue bien bas.

Puis, en compagnie d'une Australienne nymphomane de 65 ans — le qualificatif vient d'elle-même, et je vous épargne ici les détails de son périple à la recherche de beaux jeunes Turcs prêts à coucher avec leur grand-mère, mais ce qu'on a ri ! — j'ai dévié vers Konya pour voir le musée Meylàna, érigé en hommage au grand Derviche, et pour assister à un spectacle de danse de derviches. De toute beauté ! Mais c'est le musée qui m'a particulièrement impressionné. Les fidèles, qui viennent des quatre coins du monde, défilent devant le tombeau de leur maître et fondent en larmes, parfois même s'évanouissent tellement leur émotion est forte ; et c'est une manifestation de foi d'une telle intensité qu'on aurait envie de croire à quelque chose.

Je regrette un peu de ne pas avoir poussé une pointe du côté du mont Ararat, où se serait échouée l'arche de Noé, selon ceux qui croient encore aux contes de fée ; et je serais volontiers allé du côté de Gallipoli, pour me frotter à la vraie Histoire.

Mais, comme de nombreux voyageurs, je me suis accroché les pieds dans les villages troglodytiques de la Cappadoce. Hallucinant ! Quelque part entre le village des Schtroumpfs, les Pierrafeu et la pochette d'un album de Yes, en 1973... À se poser la question : « Suis-je vraiment éveillé ? » Des scènes de *La guerre des étoiles* y ont été, tournées sans décor, c'est vous dire...

Mon meilleursouvenir ? Une promenade seul dans la vallée rose. Je ne vous en dis rien, allez-y. C'est absolument fabuleux, même si c'est à dix minutes à pied de l'autoroute.

Et pour les touristes, le gros « kick », c'est de dormir dans une grotte. Or, j'en ai choisi une, rustique au possible : un trou de deux mètres de large par trois de profond, creusée en entonnoir, avec plafond de deux mètres à l'entrée et d'un mètre au fond. Un tapis, un lit, une lampe de chevet, et le reste : du roc !

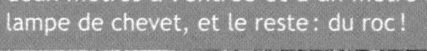

Fraîche le jour, ça promettait pour un bon dodo.

Mais la nuit, brrrr! La grotte s'est transformée en trou noir... Il faisait si sombre là-dedans qu'on ne voyait pas sa main à cinq centimètres de son visage. Et c'est à ce moment que j'ai découvert un curieux phénomène: dans une noirceur de cette intensité, rapidement, la confusion s'installe; et après moins de quinze minutes, je ne savais plus si mes yeux étaient ouverts ou fermés! L'air était devenu lourd. L'espace, suffoquant. Le silence, dur, comme la pierre.

J'ai malgré tout réussi à m'endormir. Mais ce fut de courte durée. À 2h, je me suis réveillé avec le pire mal de tête au monde. Mon cœur battait dans mes tempes, et je respirais avec peine. Cauchemar ou état de panique? Je me suis levé péniblement, et j'ai cherché une issue, à tâtons, sur le mur de pierre, et sur le plafond. Aaaargh... Aucune issue! J'étais comme le mec de la légende urbaine qui se réveille dans un cercueil. Au secours! J'étais incapable de trouver la porte, INCAPABLE! Alors, je suis sorti en bobettes par la fenêtre... Les Charlots en Turquie!

Et j'ai terminé la nuit couché par terre et à «moitié» dehors, avec la porte ouverte et l'oreiller posé sur le balcon.

La morale de cette histoire?

Euh... N'est pas Fred Caillou qui veut? Je suis claustrophobe? Ou peut-être qu'un espace, tout de pierre, emprisonne les rêves et les empêche, une fois rêvés, de s'évaporer dans l'espace; et alors, les rêves, ils se mettent à tournoyer et à rebondir, comme le son dans un effet Larsen (feedback, en français), et reviennent hanter l'esprit?

C'est ma théorie.

UN SAMEDI SYRIEN

— HAMA, SYRIE —

À 8h, à l'hôtel, au petit-déjeuner, je feuillette pour la première fois le *Syria Times*. C'est un journal de huit pages (vendu 10 cents), dans lequel deux pages sont consacrées à dire tout le mal possible d'Israël et des États-Unis ; deux autres traitent des grandes réalisations du gouvernement syrien, une page parle de culture, deux de sports, et une dernière de... poésie.

10h. Je marche tranquillement dans le parc de la Citadelle, à Hama, quand un gros gaillard m'agrippe par le bras.

— Allô ! Mon nom est Ibrahim. Viens manger avec nous !

Sous un arbre, assis sur une couverture, sa femme et ses deux jeunes enfants trempent des bouts de pain pita dans un gros plat d'hummus. Je salue poliment la dame, Ibrahim me présente ses deux bambins, Maria, 4 ans, et Khaleb, 10 mois. Sur la nappe dressée pour le petit-déjeuner, il y a du fromage La vache qui rit (j'ignorais qu'elle riait en arabe aussi !), des olives noires et du labneh, un exquis yogourt de chèvre servi avec de l'huile et des herbes.

Je ne peux pas m'empêcher de remarquer que le petit dernier, Khaleb, a un visage singulier. Il a les traits d'un enfant qui, déjà, a vécu des épreuves trop difficiles pour son jeune âge. Pauvre p'tit loup. Le père, interceptant sans doute mon regard attendri, lève le chandail du petit et me montre la hideuse cicatrice qu'il arbore au niveau du coeur. Puis, il me montre deux autres cicatrices aux chevilles du garçon. Il me dit que Khaleb ne pourra jamais marcher.

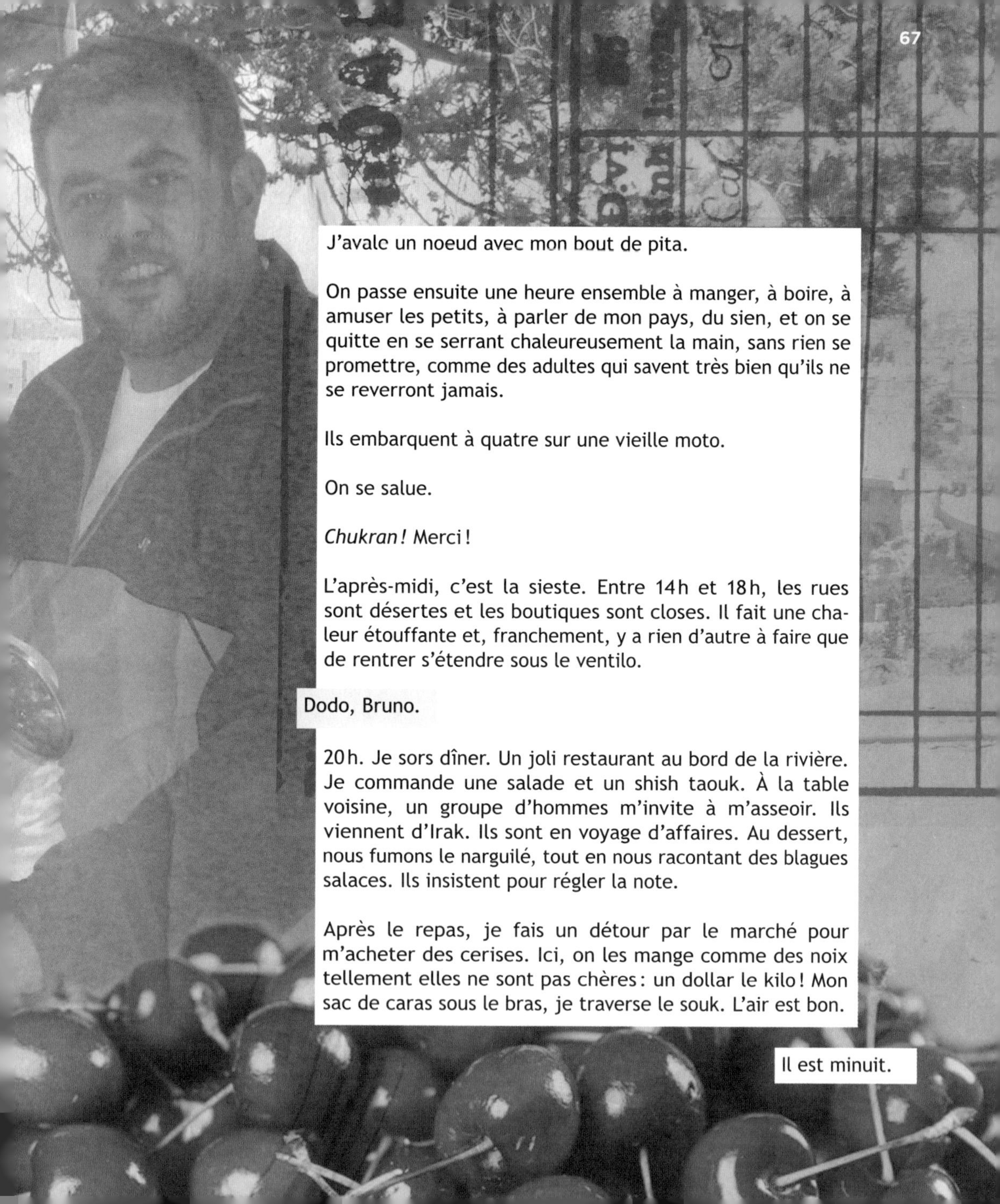

J'avale un noeud avec mon bout de pita.

On passe ensuite une heure ensemble à manger, à boire, à amuser les petits, à parler de mon pays, du sien, et on se quitte en se serrant chaleureusement la main, sans rien se promettre, comme des adultes qui savent très bien qu'ils ne se reverront jamais.

Ils embarquent à quatre sur une vieille moto.

On se salue.

Chukran! Merci!

L'après-midi, c'est la sieste. Entre 14h et 18h, les rues sont désertes et les boutiques sont closes. Il fait une chaleur étouffante et, franchement, y a rien d'autre à faire que de rentrer s'étendre sous le ventilo.

Dodo, Bruno.

20h. Je sors dîner. Un joli restaurant au bord de la rivière. Je commande une salade et un shish taouk. À la table voisine, un groupe d'hommes m'invite à m'asseoir. Ils viennent d'Irak. Ils sont en voyage d'affaires. Au dessert, nous fumons le narguilé, tout en nous racontant des blagues salaces. Ils insistent pour régler la note.

Après le repas, je fais un détour par le marché pour m'acheter des cerises. Ici, on les mange comme des noix tellement elles ne sont pas chères: un dollar le kilo! Mon sac de caras sous le bras, je traverse le souk. L'air est bon.

Il est minuit.

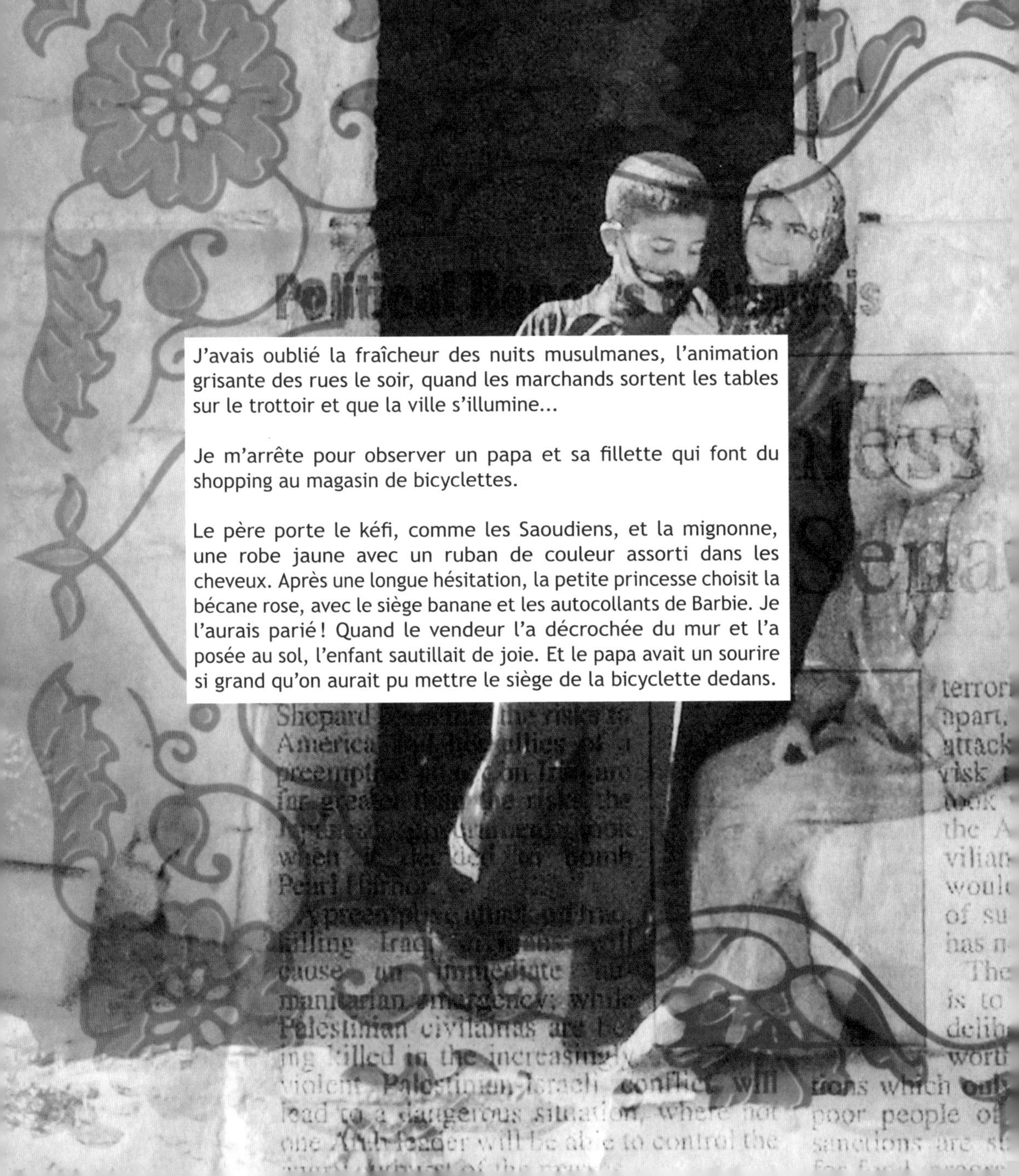

J'avais oublié la fraîcheur des nuits musulmanes, l'animation grisante des rues le soir, quand les marchands sortent les tables sur le trottoir et que la ville s'illumine...

Je m'arrête pour observer un papa et sa fillette qui font du shopping au magasin de bicyclettes.

Le père porte le kéfi, comme les Saoudiens, et la mignonne, une robe jaune avec un ruban de couleur assorti dans les cheveux. Après une longue hésitation, la petite princesse choisit la bécane rose, avec le siège banane et les autocollants de Barbie. Je l'aurais parié ! Quand le vendeur l'a décrochée du mur et l'a posée au sol, l'enfant sautillait de joie. Et le papa avait un sourire si grand qu'on aurait pu mettre le siège de la bicyclette dedans.

Je suis rentré à l'hôtel, j'ai allumé la lampe de chevet, et avant de m'endormir, j'ai feuilleté le *Syria Times*. C'est un journal de huit pages (vendu 10 sous), dans lequel deux pages sont consacrées à dire tout le mal possible d'Israël et des États-Unis ; deux autres traitent des grandes réalisations du gouvernement syrien, une page parle de culture, deux de sports, et une dernière, de poésie.

Je me suis fermé les yeux, et pendant un instant, j'ai rêvé d'une planète de verre, où des ponts invisibles relient des pays imaginaires.

Quelle journée extraordinaire.

Vous ai-je mentionné que les Irakiens, Ibrahim et sa femme ne parlaient ni l'anglais, ni le français?

Et moi, je ne parle pas l'arabe.

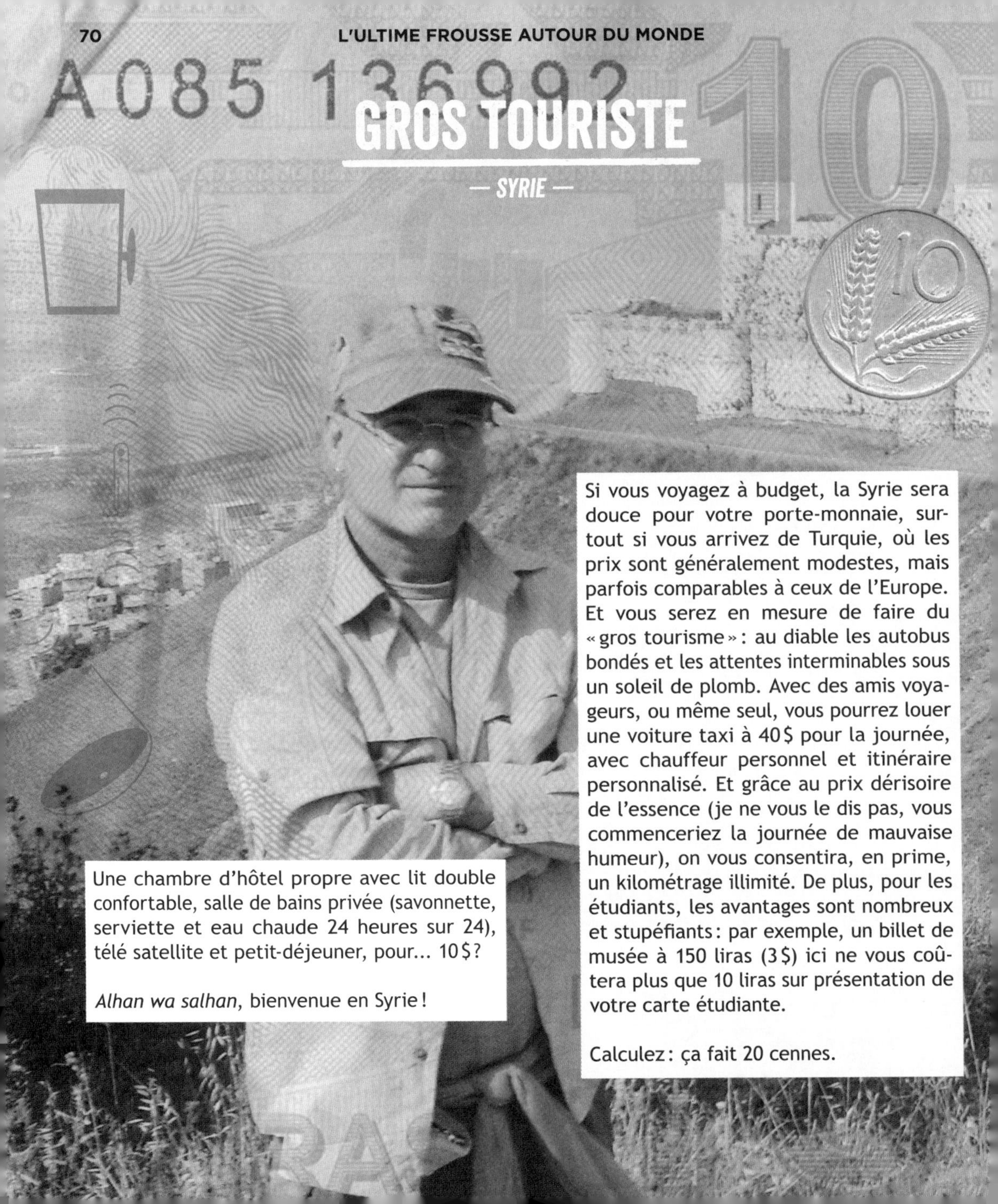

GROS TOURISTE

— SYRIE —

Si vous voyagez à budget, la Syrie sera douce pour votre porte-monnaie, surtout si vous arrivez de Turquie, où les prix sont généralement modestes, mais parfois comparables à ceux de l'Europe. Et vous serez en mesure de faire du « gros tourisme » : au diable les autobus bondés et les attentes interminables sous un soleil de plomb. Avec des amis voyageurs, ou même seul, vous pourrez louer une voiture taxi à 40 $ pour la journée, avec chauffeur personnel et itinéraire personnalisé. Et grâce au prix dérisoire de l'essence (je ne vous le dis pas, vous commenceriez la journée de mauvaise humeur), on vous consentira, en prime, un kilométrage illimité. De plus, pour les étudiants, les avantages sont nombreux et stupéfiants : par exemple, un billet de musée à 150 liras (3 $) ici ne vous coûtera plus que 10 liras sur présentation de votre carte étudiante.

Calculez : ça fait 20 cennes.

Une chambre d'hôtel propre avec lit double confortable, salle de bains privée (savonnette, serviette et eau chaude 24 heures sur 24), télé satellite et petit-déjeuner, pour... 10 $?

Alhan wa salhan, bienvenue en Syrie !

À l'hôtel, le réceptionniste me conseille un chauffeur du nom de Mohammed.

« Il est gentil. Et il a une bonne voiture. »

— Merci.

Je loue donc les services du très gentil Mohammed et, à bord de sa super Lada jaune 1978, vroum ! nous décollons. Elle est effectivement en bonne condition, sa minoune. À part que les vitres, une fois descendues, ne remontent plus, qu'il y a un trou de balle dans le pare-brise et que le pare-chocs arrière est dans le coffre, attaché avec de la broche. Et chaque fois qu'on tourne brusquement à gauche, ma portière s'ouvre. Je passe à un cheveu de tomber.

Mohammed me dit d'attacher ma ceinture.

Je cherche.

« Mais... il n'y a pas de ceinture. »

Mohammed rit. C'était une blague arabe.

Au sortir de la ville, dans un premier temps, la campagne de Syrie me semble un peu ennuyante : une terre aride, un endroit poussiéreux dépourvu de distractions où les collines, qui finissent par toutes se ressembler, me feraient tomber dans un sommeil profond si ce n'était de ma crainte de choir dans le trou au plancher, à mes pieds.

Puis, tranquillement, de façon presque subtile, les paysages changent, et les cultures aussi. Des oliviers, des figuiers, des cerisiers.

« Et ça, qu'est-ce que c'est ? »

Mohammed stoppe la voiture.

— Ça ? Ce sont des pistachiers.

— Hein ? J'ignorais que les pistaches poussaient dans les arbres.

— Où croyais-tu qu'elles poussaient ?

— Euh...

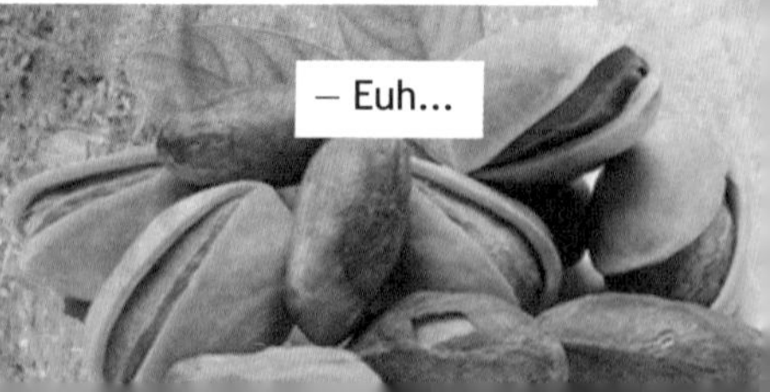

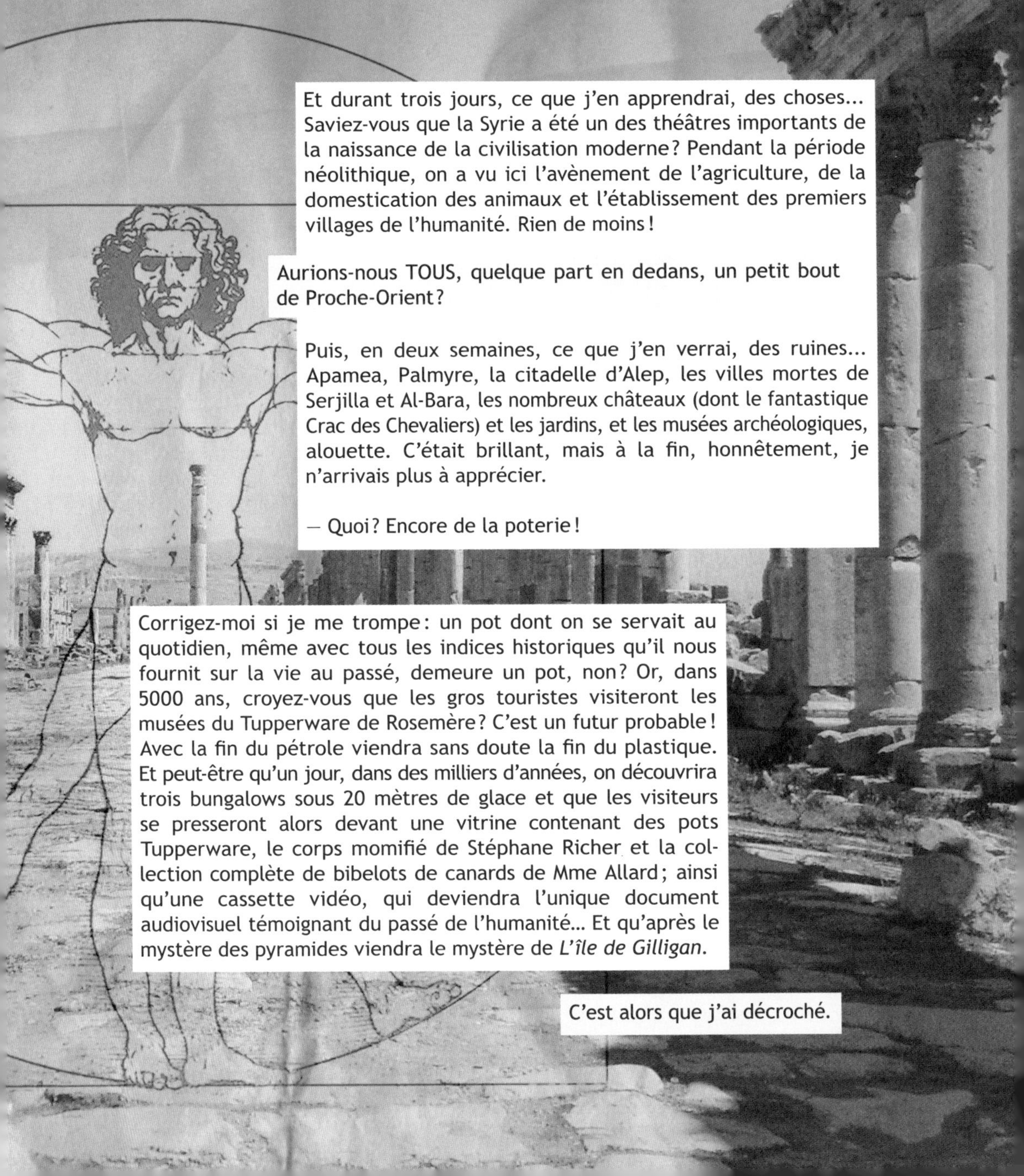

Et durant trois jours, ce que j'en apprendrai, des choses... Saviez-vous que la Syrie a été un des théâtres importants de la naissance de la civilisation moderne? Pendant la période néolithique, on a vu ici l'avènement de l'agriculture, de la domestication des animaux et l'établissement des premiers villages de l'humanité. Rien de moins!

Aurions-nous TOUS, quelque part en dedans, un petit bout de Proche-Orient?

Puis, en deux semaines, ce que j'en verrai, des ruines... Apamea, Palmyre, la citadelle d'Alep, les villes mortes de Serjilla et Al-Bara, les nombreux châteaux (dont le fantastique Crac des Chevaliers) et les jardins, et les musées archéologiques, alouette. C'était brillant, mais à la fin, honnêtement, je n'arrivais plus à apprécier.

— Quoi? Encore de la poterie!

Corrigez-moi si je me trompe: un pot dont on se servait au quotidien, même avec tous les indices historiques qu'il nous fournit sur la vie au passé, demeure un pot, non? Or, dans 5000 ans, croyez-vous que les gros touristes visiteront les musées du Tupperware de Rosemère? C'est un futur probable! Avec la fin du pétrole viendra sans doute la fin du plastique. Et peut-être qu'un jour, dans des milliers d'années, on découvrira trois bungalows sous 20 mètres de glace et que les visiteurs se presseront alors devant une vitrine contenant des pots Tupperware, le corps momifié de Stéphane Richer et la collection complète de bibelots de canards de Mme Allard; ainsi qu'une cassette vidéo, qui deviendra l'unique document audiovisuel témoignant du passé de l'humanité... Et qu'après le mystère des pyramides viendra le mystère de *L'île de Gilligan*.

C'est alors que j'ai décroché.

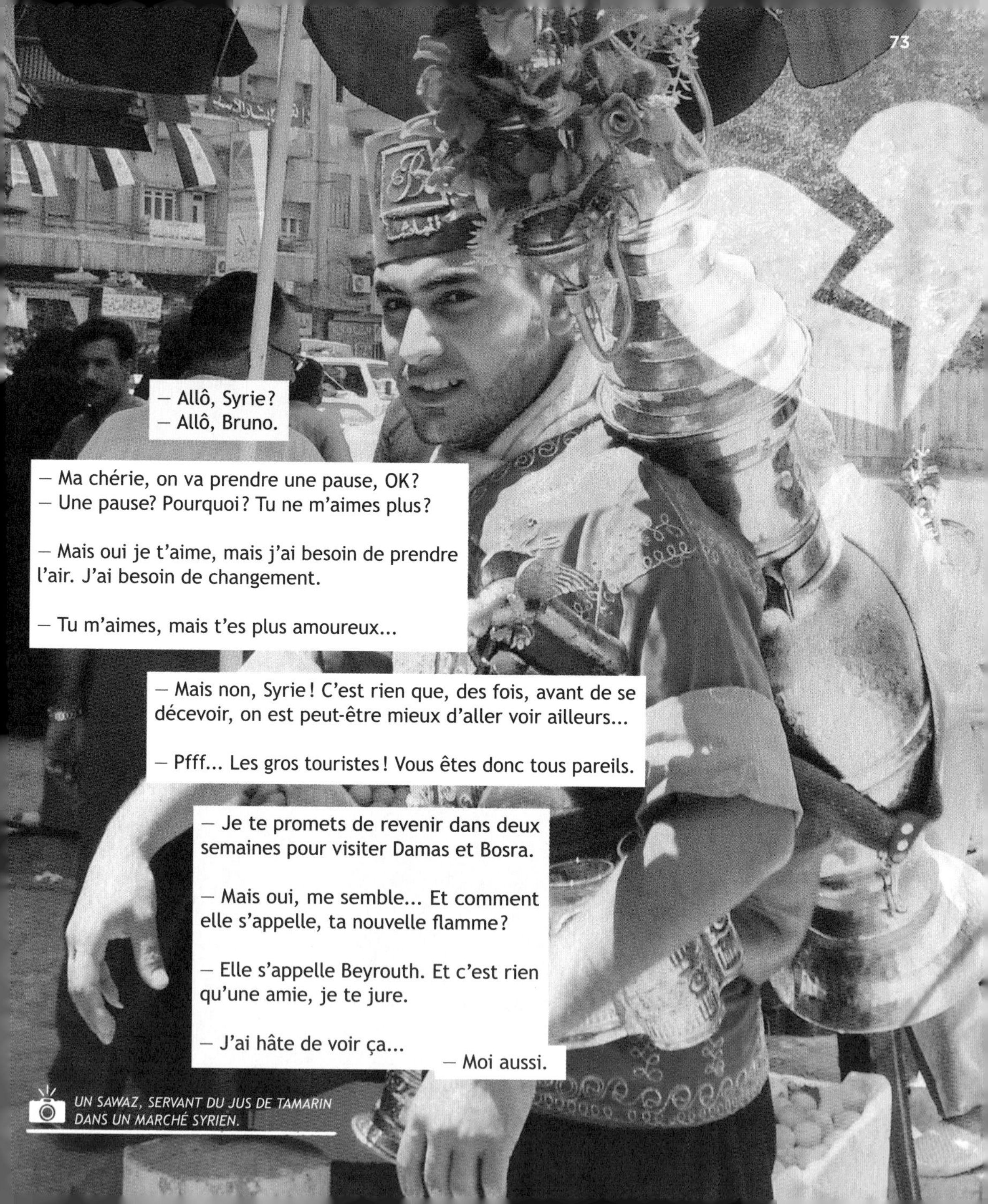

— Allô, Syrie?
— Allô, Bruno.

— Ma chérie, on va prendre une pause, OK?
— Une pause? Pourquoi? Tu ne m'aimes plus?

— Mais oui je t'aime, mais j'ai besoin de prendre l'air. J'ai besoin de changement.

— Tu m'aimes, mais t'es plus amoureux...

— Mais non, Syrie! C'est rien que, des fois, avant de se décevoir, on est peut-être mieux d'aller voir ailleurs...

— Pfff... Les gros touristes! Vous êtes donc tous pareils.

— Je te promets de revenir dans deux semaines pour visiter Damas et Bosra.

— Mais oui, me semble... Et comment elle s'appelle, ta nouvelle flamme?

— Elle s'appelle Beyrouth. Et c'est rien qu'une amie, je te jure.

— J'ai hâte de voir ça...

— Moi aussi.

UN SAWAZ, SERVANT DU JUS DE TAMARIN DANS UN MARCHÉ SYRIEN.

UN SILENCE FOU

— BEYROUTH, LIBAN —

Dans l'autobus qui mène de Damas à Beyrouth ce matin, il n'y a que des hommes. Syriens, pour la plupart, et Kurdes. Tous sont de futurs travailleurs étrangers qui s'exilent pour plusieurs mois au Liban. La moyenne d'âge est de 25 ans.

« Oui, l'argent est bien meilleur au Liban », me confie Abdoul, un Kurde du nord de la Syrie. « Et les femmes là-bas, ouuuuh, *professionnal* !!! » qu'il me fait, en mimant des gros seins et une minijupe. Ses amis se bidonnent. Il le refait plusieurs fois.

Ça devient un peu gênant.

Enfin, l'autobus part.

Je suis le seul touriste à bord. J'ignorais que j'allais être le seul pour un sacré bout de temps...

À la frontière, à mon grand étonnement, le contrôle des bagages et des voyageurs est rapide et même plutôt sommaire... J'aurais cru avoir affaire à plus de zèle, étant donné la situation tendue entre les deux pays. Quand on raconte dans les journaux que la frontière Syrie-Liban est une passoire, on ne ment pas. La preuve, un monsieur qui avait de la difficulté à se déplacer est demeuré à l'intérieur de l'autobus et a fait étamper son passeport par un autre passager. Aucune vérification de son identité !

Arrivé à Beyrouth, je consulte la carte géographique. De l'arrêt d'autobus, j'estime qu'il y a trois kilomètres jusqu'au centre-ville. Il fait beau.

— Tiens, je vais marcher !

Pour traverser l'autoroute, je dois passer sous un viaduc. Premier check point (il y en aura 10 au total !). Des barbelés sont dressés sur ce qui me semble être des kilomètres. Et des soldats montent la garde avec le doigt sur la gâchette... Sac sur le dos, je m'avance vers eux, arborant mon plus beau sourire, celui des galas et des grandes occasions, et je lève la main droite en leur montrant ma paume ouverte, comme on fait dans les films, lorsqu'on va à la rencontre des Apaches ou des extraterrestres.

— Je viens en paix ! Je suis du Canada !

C'est drôle comme on devient con en présence de fusils.

Aussitôt, les canons se redressent, et un militaire sort du rang pour s'approcher de Bibi l'intrus.

— Qu'est-ce que vous faites ici ?
— Rien... Je vous le jure !

Il m'observe de la tête aux pieds. Il marque une pause. Je porte des sandales brunes avec des bas blancs. Ça l'agace vraisemblablement. Mais ce n'est pas ma faute, mes sandales sont neuves et me font souffrir atrocement. Je ne les ai pas payées cher et je sens qu'elles valent encore moins que ça.

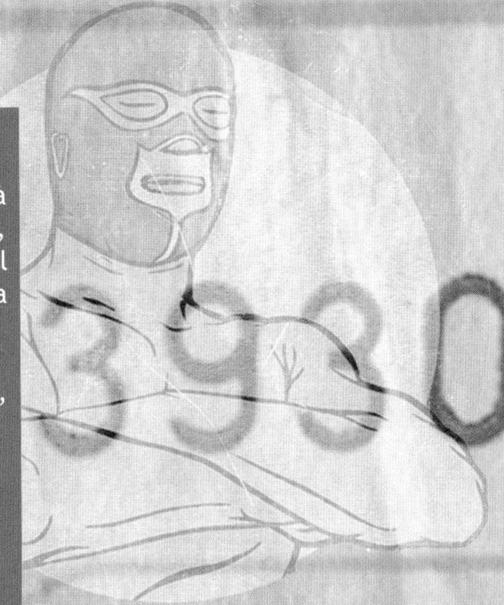

— Ouvrez votre sac !

Son ton tranchant ne laisse aucune place à l'alternative. J'ouvre mon sac. Il tâte mes vêtements, vérifie le contenu de mon sac pharmacie, puis il saisit ma figurine de lutteur masqué mexicain et la retourne dans tous les sens. Je rougis.

— Euh... C'est mon porte-bonheur ! Vous savez, quand on...

Il esquisse un sourire amusé.

— C'est bon. Désolé monsieur, on doit vérifier.

Bienvenue à Beyrouth.

Fiou ! Une chance qu'il n'a pas trouvé ma doudou.

Au centre-ville, en ce doux samedi après-midi ensoleillé, on pourrait entendre une mouche voler. On se croirait dans le film *The Day After*. Il règne un silence fou. De belles grandes terrasses qui me rappellent la rue Saint-Denis des longs jours d'été sont vides de clients. Et des serveurs, assis, bâillent d'ennui en se tournant les pouces. À mon passage, on se précipite.

— Venez manger ! Je vous offre une consommation gratuite ! Tout est à moitié prix !

— Merci, je vais d'abord poser mon sac à l'hôtel.

À l'hôtel, la réception est déserte.

— Bonjour ? Y a quelqu'un ?

Un jeune homme dort sur le divan. Je le secoue un peu. Il ouvre un œil.

— Aaaah !

Il bondit comme s'il venait d'apercevoir le fantôme de quelqu'un de très laid — imaginez qui vous voulez. Je lui tapote l'épaule.

— C'est OK ! Je ne suis pas méchant.

Il se frotte les yeux.

— Excusez-moi, mais mardi est la dernière fois qu'on a eu quelqu'un... Un Chinois.

Je lui raconte ma balade jusqu'à l'hôtel.

Une question me démange.

— Où sont passés les gens de Beyrouth ?

— Ah... Ils sont sur les toits. Plus personne ne va au resto, ou à la terrasse sur la rue, parce qu'ils ont trop peur des voitures piégées. Les « rooftop bars » font fortune !

Il m'offre une chambre splendide à un prix ridicule, avec vue sur la Méditerranée.

Mes amis, je pense qu'on ne va pas s'ennuyer.

LES FLÂNEURS ONT DÉSERTÉ LES BELLES GRANDES TERRASSES DU CENTRE-VILLE DE BEYROUTH, POUR SE RÉFUGIER DANS LES « ROOF BARS ».

J'AI TRAVERSÉ LE LIBAN À PIED

— TYR, LIBAN —

Pourquoi? Je ne sais pas. Lorsque j'ai vu, en atterrissant à Beyrouth, sur la carte du Liban, que la côte méditerranéenne, du nord au sud, faisait moins de 200 km, je me suis dit: «Brune, ma grosse Brune, voici peut-être une excellente occasion de perdre tes quelques kilos en trop, de prendre du bon gros soleil et de ralentir le rythme effréné de ton existence.»

Et d'être heureux.

Parce que, ma chère, j'adooore marcher. Pour me détendre, j'aime bien le vélo et le patin à roues alignées, mais ça va encore trop vite. Il y a quelque chose de magnifiquement obsolète dans le déplacement à pied. À la vitesse où vont les choses, quand vous marchez au bord d'une autoroute, à 6 km/h, vous devenez d'une inutilité... formidable!

C'est pas ça, des vacances?

Pendant toute une journée, entre Beyrouth et Saïda, j'ai carrément cessé d'exister. Je n'apparaissais sur aucun radar. J'étais un *Stealth* en gougounes.

J'ai erré. Parcouru des villages où il n'y a ni hôtel, ni visiteur, et j'ai surpris des habitants dans leur quotidien ordinaire. C'était d'une platitude inouïe. D'un fantastique ennui. Durant une semaine, j'allais, avec l'idée de ne vivre absolument rien d'extraordinaire. Il fait chaud? Tu te jettes à la mer. Tu es fatigué? Tu poses ton sac, et tu regardes l'horizon. Aaaah! Ne profiter que du bonheur de renouer avec les «petites choses». Mon petit moi, avec mon petit sac, qui fait des petits pas. En chantant des chansons d'autobus d'école primaire. «Trois petits chats, trois petits chats, trois petits chats, chats, chats...» (Dites-moi, c'est quoi après «dentifrice»?)

Mais j'ai rapidement dû me rendre à l'évidence: ce n'est pas parce qu'on avance lentement qu'il ne se passe rien.

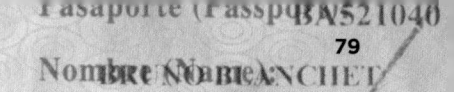

Une subtile douleur au talon, lorsque ignorée à 7h, vous résonnera dans le coccyx à l'heure du lunch. Et en aucun cas vous n'avez le droit de mépriser ces 800 grammes de trop dans le sac à dos, qui en pèseront quatre fois plus à la fin de la journée.

Puis, un matin, j'ai été interpellé par l'armée et soupçonné d'espionnage. Oui madame ! Mon nom est Brune, James Brune, l'agent 00 nul.

Dans les faits, j'étais simplement devant un petit centre d'achats, et je prenais note de vous parler d'une entreprise de location de quad, là devant moi, qui s'appelait « The Empty Helmet », ou en français, « Le Casque Vide » ; et je trouvais que le nom du magasin qualifiait bien une certaine quantité d'amateurs de ces véhicules tout-terrain. Et un soldat accourut. Il voulait voir ce que j'écrivais.

— What is you write ? You what ? Do what ?

Ouf. Essayer d'expliquer ce que j'écrivais à un soldat qui parle 8 mots d'anglais allait relever de l'exploit… J'ai balbutié quelque chose. Fâché, il a insisté.

— Give me look !

LE DIT CAHIER : UNE IMAGE VAUT MILLE MOTS.

Tu veux voir ? D'accord. Sauf que moi, pour prendre des notes, j'utilise généralement un cahier de bébé à double interligne — ceux dont on se sert pour apprendre à écrire — souvent rose ou bleu ciel, avec des clowns, ou des toutous souriants ; et je le torchonne au maximum, justement pour ne pas avoir le profil d'un journaliste, ou de quelqu'un de sérieux. Alors le soldat, impassible, a feuilleté le plus sérieusement du monde mon cahier Miyuki rose bébé, avec sur la couverture un ange mignon avec ses deux mini tresses et sa robe fleurie, debout sur un arc-en-ciel, entourée de cœurs volants, avec des petites ailes… Dieu, ce que j'aurais voulu le prendre en photo, mon nouvel ami soldat !

Mais ce n'était pas vraiment le moment de sortir ma caméra.

Cela dit, pour marcher au Liban, vaut mieux ne pas porter de vêtements couleur kaki. On devient immédiatement une cible, à la fois pour les bons et pour les méchants.

Puis, j'ai poursuivi la route.

Un midi, j'ai entendu un coup de canon, à droite.

J'ai tourné à gauche.

J'ai visité la dernière forêt de cèdres du Liban. Il en reste à peu près 160. Un peu déprimant? Oui, mais le village de Bcharre est ravissant.

Deux fois, j'ai passé des heures à essayer de sortir de la tentaculaire Beyrouth, dont la banlieue semble s'étirer pour toujours au nord et au sud sur un gros boulevard Labelle, loin de la mer, où se succèdent les concessionnaires de voitures, les motels et les *shops*. Et les restos de fast-food. En passant, à ce sujet, au Dunkin Donuts libanais, ils ajoutent des olives et des cornichons dans le croissant oeuf-jambon-fromage du petit-déjeuner.

Essayez. C'est bon.

Plus tard, j'ai traversé un camp de réfugiés palestiniens. On m'a souri. J'ai bu un thé. Les enfants riaient. Je n'ai pas su pourquoi, mais j'étais drôle.

À Jounieh, où les restaurants en bordure de mer abondent, les jeunes se baladent en maillot de bain sur l'artère commerciale. Il règne ici un climat détendu que je n'aurais jamais imaginé possible au pays du Cèdre.

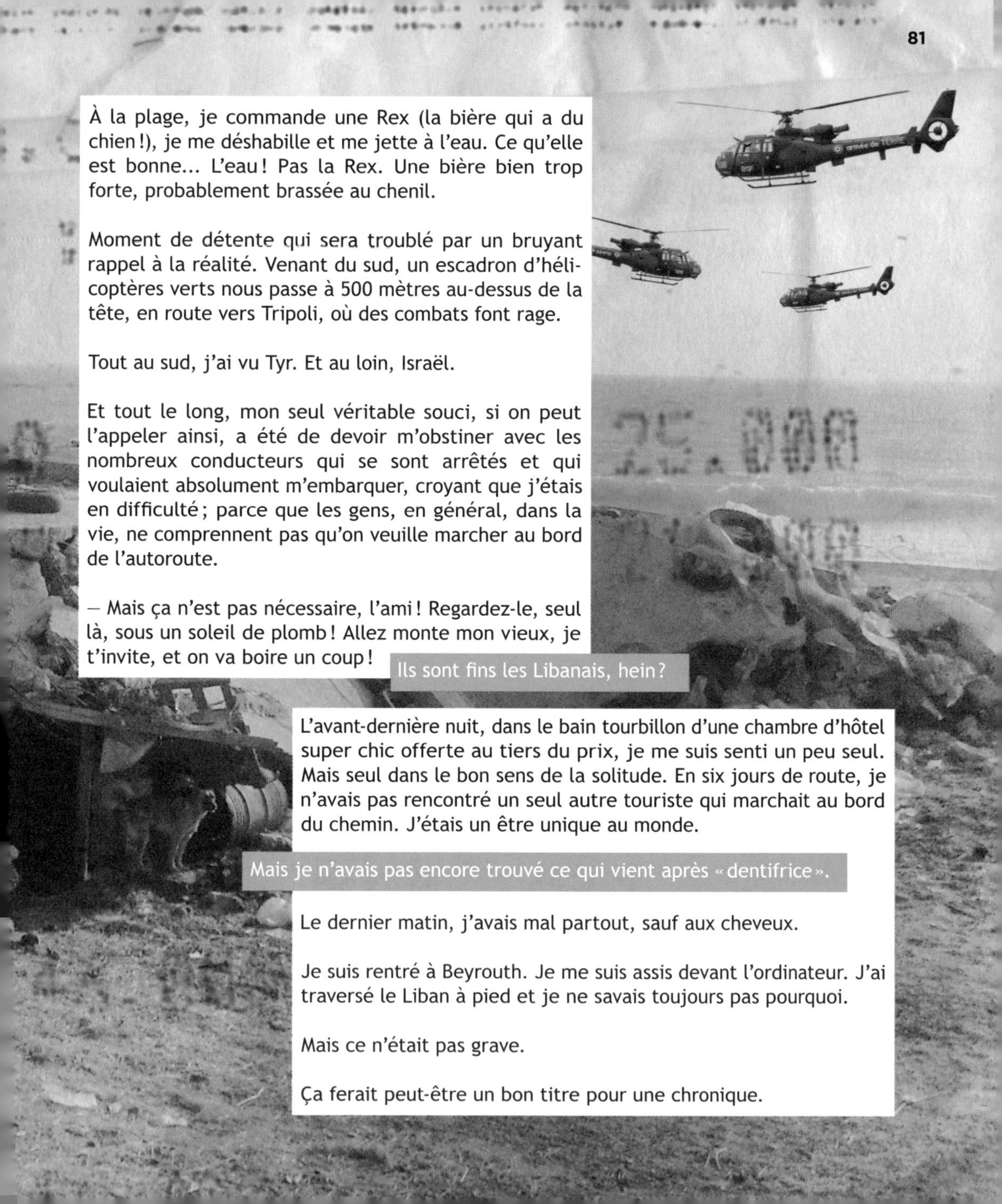

À la plage, je commande une Rex (la bière qui a du chien !), je me déshabille et me jette à l'eau. Ce qu'elle est bonne... L'eau ! Pas la Rex. Une bière bien trop forte, probablement brassée au chenil.

Moment de détente qui sera troublé par un bruyant rappel à la réalité. Venant du sud, un escadron d'hélicoptères verts nous passe à 500 mètres au-dessus de la tête, en route vers Tripoli, où des combats font rage.

Tout au sud, j'ai vu Tyr. Et au loin, Israël.

Et tout le long, mon seul véritable souci, si on peut l'appeler ainsi, a été de devoir m'obstiner avec les nombreux conducteurs qui se sont arrêtés et qui voulaient absolument m'embarquer, croyant que j'étais en difficulté ; parce que les gens, en général, dans la vie, ne comprennent pas qu'on veuille marcher au bord de l'autoroute.

— Mais ça n'est pas nécessaire, l'ami ! Regardez-le, seul là, sous un soleil de plomb ! Allez monte mon vieux, je t'invite, et on va boire un coup !

Ils sont fins les Libanais, hein?

L'avant-dernière nuit, dans le bain tourbillon d'une chambre d'hôtel super chic offerte au tiers du prix, je me suis senti un peu seul. Mais seul dans le bon sens de la solitude. En six jours de route, je n'avais pas rencontré un seul autre touriste qui marchait au bord du chemin. J'étais un être unique au monde.

Mais je n'avais pas encore trouvé ce qui vient après « dentifrice ».

Le dernier matin, j'avais mal partout, sauf aux cheveux.

Je suis rentré à Beyrouth. Je me suis assis devant l'ordinateur. J'ai traversé le Liban à pied et je ne savais toujours pas pourquoi.

Mais ce n'était pas grave.

Ça ferait peut-être un bon titre pour une chronique.

LA MER MORTE ET LE PETIT JÉSUS

— AMMAN, JORDANIE —

Je suis arrivé à Amman. Je n'ai pas vu l'intérêt de rester dans la ville. À part la belle Nathalie, qui m'a chaleureusement accueilli chez elle avec du Richard Desjardin, et du sirop d'érable.

Le problème ? Je ne sais pas. Trop moderne, Amman ? Peut-être. Et dépourvue de ce je-ne-sais-quoi… Enfin, ces déceptions arrivent, un jour ou l'autre.

Je venais de vivre un coup de cœur en Syrie, après un beau voyage en Turquie, et je me disais que mon itinéraire était sans doute à l'envers !

Et je brûlais d'impatience d'aller me baigner dans la mer Morte. J'ai donc vite tracé mon chemin jusqu'au *Dead Sea Highway*.

Sans savoir que j'y brûlerais aussi autre chose…

Dure journée, je vous avertis tout de suite. J'ai fait du gros tourisme, et ça ne m'a pas réussi.

C'est parti.

Dans les brochures touristiques, on raconte que l'eau de la mer Morte contient une densité quatre fois plus grande de sel que l'eau de mer normale, et que c'est la raison pour laquelle nous y flottons. On la décrit comme une « une expérience inoubliable. »

Précision : la mer Morte n'est pas une mer, mais un lac. Et si on y flotte, c'est parce que c'est dégueulasse…

Morte, la mer ? Oui, et depuis longtemps ! Vous avez déjà oublié un plat de nouilles au fond du réfrigérateur ? Elle a la même couleur que le poil qui pousse dessus, et l'odeur de ce qu'il y a dessous.

Elle est chaude, inconfortablement chaude, et la visibilité y est d'à peu près 5 centimètres. À la surface, t'as vraiment l'impression d'être un déchet qui flotte sur un gros bouillon de bouette.

Je m'en suis mis une goutte sur la langue. Infect? Non, ça ne goûte rien... mais ça brûle! Comme de l'acide, ou du sang d'Alien. Et ce n'est pas du tout désinfectant. Des bactéries sont en effet capables de survivre à ce taux de salinité élevé. Et si vous vous aventurez dans l'eau avec une plaie ouverte, ne soyez pas surpris que votre blessure s'infecte et qu'on doive éventuellement vous amputer.

Un petit conseil, pour ceux de la gent masculine qui voudraient encore aller s'y baigner, après avoir lu ce texte: ne restez pas trop longtemps dans l'eau. Moi, comme d'habitude, j'ai exagéré, et j'ai découvert qu'il y a une partie du corps de l'homme où la peau est... plus sensible. Quand je suis sorti de l'eau, s'est mise à jouer la chanson de Jerry Lee Lewis.

« Goodness, gracious, great balls of fire! »

Ayoye câlisse!!!

J'ai sautillé jusqu'à la douche — qui se trouvait à un demi-kilomètre de là — en me tortillant et en essayant de souffler, sans succès, sur mon scrotum.

Un grand numéro de burlesque.

Dix minutes de rinçage à l'eau douce que ç'a pris pour apaiser la sensation de brûlure. Puis, 15 minutes supplémentaires pour me débarrasser de ce résidu d'eau lourde qui me pesait comme une huile sale sur la peau.

Une expérience inoubliable? Oui, je suis entièrement d'accord.

Deuxième étape : le Jourdain, ce fleuve qui sépare la Jordanie et Israël, dans lequel a été baptisé — par Jean-Baptiste — nul autre que Jésus-Christ. Un site a été aménagé pour accueillir les pèlerins qui veulent visiter cet endroit symbolique.

Symbolique? Oui. Mais cher, et plate à mort. Le fameux endroit, c'est un trou avec trois vieilles briques sous un abri Tempo. Rien d'autre à ajouter dans le descriptif.

Et le fleuve?

Il est dit que Jésus a traversé le Jourdain, à partir de ce qui est aujourd'hui Israël, pour aller à la rencontre de Jean-Baptiste, qui baptisait de l'autre côté du fleuve, sur la rive qui est aujourd'hui la Jordanie.

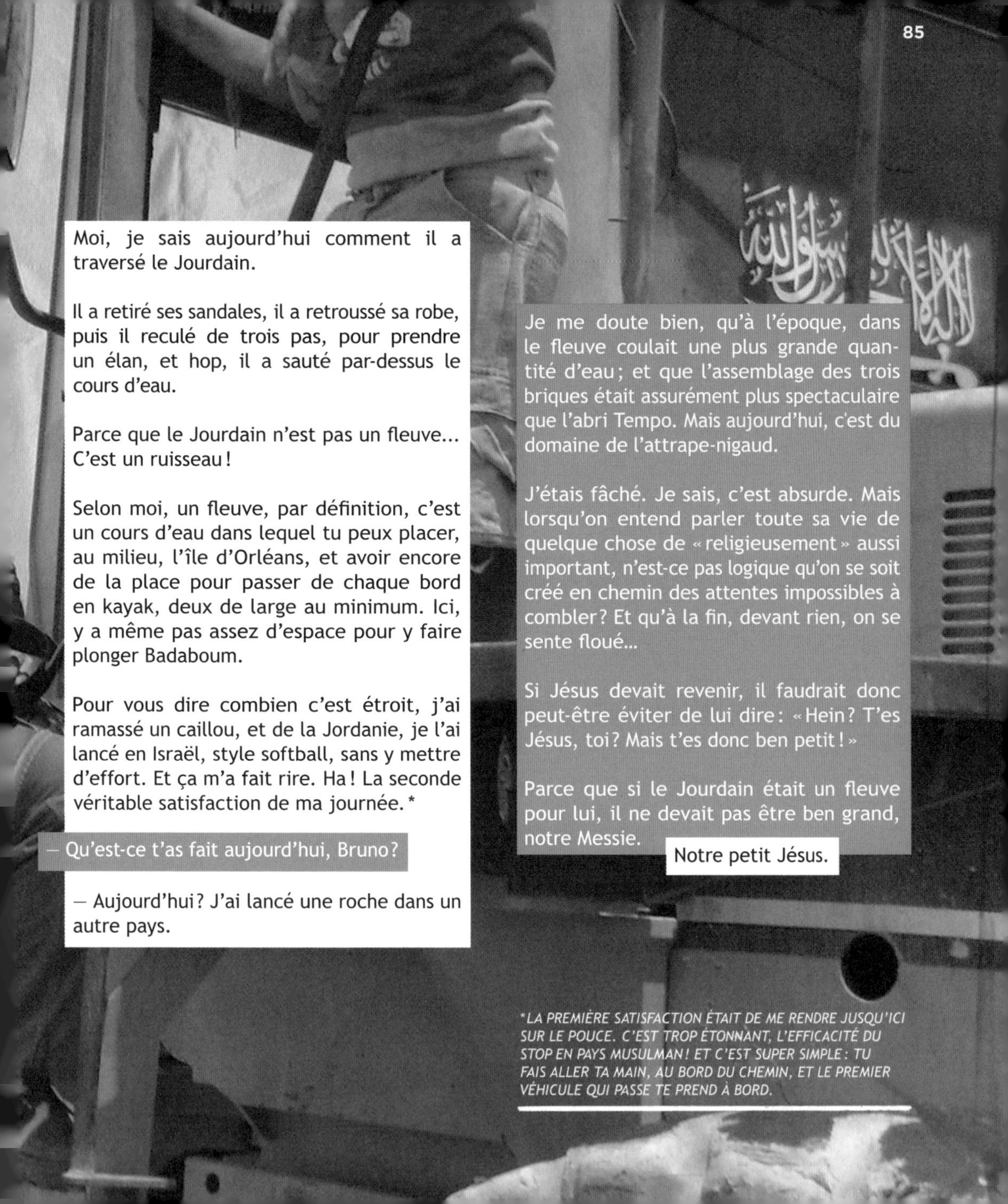

Moi, je sais aujourd'hui comment il a traversé le Jourdain.

Il a retiré ses sandales, il a retroussé sa robe, puis il reculé de trois pas, pour prendre un élan, et hop, il a sauté par-dessus le cours d'eau.

Parce que le Jourdain n'est pas un fleuve... C'est un ruisseau !

Selon moi, un fleuve, par définition, c'est un cours d'eau dans lequel tu peux placer, au milieu, l'île d'Orléans, et avoir encore de la place pour passer de chaque bord en kayak, deux de large au minimum. Ici, y a même pas assez d'espace pour y faire plonger Badaboum.

Pour vous dire combien c'est étroit, j'ai ramassé un caillou, et de la Jordanie, je l'ai lancé en Israël, style softball, sans y mettre d'effort. Et ça m'a fait rire. Ha ! La seconde véritable satisfaction de ma journée. *

— Qu'est-ce t'as fait aujourd'hui, Bruno ?

— Aujourd'hui ? J'ai lancé une roche dans un autre pays.

Je me doute bien, qu'à l'époque, dans le fleuve coulait une plus grande quantité d'eau ; et que l'assemblage des trois briques était assurément plus spectaculaire que l'abri Tempo. Mais aujourd'hui, c'est du domaine de l'attrape-nigaud.

J'étais fâché. Je sais, c'est absurde. Mais lorsqu'on entend parler toute sa vie de quelque chose de « religieusement » aussi important, n'est-ce pas logique qu'on se soit créé en chemin des attentes impossibles à combler ? Et qu'à la fin, devant rien, on se sente floué...

Si Jésus devait revenir, il faudrait donc peut-être éviter de lui dire : « Hein ? T'es Jésus, toi ? Mais t'es donc ben petit ! »

Parce que si le Jourdain était un fleuve pour lui, il ne devait pas être ben grand, notre Messie.

Notre petit Jésus.

*LA PREMIÈRE SATISFACTION ÉTAIT DE ME RENDRE JUSQU'ICI SUR LE POUCE. C'EST TROP ÉTONNANT, L'EFFICACITÉ DU STOP EN PAYS MUSULMAN ! ET C'EST SUPER SIMPLE : TU FAIS ALLER TA MAIN, AU BORD DU CHEMIN, ET LE PREMIER VÉHICULE QUI PASSE TE PREND À BORD.

PÉTRA, LA MERVEILLE

— PÉTRA, JORDANIE —

Pour profiter pleinement d'une visite à Pétra, ça demande un peu d'effort. Parce que la beauté du site ne réside pas dans les détails des fresques, comme à Angkor Wat ; ici on a le souffle coupé par le gigantisme des lieux. Permettez-moi aujourd'hui de vous donner des conseils, que vous serez libres de suivre ou non, mais qui sont bons. Fiez-vous à moi, parce que l'expérience est la mère de tous les vices… Ou est-ce des inventions ? Au diable les proverbes du Larousse !

Je vous en propose un nouveau : Un lieu magnifique et immense, lorsqu'il est vide, est plus inspirant qu'un endroit débordant de gros Américains en bedaine qui boivent de la Bud en canette.

Alors ? Pour les éviter, nos bruyants voisins du Sud, il va falloir se lever tôt.

Suivez-moi, et procédons par étape, si vous le voulez bien.

1re étape : À six heures du matin, debout là-dedans ! Un bon chapeau, une bouteille d'eau et des sandales brunes avec des chaussettes blanches. Et allons-y prestement, nous voulons être les premiers dans la file !

2e étape : Au guichet, choisir le billet. Pour une journée, 21 dinars (30 dollars US), 26 dinars pour deux, et 31 pour trois. Selon moi, une (grosse) journée est amplement suffisante. À moins d'être archéologue, lent comme une tortue, ou les deux.

Au guichet, on vous offre un plan, avec photos et brèves descriptions des principaux points d'intérêt… Bonne nouvelle, le plan est en allemand. *Danke schön. Deutsche sprechen, aber ich habe vergessen alles !*

— Vous n'avez pas de plan en français ?
— Non.
— En anglais ?
— Non.
— En espagnol ?
— Si.

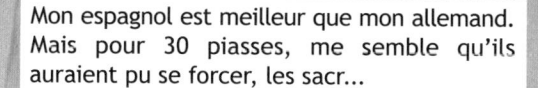

Mon espagnol est meilleur que mon allemand. Mais pour 30 piasses, me semble qu'ils auraient pu se forcer, les sacr...

Conseil : avant d'arriver au site, achetez-vous un plan.

Puis, le même mec aura le culot de me remettre un questionnaire (sexe-âge-nationalité, etc.) à remplir pour le Tourism Board of Jordan. J'en profite pour prendre ma revanche.

— Parrrdoon. Vous avez le questionnairrre en suédoize ? que je leur ai fait avec mon gros accent d'ABBA.

— Non.

— Tant piss pourrrrrr toua.

Je le lui ai rendu, vierge, sur le comptoir. On est quittes, mon grand.

Devant vous, un long chemin de terre disparaît entre deux collines. Le temps d'une grande inspiration, vous êtes aussitôt pris en otage par les conducteurs de chevaux, de chameaux, d'ânes, alouette ! Et aussi par des prétendus « guides » qui vous balancent sous le nez une carte d'identité avec le sceau « officiel » du gouvernement ; une espèce de fausse carte qu'un enfant de 8 ans pourrait reproduire sur un ordinateur Fisher-Price...

Si vous voulez un vrai guide, ou un animal, vous le louez au comptoir, à l'entrée. À six heures et demie du matin, heureusement, ils sont peu nombreux et pas du tout agressants. Un non poli suffit pour qu'ils aillent se recoucher.

3e étape : l'arrivée au Siq, un insolite corridor de 1,2 kilomètre de long, entre deux parois rocheuses roses de 80 mètres de haut. À sept heures du matin, lorsque le canyon est silencieux... c'est FABULEUX. T'as envie de crier !!! Ici, prenez votre temps. Cette promenade d'introduction au site vaut à elle seule le prix du billet. Et je crois sincèrement que toute la force de l'impact du site de Pétra s'alimente de ce passage étroit obligé, de cette sombre et symbolique traversée du « tunnel ».

Et avec, au bout, la découverte de la lumière.

WOW !!!

4e étape : On court vite voir les sites qui nous intéressent le plus, et on profite tout de suite des espaces vides de touristes, pour prendre la mesure de la démesure. Parce qu'autant le matin on peut y ressentir une espèce de communion avec l'espace, autant l'après-midi c'est un f*#@%ing cirque.

À un endroit où, plus tôt, vous avez admiré, contemplatif, la splendide variante de tons de la pierre — on dit ici qu'elle a 24 couleurs ! — maintenant se tiennent des figurants qui recréent une scène de village, dans des ridicules costumes d'époque, avec des bas blancs, et sans aucun talent. Un des gardes était affalé sur sa lance, l'air de s'emmerder comme Ken Dryden las de voir son équipe toujours dans la zone adverse ; une jeune figurante, avec une perruque à l'envers, jouait avec son iPod ; et un vieux monsieur déguisé en vieux monsieur était planté là, devant tout le monde, à se fouiller dans le nez comme s'il avait voulu se gratter l'œil par en-dedans. Je lui ai offert un petit mot d'encouragement.

— Pas facile avec les ongles courts, hein?

Lâche pas, tu vas la pogner!

— *Pardon me?*

Puis, là où le matin même, un silence inspirant enveloppait cette cathédrale de pierre, un «ferblantier» battait à répétition une lame de sabre avec un marteau sur un étau, en créant un vacarme du tonnerre. Autour, bourdonnaient 10 000 touristes qui prenaient 100 000 photos en criant «Cheeeeeeeeese»!

Ajoutez à cela les vendeurs du temple, qui avaient ouvert leurs stands. Tout au long du parcours, fusaient maintenant les «one dinar, only!», les «good price my friend!», et les «Oh my God!» des visiteurs américains en bedaine avec une canette de Bud à la main.

Et je ne sais pas pourquoi, mais... ça brise un petit peu la magie.

Bref, essayez de couvrir le plus grand territoire possible en avant-midi pour éviter la cohue, parce que sinon, vous serez déçu. Et n'y allez pas en groupe! Parce qu'il y a toutes les chances qu'à votre groupe se greffent des gros Américains en bedaine avec leurs canettes de Bud.

Seul ou en amoureux, c'est l'idéal.

Des conseils supplémentaires?

Ne ratez pas l'autel des sacrifices, d'où la vue est imprenable, le monastère Ad-Deir (en après-midi, lorsque sa façade est ensoleillée) et les tombeaux. Avant de partir, installez-vous au bout du tunnel, d'où les visiteurs aperçoivent, pour la première fois de leur vie, le premier bâtiment, le Al-Khazneh, celui que l'on voit sur toutes les cartes postales.

Et contemplez les visages qui s'éclairent.

Elle est là, la Merveille.

GROS EN BAS ET POINTU AU MILIEU

— LE CAIRE, ÉGYPTE —

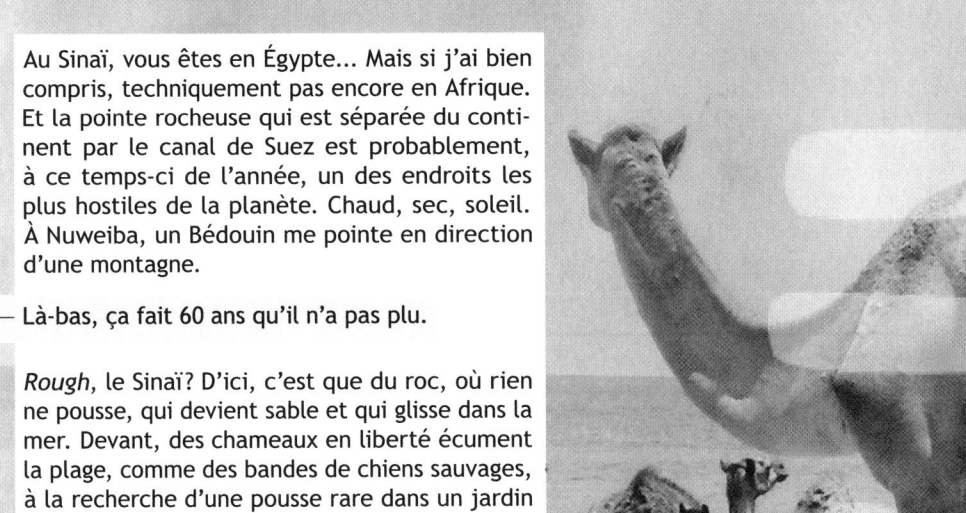

Au Sinaï, vous êtes en Égypte... Mais si j'ai bien compris, techniquement pas encore en Afrique. Et la pointe rocheuse qui est séparée du continent par le canal de Suez est probablement, à ce temps-ci de l'année, un des endroits les plus hostiles de la planète. Chaud, sec, soleil. À Nuweiba, un Bédouin me pointe en direction d'une montagne.

— Là-bas, ça fait 60 ans qu'il n'a pas plu.

Rough, le Sinaï? D'ici, c'est que du roc, où rien ne pousse, qui devient sable et qui glisse dans la mer. Devant, des chameaux en liberté écument la plage, comme des bandes de chiens sauvages, à la recherche d'une pousse rare dans un jardin laissé sans surveillance ou d'un fond de sac de chips au ketchup. Le Bédouin les chasse avec un grand bâton. Les animaux n'insistent pas et ils décampent chez le voisin.

— Mais à l'intérieur des terres, il y a des sources d'eau et des oasis, spécifie le Bédouin, qui essaye de me vendre un tour en 4x4.

Merci, mais moi, ce qui m'intéresse en ce moment, c'est la mer Rouge, grouillante de requins... Et j'ai plutôt opté pour l'apnée et quelques plongées, dont une, inédite et extraordinaire, au lever du soleil. C'est comme une plongée de nuit, mais à l'envers! Tu descends dans l'eau avec une lampe, en pleine noirceur, et tu assistes au lever du jour, à 60 pieds sous l'eau, avec l'ombre d'un squale à la surface...

Ça commence bien la journée.

Puis, en route vers Le Caire, je me suis arrêté à Sharm El-Sheik, une ville haïssable qui a tout sauf du charme. Halte fortement déconseillée.

Maintenant, à nous les pyramides!
Le Caire. 6 AM. Au centre-ville, je hèle un taxi.

— Combien pour aller aux pyramides?
— 40 livres (l'équivalent de 7 dollars US).

J'essaie de faire baisser le prix.

— 20 dinars?
— OK.

La négociation est aisée le matin: les chauffeurs sont superstitieux et croient qu'un premier client, tôt et à n'importe quel prix, aura un effet domino sur le reste de la journée.

J'aurais pu l'avoir pour 15 dinars.

Cela dit, Le Caire est doux le matin. C'est le moment de la journée que je préfère. Le temps est bon.

On s'engage dans le trafic... Au secours! Au Caire, la circulation automobile est tout ce qu'il y a de plus chaotique. Les automobilistes sont cinglés! Et tellement mauvais conducteurs... Le code de la route? Connais pas! Les piétons? Tasse-toi de là!

C'est à hurler de frayeur de les voir s'essayer de passer à cinq de large dans une rue à trois voies, en klaxonnant comme des malades. Du lot, les taxis sont les pires, évidemment... Une main sur le volant, l'autre sur le klaxon. On pourrait croire qu'ils sont un peu déments, mais après quelques jours passés dans ce qu'on pensait être, au début, une cacophonie frénétique de pout-pouts, on finit par discerner des subtilités; des raffinements, même. Et on comprend alors qu'il n'y a pas de klaxons inutiles: c'est le langage de la route.

Un long, très long coup de klaxon, par exemple, signifie « j'avaaaaaaaaaaance ! » Deux longs coups entrecoupés d'un silence pourraient se traduire par « veeeeeerte ! (la lumière est) veeeeeerte ! » Un petit coup sec signale « j'tourne ! ». Et deux courts, suivis d'un plus long, est l'équivalent de « sa-lut Mahmooooooooud ! »

Bref, au bout de 15 minutes et d'un million de pout-pouts, stupéfaction: les pyramides surgissent, là, au beau milieu de la banlieue laide qu'est devenue Gizeh. « Hein? C'est ça, les pyramides?

Le chauffeur est étonné.

Bien sûr ! As-tu déjà vu autre chose, toi, de gros en bas et pointu au milieu?

Hum. Maintenant qu'on me pose la question...

Je descends. À l'entrée, un guichet minuscule dans une piteuse cabane. Le ticket est à seulement 50 livres... Moins de 10 dollars?!? Wow. Il doit y avoir un attrape-nigaud quelque part. Eh oui, il y en aura un ! L'entrée pour chaque pyramide est payante... Et dix fois plus chère. Comme au Musée d'Égypte, où l'on doit payer un supplément exorbitant pour voir Toutankhamon. J'étais un peu choqué, mais je dois vous avouer que dans le cas de pyramides, ça ne me touche pas vraiment: car c'est pour qui veut s'engager, avec 200 touristes, dans un corridor de pierre d'un mètre de large, sans aucune fenêtre ou issue de secours. Rien que d'y penser, moi, je sue. Parce que je suis légèrement claustrophobe, vous le savez. Et je me vois soudainement, derrière un Américain en bedaine, avec un gros cul et une canette de Bud à la main (« On ne se seraient pas vus à Pétra, vous et moi? »). Et dans un tournant de tunnel, je vois son gros derrière qui coince dans un cadre de porte égyptien. Il n'arrive plus à bouger ! Et pendant ce temps, le groupe me pousse pour avancer... Aaaah ! Si un tel malheur m'arrivait, le gros Américain, je pense que je le mangerais.

Pis je boirais sa Bud, pour digérer.

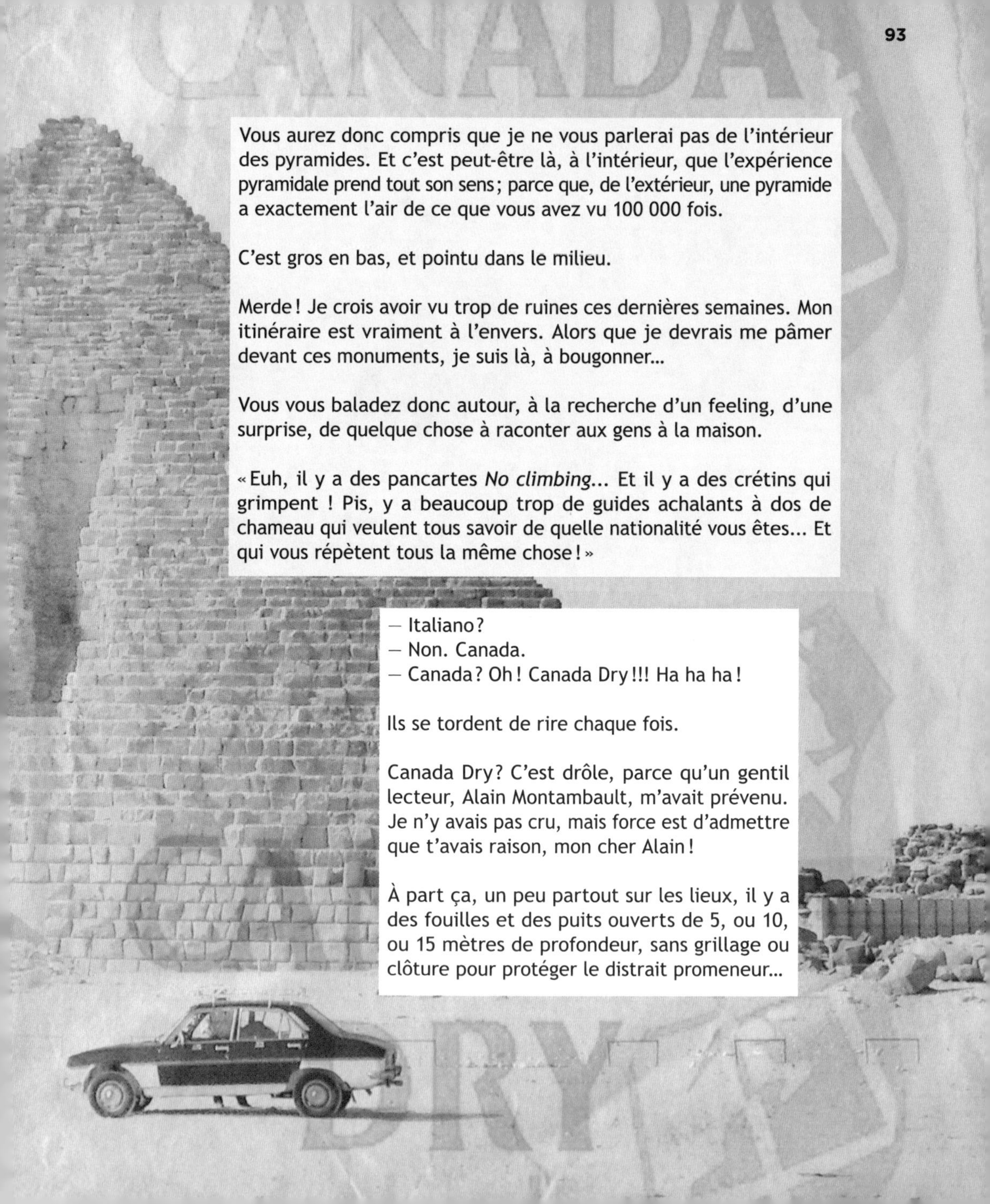

Vous aurez donc compris que je ne vous parlerai pas de l'intérieur des pyramides. Et c'est peut-être là, à l'intérieur, que l'expérience pyramidale prend tout son sens; parce que, de l'extérieur, une pyramide a exactement l'air de ce que vous avez vu 100 000 fois.

C'est gros en bas, et pointu dans le milieu.

Merde ! Je crois avoir vu trop de ruines ces dernières semaines. Mon itinéraire est vraiment à l'envers. Alors que je devrais me pâmer devant ces monuments, je suis là, à bougonner...

Vous vous baladez donc autour, à la recherche d'un feeling, d'une surprise, de quelque chose à raconter aux gens à la maison.

« Euh, il y a des pancartes *No climbing*... Et il y a des crétins qui grimpent ! Pis, y a beaucoup trop de guides achalants à dos de chameau qui veulent tous savoir de quelle nationalité vous êtes... Et qui vous répètent tous la même chose ! »

— Italiano ?
— Non. Canada.
— Canada ? Oh ! Canada Dry !!! Ha ha ha !

Ils se tordent de rire chaque fois.

Canada Dry ? C'est drôle, parce qu'un gentil lecteur, Alain Montambault, m'avait prévenu. Je n'y avais pas cru, mais force est d'admettre que t'avais raison, mon cher Alain !

À part ça, un peu partout sur les lieux, il y a des fouilles et des puits ouverts de 5, ou 10, ou 15 mètres de profondeur, sans grillage ou clôture pour protéger le distrait promeneur...

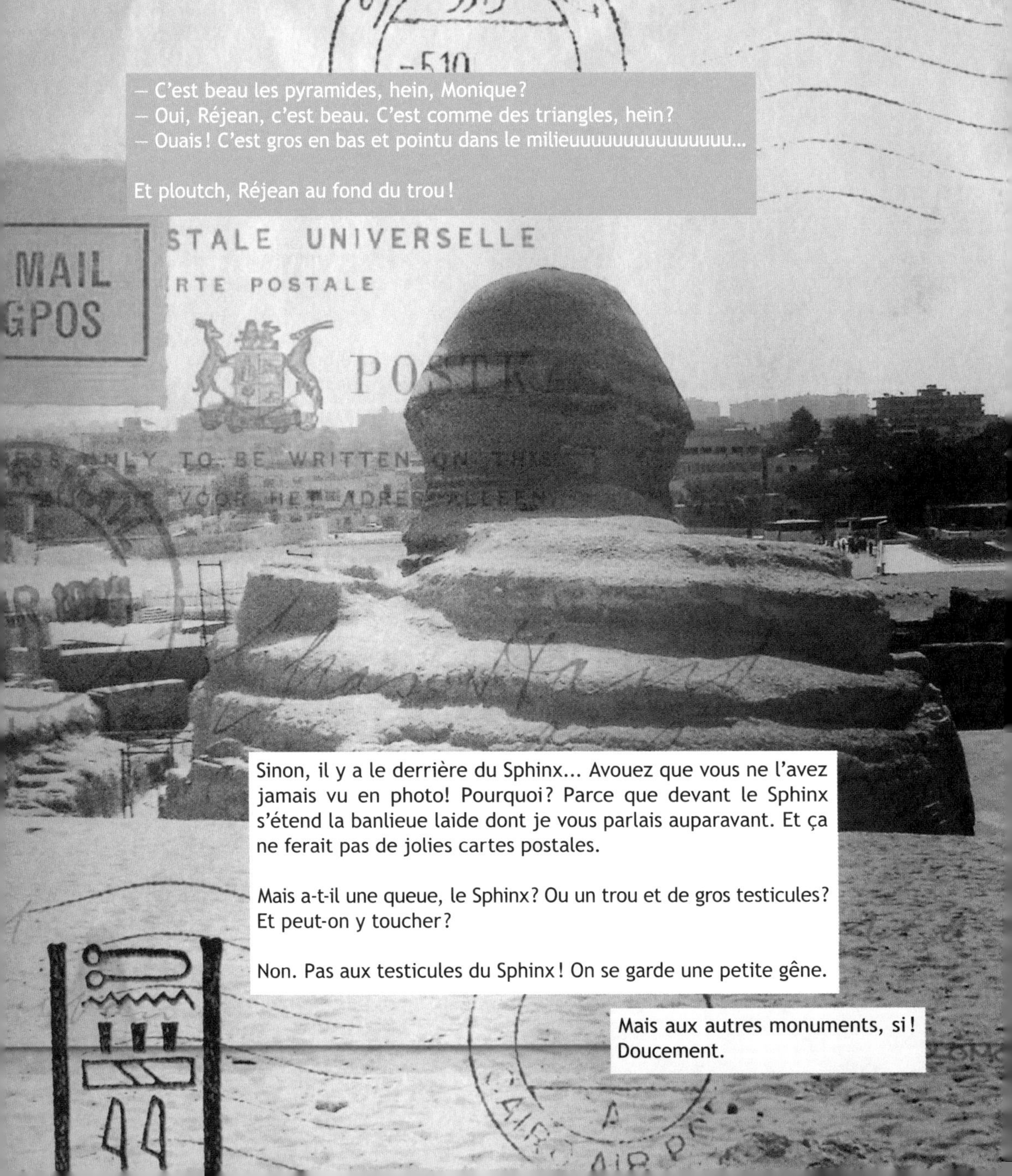

— C'est beau les pyramides, hein, Monique?
— Oui, Réjean, c'est beau. C'est comme des triangles, hein?
— Ouais! C'est gros en bas et pointu dans le milieuuuuuuuuuuuuuuu...

Et ploutch, Réjean au fond du trou!

Sinon, il y a le derrière du Sphinx... Avouez que vous ne l'avez jamais vu en photo! Pourquoi? Parce que devant le Sphinx s'étend la banlieue laide dont je vous parlais auparavant. Et ça ne ferait pas de jolies cartes postales.

Mais a-t-il une queue, le Sphinx? Ou un trou et de gros testicules? Et peut-on y toucher?

Non. Pas aux testicules du Sphinx! On se garde une petite gêne.

Mais aux autres monuments, si! Doucement.

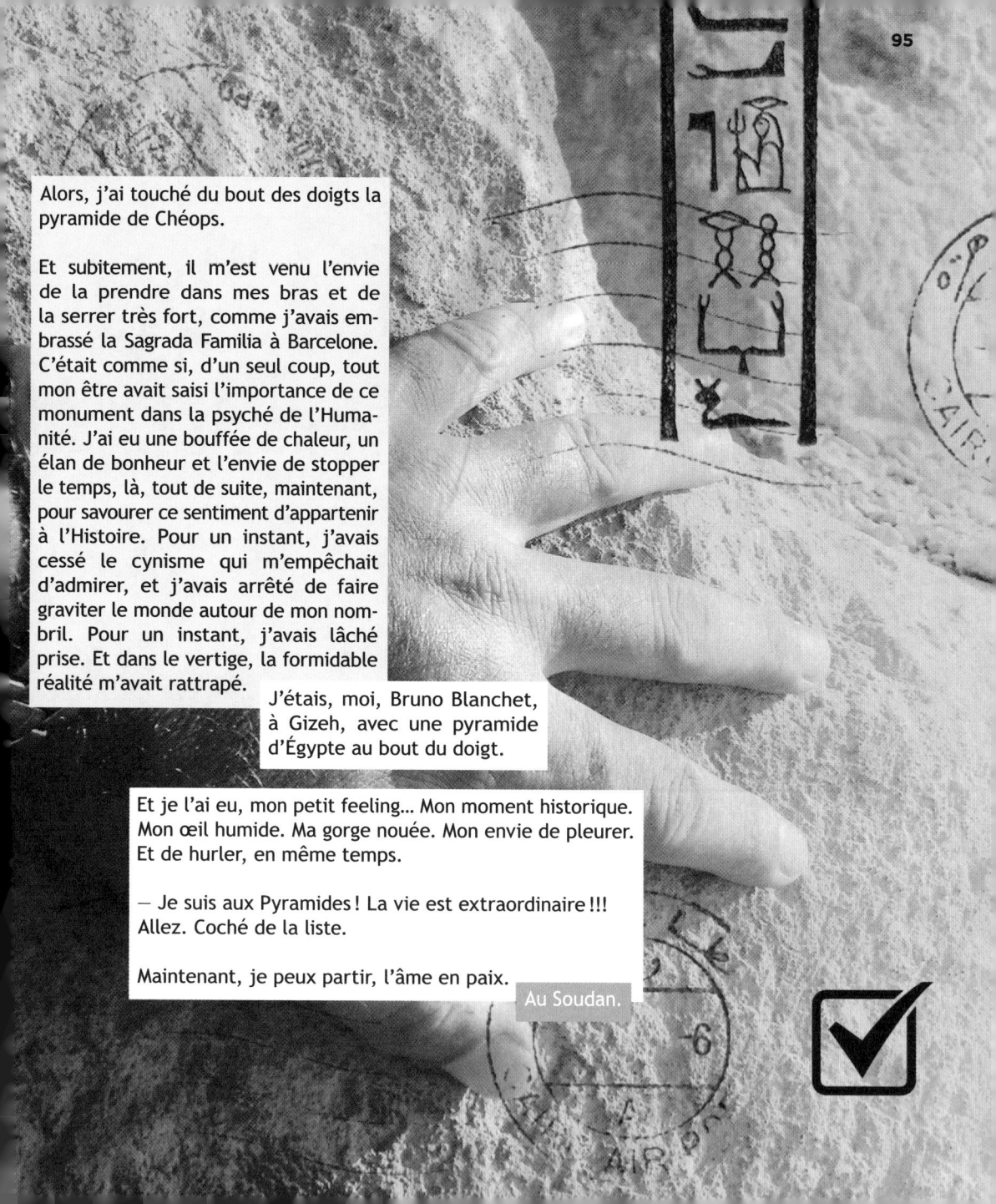

Alors, j'ai touché du bout des doigts la pyramide de Chéops.

Et subitement, il m'est venu l'envie de la prendre dans mes bras et de la serrer très fort, comme j'avais embrassé la Sagrada Familia à Barcelone. C'était comme si, d'un seul coup, tout mon être avait saisi l'importance de ce monument dans la psyché de l'Humanité. J'ai eu une bouffée de chaleur, un élan de bonheur et l'envie de stopper le temps, là, tout de suite, maintenant, pour savourer ce sentiment d'appartenir à l'Histoire. Pour un instant, j'avais cessé le cynisme qui m'empêchait d'admirer, et j'avais arrêté de faire graviter le monde autour de mon nombril. Pour un instant, j'avais lâché prise. Et dans le vertige, la formidable réalité m'avait rattrapé.

J'étais, moi, Bruno Blanchet, à Gizeh, avec une pyramide d'Égypte au bout du doigt.

Et je l'ai eu, mon petit feeling… Mon moment historique. Mon œil humide. Ma gorge nouée. Mon envie de pleurer. Et de hurler, en même temps.

— Je suis aux Pyramides ! La vie est extraordinaire !!! Allez. Coché de la liste.

Maintenant, je peux partir, l'âme en paix.

Au Soudan.

DERNIERS DE CLASSE

— ASSOUAN, ÉGYPTE —

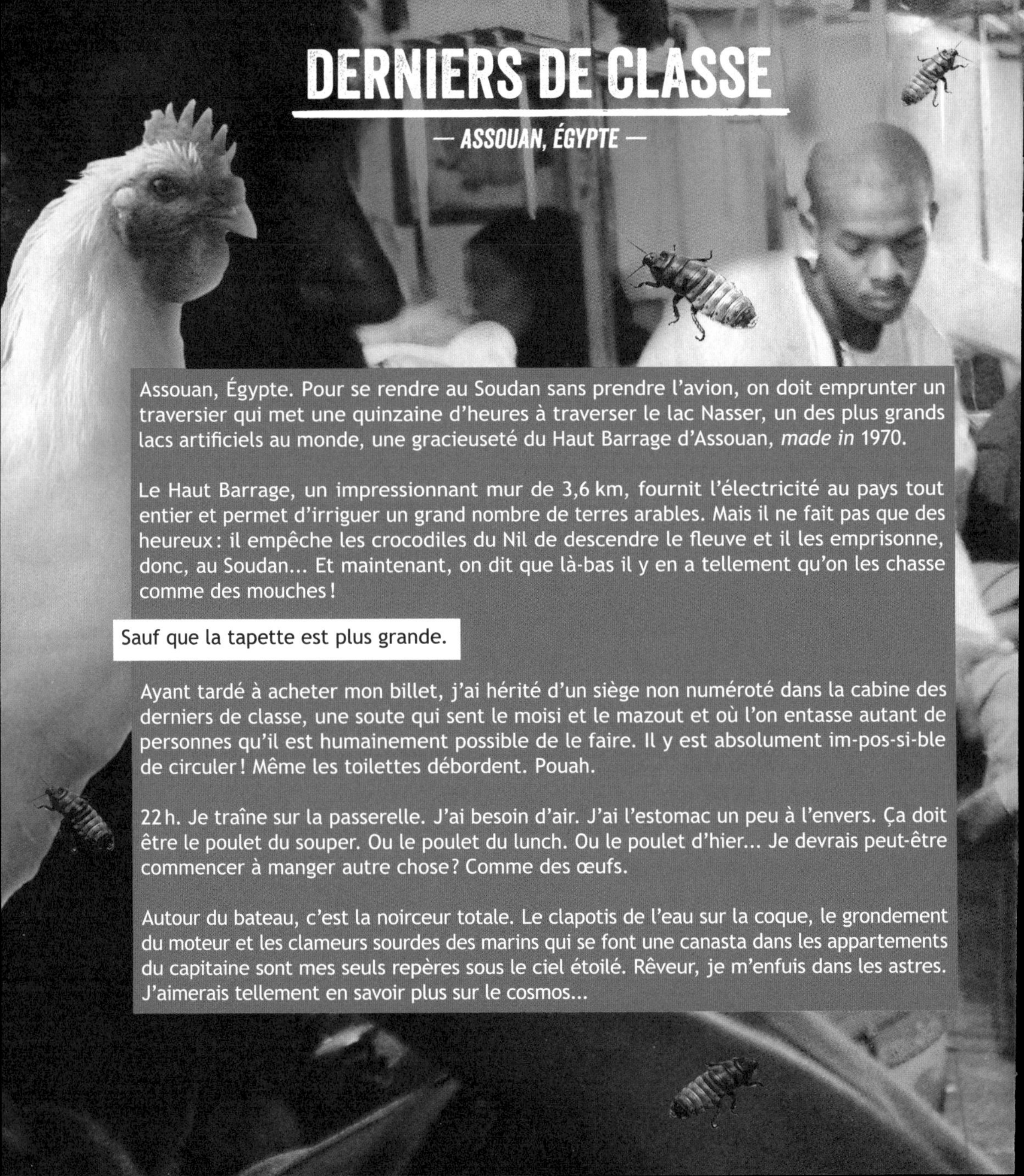

Assouan, Égypte. Pour se rendre au Soudan sans prendre l'avion, on doit emprunter un traversier qui met une quinzaine d'heures à traverser le lac Nasser, un des plus grands lacs artificiels au monde, une gracieuseté du Haut Barrage d'Assouan, *made in* 1970.

Le Haut Barrage, un impressionnant mur de 3,6 km, fournit l'électricité au pays tout entier et permet d'irriguer un grand nombre de terres arables. Mais il ne fait pas que des heureux : il empêche les crocodiles du Nil de descendre le fleuve et il les emprisonne, donc, au Soudan... Et maintenant, on dit que là-bas il y en a tellement qu'on les chasse comme des mouches !

Sauf que la tapette est plus grande.

Ayant tardé à acheter mon billet, j'ai hérité d'un siège non numéroté dans la cabine des derniers de classe, une soute qui sent le moisi et le mazout et où l'on entasse autant de personnes qu'il est humainement possible de le faire. Il y est absolument im-pos-si-ble de circuler ! Même les toilettes débordent. Pouah.

22 h. Je traîne sur la passerelle. J'ai besoin d'air. J'ai l'estomac un peu à l'envers. Ça doit être le poulet du souper. Ou le poulet du lunch. Ou le poulet d'hier... Je devrais peut-être commencer à manger autre chose ? Comme des œufs.

Autour du bateau, c'est la noirceur totale. Le clapotis de l'eau sur la coque, le grondement du moteur et les clameurs sourdes des marins qui se font une canasta dans les appartements du capitaine sont mes seuls repères sous le ciel étoilé. Rêveur, je m'enfuis dans les astres. J'aimerais tellement en savoir plus sur le cosmos...

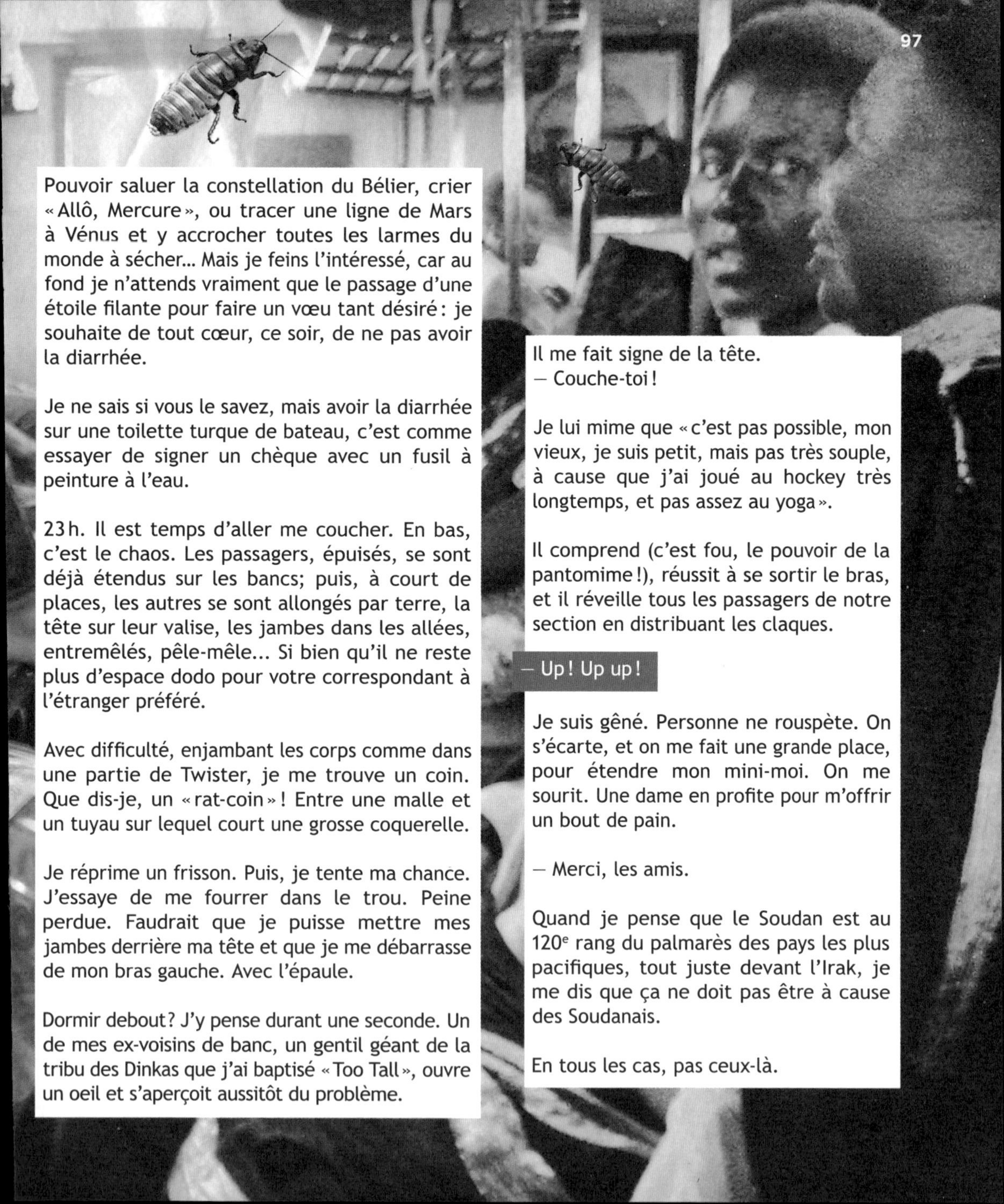

Pouvoir saluer la constellation du Bélier, crier « Allô, Mercure », ou tracer une ligne de Mars à Vénus et y accrocher toutes les larmes du monde à sécher... Mais je feins l'intéressé, car au fond je n'attends vraiment que le passage d'une étoile filante pour faire un vœu tant désiré : je souhaite de tout cœur, ce soir, de ne pas avoir la diarrhée.

Je ne sais si vous le savez, mais avoir la diarrhée sur une toilette turque de bateau, c'est comme essayer de signer un chèque avec un fusil à peinture à l'eau.

23 h. Il est temps d'aller me coucher. En bas, c'est le chaos. Les passagers, épuisés, se sont déjà étendus sur les bancs; puis, à court de places, les autres se sont allongés par terre, la tête sur leur valise, les jambes dans les allées, entremêlés, pêle-mêle... Si bien qu'il ne reste plus d'espace dodo pour votre correspondant à l'étranger préféré.

Avec difficulté, enjambant les corps comme dans une partie de Twister, je me trouve un coin. Que dis-je, un « rat-coin » ! Entre une malle et un tuyau sur lequel court une grosse coquerelle.

Je réprime un frisson. Puis, je tente ma chance. J'essaye de me fourrer dans le trou. Peine perdue. Faudrait que je puisse mettre mes jambes derrière ma tête et que je me débarrasse de mon bras gauche. Avec l'épaule.

Dormir debout? J'y pense durant une seconde. Un de mes ex-voisins de banc, un gentil géant de la tribu des Dinkas que j'ai baptisé « Too Tall », ouvre un oeil et s'aperçoit aussitôt du problème.

Il me fait signe de la tête.
— Couche-toi !

Je lui mime que « c'est pas possible, mon vieux, je suis petit, mais pas très souple, à cause que j'ai joué au hockey très longtemps, et pas assez au yoga ».

Il comprend (c'est fou, le pouvoir de la pantomime !), réussit à se sortir le bras, et il réveille tous les passagers de notre section en distribuant les claques.

— Up ! Up up !

Je suis gêné. Personne ne rouspète. On s'écarte, et on me fait une grande place, pour étendre mon mini-moi. On me sourit. Une dame en profite pour m'offrir un bout de pain.

— Merci, les amis.

Quand je pense que le Soudan est au 120e rang du palmarès des pays les plus pacifiques, tout juste devant l'Irak, je me dis que ça ne doit pas être à cause des Soudanais.

En tous les cas, pas ceux-là.

DÉRAILLEMENT AU SOUDAN

— WADI HALFA, SOUDAN —

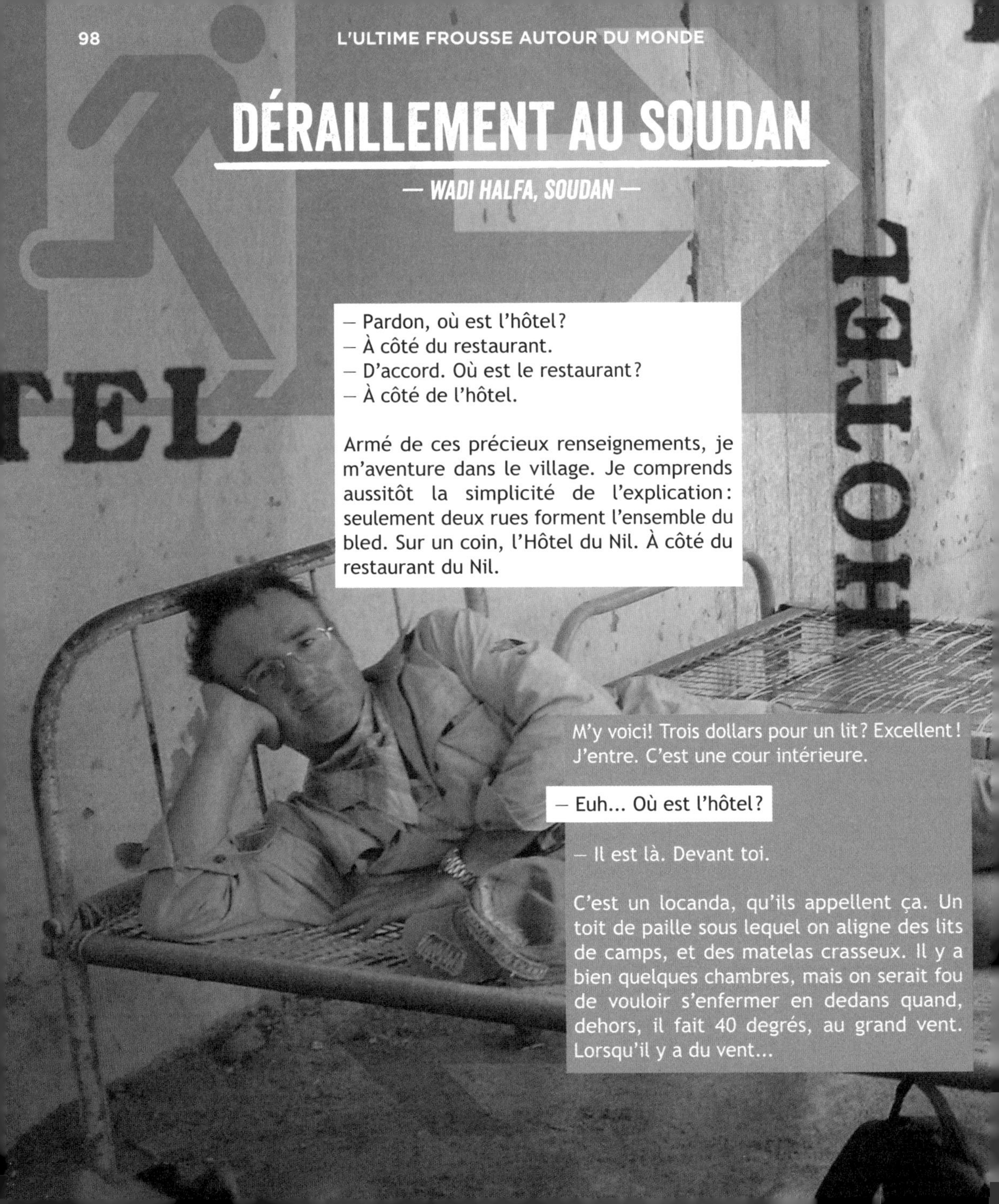

– Pardon, où est l'hôtel?
– À côté du restaurant.
– D'accord. Où est le restaurant?
– À côté de l'hôtel.

Armé de ces précieux renseignements, je m'aventure dans le village. Je comprends aussitôt la simplicité de l'explication: seulement deux rues forment l'ensemble du bled. Sur un coin, l'Hôtel du Nil. À côté du restaurant du Nil.

M'y voici! Trois dollars pour un lit? Excellent! J'entre. C'est une cour intérieure.

– Euh... Où est l'hôtel?

– Il est là. Devant toi.

C'est un locanda, qu'ils appellent ça. Un toit de paille sous lequel on aligne des lits de camps, et des matelas crasseux. Il y a bien quelques chambres, mais on serait fou de vouloir s'enfermer en dedans quand, dehors, il fait 40 degrés, au grand vent. Lorsqu'il y a du vent...

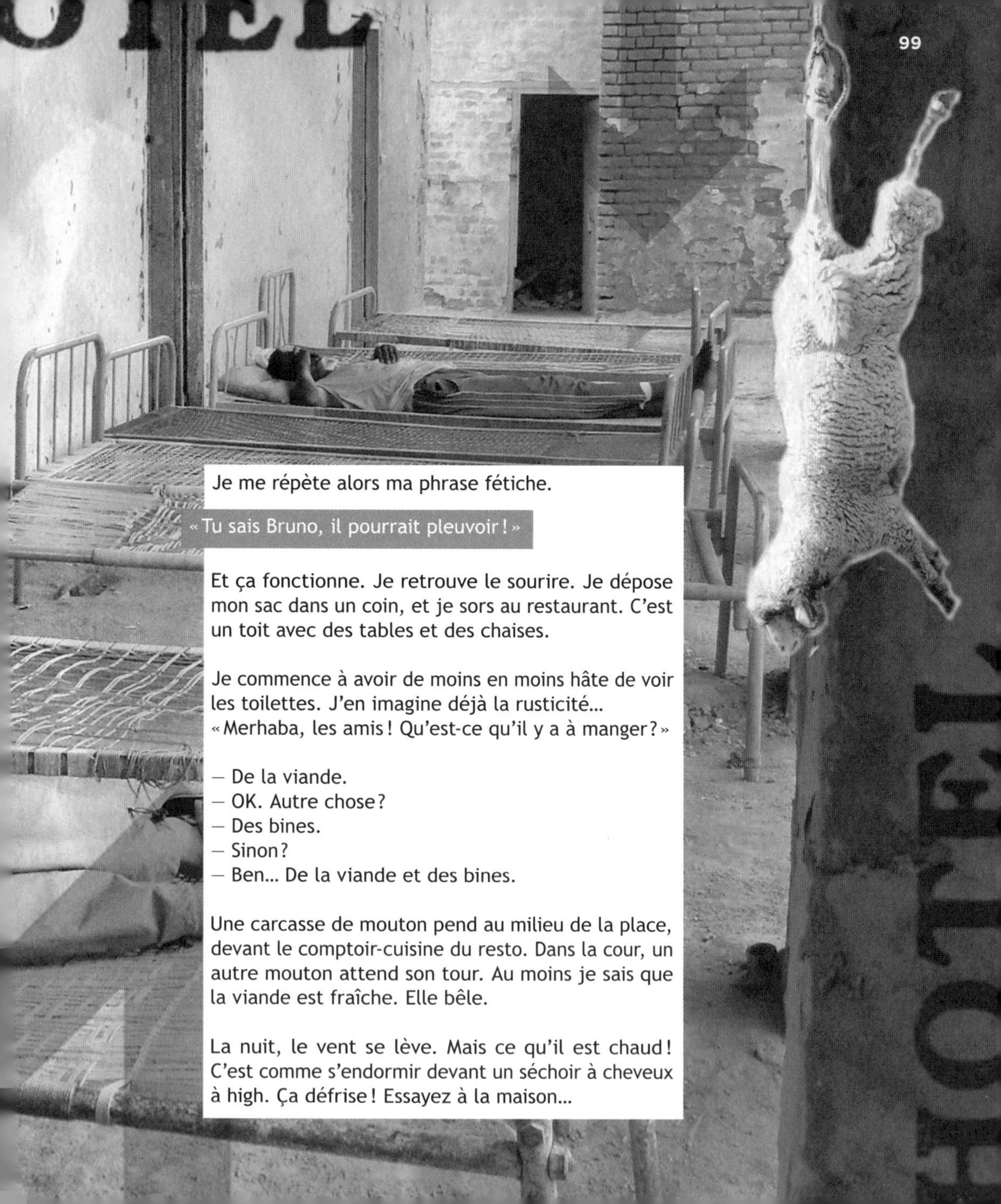

Je me répète alors ma phrase fétiche.

« Tu sais Bruno, il pourrait pleuvoir ! »

Et ça fonctionne. Je retrouve le sourire. Je dépose mon sac dans un coin, et je sors au restaurant. C'est un toit avec des tables et des chaises.

Je commence à avoir de moins en moins hâte de voir les toilettes. J'en imagine déjà la rusticité... « Merhaba, les amis ! Qu'est-ce qu'il y a à manger ? »

— De la viande.
— OK. Autre chose ?
— Des bines.
— Sinon ?
— Ben... De la viande et des bines.

Une carcasse de mouton pend au milieu de la place, devant le comptoir-cuisine du resto. Dans la cour, un autre mouton attend son tour. Au moins je sais que la viande est fraîche. Elle bêle.

La nuit, le vent se lève. Mais ce qu'il est chaud ! C'est comme s'endormir devant un séchoir à cheveux à high. Ça défrise ! Essayez à la maison...

À la gare, le lendemain matin, j'arrive tôt. Je réussis à m'acheter un billet de première classe, destination Khartoum, départ à 20 h 40. J'y vois le train, qui date de 1971 (une plaque indique qu'il a été fabriqué cette année-là en Hongrie) et qui n'a probablement subi aucune transformation depuis cette époque...

Si bien que mon siège porte encore la trace des milliers de séants qui l'ont enfoncé jusqu'à l'armature, d'où perce un clou qui m'empêche d'y poser mes deux fesses en même temps. Trente-six heures qui risquent d'être particulièrement douloureuses. À moins que la cabine de six sièges que j'occupe ne se remplisse pas. Deux bancs pour moi tout seul, ce ne serait pas de refus. J'en aurais au moins un.

Ah ! Ai-je oublié que je suis en Afrique ?

À 20 h 15, les cinq autres bancs sont occupés. Par sept adultes. Et six enfants. Mais ils sont tous tellement gentils et souriants que j'en prendrais bien une autre douzaine.

Le train part donc à 20 h 40 précises. Surprenant ? Non. La raison en est bien simple : nous traverserons le pays sur une voie ferrée unique. Or, quand les trains qui viennent en direction opposée se croiseront, ils devront le faire au bon endroit : là où il y a possibilité de se ranger sur le côté.

Pourvu que le gars avec la casquette, dans 300 kilomètres, ne dorme pas sur la switch... Moi, en tout cas, je ne dormirai pas.

Pour une troisième soirée d'affilée.

Je le sais. J'ai les nerfs tendus comme une peau de tambour et le coeur qui me bat dans les oreilles. J'ai des fourmis dans les jambes et je commence à avoir des idées noires: car lorsque j'essaie de chasser le stress en comptant des moutons, ils finissent tous pendus à des crochets de boucher.

Alors tout allait bien, et il devait être 6 h du matin quand le train s'est mis à pencher à droite, puis à gauche, puis à droite encore, comme un bateau ivre qui traverse une tempête. J'ai sorti la tête par la fenêtre.

Le wagon derrière le nôtre avait déraillé.

LES DATTES

— DÉSERT DE NUBI, SOUDAN —

Le soleil tape sur la carcasse du train qui gît, immobile, au beau milieu du désert de Nubie. Nous sommes dans de beaux draps. Quand je regarde autour, je me demande sérieusement de quel côté vont arriver les secours. À gauche ? Du sable. À droite ? Du sable. Devant ? Du sable. Et derrière… je vous laisse deviner ! Y a rien comme un bon défi intellectuel le samedi matin (et ne vous en faites pas, je vous donnerai des indices tout au long de la chronique).

Heureusement, le wagon qui a déraillé n'a pas basculé. Il est sorti de ses gonds et a détruit toutes les traverses de bois sur un bon 500 mètres. Mais il demeure debout. Juste… pas au bon endroit.

Le plus important, c'est que personne n'a été blessé. J'interpelle Modi, mon nouvel ami, qui vient de Juba, dans le sud du Soudan.

Qu'est-ce qu'on fait maintenant, Modi ?

Modi hausse les épaules.

— On se met tous ensemble, on soulève le wagon et on le replace sur les rails !

— T'es fou ? Ça doit peser au moins 50 tonnes c'te machin-là !

Modi ricane.
— Viens donc manger des dattes.

Nous sortons. Dehors, des passagers, assis (sur le sable) à l'ombre des wagons, s'installent pour le petit-déjeuner ; d'autres font déjà la sieste, comme si tout cela n'était pas bien grave. Personne ne panique. Il n'y a AUCUN signe d'impatience. La vie s'est arrêtée ici ? Soit ! On ne va surtout pas la bousculer.

Modi marche (dans le sable) en direction du soleil.

Je le suis. L'astre m'aveugle. Au loin, ce qui apparaît comme une oasis me rappelle que dans le désert, il y a des mirages...

— Qu'est-ce que t'en sais, qu'il y a des dattes là-bas, Modi ?
— Je les vois d'ici.
— Pas moi.

— C'est parce que tu ne sais pas regarder. Tu es trop blanc pour un endroit comme celui-ci.

— Trop blanc ? Ah, toi, mon Modi ! C'est peut-être aussi parce que j'ai oublié mes lunettes dans le wagon !

Nous grimpons une butte (de sable).

— Maintenant, tu les vois ?

Wow. De beaux gros fruits jaunes et bruns pendent par grappes énormes à des arbres au tronc puissant. Des fleurs poussent à leurs pieds. Des oiseaux chantent. Et pour compléter le tableau, un ruisseau parcourt le jardin miraculeux, où je ne serais pas surpris de voir apparaître Adam et Ève.

Des enfants hilares s'y baignent. L'eau me semble profonde, mais on dirait qu'il n'y a pas de papas ou de mamans pour les surveiller. Ça m'inquiète un peu.

Modi m'offre une explication.

— Tu vois, Bruno, au Soudan, les enfants sont à tout le monde. Nous sommes tous responsables de leur bien-être et de leur sécurité. L'adulte, pour le jeune, n'est pas un étranger. On l'écoute et on l'apprécie. Qui qu'il soit. T'as vu dans le train comme les petits ont du plaisir avec toi ?

Effectivement, je crois être devenu l'espèce de mascotte qu'on s'amuse à bombarder de coups de pieds. Mais c'est fait sans malice, précisons-le.

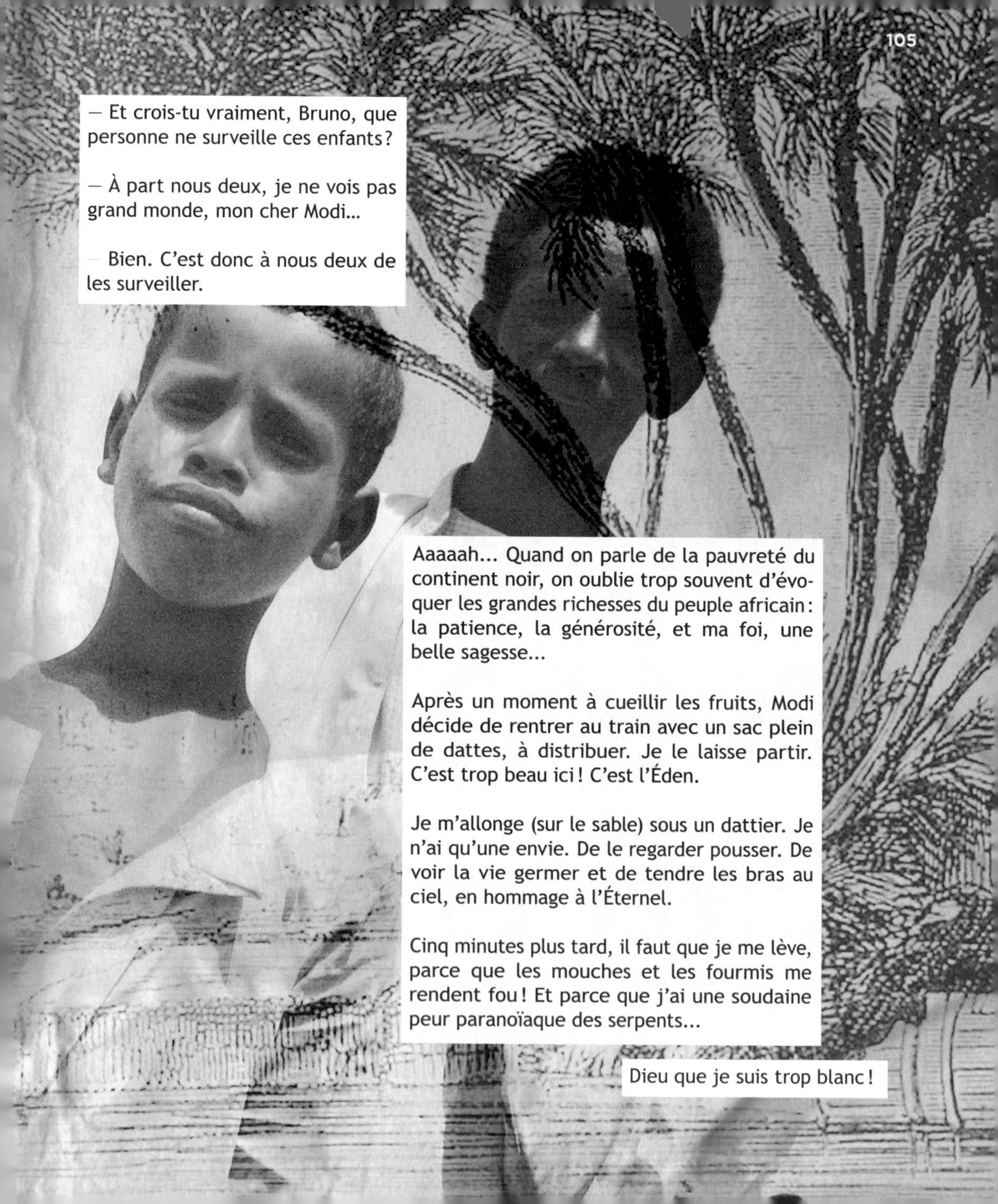

— Et crois-tu vraiment, Bruno, que personne ne surveille ces enfants?

— À part nous deux, je ne vois pas grand monde, mon cher Modi...

— Bien. C'est donc à nous deux de les surveiller.

Aaaaah... Quand on parle de la pauvreté du continent noir, on oublie trop souvent d'évoquer les grandes richesses du peuple africain : la patience, la générosité, et ma foi, une belle sagesse...

Après un moment à cueillir les fruits, Modi décide de rentrer au train avec un sac plein de dattes, à distribuer. Je le laisse partir. C'est trop beau ici ! C'est l'Éden.

Je m'allonge (sur le sable) sous un dattier. Je n'ai qu'une envie. De le regarder pousser. De voir la vie germer et de tendre les bras au ciel, en hommage à l'Éternel.

Cinq minutes plus tard, il faut que je me lève, parce que les mouches et les fourmis me rendent fou ! Et parce que j'ai une soudaine peur paranoïaque des serpents...

Dieu que je suis trop blanc !

DEDANS JUSQU'AU COU

— KHARTOUM, SOUDAN —

Dix-sept heures. Débarquer à Khartoum sous la pluie n'est certainement pas le moment le plus réjouissant d'un périple... Impossible de vous décrire le gâchis en termes polis : c'est gris, c'est laid et ça sent mauvais. Le centre-ville est un véritable bain de boue — note aux amateurs de thalassothérapie — et naviguer avec un sac au dos entre les vendeurs de guenilles, la foule compacte et les trous d'eau gigantesques sans s'enfoncer les pieds dans la merde est une épreuve digne de *Fear Factor*. Je m'arrête au premier hôtel venu. Trente-deux dollars pour une nuit. Eau froide, vieux lit fatigué, télé qui peine à CNN et air climatisé qui fait un vacarme de Harley Davidson. Beaucoup trop cher pour ce que ça vaut... Surtout ici, où je suis certain que la majorité des gens dans la rue ne gagnent pas une telle somme d'argent par mois ! Ça me torture la morale, mais au diable : je déclare officiellement aujourd'hui une journée d'exception. J'ai besoin d'une pause.

Je paye. Je monte à la chambre. Clic. Le néon qui crépite fait fuir un lézard sous le mur rose jauni. Je suis définitivement seul.

Je m'étends sur le matelas et je regarde tourner le ventilo au plafond. Comme dans le film *Apocalypse Now*, les premières notes de la chanson *The End*, des Doors, résonnent dans ma tête.

« This is the end. My only friend, the end. »

Je m'enveloppe dans la couverture poussiéreuse. Je rigole. Tout ça est tellement pathétique ! Je me moque un peu de moi-même.

Puis je m'endors.

Et je ne rêve pas.

Plus tard, après ma sieste réparatrice, le ciel s'étant calmé, je décide d'aller immédiatement chercher un nouvel hôtel pour le lendemain. Dans la rue, où les insuffisants lampadaires font figure d'exception, la nuit est sombre, l'ambiance macabre, et on espère le passage d'une voiture (avec les phares allumés!) pour pouvoir se guider. Et pour pouvoir lire ces ombres qui vous emboîtent le pas...

La capitale soudanaise n'a vraiment rien à voir avec la campagne. Disparu, le côté bon enfant, et englouti sous la boue, le sable dont on fait les rêves... Ici, la réalité est dure. Ici, on survit.

Je stoppe à un coin de rue. Je consulte la carte de la ville. Un passant s'arrête et regarde par-dessus mon épaule.

— Je peux vous aider?
— Euh... Peut-être. Je cherche un hôtel.
— Suivez-moi !

Hum. Qu'est-ce que j'ai à craindre de plus? Ma journée a déjà été assez glauque...

Nous traversons la rue. J'évite une voiture de justesse. Je sens tout à coup le sol se dérober sous mes pieds. Et je crie.

— Aaaaah !

Mon brave Samaritain se retourne. Je ne suis plus là. Hop ! Volatilisé ! Comme dans les dessins animés !

— Mister? Are you OK?
— Pas tout à fait, non.

Le con que je suis vient de tomber dans une bouche d'égout.

L'homme m'aide à m'extirper du trou. Mes sandales restent au fond, prises dans le mou. Tant pis. C'est le dernier de mes soucis. J'ai mal en maudit. Tellement que j'ai envie de vomir. C'est peut-être l'odeur aussi... Je relève mon pantalon nauséabond. Sur le devant de mon mollet gauche, deux grands trous saignent abondamment. Je crois même apercevoir l'os...

— Vite, faut aller à l'hôpital !

Ayayaye. Un hôpital soudanais, c'est jojo... Ils vont me mettre des sangsues là-dessus? Ils vont me faire boire du jus de vautour, en piquant des aiguilles dans une poupée? Ils vont avoir un os dans le nez?

L'homme hèle un taxi. Il ordonne au chauffeur de peser sur le champignon.

À destination, l'homme insiste pour régler la course. Nous entrons dans le hall de l'hosto. L'endroit est propre comme un sou neuf. Mes chaussettes crades laissent de grandes traces brunes sur le plancher nickel (eh oui, ami de Fashion TV, je porte des chaussettes dans mes sandales... Mais le soir, c'est à cause des moustiques!) Presto, un employé me suit avec une serpillère. On m'assied sur une civière. Le docteur arrive aussitôt. Un vrai gentil docteur avec un stéthoscope autour du cou. Fiou! Ce n'est pas aujourd'hui que je vais me faire soigner vaudou.

Il me fait immédiatement passer aux rayons X. Dix minutes plus tard, mon cliché confirme qu'il n'y a rien de brisé. Une infirmière coréenne me fait une piqûre dans la fesse. Le doc nettoie la plaie, me prescrit des antibiotiques, me serre la main, me donne rendez-vous le lendemain. Le tout n'aura duré que 30 minutes. Je suis au royaume des urgences! Avouez que vous êtes jaloux...

Je sors dans le hall. L'homme a disparu. Comme dans les vues.

Merci à toi, l'inconnu.

LE TROU DANS LA JAMBE

— KHARTOUM, SOUDAN —

Après ma chute dans la bouche d'égout, à l'hôpital, le docteur n'a pas jugé bon de refermer avec des points de suture la plaie sur mon mollet. Et aujourd'hui, je ne suis pas convaincu de la justesse de son diagnostic : parce que ça saigne encore. Et c'est laid... Ouache ! C'est tout gonflé, purulent, ça ressemble presque aux plaies du virus Ébola qu'on voit tous les deux ans aux actualités (pour ceux qui ne connaissent pas l'Ébola, c'est comme du steak haché qui te sort du genou... Bon petit-déjeuner à tous !)

En Afrique, avoir un trou dans la jambe, c'est du sport extrême. Non seulement doit-on toujours prendre soin de bien le désinfecter et de le panser à cause des mouches (mais pas trop, pour que ça guérisse), il y a aussi le problème de la douche. Peut-on faire confiance à l'eau qui sort des tuyaux ? Moi, je me dis que ça doit grouiller de bébittes là-dedans. Alors, quand je me lave, j'évite de mouiller ma plaie ; c'est-à-dire que je me douche tout écartillé, en sautillant, avec le pied gauche dans les airs.

— Hop les fesses ! Hop le dos ! Hop la bedaine !

Ajoutez à ça de l'eau toujours trop froide, et croyez-moi, vous obtenez un numéro digne du Cirque du Soleil.

Et comme si je n'avais pas déjà assez d'ennuis, il faut en plus que je coure après ! Un conseil : soyez extrêmement prudent avec votre appareil photo dans la capitale soudanaise. Ça craint. Mais pas à cause des voleurs.

Non ! À cause des flics et des agents secrets.

Au Soudan, pour avoir le droit de prendre des photos, vous devez vous munir au préalable d'un permis de photographie (disponible au ministère du Tourisme) sur lequel il est précisé (en petits caractères que j'avais omis de lire) qu'il est « interdit de photographier des pauvres, des mendiants ou toute autre scène qui pourrait donner une image négative du pays ». Or, à Khartoum, où c'est le... chaos (appelons-le poliment ainsi), vous pouvez être certain qu'à chaque endroit où vous pointez votre caméra, il y a de très grands risques pour que se trouve un élément interdit par la loi dans le cadre de la photo. Étant donné la situation politique « légèrement tendue » au Soudan, il y a des militaires et des policiers absolument partout en ville, et ils interviennent très rapidement.

Hier soir, je l'ai appris à mes dépens.

J'avais pris une chouette photo du coin de rue devant mon hôtel, inondé par la pluie, avec le reflet de l'enseigne au néon sur l'eau, et j'allais remettre mon appareil dans son étui lorsque je me suis fait interpeller par un policier en civil.

— You stop!

Habitué aux contrôles soudanais, je sors machinalement mes papiers d'identité. Le flic me fait signe qu'il ne veut pas de mon passeport : il exige de voir la photo que je viens de prendre. Ah bon ! Un curieux, me dis-je... peut-être un artiste ?

Je lui tends mon appareil. Il scrute pendant une longue minute l'image sur l'écran à cristaux liquides (avec la lumière qui découpait les traits de son expression sévère, ça aurait fait une superbe photo), puis il me demande de zoomer dans l'écran. Un détail l'intéresse ? Wow ! Un vrai amateur ! Je m'empresse de zoomer, et je découvre sitôt ce qu'il avait remarqué et que je n'avais pas vu : assis sur le trottoir, derrière la flaque d'eau, on peut apercevoir un mendiant qui n'a pas de bras. Le flic pointe le manchot et fronce les sourcils.

— Problem!

À la blague, je lui réponds :

— Ah non, pas de problème ! Avec Photoshop, je peux lui faire des bras gros comme ceux de Schwarzenegger.

— You think this funny?

Aïe. Il s'en est fallu de peu pour que je me fasse sacrer un coup de bâton. Heureusement que la scène s'est déroulée en face de chez mon épicier et pusher de barres Mars (quand y a pas d'alcool, on se bourre de sucre), qui est intervenu, et qui lui a sûrement expliqué que j'étais un crétin de Canadien qui ignorait tout des subtilités de la législation soudanaise ; puis le tout s'est réglé amicalement avec un « *Delete picture* », deux tablettes de chocolat et trois petites tapes sur la main.

Donc, mes amis, à Khartoum, laissez votre appareil photo dans votre sac ; parce que c'est déjà assez difficile d'être en liberté au Soudan, je n'ose même pas imaginer ce que c'est que d'être en dedans.

Surtout sous la douche, avec un trou dans la jambe.

LE MALHEUR DES UNS

— PORT-SOUDAN, SOUDAN —

Saviez-vous qu'au pays du Soudan, ce grand négligé des circuits touristiques, se trouvent des sites de plongée sous-marine de qualité exceptionnelle? Dans la mer Rouge, au large de la ville de Port-Soudan, abondent les récifs de coraux, les raies mantas et les bancs de requins-marteaux... Brrrr! Que croyez-vous que j'ai fait cette semaine?

Ha! Avec mon bikini et ma brosse à dents, je suis parti pour Port-Soudan, à 1000 km de Khartoum. Deux longues journées d'autocar qui m'ont persuadé de prendre l'avion au retour. Pour 60$ de plus? Croyez-moi, ça vaut le coût. Non pas que les autocars au Soudan soient inconfortables, au contraire: le problème, c'est le décor.

Il est ennuyant à mort. Dans tous les sens du mot. Je n'ai jamais fait autant de sudokus de ma vie! Heureusement qu'il y a des contrôles militaires aux 100 km. Ça désennuie. Et puis, j'ai fait le voyage avec un couple de plongeurs allemands, Martin et Freddy, et nous avons trouvé un moyen original de nous divertir: à chaque contrôle, nombreux, le défi était de jouer à celui qui serait le plus «téteux» avec la police...

— Merci de vérifier mon passeport, monsieur l'agent!
— Vous vivez dans le plus beau pays du monde!
— À bientôt, j'espère...

C'est Martin le malin qui, grâce à cet échange, a remporté la palme devant un gros capitaine suant qui se prenait très au sérieux :

— Vous êtes capitaine ? Wow ! Votre mère doit être fière ?
— Oh oui, elle est vraiment fière.
— Je comprends ! J'aimerais assez ça avoir un fils comme vous.

Fred s'est étouffé avec sa bouchée de biscuit. J'ai prétexté une subite envie de pisser et je suis sorti en trombe pour aller rire derrière la cabane. Ouf.

Dommage que le plaisir ne dure jamais.

Lorsque nous sommes enfin arrivés à Port-Soudan, nous avons parcouru, péniblement, et de long en large, la ville fantôme, où régnait une chaleur si infernale que même le vent s'était réfugié à l'ombre. Pour finalement nous faire annoncer que les centres de plongée étaient fermés jusqu'à... un moment donné ? En fait, personne ne savait rien de rien. Les proprios étaient quelque part. Ailleurs.

Misère ! Va falloir trouver autre chose pour s'amuser.

Remarquez que, dans mon cas, ce ne sont pas les occasions qui manquent : depuis que je me promène avec un bandage sur la jambe, en Afrique, tout le monde veut être mon ami. Je vous jure, c'en est presque absurde.

Partout où je vais, on m'accueille avec compassion, on me demande ce qui est arrivé, on peste contre les autorités qui auraient dû boucher le trou, puis on est désolés, et on m'offre à boire ; bref, lorsque je serai guéri, je pense que je vais garder le bandage.

J'ai presque envie de breveter l'idée et de l'annoncer à la télé ! Ça ne peut pas être pire que la ceinture vibrante, non ? Je vois ça d'ici...

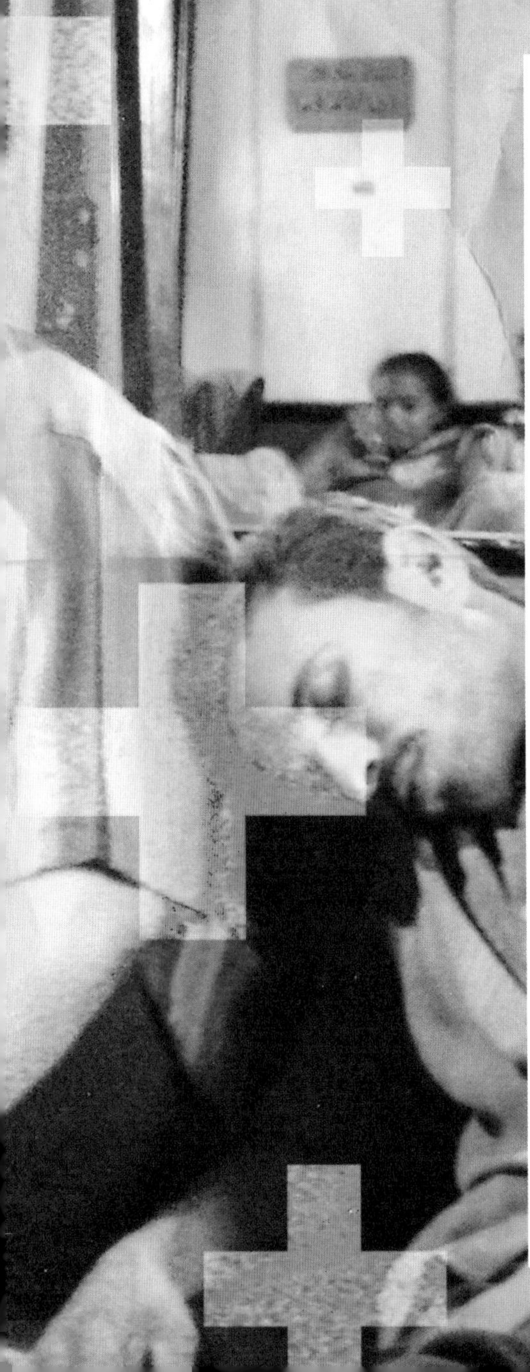

Publicité télé : Comment se faire des amis en voyage.

Scène 1 (À l'intérieur d'un resto-bar africain) Un monsieur (un Blanc, habillé comme Georges Brassard) est assis seul dans un coin. Il a l'air un peu triste. Autour de lui, les autres clients (des Africains en costume africain) s'amusent comme des fous. On entend un narrateur, en voix hors champ :

NARRATEUR
— Monsieur. Êtes-vous timide ?

L'homme se retourne et esquisse un sourire embarrassé.

NARRATEUR
— N'attendez plus ! Faites-vous mal et recueillez la sympathie des gens autour de vous !

L'homme y réfléchit un instant. Puis son visage s'illumine.

HOMME
— Hmm... Mais c'est une excellente idée !

Dans la rue, l'homme court et se lance tête première dans une bouche d'égout ouverte. Il en ressort couvert de m..., avec un rat qui gigote entre les dents. Il le crache, et dit à la caméra.

HOMME
— Hourrah ! Je pense que je me suis cassé un bras !

Il nous montre son bras qui est effectivement cassé en deux, et sa main qui pend comme une guenille.

Dans une salle d'urgence, on voit plein de jolies infirmières et des malades qui ont l'air en santé.

HOMME
— Merci, docteur !

L'homme quitte l'hôpital, propre, avec au bras un beau plâtre tout blanc. Il entre au resto-bar. Les clients se précipitent sur lui.

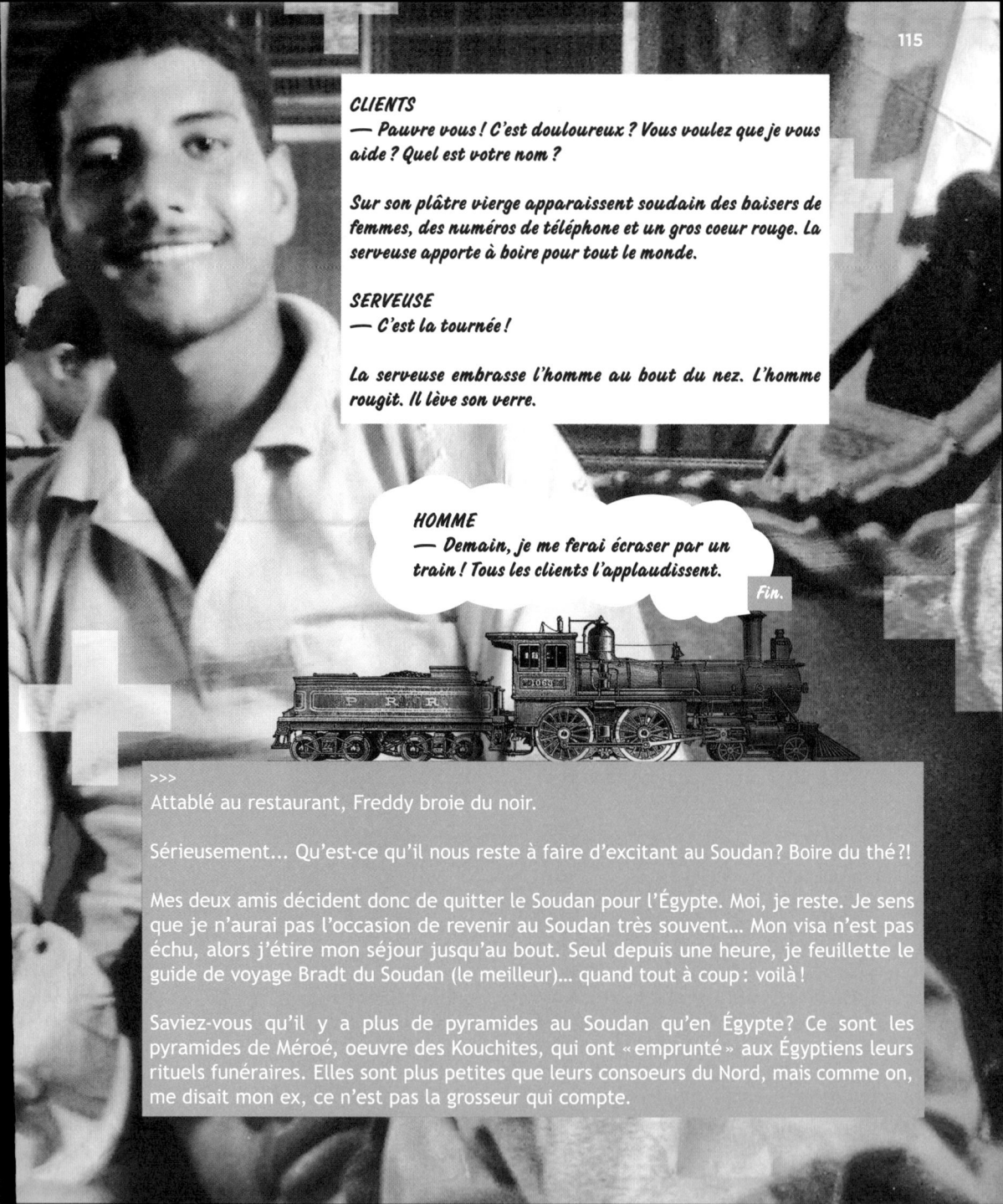

CLIENTS
— Pauvre vous ! C'est douloureux ? Vous voulez que je vous aide ? Quel est votre nom ?

Sur son plâtre vierge apparaissent soudain des baisers de femmes, des numéros de téléphone et un gros coeur rouge. La serveuse apporte à boire pour tout le monde.

SERVEUSE
— C'est la tournée !

La serveuse embrasse l'homme au bout du nez. L'homme rougit. Il lève son verre.

HOMME
— Demain, je me ferai écraser par un train ! Tous les clients l'applaudissent.

Fin.

>>>
Attablé au restaurant, Freddy broie du noir.

Sérieusement... Qu'est-ce qu'il nous reste à faire d'excitant au Soudan? Boire du thé?!

Mes deux amis décident donc de quitter le Soudan pour l'Égypte. Moi, je reste. Je sens que je n'aurai pas l'occasion de revenir au Soudan très souvent... Mon visa n'est pas échu, alors j'étire mon séjour jusqu'au bout. Seul depuis une heure, je feuillette le guide de voyage Bradt du Soudan (le meilleur)... quand tout à coup : voilà !

Saviez-vous qu'il y a plus de pyramides au Soudan qu'en Égypte? Ce sont les pyramides de Méroé, oeuvre des Kouchites, qui ont « emprunté » aux Égyptiens leurs rituels funéraires. Elles sont plus petites que leurs consoeurs du Nord, mais comme on, me disait mon ex, ce n'est pas la grosseur qui compte.

Pour y accéder, il faut d'abord prendre un bus (150 km), de Khartoum jusqu'à Shandi : une petite ville pas du tout désagréable, mais qui n'offre aucun choix d'hôtel-budget, à part un unique locanda pourri au bord de la *track* qui, pour 2,50 $, vous garantit le sommeil impossible.

De toute façon, le dodo, il sera court... Le lendemain, je dois bouger avant l'aurore si je veux assister au lever du soleil sur les pyramides. Car l'aurore est, selon moi, le temps idéal pour visiter des ruines : le midi, elles brûlent la pellicule, et le coucher de l'astre les rend un peu tristes. Bref, étant donné qu'il n'y aura pas de bus à cette heure, je devrai probablement faire du pouce, en pleine nuit, direction 50 kilomètres au nord, quelque part au milieu du désert. Excitant ?

On verra ça demain.

DES PYRAMIDES AU SOUDAN.

Quatre heures du matin. Je ramasse mon sac et je sors. Dans la rue, seuls quelques dévots qui se rendent à la mosquée pour la première prière. J'admire le dévouement musulman. À sa façon, je le trouve rassurant. Assez, en tout cas, pour parcourir une ville inconnue, à quatre heures du matin avec tout mon bagage, et me laisser envahir, sans crainte, par le silence et la noirceur ; assez même pour me délecter des bruits insolites et des ombres effrayantes...

Et l'autre avantage, c'est qu'il n'y a pas de chiens chez les musulmans !

Des phares s'approchent. Au bord du chemin, je tends la main. C'est une voiture de police. Elle s'arrête, et le beau discours que je viens de vous débiter part en courant dans le champ, avec ma quiétude et mon courage. Zoom ! Retour à la réalité ! Je suis un Nord-Américain riche et seul, nulle part dans le noir, à une heure indue, face aux représentants de l'ordre d'un pays qui extermine ses propres citoyens.

Je me penche à la portière. Trois flics à bord: un conducteur devant (c'est pareil au Soudan), et deux autres, derrière, qui semblent dormir à poings armés.

Ils m'embarquent ?

Oui... Et jusqu'aux pyramides, ma chère ! Peur injustifiée numéro 200546.

Au bout d'une dizaine de minutes, le policier qui conduit la voiture — et qui parle un chouia d'anglais — me demande si je suis marié. Je réponds toujours oui, parce que c'est plus simple.

— Et vous ?
— Oui ! J'ai quatre femmes.
— Pardon ?
— Quatre femmes. Un, deux, trois, quatre !
— En même temps ?
— Non ! Un soir numéro 1, un soir numéro 2, un soir numéro 3 (sa préférée), un soir numéro 4, un soir numéro 1...

Wow ! Comment on appelle ça déjà, par chez nous? Criminel, chanceux ou fou? En tout cas... Ici, c'est « Mohammed avec la moustache dans la police ». Un bon gars qui embarque le monde sur le pouce.

Aux pyramides, re-surprise : il y a bien une clôture, mais pas de gardien en vue, ni de vendeurs de souvenirs. Puis, détail génial : il n'y a aucune trace de pas dans le sable... Que le vent qui siffle, le soleil qui s'étire à l'horizon et 50 pyramides qui se dressent devant moi. En voulez-vous des frissons ? En v'là.

Et c'est ainsi que se termine l'aventure soudanaise ?

Pas tout à fait... Au Nord-Soudan, on m'a tellement cassé les oreilles avec des commentaires racistes à propos des habitants du Sud-Soudan — qui seraient tous des « Noirs alcooliques, violents et dangereux » — que j'ai une irrésistible envie d'aller les visiter... Dans « leur » pays.

Et tant pis si c'est interdit.

J'ARRÊTE DE BOIRE... ET DE MANGER

—ADDIS-ABABA, ÉTHIOPIE —

UN PETIT ÂNE ÉTHIOPIEN.

Malaaaaaaaade ! À la suite de ma rumba à Metema, j'ai traversé le nord-ouest éthiopien dans le froid et sous la pluie, je suis débarqué à Addis avec la grippe de la mort et je suis resté cloué au lit pendant sept jours, incapable de m'amuser, même ; ce qui est signe, en Éthiopie, de réelle indisposition. Et à cause de la grisaille insistante qui ne voulait pas du tout collaborer à ma remise sur pied, le seul remède auquel je pouvais songer, « le soleil dans un endroit tranquille », s'est d'abord imposé, doucement. Puis, c'est devenu une idée fixe : je pars me bronzer la couenne, et au Yémen à part ça, un de mes pays favoris, où il me sera difficile de faire autre chose que de récupérer. Pas de boîte de nuit, pas de bikini et aucune distraction à part la télé câblée, en arabe.

En plus, ça tombe pile en plein dans le ramadan...

La totale !

Vous dire le nombre de fois où j'ai lu qu'il fallait s'abstenir de voyager en pays musulman durant cette période austère... On va peut-être enfin en avoir le coeur net.

Tradition oblige, et question de me mettre dans l'esprit du temps des Fêtes (version « remix islamique »), je décide de ne pas me soustraire au jeûne que pratiquent les musulmans pendant le mois du ramadan. Comme eux, je ne mangerai rien, ni ne boirai quoi que ce soit (pas même de l'eau) entre le lever et le coucher du soleil. Et pour moi, ça commencera dans l'avion, aussitôt quitté le sol africain.

Le matin du départ, au Itegue Taitu (le plus beau et le plus vieil hôtel d'Addis), je prends donc un immense déjeuner (steak, oeufs et frites), prévoyant que la faim me tenaillerait bien avant le soir, dans plus de 10 heures...

Erreur. Ça n'a pas pris quatre heures. Sitôt l'avion décollé, l'agente de bord est passée avec des boissons gazeuses et des arachides. J'ai décliné l'offre, « non merci, madame, je suis musulman ! », mais mon voisin de siège, lui, ne s'est pas fait prier. Et rien que le bruit de la canette de Sprite qu'il a dégoupillée — le classique Pschiiit! — m'a tellement fait saliver, si vous saviez... Pschiiit!, et tout à coup, j'avais une soif de chameau ; j'aurais bu son Sprite, un café, un thé, un jus de mangue frais, un pastis, n'importe quoi, même mixé avec l'eau des toilettes. Et de le voir ensuite, le sans-coeur, soulever sa canette mouillée, et la porter à ses lèvres... C'en était trop ! Assoiffé, je lui ai tourné le dos et je me suis collé le front dans le hublot ; mon plan de désespéré était de mirer dehors les beaux paysages, en essayant d'y semer ma sécheresse... Ha ! Dehors, alors qu'on survole Djibouti, c'est le désert à perte de vue. Et au loin, là, à l'horizon, l'arrivée de la mer Rouge, vous croyez que ça fait du bien? Re-ha ! La mer Rouge, c'est de l'eau (eau-oasis-O'Keefe...). Et loin de m'aider à traverser l'épreuve, la torrieuse de mer Rouge (rouge, des fraises, un short cake, miam...), elle me rappelle le sel, le goût du sel, le sel sur les noix que mon voisin est en train de croquer à pleines dents... Crounch, crounch, crounch, les arachides ! Et glouglou glou, le Sprite ! (...)

Ainsi se déroulèrent donc mes 30 premières secondes de ramadan. Et aujourd'hui, j'ai le drôle de feeling que le reste (à peu près deux semaines) ne sera pas facile à gérer, même si la mathématique du problème est plutôt simple : il s'agit qu'on vous prive de quelque chose pour que vous en ayez envie plus que jamais. Or, si je veux tenir, il va me falloir trouver un truc afin d'arrêter de tout associer à la bouffe : un truc avec un T majuscule, comme dans Tcheez-whizz.

L'arrivée à Sanaa fut rien de moins qu'une révélation. En plein milieu de l'après-midi, les rues étaient presque désertes, les trois quarts des magasins fermés et les restaurants et leurs volets tirés ; il y avait jusqu'aux vendeurs de qat, d'habitude omniprésents dans le quartier de Tahrier, qui se faisaient rares et extrêmement discrets. Comprenez?

Le jour, pendant le ramadan, la vie ici se met à PAUSE.

Voilà comment ils font pour résister à la tentation ! Je les soupçonne même d'être encore couchés, mes Yéménites chéris...

Dieu que j'ai hâte à la nuit.

JOUER AU SOCCER À 3H DU MATIN

—SANAA, YÉMEN—

Quatre heures de l'après-midi. J'ai faim. J'ai soif.

Nassim, le préposé à la réception, m'a dit que le soleil se couchait autour de 18 h 15. Ma première journée de jeûne du ramadan enfin s'achève... Plus que deux petites heures à souffrir ! Pour me changer les idées, dans la chambre 126 de l'Emirates Hotel (mon nid à Sanaa), j'allume le téléviseur. Sur Yemen TV, on présente les actualités.

FRUITS DÉFENDUS DANS LE VIEUX SANAA POUR LE RAMADAN.

J'aime bien regarder Yemen TV: c'est une chaîne manifestement très «locale», aux moyens modestes et aux talents limités qui, d'une façon tordue, me rappelle les belles années du 9, la télé communautaire, quand y sévissaient, entre autres, l'abscons Richard Glenn dans *Ésotérisme expérimental*, une émission où l'on prenait des plats à tarte pour des ovnis, et à minuit, les danseuses nues de Sainte-Dorothée (le striptease du vendredi soir était magique: je me souviens particulièrement de l'épisode «Huguette se déshabille au mini putt»).

Cela dit, regarder les nouvelles à la télévision en ce moment ne m'aide guère: comment oublier sa soif quand, à la télé, absolument tout le monde a... la bouche sèche! Le lecteur de nouvelles parle comme s'il avait un biscuit soda collé au palais, les gens interrogés dans la rue en vox pop ont les lèvres fendillées et l'oeil torve des sous-alimentés, et la Miss Météo a l'air si déshydratée qu'on voudrait qu'elle annonce un orage en studio.

J'éteins et je sors parce que je sens que, si je reste seul trop longtemps, je vais être tenté de tricher. Et tricher, c'est perdre, non?

En ville, je cède à l'étonnement complet: c'est le chaos! Une véritable frénésie s'est emparée de la population. Une heure plus tôt, on se serait cru un dimanche matin, rue Donatien; maintenant, les gens se ruent sur les étalages de fruits, ça hurle et ça se bouscule au marché des épices, les boulangers ne savent plus où donner de la mie, et pendant que les enfants crient famine, les vendeurs de qat font des affaires d'or... On se prépare pour une soirée d'enfer, semble-t-il!

Puis, tout à coup, comme si on avait sifflé la fin du match, le terrain se vide. En un clin d'oeil, il n'y a plus âme qui vive; comme dans les films westerns, des tumbleweeds déboulent les avenues et on pourrait entendre voler un oiseau-mouche (parlant oiseaux, la semaine prochaine, nous partirons pour l'île de Socotra, un petit paradis de biotourisme, qu'on a surnommée les Galápagos de l'océan Indien à cause de ses nombreuses espèces endémiques).

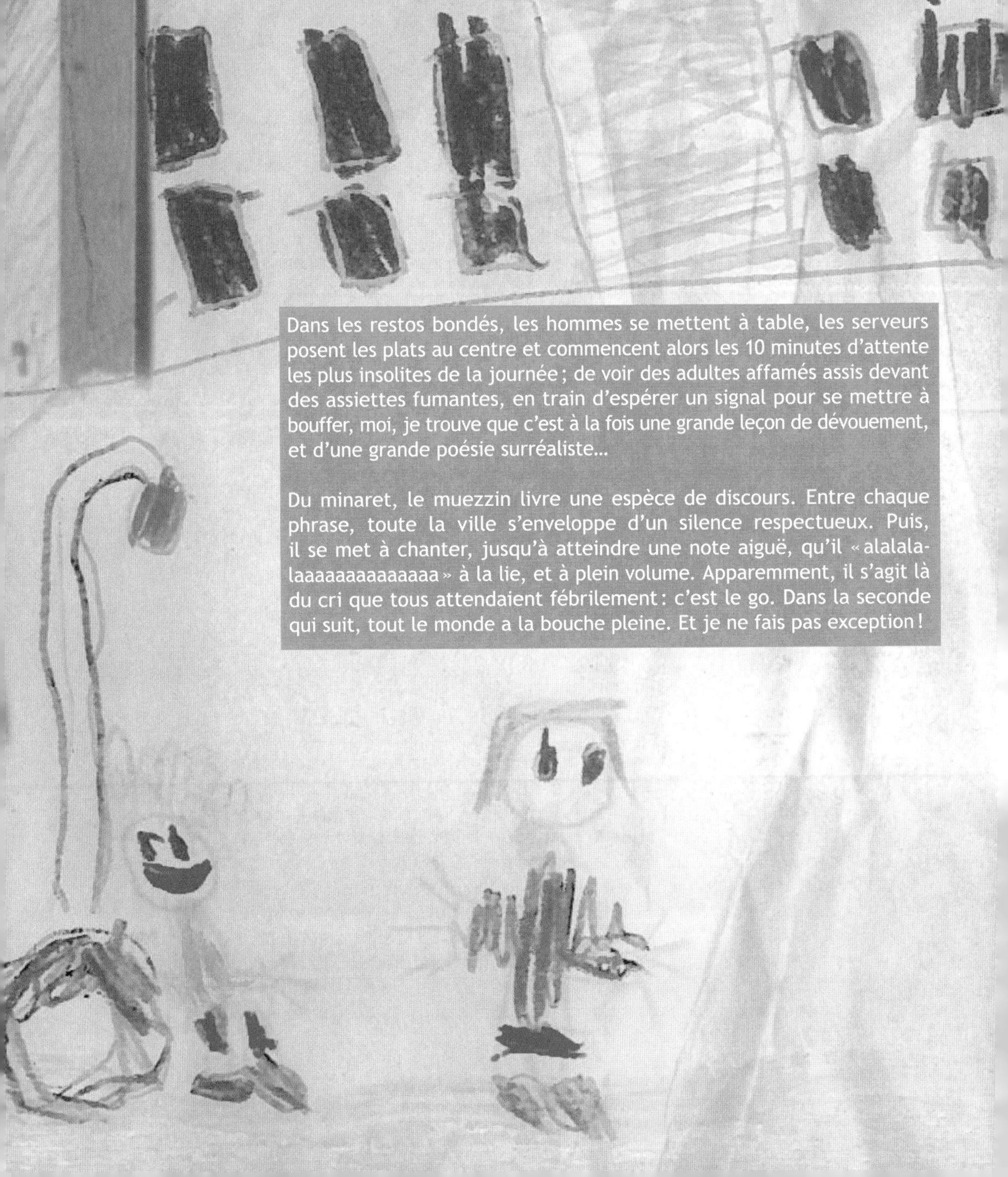

Dans les restos bondés, les hommes se mettent à table, les serveurs posent les plats au centre et commencent alors les 10 minutes d'attente les plus insolites de la journée ; de voir des adultes affamés assis devant des assiettes fumantes, en train d'espérer un signal pour se mettre à bouffer, moi, je trouve que c'est à la fois une grande leçon de dévouement, et d'une grande poésie surréaliste...

Du minaret, le muezzin livre une espèce de discours. Entre chaque phrase, toute la ville s'enveloppe d'un silence respectueux. Puis, il se met à chanter, jusqu'à atteindre une note aiguë, qu'il « alalala-laaaaaaaaaaaaaa » à la lie, et à plein volume. Apparemment, il s'agit là du cri que tous attendaient fébrilement : c'est le go. Dans la seconde qui suit, tout le monde a la bouche pleine. Et je ne fais pas exception !

Le jeûne, appelé le saoum (le ramadan est le nom du mois), est une forme de sacrifice qu'on pratique en sympathie avec les moins fortunés ; en même temps, le jeûne est une façon de se distancier des activités terrestres pour tenter de se rapprocher de Dieu. Et, qu'on y croie ou non, après ces longues heures de privation, je vous garantis que la première gorgée d'eau a un caractère presque divin...

Dieu qu'elle est bonne.

Et la nuit ? C'est comme le jour, mais avec quelque chose de plus excitant. Je ne saurais vous expliquer pourquoi (l'obscurité ? l'interdit?), mais on dirait que les enfants ont plus de plaisir quand ils jouent au soccer à 3 h du matin... Ils sont heureux « PLUS », comme le chroniqueur voyage qui se balade en pays musulman en plein ramadan alors qu'on lui a conseillé de ne pas le faire !

DESSIN FAIT PAR UNE JEUNE FAN AYANT RÉPONDU À L'APPEL À TOUS. IL Y A AUSSI EU TOUTE LA CLASSE DE 5E ANNÉE DE MADAME LYSIANE À L'ÉCOLE JEAN-NICOLET DE MONTRÉAL-NORD.

UN PARADIS D'ENFER !

— SOCOTRA, YÉMEN —

L'île est plus près de la Somalie que du Yémen. Ses eaux sont infestées de pirates et, pendant la mousson, le vent souffle si fort que les avions ne se posent pas au sol: ils restent accrochés dans les airs, et descendent leurs passagers avec une échelle. En tout cas, c'est ce que les Socotrinais racontent, le soir, autour du feu.

Ils racontent aussi que le monde entier pourrait bien exploser, mais ici on ne le saurait sans doute jamais. Depuis trois jours que j'y suis, et... peut-être est-ce déjà arrivé? Just too bad! Socotra ne serait franchement pas un mauvais endroit pour conclure ce qui nous reste d'éternité. Faut seulement aimer beaucoup le poisson, le dodo sur le dur et les longs, très longs silences angoissants.

Spécial, vous croyez? Le seul autre endroit aussi austère, rocailleux et isolé auquel je puisse songer est l'île de Harrington Harbour, où avait été tourné *La Grande Séduction*. Les habitants du coin surnommaient l'île *The Fraggle Rock*, en référence à l'émission de télé pour jeunes mettant en vedette des personnages particulièrement étranges qui vivent sur une pierre. Croyez-moi, la comparaison s'applique aussi à Socotra.

ARBRE DE SANG DRAGON DANS L'ÎLE DE SOCOTRA

Hier, en allant visiter une forêt bizarroïde, j'ai croisé un vieillard qui faisait du stop avec un radiateur et un bébé mouton. Il s'est agenouillé et m'a offert une prière. Pendant cinq minutes, j'étais quelque part entre la Terre et Orion.

Tout un trip !

Rapport qualité-prix, Socotra, c'est un 12 sur une échelle de 10. Ça m'a coûté 300 $ pour un billet aller-retour d'Addis-Ababa à Sanaa ; puis, de Sanaa, c'est 160 $ l'aller-retour pour Socotra. Quatre cent soixante dollars pour visiter une autre planète ? Ça n'est pas cher le kilo ! Rien que le vol, qui décolle avant l'aurore de la capitale en direction du sud-est, est un must... Le soleil qui se lève sur l'océan Indien embrase littéralement le ciel, et vous êtes convié à un spectaculaire plongeon dans les flammes, siège 11 A.

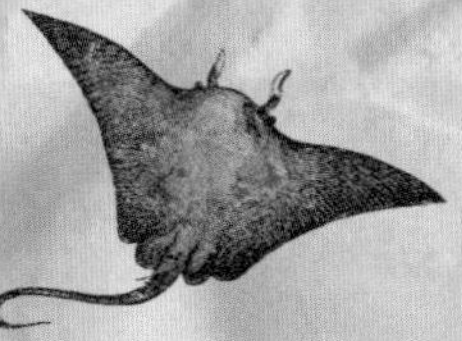

Une fois sur place, attendez-vous à dépenser moins de 20$ par jour, en vous forçant un peu ; c'est-à-dire dormir au clair de lune, manger toujours la même chose et n'avoir à peu près aucune activité.

Je vous entends d'ici : « Rien faire ? À quoi ça sert d'aller au bout de la Terre pour rien faire ?! »

Et je vous réponds : « Faut-il que tout serve à quelque chose ? »

C'est certain que vous pouvez louer un SUV avec chauffeur, pour à peu près 50$ par jour et visiter chaque pouce carré de l'île. En groupe, et stressé, c'est l'idéal. Quoique pas très environnemental.

Ne vous cassez pas la tirelire et prenez ça cool. Sur Socotra, faire du stop et errer, c'est faire comme tout le monde ; et rien que de vivre au rythme des habitants, c'est déjà fort satisfaisant.

Et il y a une chose que je ne vous ai pas dite, et c'est un détail important : en fouillant le Web à Sanaa, je suis tombé sur divesocotra.com, un site qui annonçait un village nommé Dihamri, où il y aurait vraisemblablement un camping et un centre de plongée...

Yé !

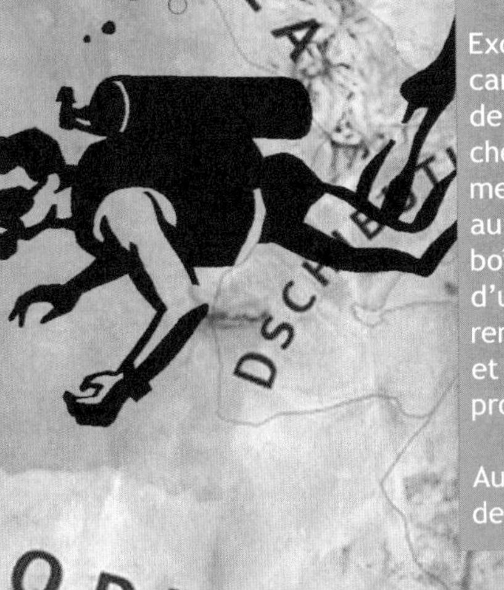

Excité, je lève le pouce. Un conducteur de camionnette s'arrête. Je lance mon sac derrière, et je grimpe dans la voiture. En chemin, le monsieur, avec des doigts comme mes tibias, m'explique qu'il est pêcheur au gros, et c'est la raison pour laquelle la boîte du camion est remplie des entrailles d'une raie manta... Tiens, je n'avais pas remarqué ! C'est gai. Mon sac gît dans le tas et va sûrement sentir le poisson pour les six prochaines années.

Au bout de trente minutes, nulle part, il me demande de descendre.

— Voilà !

Je suis un peu surpris. C'est ça, Dihamri ? Moi, je ne vois que deux cabanes abandonnées dans un tas de roches… Je saisis mon sac. Inquiet, j'interroge le conducteur.

— Et c'est où, euh, Dihamri, mon ami ?
— Mais… c'est ici !
— Ici, ici? Ou ici, ailleurs ?
— Voyez la pancarte, là-bas ?
— Oui.
— C'est derrière.

— D'accord… Mais là-bas, derrière, il n'y a toujours que deux cabanes abandonnées dans un tas de roches.

— Amuse-toi !!

Et vroum, il s'en va.

Un long, très long silence angoissant remplace bientôt le bruit du moteur. Ç'a tout l'air que je dormirai dans la garnotte, ce soir ! Sans sleeping bag, et la tête posée sur mon sac qui empeste la raie…

Le soleil se couche. J'ignore ce qui suivra.

Mais je saurai où se trouve l'ouest.

SURDOSE À SOCOTRA

—SANAA, YÉMEN —

Au camping de Dihamri, le lendemain matin, alors que j'étais couvert de rosée et frigorifié, sont arrivés deux hommes avec de la bouffe et une tente. Merci Allah ! Mon arrivée n'était pas passée inaperçue. Comme j'étais sans doute le seul Blanc sur l'île, le contraire eût été étonnant.

— *Assalam aleikoum !*
— *Wa aleikoum assalam !*

Assis à l'ombre de la cabane de pierre avec un toit de tôle, et avec leurs trois mots d'anglais et mes trois mots d'arabe, nous avons réussi à nous entendre sur le prix à payer, et sur les heures de repas. J'ai compris qu'il n'y aurait pas de menu : nous mangerons ce que nous pêcherons.

— Je pourrai vous accompagner à la pêche ?

Ils se sont esclaffés. Et dans leur rire, j'ai entendu :

— Ici, tu fais ce que tu veux, mon vieux !

Cool. Puis, un jeune homme s'est joint à nous. Lui qui parlait au moins cent douze mots d'anglais et quelques mots d'allemand, une langue que j'ai apprise au cégep de Saint-Laurent. Je lui ai demandé s'il savait où était le centre de plongée.

— Là.

PÊCHEURS DE REQUINS DANS L'ÎLE DE SOCOTRA

Il m'indique l'autre cabane de pierre avec un toit de tôle, à 200 mètres du camping.

— Où est le bateau?
— No bateau. Closed.

Les propriétaires, des Allemands, étaient partis. Mais le jeune, à qui ils avaient appris un peu la langue, ils lui avaient aussi appris à plonger. Et il avait les clés de la cabane, le petit…

— Tu peux me montrer l'équipement?
— Of course!

Tout était flambant neuf. Les masques, les palmes, les vestes… Y avait même un compresseur pour remplir les bouteilles!

J'ai tout de suite vu l'opportunité de plonger en cachette…

— Veux-tu plonger, mon garçon? On partira de la rive, y a pas de problème!

On négocie un prix. Trois heures plus tard, nous étions dix mètres sous l'eau, dans un endroit où presque personne ne plonge.

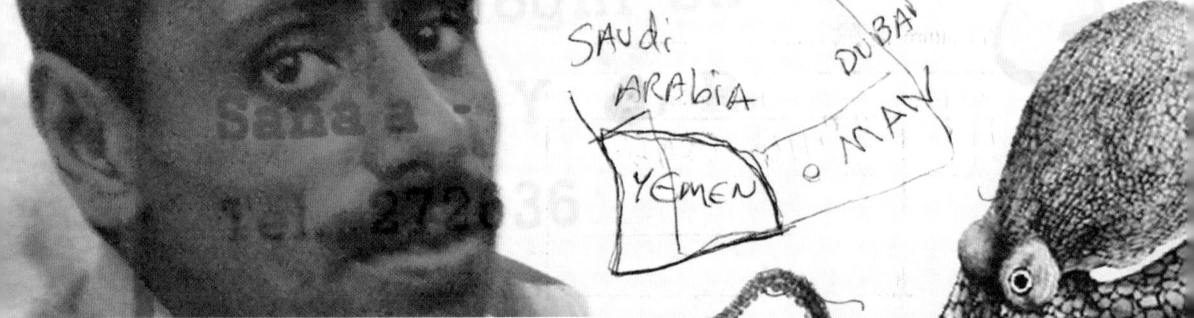

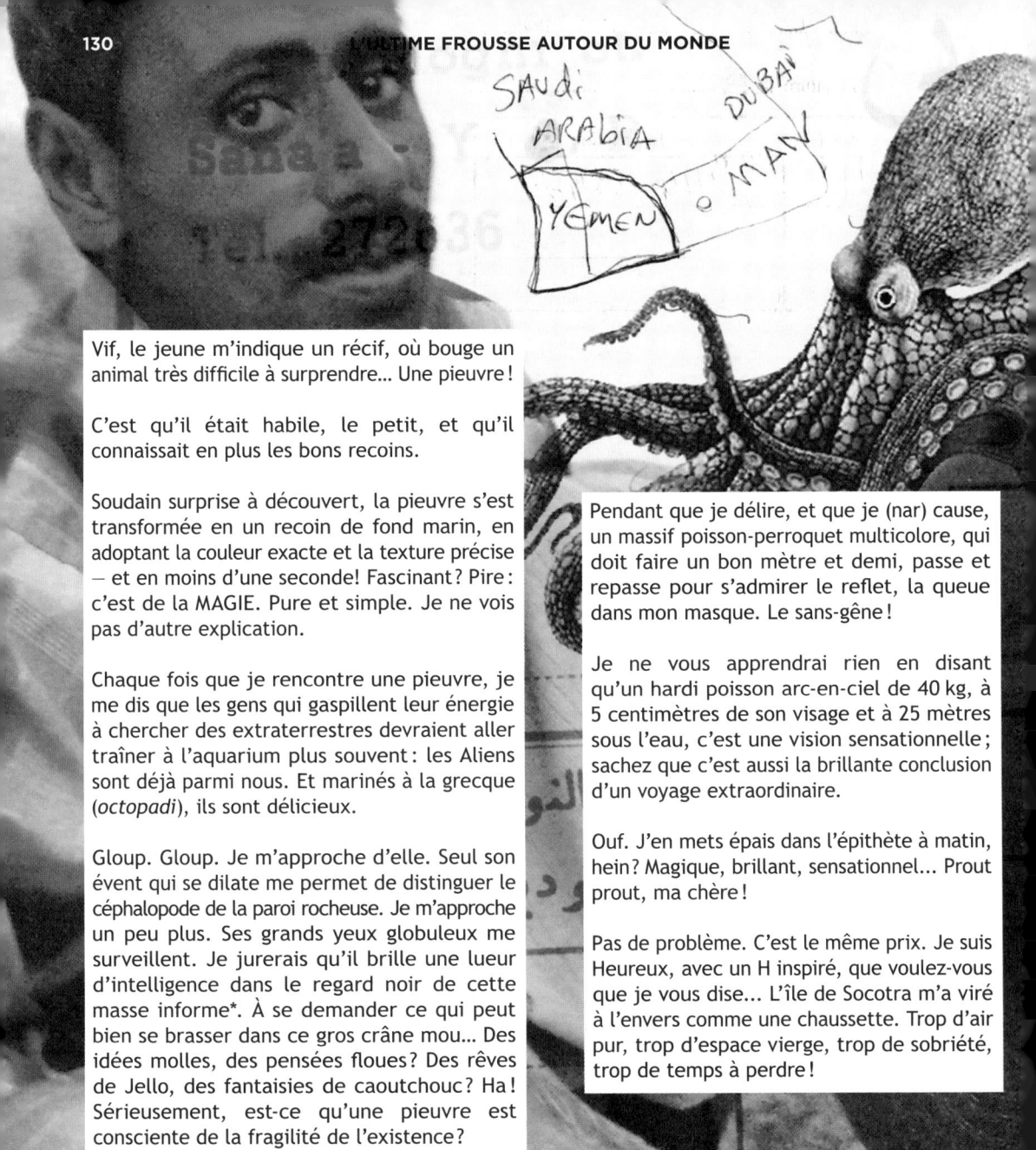

Vif, le jeune m'indique un récif, où bouge un animal très difficile à surprendre… Une pieuvre !

C'est qu'il était habile, le petit, et qu'il connaissait en plus les bons recoins.

Soudain surprise à découvert, la pieuvre s'est transformée en un recoin de fond marin, en adoptant la couleur exacte et la texture précise – et en moins d'une seconde! Fascinant? Pire : c'est de la MAGIE. Pure et simple. Je ne vois pas d'autre explication.

Chaque fois que je rencontre une pieuvre, je me dis que les gens qui gaspillent leur énergie à chercher des extraterrestres devraient aller traîner à l'aquarium plus souvent : les Aliens sont déjà parmi nous. Et marinés à la grecque (*octopadi*), ils sont délicieux.

Gloup. Gloup. Je m'approche d'elle. Seul son évent qui se dilate me permet de distinguer le céphalopode de la paroi rocheuse. Je m'approche un peu plus. Ses grands yeux globuleux me surveillent. Je jurerais qu'il brille une lueur d'intelligence dans le regard noir de cette masse informe*. À se demander ce qui peut bien se brasser dans ce gros crâne mou… Des idées molles, des pensées floues? Des rêves de Jello, des fantaisies de caoutchouc? Ha! Sérieusement, est-ce qu'une pieuvre est consciente de la fragilité de l'existence?

Pendant que je délire, et que je (nar) cause, un massif poisson-perroquet multicolore, qui doit faire un bon mètre et demi, passe et repasse pour s'admirer le reflet, la queue dans mon masque. Le sans-gêne !

Je ne vous apprendrai rien en disant qu'un hardi poisson arc-en-ciel de 40 kg, à 5 centimètres de son visage et à 25 mètres sous l'eau, c'est une vision sensationnelle ; sachez que c'est aussi la brillante conclusion d'un voyage extraordinaire.

Ouf. J'en mets épais dans l'épithète à matin, hein? Magique, brillant, sensationnel… Prout prout, ma chère !

Pas de problème. C'est le même prix. Je suis Heureux, avec un H inspiré, que voulez-vous que je vous dise… L'île de Socotra m'a viré à l'envers comme une chaussette. Trop d'air pur, trop d'espace vierge, trop de sobriété, trop de temps à perdre !

Du temps, cette semaine, j'en ai perdu pour tout un régiment. Et pourtant, j'ai rarement été aussi productif. Mais à un autre niveau. Plus subtil. Plus intime. Pourtant plus spectaculaire... En fait, je crois que j'ai fait une surdose de lucidité. Je me suis mis à comprendre des choses et à voir des affaires. Et c'est devenu clair: c'est quand on ne comprend pas quelque chose et qu'on voit une affaire, mais c'est pas l'affaire qu'il fallait qu'on voit, que c'est autre chose; et c'est quand on additionne ces autres choses qu'elles deviennent des grosses affaires qu'on ne comprend pas... Comprenez?

Ce que j'essaye de vous expliquer, au fond, c'est que plein de petits riens peuvent provoquer de grands bouleversements.

Un peu comme la « théorie du caillot »... Vous savez, l'affaire avec le papillon de nuit?

En tout cas. La semaine prochaine, je rentre en Éthiopie.

Je vous brosse un portrait des inepties de ma semaine?

Me lever à 5 h tous les jours pour regarder les dauphins s'amuser, juste là, devant le camping. Grimper la montagne au coucher du soleil pour prendre dans mes bras des arbres de Sang-Dragon (appelés ainsi parce qu'une entaille dans leur écorce libère un épais liquide vermillon, qui se durcit au contact de l'air et qui, mélangé ensuite à de l'eau et frotté sur la peau, peut constituer un excellent traitement contre ce qui aurait justement besoin d'être traité avec ce machin-truc-là... voyez comme c'est ben fait, la vie, des fois?). Descendre au village rien que pour le fun d'embarquer dans une boîte de camion et de se faire fouetter le visage par le vent. Apprendre le socotri, une langue parlée seulement ici, qui date de l'ère de la reine de Saba et qui ressemble drôlement au bruit d'une chaussure de sport sur un terrain de basketball. Pêcher. Et nager jusqu'à la roche.

*CONNAISSEZ-VOUS L'HISTOIRE DU POULPE DE L'AQUARIUM DE MELBOURNE? LA NUIT, IL SOULEVAIT LE COUVERCLE DE SON BASSIN, PUIS TRAVERSAIT LE CORRIDOR QUI LE SÉPARAIT DES POISSONS ROUGES, ET SE GLISSAIT DANS LEUR AQUARIUM, POUR SE BOURRER LA FACE COMME UN COCHON; ET LE MATIN, IL RENTRAIT DANS SES QUARTIERS AVANT L'ARRIVÉE DES GARDIENS DE SÉCURITÉ!

CUL-DE-SAC

— DIMA, AFRIQUE —

Depuis 18 jours que je ne me suis pas rasé.

J'ai l'air du père Noël. Bruno ! ho ! ho !

Mes pantalons sont tachés de l'huile du dernier véhicule dans lequel j'ai avalé le kilo de poussière qui me pèse sur les poumons. J'ai les dents grises. J'ai les yeux rouges. Je pue la chèvre. Et je marche comme Quasimodo, parce que le mauvais état des routes a eu raison des petits coussins que le Créateur a cru bon placer entre mes vertèbres.

— Dieu ?
— Oui, Bruno.
— Est-ce que je suis encore sur la garantie ?

Les gamins, lorsqu'ils m'aperçoivent, courent en hurlant se cacher dans les jupes de leur maman. Ils pleurent.

Regarde, maman, le vieux singe blanc laid !
Je grogne.

— Grrrr !

Les mamans rient.

Et vous savez quoi ? Moi aussi !

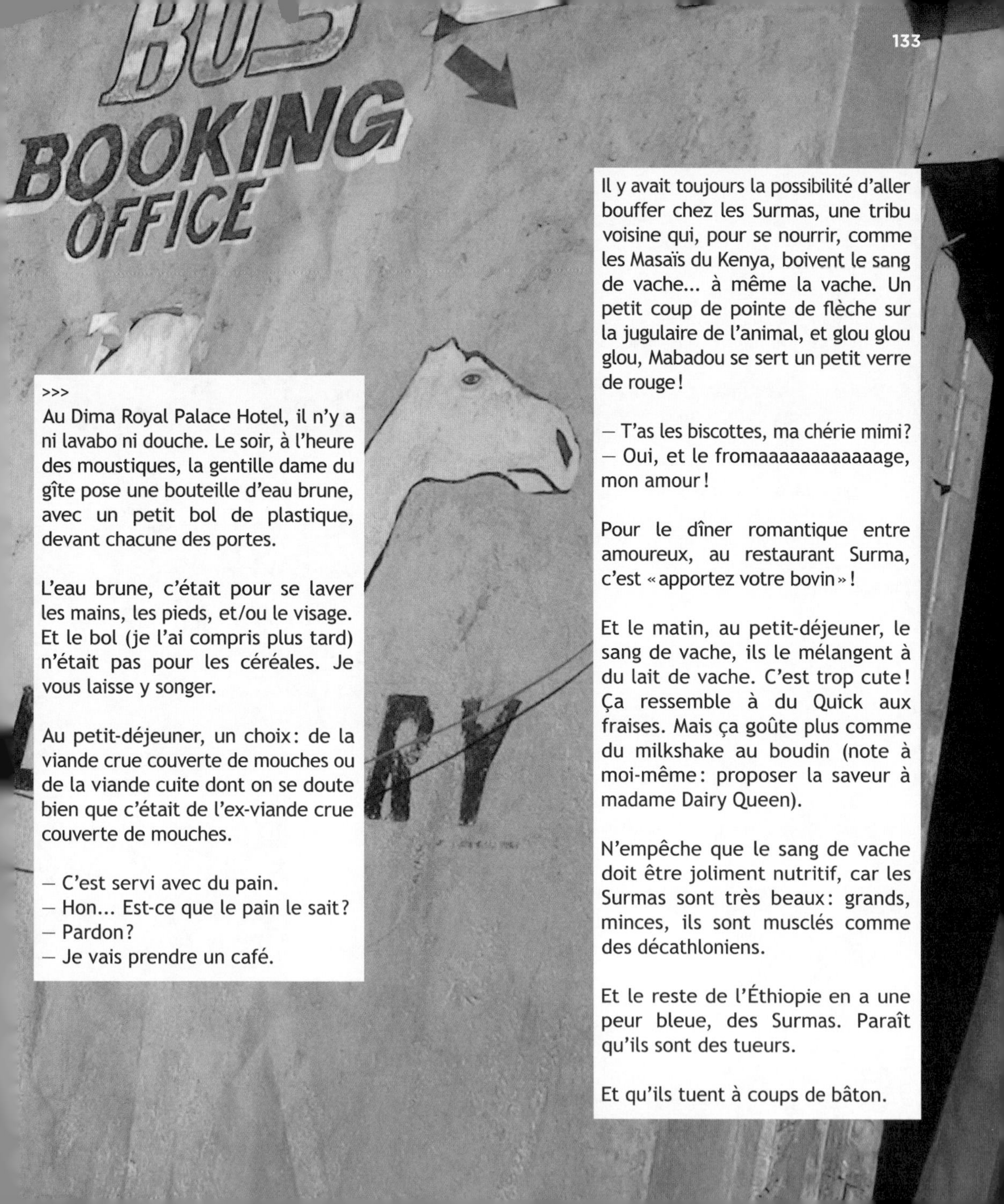

>>>
Au Dima Royal Palace Hotel, il n'y a ni lavabo ni douche. Le soir, à l'heure des moustiques, la gentille dame du gîte pose une bouteille d'eau brune, avec un petit bol de plastique, devant chacune des portes.

L'eau brune, c'était pour se laver les mains, les pieds, et/ou le visage. Et le bol (je l'ai compris plus tard) n'était pas pour les céréales. Je vous laisse y songer.

Au petit-déjeuner, un choix : de la viande crue couverte de mouches ou de la viande cuite dont on se doute bien que c'était de l'ex-viande crue couverte de mouches.

— C'est servi avec du pain.
— Hon... Est-ce que le pain le sait ?
— Pardon ?
— Je vais prendre un café.

Il y avait toujours la possibilité d'aller bouffer chez les Surmas, une tribu voisine qui, pour se nourrir, comme les Masaïs du Kenya, boivent le sang de vache... à même la vache. Un petit coup de pointe de flèche sur la jugulaire de l'animal, et glou glou glou, Mabadou se sert un petit verre de rouge !

— T'as les biscottes, ma chérie mimi ?
— Oui, et le fromaaaaaaaaaaaage, mon amour !

Pour le dîner romantique entre amoureux, au restaurant Surma, c'est « apportez votre bovin » !

Et le matin, au petit-déjeuner, le sang de vache, ils le mélangent à du lait de vache. C'est trop cute ! Ça ressemble à du Quick aux fraises. Mais ça goûte plus comme du milkshake au boudin (note à moi-même : proposer la saveur à madame Dairy Queen).

N'empêche que le sang de vache doit être joliment nutritif, car les Surmas sont très beaux : grands, minces, ils sont musclés comme des décathloniens.

Et le reste de l'Éthiopie en a une peur bleue, des Surmas. Paraît qu'ils sont des tueurs.

Et qu'ils tuent à coups de bâton.

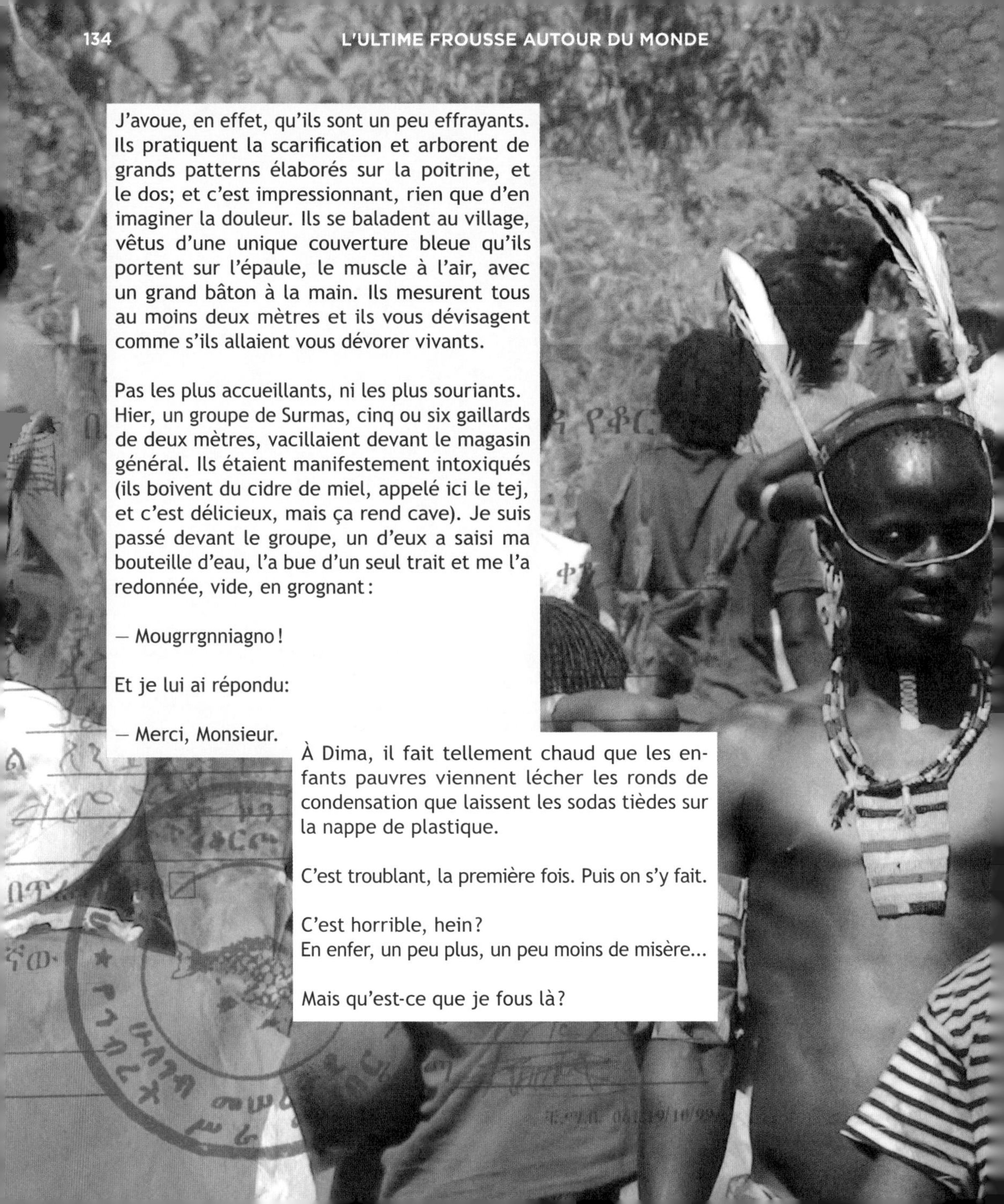

J'avoue, en effet, qu'ils sont un peu effrayants. Ils pratiquent la scarification et arborent de grands patterns élaborés sur la poitrine, et le dos; et c'est impressionnant, rien que d'en imaginer la douleur. Ils se baladent au village, vêtus d'une unique couverture bleue qu'ils portent sur l'épaule, le muscle à l'air, avec un grand bâton à la main. Ils mesurent tous au moins deux mètres et ils vous dévisagent comme s'ils allaient vous dévorer vivants.

Pas les plus accueillants, ni les plus souriants. Hier, un groupe de Surmas, cinq ou six gaillards de deux mètres, vacillaient devant le magasin général. Ils étaient manifestement intoxiqués (ils boivent du cidre de miel, appelé ici le tej, et c'est délicieux, mais ça rend cave). Je suis passé devant le groupe, un d'eux a saisi ma bouteille d'eau, l'a bue d'un seul trait et me l'a redonnée, vide, en grognant :

— Mougrrgnniagno !

Et je lui ai répondu:

— Merci, Monsieur.

À Dima, il fait tellement chaud que les enfants pauvres viennent lécher les ronds de condensation que laissent les sodas tièdes sur la nappe de plastique.

C'est troublant, la première fois. Puis on s'y fait.

C'est horrible, hein ?
En enfer, un peu plus, un peu moins de misère...

Mais qu'est-ce que je fous là ?

>>>
Dima est située dans le sud-ouest de l'Éthiopie.

L'idée d'entrer au Sud-Soudan s'est évaporée rapidement, quand j'ai constaté l'état de la route. Il n'y en a pas, de route! Puis, l'entrée au Kenya par le chemin le moins populaire, afin de visiter le mystérieux lac Turkana, est en train de prendre le bord des poubelles aussi.

En arrivant ici, j'ai vite compris pourquoi le chemin du lac Turkana était une route peu empruntée : c'est parce que personne ne passe dessus !

Logique, vous direz. Sauf que je croyais en ma bonne étoile. Qui semble m'avoir fait défaut.

Y a pas d'autobus, ni de train, ni de taxi, ni de tuk-tuk, ni de jeepney, ni de rien du tout, qui parte d'ici en direction du sud, ou de l'ouest. Et depuis trois jours, au bord du chemin, j'ai l'impression de faire du pouce sur la Lune. Et de tenter de communiquer avec des extraterrestres.

— Y a-t-il un camion pour Maji aujourd'hui?
— Oui.
— À quelle heure?
— Oui.
— À 10h?
— Oui.
— À 9h?
— Oui.
— À 8h?
— Oui.
— Merci.

Évidemment, il n'y aura pas de camion. Et le lendemain, la réponse sera « oui, il y a un camion, à 15h, aujourd'hui peut-être »...

Alors j'en ai marre. Je rentre à Addis. Le moral à plat.

Et plus l'envie d'être seul.

MON QUÉBEC À MOI

— NULLE PART, PARTOUT —

Mon Québec à moi, il n'est pas de rivières, d'avenue du Mont-Royal, de sirop d'érable ou de matins à -25 degrés. Il est en chair et en os. Le plus souvent, il est jeune et se balade du côté de l'Asie, sac au dos. Et il s'appelle Charles, Geneviève, Jo, Marc-Antoine, Annick, Patrice, JP, Marie, Jonathan, Olivier, Boris, Francis, Brian, Louis, Karine, Karine, Karine, Philippe ou Véro. Je le dis jeune, mais ce n'est quand même pas le poids des années qui l'arrête ! Il est aussi parfois fonctionnaire à la retraite ou vieux hippie en goguette. Il a laissé les grands enfants à la maison, s'est moqué des qu'en-dira-t-on et il a pris la poudre d'escampette ! Alors, il est Georges et Madone, Gyslène, Jean-Pierre ou Ginette.

Je me pose une question, mon cher Québec : qu'est-ce que tu fabriques entre 30 ans et 60 ans ? Tu ne bouges plus ? Est-ce que ton boulot te passionne à ce point ? Sais-tu que tu peux aussi être payé en yens, en birrs ou en roupies ? Aurais-tu une crainte soudaine de l'étranger ? Te serais-tu remis à faire des bébés ? Te serais-tu acheté un truc que tu n'es pas capable de payer ? Est-ce que tu t'en colles pour tes vieux jours ? Hum. Avec le réchauffement, j'ai bien peur que les vieux jours, ça ne soit maintenant ! En ce sens, à visiter au p.c.: les pôles, Funafuti et le Delta des Sundarbans ! Et pour tous ceux qui croient encore que « le voyage, c'est pour les autres », laissez-moi corriger le tir : il n'y a pas d'exceptions, il n'y a que des moyens exceptionnels.

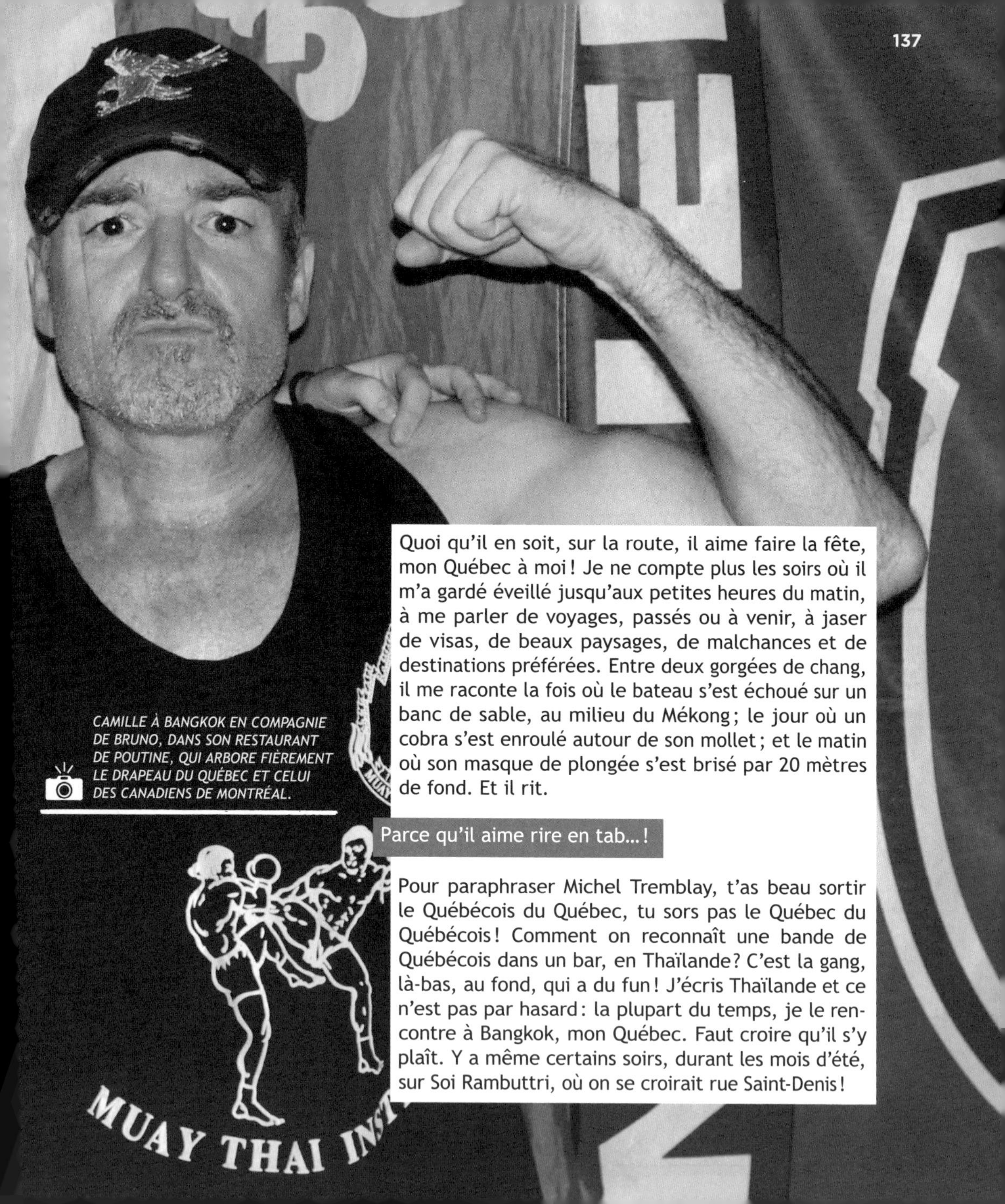

CAMILLE À BANGKOK EN COMPAGNIE DE BRUNO, DANS SON RESTAURANT DE POUTINE, QUI ARBORE FIÈREMENT LE DRAPEAU DU QUÉBEC ET CELUI DES CANADIENS DE MONTRÉAL.

Quoi qu'il en soit, sur la route, il aime faire la fête, mon Québec à moi ! Je ne compte plus les soirs où il m'a gardé éveillé jusqu'aux petites heures du matin, à me parler de voyages, passés ou à venir, à jaser de visas, de beaux paysages, de malchances et de destinations préférées. Entre deux gorgées de chang, il me raconte la fois où le bateau s'est échoué sur un banc de sable, au milieu du Mékong ; le jour où un cobra s'est enroulé autour de son mollet ; et le matin où son masque de plongée s'est brisé par 20 mètres de fond. Et il rit.

Parce qu'il aime rire en tab… !

Pour paraphraser Michel Tremblay, t'as beau sortir le Québécois du Québec, tu sors pas le Québec du Québécois ! Comment on reconnaît une bande de Québécois dans un bar, en Thaïlande ? C'est la gang, là-bas, au fond, qui a du fun ! J'écris Thaïlande et ce n'est pas par hasard : la plupart du temps, je le rencontre à Bangkok, mon Québec. Faut croire qu'il s'y plaît. Y a même certains soirs, durant les mois d'été, sur Soi Rambuttri, où on se croirait rue Saint-Denis !

FRANÇOIS, 6,6' ET ANNE 6,1'

AUDREY

JULIEN

SÉBASTIEN ET MÉLINA

RACHEL ET GUILLAUME

Quel plaisir alors d'entendre, autour d'une même table, le Lac-Saint-Jean, la Beauce, le Saint-Jérôme, la Gaspésie en dégustant du lap moo et de la tom ka gay ! Mon Québec à moi veut découvrir d'autres cultures, apprendre des langues et goûter autre chose, quitte à avoir peur, à s'égarer ou à faire des erreurs. Mon Québec à moi n'est pas le nombril du monde. Et il s'en accommode très bien.

Il est venu fumer la shisha et visiter la mosquée. Il rentre au pays avec l'adresse de Youssouf. Il se déchausse avant d'entrer au temple et accepte que de temps en temps, son plat chaud soit froid. Mon Québec, il vient me rejoindre en Éthiopie ! Il arrive « insécure », chargé comme l'escargot, avec son trois-et-demi sur le dos ; mais il revient toujours au bercail léger, grandi, la tête pleine de nouveaux horizons et le coeur conquis. Demande spéciale ? J'aimerais bien te croiser plus souvent en Afrique, mon ami. Il y a là-bas de beaux périples aussi. Et, autre chose importante : si un jour tu devais m'apercevoir « en vrai », au Laos ou au Brésil, seul ou avec d'autres, soûl ou dans un train, endormi ou en maillot de bain, surtout ne te gêne pas pour venir me jaser ! Nous aurons toujours plein de belles choses à nous raconter, toi et moi. Mon Québec à moi.

MARTIN, MARTIN, KIM ET MICKAËL

FRÉDÉRIC

PIERRE-CHARLES ET JUSTINE

MARIE-NOËL

CAROLINE ET ARIANE

MICHAËL ET SUZIE

TEL PÈRE, TEL FILS

— ARBA MINCH, ÉTHIOPIE —

Je n'ai pas eu à insister très longtemps pour qu'il vienne me rejoindre. Entre son boulot de barman à Saint-Jérôme et le voyage autour du monde que je lui offrais, le choix apparaissait simple. Mais fallait encore qu'il le fasse ! Et il l'a fait. Il est débarqué avec deux amis. Pour la première fois en Afrique. Je le sentais un peu nerveux. Mais néanmoins radieux. J'ai vu dans ses yeux la frousse. Une belle frousse, de celles qui te tiennent en garde et éveillé.

Pendant deux jours, on s'est bien amusés sur Addis. Et nous sommes partis vers le sud. Où le drame a frappé.

>>>

Cinq heures du matin. C'est l'heure à laquelle on doit courir pour attraper l'autobus, à Arba Minch, en Éthiopie. Direction : Key Afar. Un petit village un peu perdu, mieux connu sous le nom de « Cafard ».

Derrière, un bruit de chute. Puis un cri. Philippe se retourne.

— Bruno !
— Oui ?

— Je pense que ton fils Boris est tombé dans un trou !

BRUNO ET BORIS, AVEC LEURS AMIS PHILIPPE ET AXELLE.

Je me précipite. Boris est écrasé au fond d'une fosse d'à peu près deux mètres, creusée au milieu de la route par un idiot qui n'a pas cru utile d'y placer un panneau d'avertissement. Je m'affole. Ma petite voix m'engueule.

« Bravo Bruno ! C'est Khartoum, la suite ! Pourquoi, Bruno, entraînes-tu ton garçon dans tes histoires de fou ? »

Axelle est à ses côtés. Boris gueule.

— Mes lunettes ! Ne marchez pas sur mes lunettes !

Déjà un attroupement de locaux se forme autour d'eux. Et ils rigolent. C'est normal, ici. Les Éthiopiens ne ratent jamais une occasion de se « divertir » ; et si c'est un *faranji* (étranger) qui s'est blessé, de plus, ha ! Ce qu'ils se marrent ! Je les aime bien, mes amis d'Éthiopie, mais il y a certains de leurs comportements qui me mettent hors de moi ; et se moquer de mon fils qui vient de se blesser est un de ceux-là.

Alors je vois rouge, et comme un goon qui se porte à la défense de son gardien de but, je fonce dans le tas. J'en repousse un de toutes mes forces en criant.

— Baka !

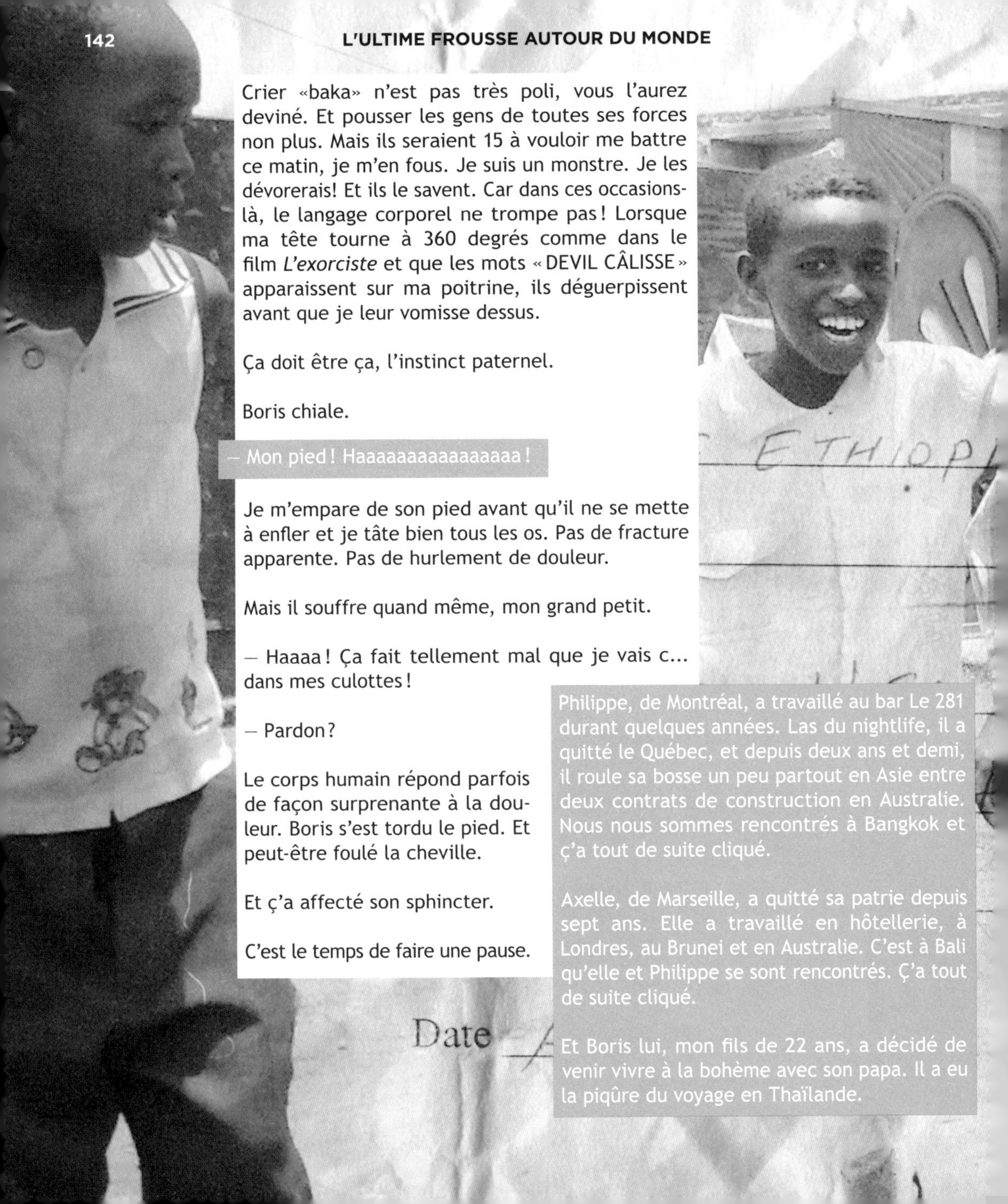

Crier «baka» n'est pas très poli, vous l'aurez deviné. Et pousser les gens de toutes ses forces non plus. Mais ils seraient 15 à vouloir me battre ce matin, je m'en fous. Je suis un monstre. Je les dévorerais! Et ils le savent. Car dans ces occasions-là, le langage corporel ne trompe pas! Lorsque ma tête tourne à 360 degrés comme dans le film *L'exorciste* et que les mots « DEVIL CÂLISSE » apparaissent sur ma poitrine, ils déguerpissent avant que je leur vomisse dessus.

Ça doit être ça, l'instinct paternel.

Boris chiale.

– Mon pied ! Haaaaaaaaaaaaaaaa !

Je m'empare de son pied avant qu'il ne se mette à enfler et je tâte bien tous les os. Pas de fracture apparente. Pas de hurlement de douleur.

Mais il souffre quand même, mon grand petit.

– Haaaa ! Ça fait tellement mal que je vais c... dans mes culottes !

– Pardon ?

Le corps humain répond parfois de façon surprenante à la douleur. Boris s'est tordu le pied. Et peut-être foulé la cheville.

Et ç'a affecté son sphincter.

C'est le temps de faire une pause.

Philippe, de Montréal, a travaillé au bar Le 281 durant quelques années. Las du nightlife, il a quitté le Québec, et depuis deux ans et demi, il roule sa bosse un peu partout en Asie entre deux contrats de construction en Australie. Nous nous sommes rencontrés à Bangkok et ç'a tout de suite cliqué.

Axelle, de Marseille, a quitté sa patrie depuis sept ans. Elle a travaillé en hôtellerie, à Londres, au Brunei et en Australie. C'est à Bali qu'elle et Philippe se sont rencontrés. Ç'a tout de suite cliqué.

Et Boris lui, mon fils de 22 ans, a décidé de venir vivre à la bohème avec son papa. Il a eu la piqûre du voyage en Thaïlande.

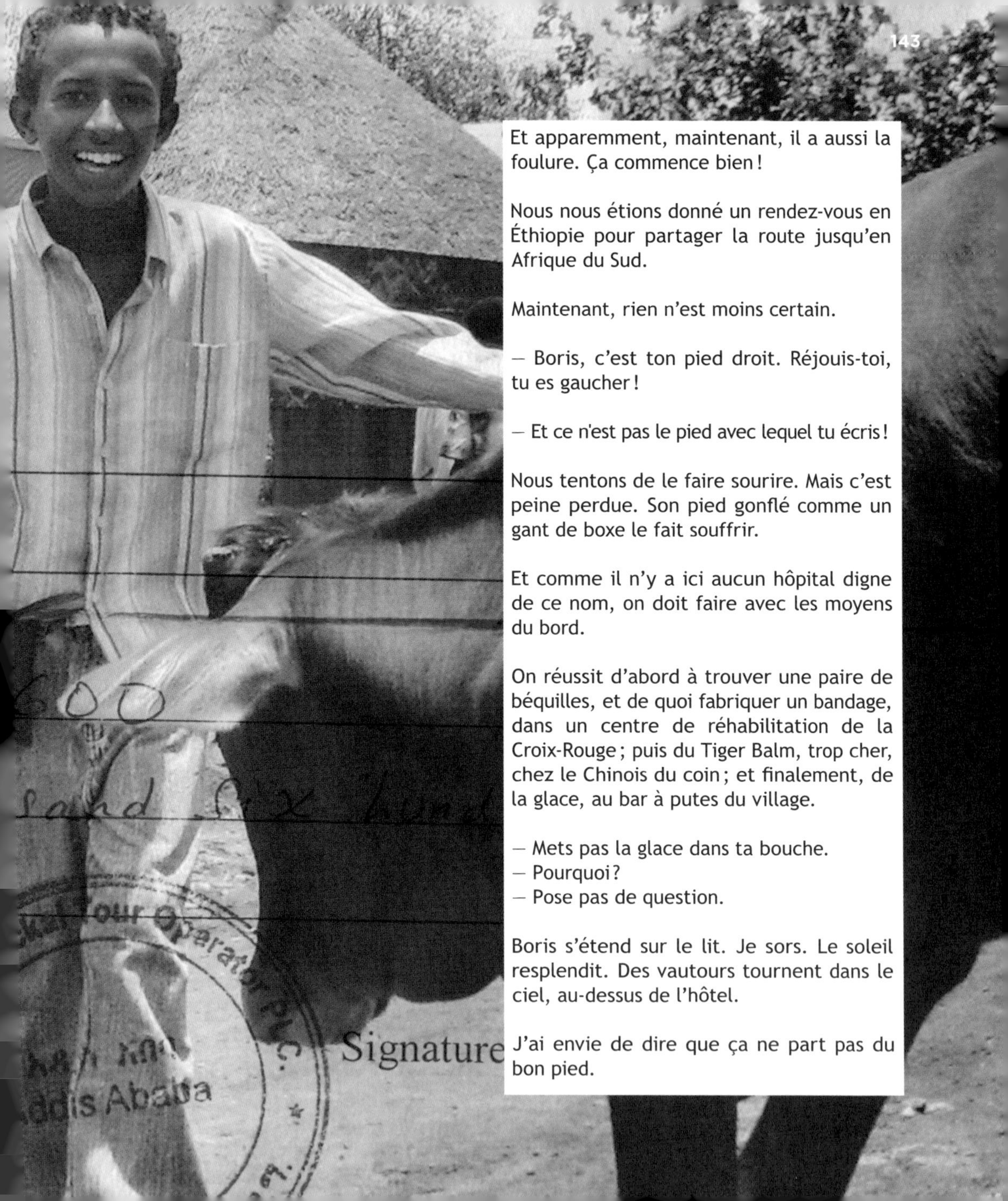

Et apparemment, maintenant, il a aussi la foulure. Ça commence bien !

Nous nous étions donné un rendez-vous en Éthiopie pour partager la route jusqu'en Afrique du Sud.

Maintenant, rien n'est moins certain.

— Boris, c'est ton pied droit. Réjouis-toi, tu es gaucher !

— Et ce n'est pas le pied avec lequel tu écris !

Nous tentons de le faire sourire. Mais c'est peine perdue. Son pied gonflé comme un gant de boxe le fait souffrir.

Et comme il n'y a ici aucun hôpital digne de ce nom, on doit faire avec les moyens du bord.

On réussit d'abord à trouver une paire de béquilles, et de quoi fabriquer un bandage, dans un centre de réhabilitation de la Croix-Rouge ; puis du Tiger Balm, trop cher, chez le Chinois du coin ; et finalement, de la glace, au bar à putes du village.

— Mets pas la glace dans ta bouche.
— Pourquoi ?
— Pose pas de question.

Boris s'étend sur le lit. Je sors. Le soleil resplendit. Des vautours tournent dans le ciel, au-dessus de l'hôtel.

J'ai envie de dire que ça ne part pas du bon pied.

LES PATTES D'ÉLÉPHANT SONT EN FLEURS

— KEY AFAR / TURMI / YABELO, ÉTHIOPIE —

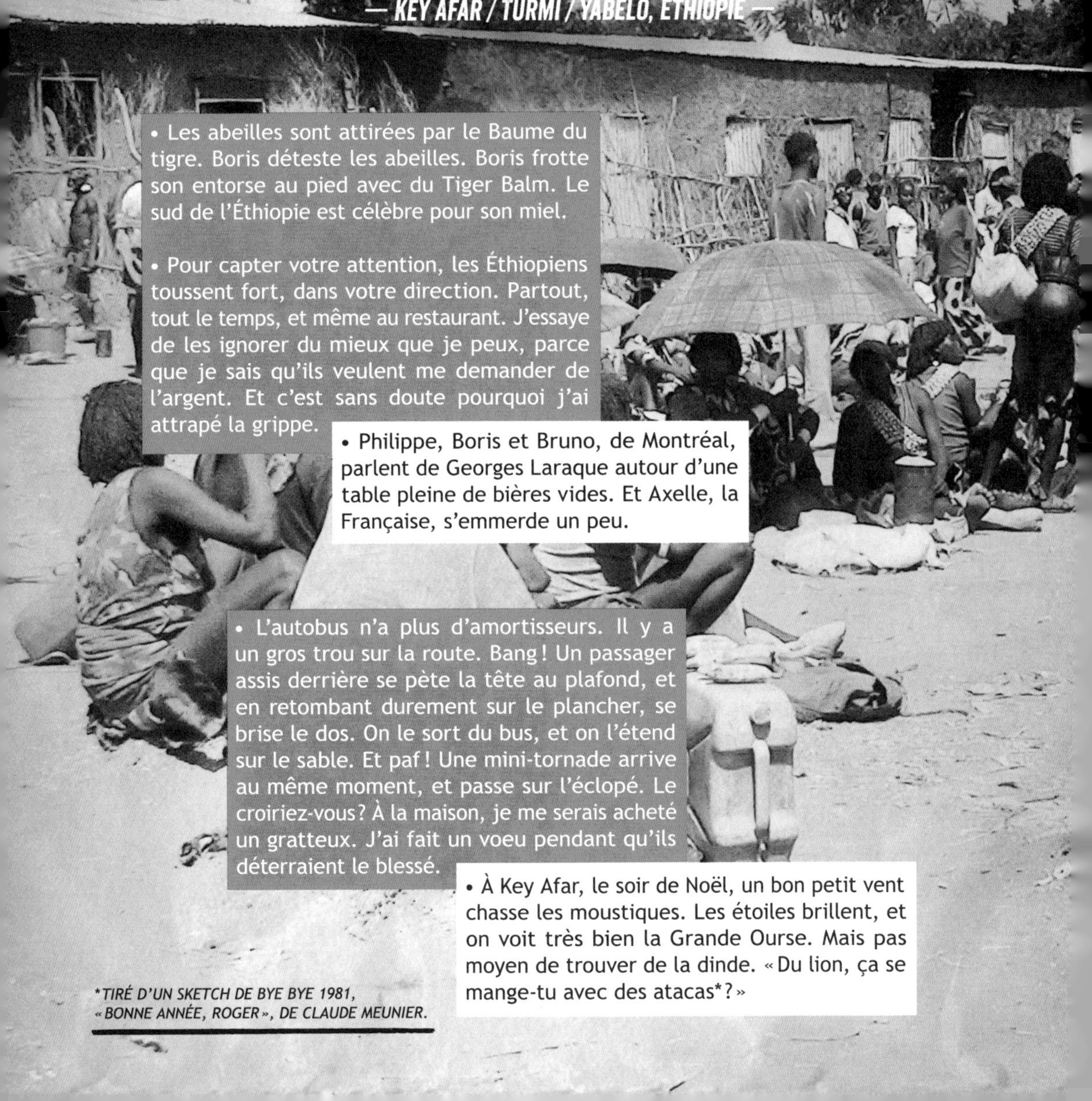

• Les abeilles sont attirées par le Baume du tigre. Boris déteste les abeilles. Boris frotte son entorse au pied avec du Tiger Balm. Le sud de l'Éthiopie est célèbre pour son miel.

• Pour capter votre attention, les Éthiopiens toussent fort, dans votre direction. Partout, tout le temps, et même au restaurant. J'essaye de les ignorer du mieux que je peux, parce que je sais qu'ils veulent me demander de l'argent. Et c'est sans doute pourquoi j'ai attrapé la grippe.

• Philippe, Boris et Bruno, de Montréal, parlent de Georges Laraque autour d'une table pleine de bières vides. Et Axelle, la Française, s'emmerde un peu.

• L'autobus n'a plus d'amortisseurs. Il y a un gros trou sur la route. Bang ! Un passager assis derrière se pète la tête au plafond, et en retombant durement sur le plancher, se brise le dos. On le sort du bus, et on l'étend sur le sable. Et paf ! Une mini-tornade arrive au même moment, et passe sur l'éclopé. Le croiriez-vous? À la maison, je me serais acheté un gratteux. J'ai fait un voeu pendant qu'ils déterraient le blessé.

• À Key Afar, le soir de Noël, un bon petit vent chasse les moustiques. Les étoiles brillent, et on voit très bien la Grande Ourse. Mais pas moyen de trouver de la dinde. « Du lion, ça se mange-tu avec des atacas*? »

*TIRÉ D'UN SKETCH DE BYE BYE 1981, « BONNE ANNÉE, ROGER », DE CLAUDE MEUNIER.

• Un indigène me fait signe de dégager. Au bout d'une corde, sa taure est agitée. Je l'ignore. La corde brise, et la bête fonce sur moi. L'indigène la distrait au dernier moment. Fiou ! Il m'a sauvé la vie. Je voudrais le remercier, mais il court dans le champ. Poursuivi par une taure en furie.

• À Turmi, Axelle achète un dictionnaire à un étudiant. B.A. accomplie, elle est fière. Le lendemain, le même « étudiant » me demande de lui acheter un dictionnaire. T-u-n-o-u-s-p-r-e-n-d-s-p-o-u-r-d-e-s-c-o-n-s, ça s'épèle comment, déjà ?

• À Turmi, je prends ma douche. Il n'y a pas de porte. Une femme entre, s'accroupit et urine. Là, à mes pieds. Je suis surpris. Fort heureusement, je porte des gougounes.

• À Turmi, un garçon se fait donner un beau ballon par un étranger. Cinq minutes plus tard, un grand insignifiant s'empare du ballon et le botte dans les ronces. Pow ! Le ballon éclate, le petit garçon pleure. L'étranger lui donne 10 $ pour le consoler. Le petit garçon repart en souriant, avec le grand insignifiant.

BORIS, SES BÉQUILLES ET SON ENTORSE AU MARCHÉ

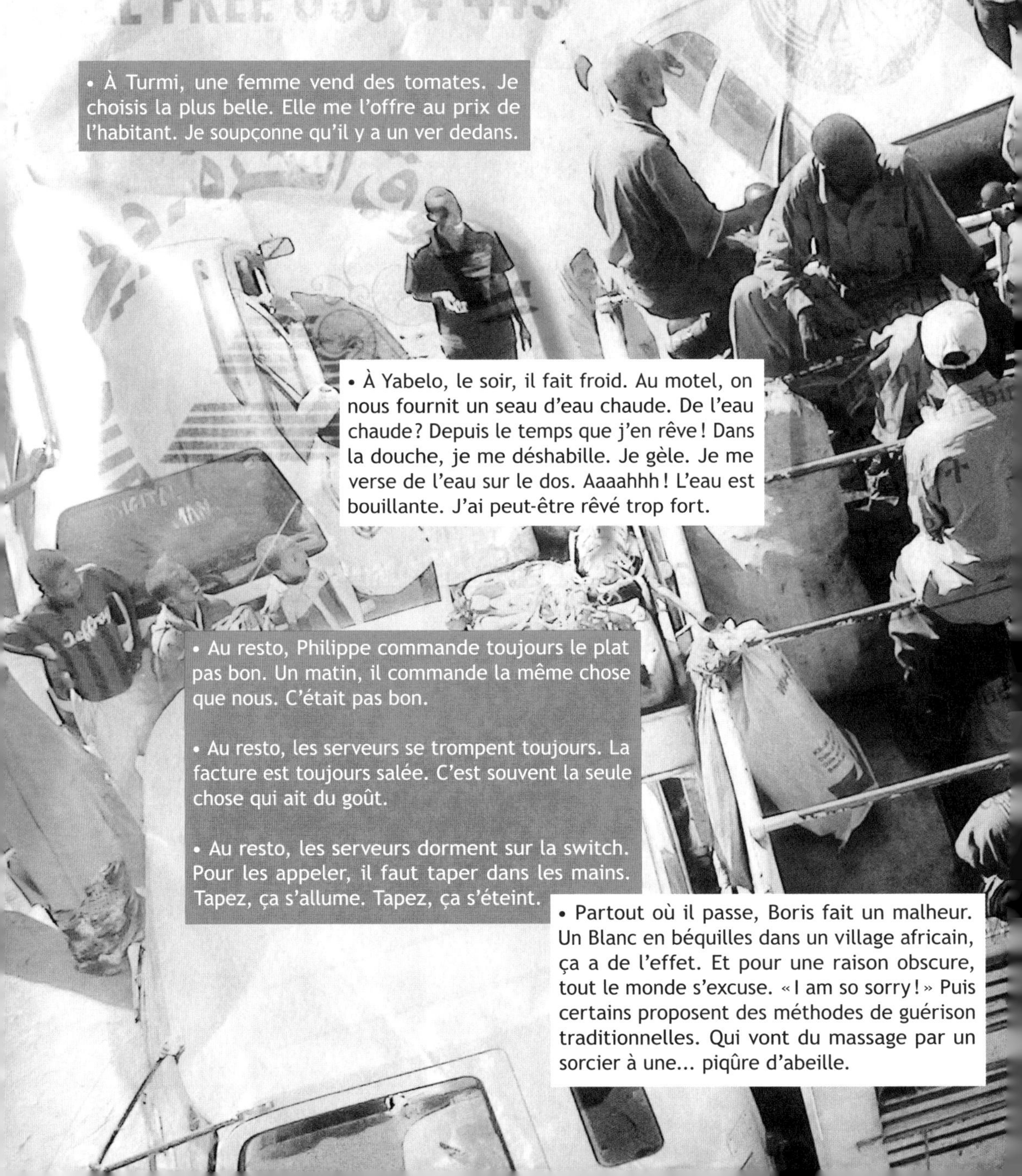

• À Turmi, une femme vend des tomates. Je choisis la plus belle. Elle me l'offre au prix de l'habitant. Je soupçonne qu'il y a un ver dedans.

• À Yabelo, le soir, il fait froid. Au motel, on nous fournit un seau d'eau chaude. De l'eau chaude? Depuis le temps que j'en rêve! Dans la douche, je me déshabille. Je gèle. Je me verse de l'eau sur le dos. Aaaahhh! L'eau est bouillante. J'ai peut-être rêvé trop fort.

• Au resto, Philippe commande toujours le plat pas bon. Un matin, il commande la même chose que nous. C'était pas bon.

• Au resto, les serveurs se trompent toujours. La facture est toujours salée. C'est souvent la seule chose qui ait du goût.

• Au resto, les serveurs dorment sur la switch. Pour les appeler, il faut taper dans les mains. Tapez, ça s'allume. Tapez, ça s'éteint.

• Partout où il passe, Boris fait un malheur. Un Blanc en béquilles dans un village africain, ça a de l'effet. Et pour une raison obscure, tout le monde s'excuse. « I am so sorry! » Puis certains proposent des méthodes de guérison traditionnelles. Qui vont du massage par un sorcier à une... piqûre d'abeille.

• Hier, il y avait un autobus. Demain, il y aura un autobus. Pourquoi aujourd'hui, il n'y a jamais d'autobus? Finalement, nous sommes en route pour la frontière du Kenya. Dans une boîte de camion. On respire du sable. C'est la traversée du désert. Il n'y a pas un animal en vue. Mais les pattes d'éléphant sont en fleurs**. Et tant qu'il y aura de la vie, il y aura du bonheur.

***LE MOYINGA THOUARSII EST UN ARBRE COMMUNÉMENT APPELÉ PATTE D'ÉLÉPHANT.*

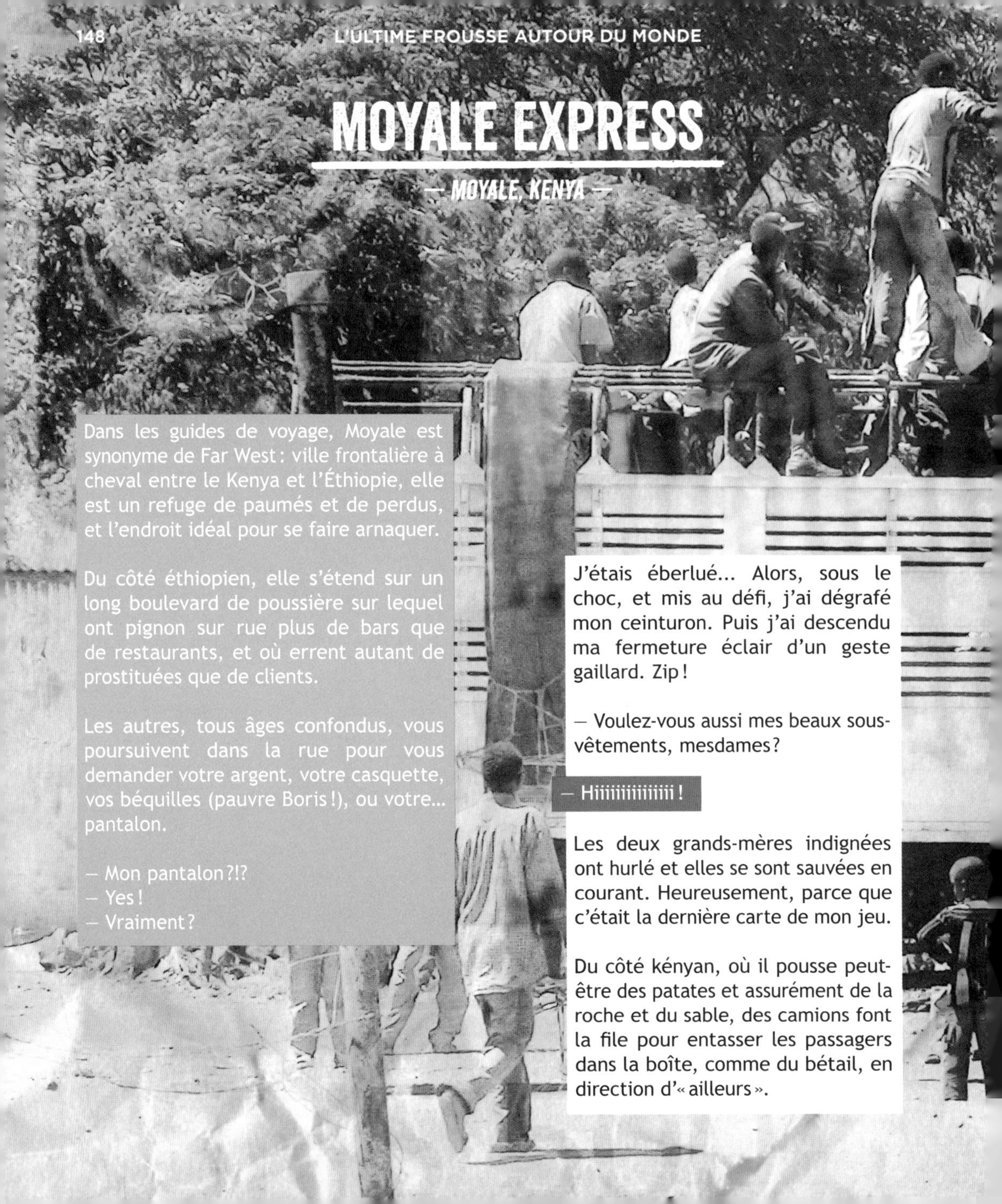

MOYALE EXPRESS

— MOYALE, KENYA —

Dans les guides de voyage, Moyale est synonyme de Far West : ville frontalière à cheval entre le Kenya et l'Éthiopie, elle est un refuge de paumés et de perdus, et l'endroit idéal pour se faire arnaquer.

Du côté éthiopien, elle s'étend sur un long boulevard de poussière sur lequel ont pignon sur rue plus de bars que de restaurants, et où errent autant de prostituées que de clients.

Les autres, tous âges confondus, vous poursuivent dans la rue pour vous demander votre argent, votre casquette, vos béquilles (pauvre Boris !), ou votre... pantalon.

— Mon pantalon ?!?
— Yes !
— Vraiment ?

J'étais éberlué... Alors, sous le choc, et mis au défi, j'ai dégrafé mon ceinturon. Puis j'ai descendu ma fermeture éclair d'un geste gaillard. Zip !

— Voulez-vous aussi mes beaux sous-vêtements, mesdames ?

— Hiiiiiiiiiiiiii !

Les deux grands-mères indignées ont hurlé et elles se sont sauvées en courant. Heureusement, parce que c'était la dernière carte de mon jeu.

Du côté kényan, où il pousse peut-être des patates et assurément de la roche et du sable, des camions font la file pour entasser les passagers dans la boîte, comme du bétail, en direction d'« ailleurs ».

VÉHICULE PUBLIC AU KENYA

N'importe où, monsieur le conducteur de poids lourd, mais pas ici !

Les voyageurs s'accrochent du mieux qu'ils le peuvent à la structure du camion, comme des désespérés à un espoir de vie meilleure, au risque d'être éjectés du véhicule au premier coup de freins brusque... Dans la mesure où freins il y a !

C'est d'un tragique spectaculaire.

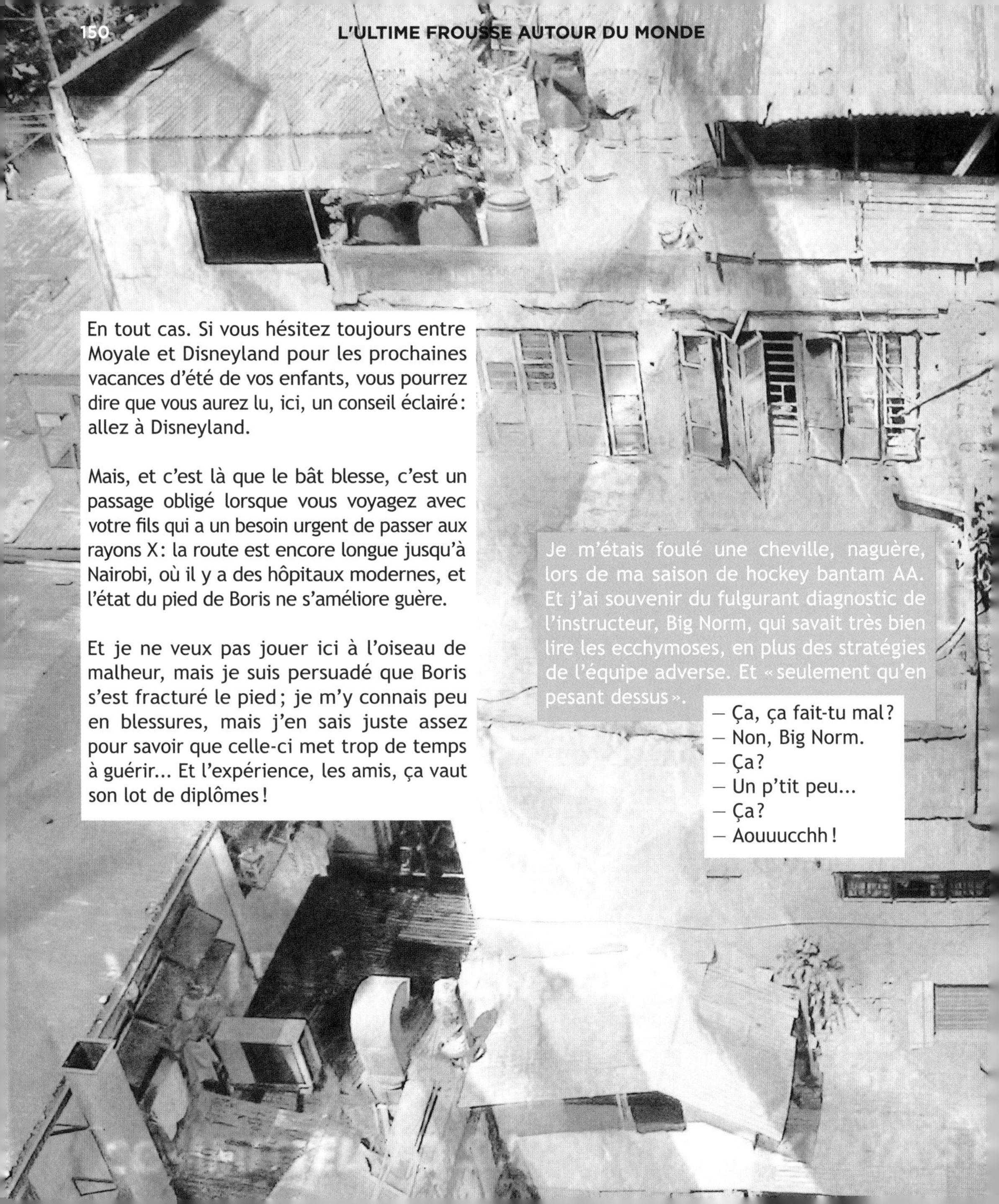

En tout cas. Si vous hésitez toujours entre Moyale et Disneyland pour les prochaines vacances d'été de vos enfants, vous pourrez dire que vous aurez lu, ici, un conseil éclairé: allez à Disneyland.

Mais, et c'est là que le bât blesse, c'est un passage obligé lorsque vous voyagez avec votre fils qui a un besoin urgent de passer aux rayons X: la route est encore longue jusqu'à Nairobi, où il y a des hôpitaux modernes, et l'état du pied de Boris ne s'améliore guère.

Et je ne veux pas jouer ici à l'oiseau de malheur, mais je suis persuadé que Boris s'est fracturé le pied; je m'y connais peu en blessures, mais j'en sais juste assez pour savoir que celle-ci met trop de temps à guérir... Et l'expérience, les amis, ça vaut son lot de diplômes!

Je m'étais foulé une cheville, naguère, lors de ma saison de hockey bantam AA. Et j'ai souvenir du fulgurant diagnostic de l'instructeur, Big Norm, qui savait très bien lire les ecchymoses, en plus des stratégies de l'équipe adverse. Et « seulement qu'en pesant dessus ».

— Ça, ça fait-tu mal?
— Non, Big Norm.
— Ça?
— Un p'tit peu...
— Ça?
— Aouuucchh!

— Foulure ! T'en auras au moins pour deux semaines dans le rancart, mon Big Bern.

— Hein ! Mais... C'est q-q-q-quoi, le rancart, Big Norm ?

J'étais inquiet. Je pensais que le rancart, c'était comme un garage, mais plus petit.

— Le rancart ? Ha ha ha ! Mais c'est pas comme quelque chose, mon Big Bern ! C'est juste qu'on dit ça, les grands, quand on te met « à l'écart du rang »... Tu comprends ? À l'écart. Du rang. Ran-cart. Rancart !

— Fiou !

Je blague un peu, mais Big Norm (tu salueras Diane) était un sacré bon bonhomme. Et vous aurez compris que Big Bern, c'était moi. Je n'étais pas gros, ni Bern, mais c'était mon surnom. Je n'ai jamais su d'où ni comment c'était venu. Un matin, un jeudi, peut-être, ou était-ce un mardi, je ne sais plus, c'était apparu dans ma vie, sans explication. Comme une chenille qui se transforme en papillon. Allez hop, surnom ! Et c'est disparu de la même façon.

Aujourd'hui, plus personne ne m'appelle comme ça... Enfin, mis à part Labine, Chuck les gosses, Big Bob, Lombric et Allard Gros Lard.

Et Big Norm.

Dont le diagnostic s'était avéré juste.

Comme le mien.

SURPRISE PARTY

— NAIROBI, KENYA —

À Nairobi, les rues sont pavées. Il y a des trottoirs de chaque côté. Et des plaques sur les bouches d'égout. Il y a des feux de circulation aux grandes intersections et, parfois même, des conducteurs qui les respectent.

Sur la route, il existe de ces endroits dont vous n'entendrez jamais parler en termes affectueux, parce qu'ils sont détestables. De ces lieux qui ne laissent à peu près personne intact, parce qu'ils sont intenses, dérangeants. Ou parce qu'ils traînent un passé si lourd qu'on parle rarement d'eux au présent...

Or, peu importe que le malheur soit arrivé en 1960 ou le mois dernier, ou que ce soit carrément de la foutaise, les voyageurs adorent se raconter des peurs, et comme si elles étaient bien réelles, en plus. Le soir, au coin du feu (c'est à condition d'avoir un feu carré), ces histoires d'horreur se faufilent entre les globetrotteurs et éteignent les étincelles.

— Nairobi? Fiou! Au centre-ville, des jeunes l'ont saisi par les pieds, l'ont viré à l'envers pis ils lui ont vidé les poches sur le trottoir...

— Moi, je connais un Allemand, ils lui ont pris tous ses vêtements et l'ont laissé là, complètement nu, pendant que les autres passants riaient.

— Oh!

— Et toi, tu t'en vas là? À Nairobbery (jeu de mots populaire avec Nairobi, «*robbery*» signifiant vol à main armée)?

— Oui, je m'en vais là. Parce que je n'ai pas le choix. Mon fils doit aller à l'hôpital.

— Ouf... Un conseil, l'ami: lorsque la nuit tombe, même pour franchir 50 mètres, prends un taxi. Et il faut que tu prennes un taxi bleu, pas un taxi jaune, parce que les jaunes, ce sont des voleurs. Ou des meurtriers!

D'accord. Autre chose, peut-être? Je ne sais pas, moi... Des cannibales? Des rats qui sortent des toilettes? De la bière chaude?

— À l'hôpital, fais gaffe qu'on ne lui vole pas un rein, à ton garçon...

Cout'donc! Après Nairobi, le déluge?!

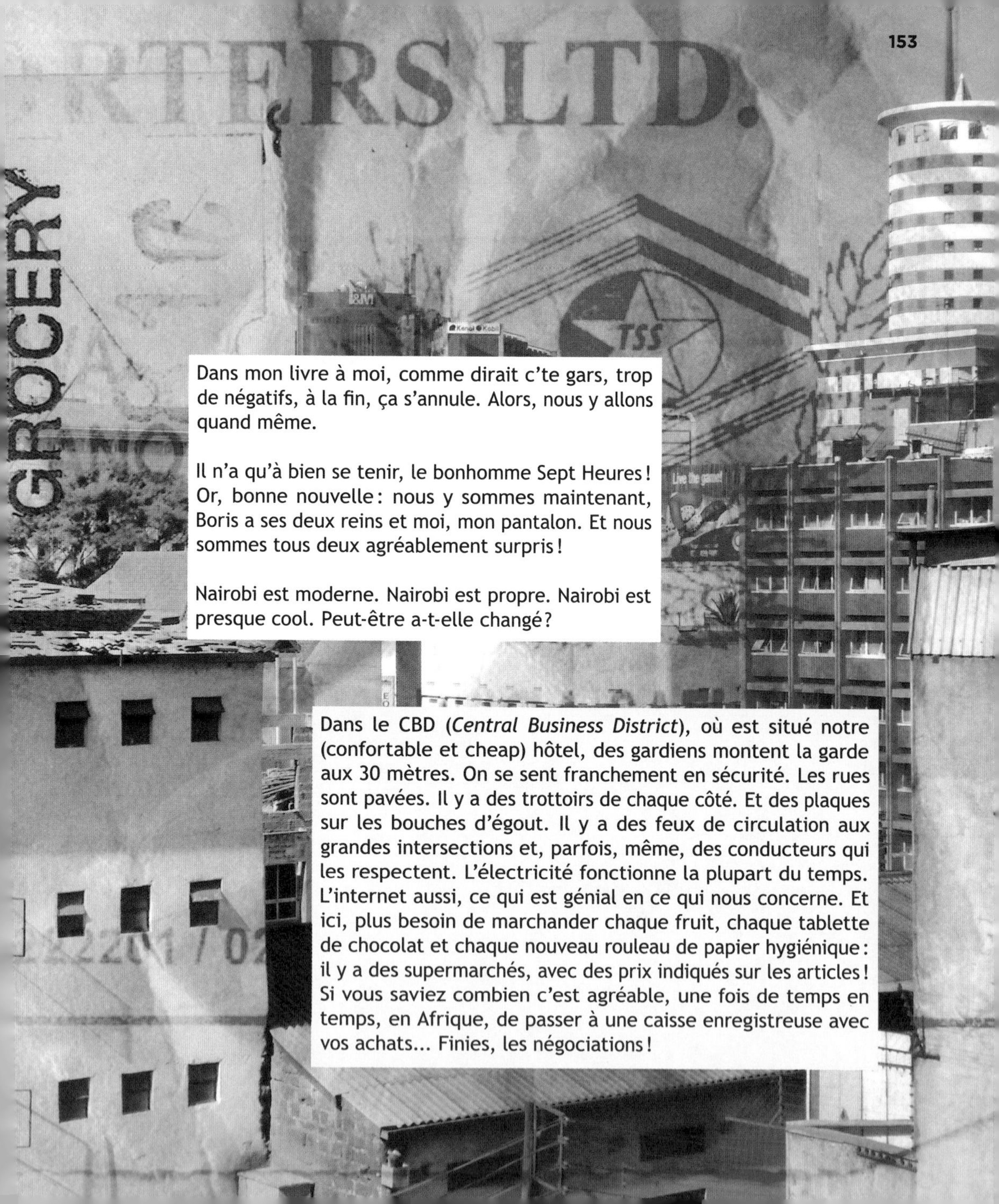

Dans mon livre à moi, comme dirait c'te gars, trop de négatifs, à la fin, ça s'annule. Alors, nous y allons quand même.

Il n'a qu'à bien se tenir, le bonhomme Sept Heures ! Or, bonne nouvelle : nous y sommes maintenant, Boris a ses deux reins et moi, mon pantalon. Et nous sommes tous deux agréablement surpris !

Nairobi est moderne. Nairobi est propre. Nairobi est presque cool. Peut-être a-t-elle changé ?

Dans le CBD (*Central Business District*), où est situé notre (confortable et cheap) hôtel, des gardiens montent la garde aux 30 mètres. On se sent franchement en sécurité. Les rues sont pavées. Il y a des trottoirs de chaque côté. Et des plaques sur les bouches d'égout. Il y a des feux de circulation aux grandes intersections et, parfois, même, des conducteurs qui les respectent. L'électricité fonctionne la plupart du temps. L'internet aussi, ce qui est génial en ce qui nous concerne. Et ici, plus besoin de marchander chaque fruit, chaque tablette de chocolat et chaque nouveau rouleau de papier hygiénique : il y a des supermarchés, avec des prix indiqués sur les articles ! Si vous saviez combien c'est agréable, une fois de temps en temps, en Afrique, de passer à une caisse enregistreuse avec vos achats... Finies, les négociations !

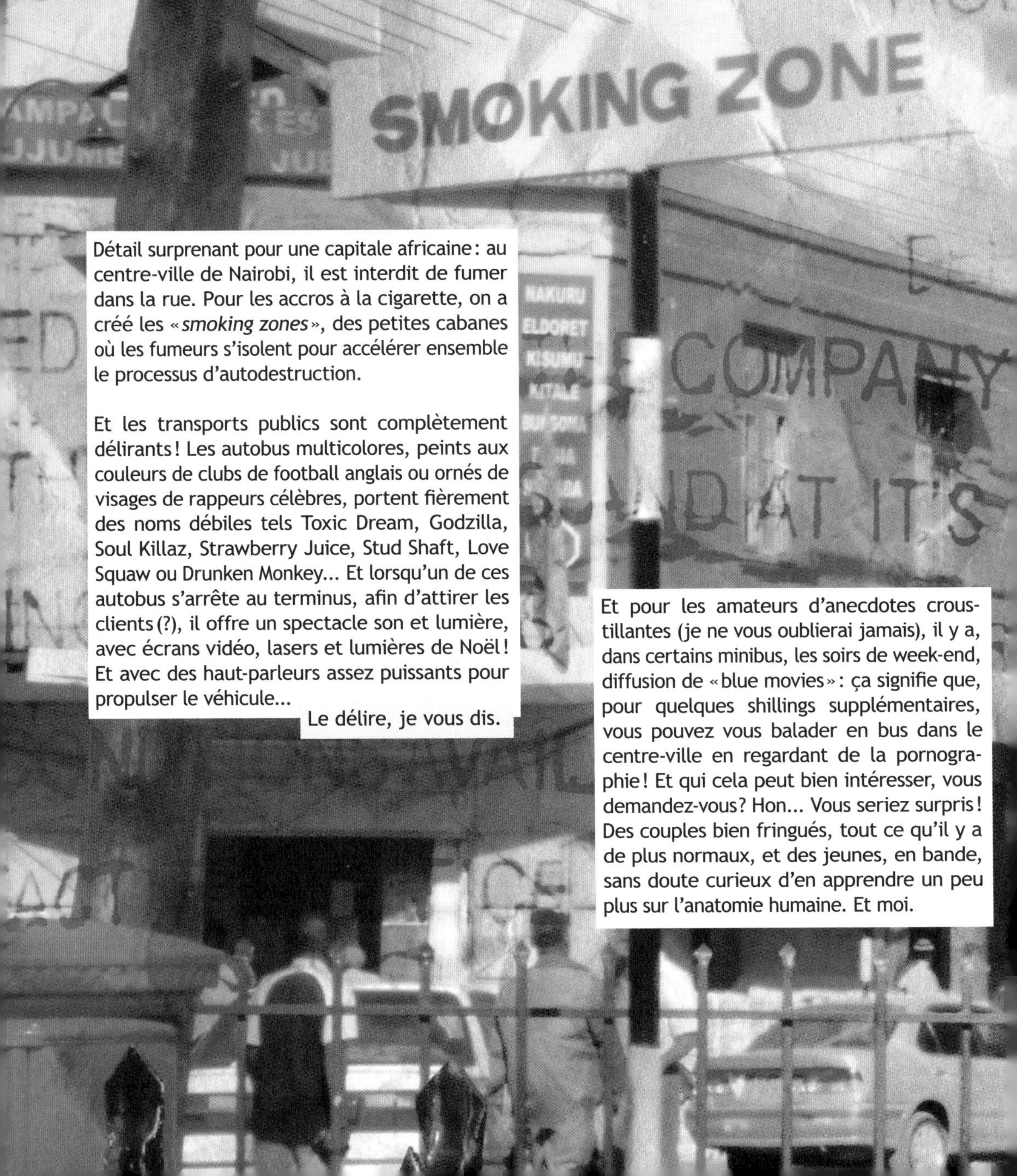

Détail surprenant pour une capitale africaine : au centre-ville de Nairobi, il est interdit de fumer dans la rue. Pour les accros à la cigarette, on a créé les « *smoking zones* », des petites cabanes où les fumeurs s'isolent pour accélérer ensemble le processus d'autodestruction.

Et les transports publics sont complètement délirants ! Les autobus multicolores, peints aux couleurs de clubs de football anglais ou ornés de visages de rappeurs célèbres, portent fièrement des noms débiles tels Toxic Dream, Godzilla, Soul Killaz, Strawberry Juice, Stud Shaft, Love Squaw ou Drunken Monkey... Et lorsqu'un de ces autobus s'arrête au terminus, afin d'attirer les clients (?), il offre un spectacle son et lumière, avec écrans vidéo, lasers et lumières de Noël ! Et avec des haut-parleurs assez puissants pour propulser le véhicule...

Le délire, je vous dis.

Et pour les amateurs d'anecdotes croustillantes (je ne vous oublierai jamais), il y a, dans certains minibus, les soirs de week-end, diffusion de « blue movies » : ça signifie que, pour quelques shillings supplémentaires, vous pouvez vous balader en bus dans le centre-ville en regardant de la pornographie ! Et qui cela peut bien intéresser, vous demandez-vous ? Hon... Vous seriez surpris ! Des couples bien fringués, tout ce qu'il y a de plus normaux, et des jeunes, en bande, sans doute curieux d'en apprendre un peu plus sur l'anatomie humaine. Et moi.

UN SMOKING ZONE DANS UNE DES PARTIES LES PLUS PROPRES DE NAIROBI.

Strictement à titre pro-fes-sion-nel.

Et finalement, cinq mots sur le *Nairobi Hospital*, la raison pour laquelle nous sommes venus ici : venez vous faire soigner ici ! C'est vraiment top qualité, avec service impeccable et temps d'attente minimum. En deux heures à peine, nous avions le résultat de l'examen du pied de Boris !

Par contre, vous, vous devrez attendre une semaine.

Faut bien se garder un petit suspense...

BEAU BONHOMME

— NAIROBI, KENYA —

La chronique de la semaine dernière, où je signais une apologie de Nairobi, semble en avoir étonné plus d'un. Alors, laissez-moi préciser une petite chose, avant de poursuivre notre grande aventure : je ne suis pas « stone » et je ne rêve pas en couleur. Sûr, une grande quantité de crimes sont commis à Nairobi. Chaque jour. Il n'y a qu'à feuilleter un quotidien pour s'en rendre compte.

Le soir, si vous empruntez des ruelles sombres avec une caméra flambant neuve autour du cou en sifflant, ou si vous montrez votre liasse de billets de 1000 shillings dans un bar à 4h du matin en criant « piiifrrrtrfousche ! », il y aura effectivement de fortes chances qu'un malfrat vous guette au tournant pour vous assommer avec une batte de cricket (une combinaison de deux sports très populaires au Kenya).

Mais pour qui prend des précautions normales, comme dans la plupart des grandes villes, le danger est minime.

Voilà.

Par contre, après avoir passé une semaine ici, je peux vous affirmer que Nairobi est particulièrement bruyante. Du genre « record mondial Guinness » bruyante. Et Bangkok peut aller se rhabiller !

Dès l'après-midi commence le duel des décibels entre les boutiques de musique, les vendeurs de DVD piratés, les magasins d'électronique, les bars et... les églises.

Et bordel qu'ils aiment la basse lourde.

Boom, boom, boom, kaboom... C'est tout ce qu'on entend. Y a même pas moyen de reconnaître la chanson tellement le *subwoofer* enterre les aigus !

Ici, Britney Spears sonne comme du Rammstein, et la musique de messe (dans notre quartier, il y a trois messes par jour, dans au moins cinq églises différentes), comme du Metallica.

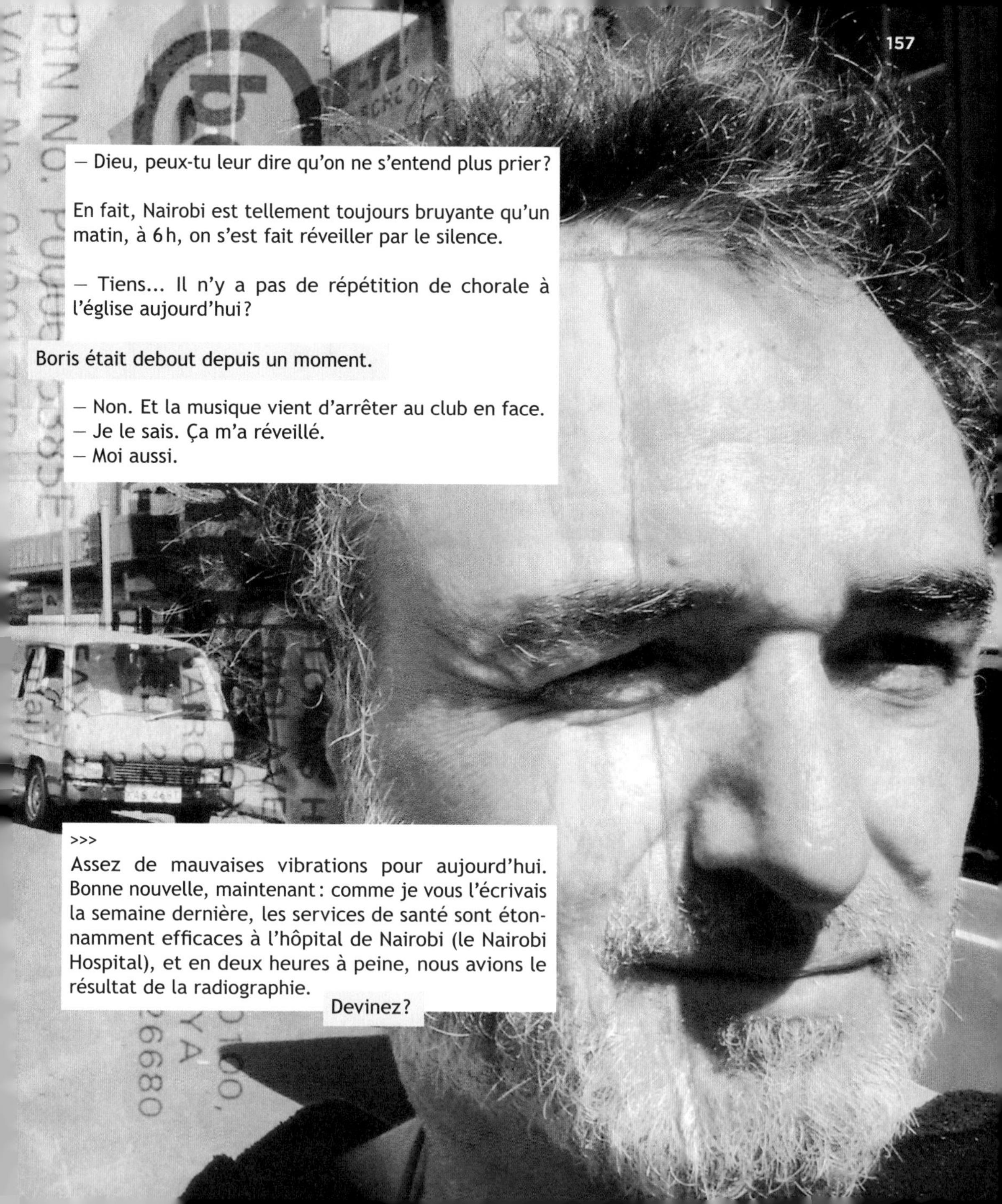

— Dieu, peux-tu leur dire qu'on ne s'entend plus prier?

En fait, Nairobi est tellement toujours bruyante qu'un matin, à 6h, on s'est fait réveiller par le silence.

— Tiens... Il n'y a pas de répétition de chorale à l'église aujourd'hui?

Boris était debout depuis un moment.

— Non. Et la musique vient d'arrêter au club en face.
— Je le sais. Ça m'a réveillé.
— Moi aussi.

>>>

Assez de mauvaises vibrations pour aujourd'hui. Bonne nouvelle, maintenant: comme je vous l'écrivais la semaine dernière, les services de santé sont étonnamment efficaces à l'hôpital de Nairobi (le Nairobi Hospital), et en deux heures à peine, nous avions le résultat de la radiographie.

Devinez?

Le pied de Boris est cassé. Fracture du cinquième métatarse. Sauf que, selon le docteur, la position est satisfaisante; et la guérison s'effectuera rapidement.

Le jeune est excité. C'est sa première fracture, et son premier plâtre, à vie.

Mais ça complique joliment nos plans.

Axelle, Philippe, Boris et moi devions partir du côté du Masaï Mara, un parc national, pour une randonnée... à pied. C'est ce qui était convenu avant l'accident de Boris. Et comme le rendez-vous était déjà fixé avec le guide, le «petit» Dave, un pote masaï géant de Phil, nous sommes forcés de déclarer forfait, mon fiston et moi.

Allez. Au revoir, les amis!

Et merci pour les belles joutes de 500.

\>>>

Alors, quels étaient maintenant les choix qui s'offraient à nous? Boris ne pouvait pas se déplacer, sinon difficilement, pendant tout un mois; et je n'avais pas envie de rester dans une chambre d'hôtel de Nairobi à regarder les murs jaunis jaunir, en pleine saison de «soleil resplendissant».

Ce que la vie peut être injuste!

Et c'est à ce moment qu'un petit miracle est survenu. Sous la forme d'un courriel, qui disait à peu près ceci:

«Stop complaining you old ugly fart and come to Watamu.» (Traduction libre: Arrête de te plaindre beau bonhomme et viens à Watamu.)

BORIS ET SON PREMIER PLÂTRE À VIE!

Watamu? C'est un village de pêcheurs sur la côte kényane, au nord de Mombasa. C'est une destination touristique populaire chez les Italiens et les Allemands, un endroit tranquille selon les guides de voyage, où un bon ami à moi s'est installé depuis plusieurs mois.

J'hésitais à y aller, je dois vous confier, parce que je ne croyais pas qu'il y avait là-bas de sujets de chroniques qui sauraient vous intéresser. Mais mon copain m'a vite corrigé.

— Qu'est-ce que tu racontes, Bruno? Il y a ici la plus belle plage du monde, un authentique village giriama avec un mélange d'au moins 10 ethnies différentes; on y pêche le thon, l'espadon et la raie manta, et ce n'est pas du tout tranquille: la semaine dernière, une bande de musulmans enragés ont mis le feu à un bar et à la maison d'un supposé revendeur de drogue! Et puis, il y a moi.

Et c'est tout ce qu'il avait besoin de dire, vraiment...

Car c'est vrai qu'avec Big Pete, on s'ennuie rarement.

PETIT TRAIN VA LOIN

— EN ROUTE POUR WATAMU, KENYA —

Le matin, à l'aurore, la locomotive traverse des nuages de papillons blancs. Un d'eux (ou une d'ailes?) entre par la fenêtre ouverte de notre compartiment. Il se pose au bord du lavabo. Il me regarde.

Et je dois faire une drôle de tête, parce qu'il reste là, à m'observer pendant une longue minute.

Nous sommes en route pour Mombasa (Kenya). Le paysage est splendide. À la fenêtre depuis une heure, je pensais voir des animaux sauvages...

Ça ne sera pas le cas, n'est-ce pas, petit papillon blanc?

Le train traverse le parc du Tsavo, et devant nous, s'il y a âme qui vive, croyez-moi, elle s'est sauvée en courant depuis longtemps! Le train fait tellement de bruit que c'est au-delà du bruit.

À l'extérieur, je suis sûr que le son doit ressembler au tonnerre ou à un concert de Motörhead; à l'intérieur, c'est à vous rendre malade.

Imaginez une vibration assourdissante qui entre par la plante des pieds et qui résonne dans les tympans et dans tout le corps, comme s'il y avait un macaque hurleur dans votre ventre, avec un marteau dans chaque main, qui jouait un solo de batterie de cuisine pendant un tremblement de terre.

Ce n'est pas du tout reposant.

Malgré tout, Boris dort à poings fermés. Il ouvre un œil.

« Hey, un papillon! »

Ah ! Il est beau, mon garçon, avec ses grands yeux ronds. Il sait encore s'émerveiller, à 22 ans. Et c'est une belle qualité ! Il va faire un bon globetrotteur, le jeune, s'il apprend à laver ses chaussettes plus souvent. D'ailleurs, ce matin, et je ne vous le cache pas, si je me suis levé avant le soleil et pris ma position de vigile à la fenêtre, c'était en espérant avoir la chance de pouvoir réveiller mon fils en criant : « Boris, y a un éléphant ! »

Rien que pour voir son expression...

Déception.

Il se lève et vient me rejoindre à la fenêtre.

— Wow ! Papa, c'est quoi le gros arbre, là-bas ?

Oui, Boris m'appelle encore papa. Et ça ne me déplaît pas, au contraire ! Surtout lorsqu'il me pose des questions auxquelles j'ai la réponse.

BRUNO ET BORIS EN ROUTE POUR WATAMU

– Le gros arbre est un baobab, mon homme.
– Et ça?
– Ce sont des termitières, mon fiston.
– Ah bon! Et à quoi ça sert, un termite?
– Euh... à termiter?

À cause du vacarme, mon cerveau a la vitesse de réaction d'un bol de patates pilées...

– Et pourquoi les vaches regardent passer le train? Pourquoi ceux qui ont peur de la noirceur se sentent mieux quand ils ferment les yeux? Pourquoi deux fils électriques doivent toujours obligatoirement s'emmêler? Quand j'éternue, pourquoi après, mon nez, il pue?

Tant de questions sans réponses.

>>>

Notre voisin de cabine avait la chemise ouverte jusqu'au nombril, le col remonté à la Elvis et un médaillon représentant le continent africain, en or serti de diamants, qui flottait dans le poil généreux de sa poitrine; il portait la moustache originale des années 70 (et une belle comme la sienne, je vous assure qu'il a dû la conserver dans un bocal), une coupe Longueuil et baladait une fille à chaque bras.

Et il s'appelait Gino.

Le cliché parfait. J'aurais voulu l'inventer! Il s'en allait, lui aussi, à Watamu, où il vit pendant l'hiver, j'ai cru comprendre, comme beaucoup d'autres Italiens à la retraite. Je n'ai pas insisté pour en savoir plus après l'avoir entendu parler au téléphone cellulaire de «capo», d'Interpol et de «policia». Je n'ai pas nécessairement le goût qu'on m'amène derrière la grange par une nuit sans lune.

– Tou en sais trrrrop, Brrrouno!

– Je vous jure, je ne dirai rien! Je suis un ex-mime!

Il nous a invités à prendre un verre au Comeback, la boîte à gogo de Watamu… Pardon? Je donnerais 100 piastres rien que pour le voir danser sur du disco! Alors, je lui ai promis que nous y passerions certainement, un de ces quatre, mais que nous allions d'abord là-bas pour rencontrer un de nos amis, un gros Anglais nommé Big Pete, et que nos plans n'étaient pas encore élaborés.

Surprise, Gino le connaissait, le Big Pete ! En fait, il paraît que tout le monde connaît Big Pete, au village… C'est vrai qu'il doit être difficile de ne pas le remarquer, ce colossal homme blanc, au milieu des Noirs ! À moins qu'il n'ait accompli un exploit dont lui seul a le secret, du type « sauver quatre gamins de la noyade »…

Le Big Pete nous a réservé un appartement avec deux chambres, salle de bains et cuisine; et c'est super excitant, parce que ça fait cinq ans que je n'ai pas cuisiné !

Par contre, je ne sais pas si je vais me souvenir comment…

Hum. Pour faire bouillir l'eau, est-ce qu'il faut la réchauffer avant?

DU PÂTÉ CHINOIS EN AFRIQUE

— WATAMU, KENYA —

1RE PARTIE

À Watamu, le sable est d'un blanc presque immaculé, et si fin que l'on a l'impression de marcher dans de la poudre.

En fermant les yeux, on pourrait presque s'imaginer sur une plage de fécule de maïs.

À marée basse, l'océan se retire de la baie. Se forment alors des bassins d'eau turquoise dans lesquels on vient se prélasser, en se disant que la vie est trop courte et l'eau, trop chaude. Et le soleil est toujours au rendez-vous, à la même heure, ici à deux pas de l'Équateur.

Le plus beau là-dedans, c'est que Watamu est un mot swahili qui signifie « sweet people ». Excitant, non? Les plus jeunes d'entre vous ne connaissent peut-être pas ce fameux groupe musical des années 80, dirigé par Alain Morisod, groupe qui a interprété les plus beaux airs pour tomber en amour ou tomber endormi. Pour les autres qui savent de quoi je parle, je commettrai l'irréparable, ce matin : je vais vous mettre une des tounes de Sweet People dans la tête.

« Les fi-an-cés
Du lac de Côôôômeeeeee
Comme deux fantôôôôômes
Passent sans faire de bruiiiiit »

Bonne journée.

>>>

Benny travaille au supermarché, dans le rayon des viandes. Elle est originaire de Kisumu, dans l'ouest du Kenya, et elle est venue vivre à Watamu avec sa tante et ses cousins parce que le boulot est rare dans son coin de pays. Chaque matin, je passe lui dire « Jambo, Benny ! » et je regarde ce qu'elle a reçu la veille. Elle me conseille sur la qualité et la fraîcheur du produit, puis j'achète, ou je passe mon tour.

Ensuite, je passe chez les vendeuses de fruits et légumes, et je rentre heureux, en songeant aux plats que je cuisinerai pendant la journée... Parce que j'ai une cuisine !!!

Je vous en avais parlé, n'est-ce pas? Big Pete nous a déniché un petit appartement pour un mois (le temps que Boris se rétablisse de sa blessure), à deux minutes de la plage, avec piscine et cuisine, pour 25 $ par jour.

C'est du grand luxe, et je m'amuse comme un petit fou. Tellement que je n'ai plus envie de sortir de la maison !

Avec le temps, j'avais oublié un tas de plaisirs simples, comme celui d'inviter des gens à dîner et de leur servir un bon plat, préparé avec amour sur la musique de Bob Marley.

PHOTO DE PETER SIMPSON (THE BIG PETE)

J'avais aussi oublié qu'il ne fallait pas faire frire du bacon en bedaine et que du bœuf haché pas suffisamment cuit peut renfermer un potentiel de maladies assez effrayantes...

Je ne vous décrirai pas le mal qui m'a affligé la semaine dernière, ni la petite bibitte qui causait mon inconfort, car je vous couperais l'appétit. Parlons latin, c'est moins évocateur : la semaine dernière, j'étais porteur de l'entamoeba histolytica. Et c'était laid.

Comment je le sais ?

Le gentil monsieur du laboratoire m'a montré ces parasites dans son microscope... Brrr !

— Je suis envahi ?
— Ils sont des millions !

Et c'est du sérieux, oui monsieur: ils se sont bâti des petits villages, avec tous les services, oui madame, reliés entre eux par une autoroute à quatre voies, et c'est la congestion.

Le médecin m'a demandé pourquoi je n'étais pas venu plus tôt, et la raison que je lui ai donnée est embarrassante, mais vraie: c'était la première fois que je devais offrir un extrait de mon travail intestinal à quelqu'un, et ça me rendait rudement mal à l'aise.

Heureusement, Big Pete m'a aidé à surmonter ma peur.

— Bruno, je sais que c'est gênant de donner ses excréments à quelqu'un d'autre pour qu'il fouille dedans ; mais si jamais j'attrape ta maladie, je te tue.

Le lendemain matin, je me présentais au labo de la clinique avec mon pot de margarine Biddy's plein à ras bord.

— Excusez-moi, j'aurais préféré vous amener une rose ou des fraises.

Joe le technicien a souri.

— It's all the same !

C'est la même chose ? Ah ben, mon Joe, tu m'étonnes...

Or, si j'ai pris ce gros détour scatologique, c'est pour finalement vous dire qu'un de ces matins, pendant que j'achetais du bœuf haché, des pommes de terre et du blé d'Inde, Benny m'a demandé ce que j'allais en faire.

— Du pâté chinois.

— Wow !!! Tu sais préparer de la bouffe chinoise ?

Ouille ! Comment lui expliquer que ce que l'on appelle pâté chinois, chez nous, est un mets concocté par des cuisiniers chinois lors de la construction du chemin de fer transcanadien, qu'il ne s'agit pas d'un simple mélange comme pourrait le suggérer le mot pâté, mais bien d'un plat composé de trois étages distincts: viande, blé d'Inde, patates ?

Comme je viens de l'écrire. Elle est étonnée.

— C'est une drôle d'idée ! Peux-tu en apporter un plat au supermarché ? J'aimerais y goûter.

J'ai une meilleure idée.

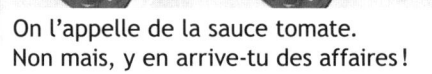

— Et si on faisait un échange culturel, avec ta famille? Moi, je vous sers du pâté chinois, et vous, vous me préparez un plat luo traditionnel!

— Excellente idée!

C'est ainsi que, ce soir-là, armé de mon chaudron de pâté chinois, préparé avec amour sur la musique de Bob Marley, j'ai sauté dans un taxi pour aller chez Benny, un peu nerveux, je dois vous l'avouer, parce que j'avais l'impression d'être une espèce d'ambassadeur de la cuisine de chez nous et que j'avais peur de les décevoir.

Toute la famille m'attendait devant la porte, en rang d'oignons. J'ai serré fort le chaudron.

Fuck.

J'avais oublié le ketchup.

La famille m'attendait donc devant la porte. Ils s'étaient endimanchés pour l'occasion. Je descends du taxi. Je suis anxieux. Benny vient à ma rencontre.

— Benny, j'ai oublié quelque chose.
— Quoi donc?
— Le ketchup!
— Le quoi?

Ici, le mot ketchup ne correspond à rien. C'est comme si je débarquais chez vous, et je vous disais: «Magalie, j'ai oublié le pili pili!» (sauce piquante ou piment, selon la région). Parce qu'au Kenya, on appelle le ketchup de la «sauce tomate». Et la sauce tomate, on l'appelle comment, vous me direz? On l'appelle de la sauce tomate. Non mais, y en arrive-tu des affaires!

Benny tente de me retenir.

— Mais non! Ce n'est pas si grave.

J'insiste.

— Si, justement! Sans ketchup, l'expérience ne sera pas totale!

— L'expérience??? Ah bon... Sommes-nous des cobayes?

Elle rigole. Je réfléchis à voix haute.

— Hum. Si l'on considère qu'il y a environ un million de lecteurs (j'aime les chiffres ronds) qui attendent depuis une semaine le résultat du face-à-face entre l'Afrique et le pâté chinois...

— Nous sommes des cobayes.
— Exactement.
— Va chercher la sauce tomate.

À mon retour de mission, ketchup sous le bras, confiant, je cogne à la lourde.

— Salut la compagnie!

Benny m'ouvre et me présente son frère Modi, sa tante Alice et ses cousins: Bill Clinton, John Kennedy et George Bush. Pardon? Évidemment, j'éclate de rire!

— And my name is Arnold Schwarzenegger, que je leur lance, comme un clown, croyant à une blague.

Ha ha ! Ce n'était pas du tout une farce !!! Ce sont leurs véritables prénoms! Ma mission d'ambassadeur « du pays du pâté chinois » commençait drôlement bien : j'étais rouge comme l'étiquette de Heinz.

Benny, clémente, m'a alors expliqué qu'au Kenya, dans certaines tribus, les parents choisissent un prénom en lien avec les circonstances entourant le moment précis de la naissance de l'enfant.

Ainsi, il ne faut pas s'étonner de croiser ici des Soleil, des Nuit, des Pluvieuse, des Amour, des Premier, des Chanceux ; mais aussi des Obama, des Osama, des Kofi Annan, des Surprise, des Cadeau, et même un Transistor Radio ! Big Pete l'a rencontré, et il en a ri pendant deux jours...

Une fois ma honte dissipée et l'atmosphère réchauffée (j'avais apporté une bouteille de rouge), nous sommes passés à table.

Pour représenter le Kenya, tante Alice m'a servi un bœuf aux tomates et aux oignons, accompagné d'un bol d'ugali, le mets national du Kenya, qui ressemble à s'y méprendre à de la colle à tapisserie, mais qui est en fait un moton de farine de maïs bouillie que l'on saisit avec la main pour en faire une boulette et dont on se sert comme d'un ustensile pour vider son assiette. Pas facile à manipuler au début, mais fort amusant à la longue : c'est comme manger et faire de la pâte à modeler en même temps. Et pour légume d'accompagnement, un plat de *greens*, comme ils appellent ici une espèce d'épinard local avec des feuilles en caoutchouc qu'il faut bien savoir assaisonner (je le sais, j'ai essayé d'en préparer, et Boris a cru que je voulais l'empoisonner).

Puis, représentant le Québec, excité, j'ai servi à mes hôtes le fumant mets des pays froids, le pâté chinois, que j'avais légèrement adapté aux couleurs de l'endroit ; avec l'ajout subtil de pommes de terre douces et de carottes, d'un soupçon de navet et de quatre tranches de bacon (à 9 $ le paquet de 12 tranches, vous comprendrez la subtilité).

Benny, le frère et les cousins ont alors joint leurs mains en prière, et tante Alice m'a demandé de réciter la prière avant le repas.

— Pour vrai ?

Hon, que c'est gênant. Chez nous, on n'a jamais fait ça... Sors tes talents de comédien, la Brune !

Je me suis levé, et j'ai baragouiné un truc sur un ton vaguement religieux, avec les mots Dieu, merci, Jésus, Marie et alléluia. Comme je me rasseyais, Benny ajoute :

— Amen.

Oups ! Deuxième moment d'embarras. Je me disais bien, aussi, que ça ne finissait pas avec « bon appétit, les amis ».

Sans attendre une seconde de plus, tout le monde a attaqué son plat de pâté chinois. Et un silence troublant a empli les lieux.

(à suivre)

DU PÂTÉ CHINOIS EN AFRIQUE

— WATAMU, KENYA —

2E PARTIE

Vous savez ce qui distingue un silence lourd d'un silence léger?

C'est lorsque vous êtes le seul à avoir envie de parler.

Ils aiment, ou ils n'aiment pas? Pourquoi ils ne disent rien?!

J'étais sidéré. Surtout après y avoir mis autant d'amour, et surtout, tant d'efforts! Vous riez peut-être, mais je vous assure que cuisiner un pâté chinois en Afrique, ce n'est pas de la tarte: il faut être vigilant comme l'aigle et agile comme la pieuvre, comme disait Bruce Lee, qui était aussi chinois, je vous le rappelle.

Parce que pendant toute la préparation du mets, il est impossible de laisser traîner quoi que ce soit de comestible sur le comptoir de la cuisine pour une durée de plus de deux minutes, montre en main. Une fois le délai passé... c'est l'attaque!

Le gecko vert fluo vient courir sur vos patates pilées à la poursuite des fourmis qui se sauvent avec le maïs en grains.

— Papa, les fourmis sont parties avec le blé d'Inde !

— Occupe-toi du lézard !

Et si vous avez le malheur de laisser tomber un truc par terre durant la bagarre et de ne pas le ramasser immédiatement, attention ! Ce sont alors des hordes de fourmis rouges, de la grosseur d'un petit animal, qui jailliront de sous le comptoir et envahiront le plancher, vous grimperont le long des jambes et se glisseront sous votre slip...

Puis, c'est l'inévitable panne de courant.

— Je ne vois plus le chaudron !
— Aaah ! J'ai des fourmis dans les bobettes !

Et dans l'obscurité, séparer les mouches de la viande devient un véritable cauchemar...

— Le bœuf goûte drôle, Papa.
— Si ça fait bizzz, tu le jettes, mon grand.

Et le sévère portrait ne serait pas complet sans les redoutables oignons africains ! Vous pensez qu'éplucher des oignons du Canada fait pleurer? Pfft. Les oignons africains vous arracheront le cœur ! Bou-hou ! Vous braillerez comme à votre première communion! Vous chialerez comme un chien sous les roues d'un camion de pompier! C'est pas mêlant, la première fois, j'ai épluché deux oignons et j'ai appelé à Chomedey.

— Bruno? Tu pleures?
— Papa, viens me chercher !!!

>>>

À table chez tante Alice, le silence perdure. Toute la famille mange avec les yeux rivés sur l'assiette. Un sourire en coin de Benny me fait comprendre de ne pas le prendre à titre personnel. Je lui fais signe que je comprends qu'il faut que je me taise... Et je me demande aussitôt s'il s'agit d'un trait culturel ou d'une autre de leurs nombreuses coutumes !

Le souper tirant à sa fin, j'ose lever les yeux de mon assiette, et ce que j'aperçois est quasi inouï : le plus vieux en a repris, deux fois plutôt qu'une, le plus jeune est en train de lécher son assiette, et la bouteille de ketchup est... pleine.

Ils ont mangé le pâté chinois nature ! Ça devait être bon?

Tante Alice sort le pouce, et me donne l'absolution.

— Pâté chinois, sawa sawa !

Il est OK, OK?

Yeahhh. Le pâté chinois passe avec brio le test africain !

Benny m'explique alors que les Luo (en tous les cas, ceux de cette famille), traditionnellement, ils ne parlent pas en mangeant. C'est impoli. Ils ne se regardent même pas en mangeant. Et ils n'aiment pas se faire regarder lorsqu'ils mangent...

— Merci, mais tu aurais pu le mentionner avant, Benny !

Elle rit.

Prochaine étape : le servir... en Chine?

UNE HEURE AU KENYA

— MALINDI, KENYA —

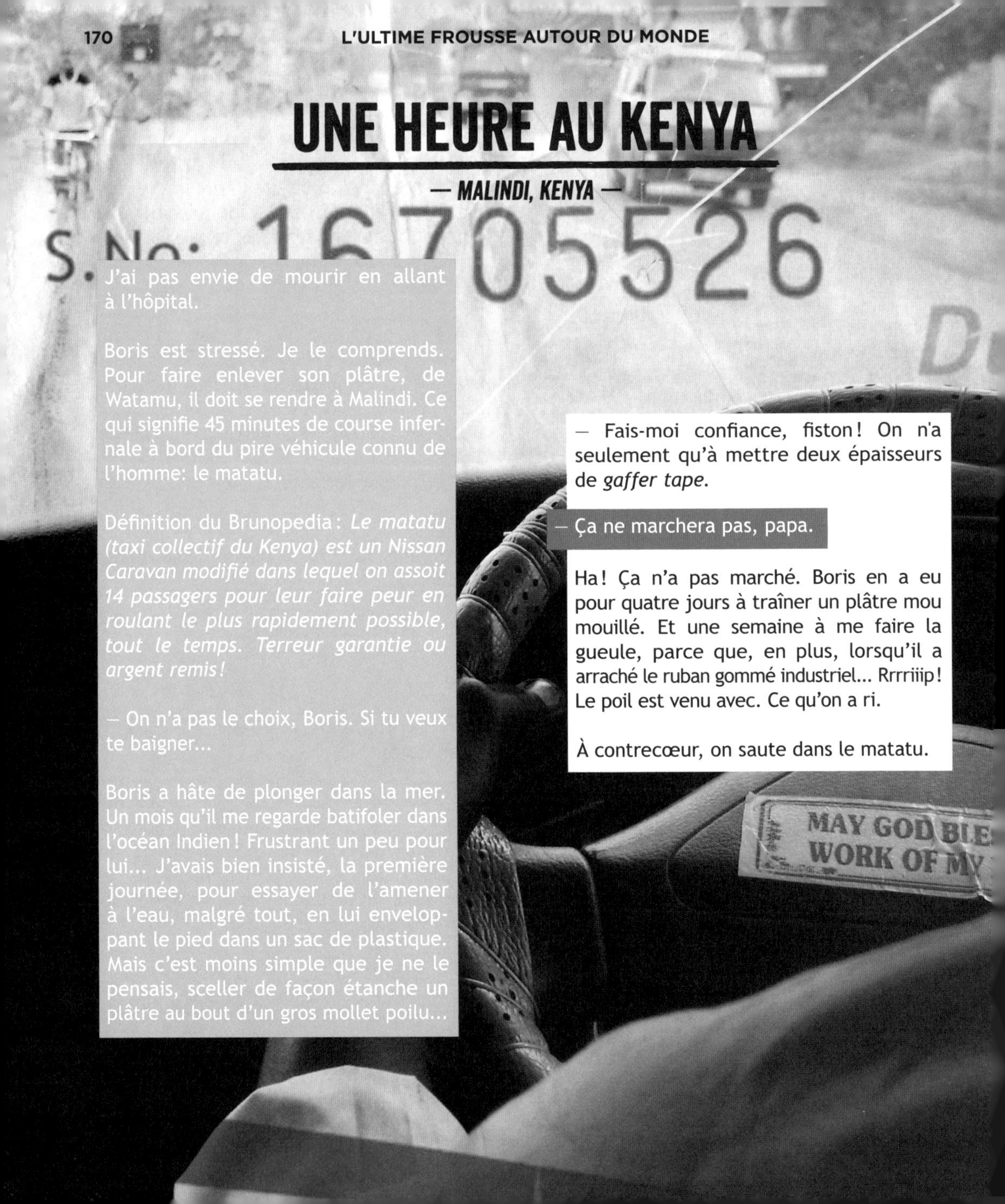

J'ai pas envie de mourir en allant à l'hôpital.

Boris est stressé. Je le comprends. Pour faire enlever son plâtre, de Watamu, il doit se rendre à Malindi. Ce qui signifie 45 minutes de course infernale à bord du pire véhicule connu de l'homme: le matatu.

Définition du Brunopedia: *Le matatu (taxi collectif du Kenya) est un Nissan Caravan modifié dans lequel on assoit 14 passagers pour leur faire peur en roulant le plus rapidement possible, tout le temps. Terreur garantie ou argent remis!*

— On n'a pas le choix, Boris. Si tu veux te baigner...

Boris a hâte de plonger dans la mer. Un mois qu'il me regarde batifoler dans l'océan Indien! Frustrant un peu pour lui... J'avais bien insisté, la première journée, pour essayer de l'amener à l'eau, malgré tout, en lui enveloppant le pied dans un sac de plastique. Mais c'est moins simple que je ne le pensais, sceller de façon étanche un plâtre au bout d'un gros mollet poilu...

— Fais-moi confiance, fiston! On n'a seulement qu'à mettre deux épaisseurs de *gaffer tape*.

— Ça ne marchera pas, papa.

Ha! Ça n'a pas marché. Boris en a eu pour quatre jours à traîner un plâtre mou mouillé. Et une semaine à me faire la gueule, parce que, en plus, lorsqu'il a arraché le ruban gommé industriel... Rrrriiip! Le poil est venu avec. Ce qu'on a ri.

À contrecœur, on saute dans le matatu.

Parce que c'est le seul moyen de transport efficace et économique pour voyager entre les villages. Sinon, on emprunte un taxi qui coûte la peau du clown, et qui est mêmement périlleux parce que l'état passable des routes asphaltées et la non-application des normes de sécurité routière par les policiers (pour obtenir un permis de conduire, vous n'avez qu'à glisser 50 dollars à un flic !) permettent à des Kényans sans talent de muletiers de se conduire comme s'ils étaient des pilotes de Formule 1.

Dans le cas des matatus, comme ils doivent faire monter le plus de gens possible dans un minimum de temps afin de faire de l'argent... C'est le branle-bas de combat ! Le but pour le conducteur est de dépasser absolument tout le monde sur la route, d'effrayer tout ce qui bouge avec son pare-chocs ou son klaxon, de déborder les véhicules lourds dans les courbes et, dans une situation de face-à-face à grande vitesse, de tasser son bolide au tout dernier moment.

« Aaaaaaargghh ! »

— « C'est moi qui ai les plus grosses ! »

Olé !

UNE PHOTO DE PETER SIMPSON (THE BIG PETE)

Quarante minutes, 22 secondes et 12 centièmes plus tard, arrivés sans heurt au terminus de Malindi (j'ai quand même vieilli de deux ans lorsqu'on est passés à 90 km/h entre une moto qui dépassait un tracteur et une voiture garée à contresens), on a soufflé un bon coup. Maintenant, il fallait prendre un tuk-tuk.

Définition du Brunopedia : *Le tuk-tuk kényan, cousin du tuk-tuk indien, est une espèce de tondeuse superpuissante sur laquelle est posée une cabine, généralement conduite par un escroc enragé.*

C'est toujours une expérience amusante! Et notre filou furieux d'aujourd'hui ne manquera pas à la règle en nous extorquant 50 grosses cennes et en criant des bêtises à une femme enceinte qui traversait la rue trop lentement à son goût.

Huit minutes plus tard, à l'hôpital général de Malindi, mauvaise nouvelle : le docteur est malade. On nous dirige vers une clinique privée.

— Euh... Et c'est de quel côté ?

Derrière nous, un beau grand gaillard nous fait signe de le suivre.

— Je vous y amène !

Il porte une casquette des Yankees et une chemise sur laquelle est écrit le mot... AMBULANCE.

Excellent ! On s'assoit tous les trois devant, et sans même attendre qu'on ait eu le temps de boucler nos ceintures de sécurité, il décolle en laissant un nuage de fumée digne des plus beaux shows de boucane de Napierville.

— Monsieur l'ambulancier, mon fils ne va pas accoucher, et y a pas le feu !

— Ha ! Dis donc, toi... À quoi ça servirait de conduire une ambulance lentement ?

On évite de justesse un cycliste et une vendeuse de ballons, et si on fonçait dans un kiosque de fruits, là, maintenant, ce serait comme dans les vues. Boris se retourne et me dit que si on avait un accident, ce serait moins pire, parce qu'on est déjà dans l'ambulance.

Je l'aime, mon fils.

Dix-huit secondes plus tard, à la clinique, le docteur tâte le plâtre de Boris comme on vérifie l'état d'un melon.

— Ouais, je pense qu'il est mûr !

Et il le scie avec une égoïne rouillée... Comme on coupe un deux par quatre! Pittoresque !

Sept minutes plus tard, Boris n'a plus de plâtre. Et on peut enfin bouger un peu.

— On va où, papa ?

— On va à Lamu, une petite ville musulmane sur une île où il n'y a même pas de voitures ! Ça va être relaxant, hein ?

— Et comment on y va ?
— Euh... En bateau, j'imagine ?
— Et au bateau, on y va comment?
— Devine.
— Misère.

Top chrono.

UNE PROMENADE DANS UN LABYRINTHE

— LAMU, KENYA —

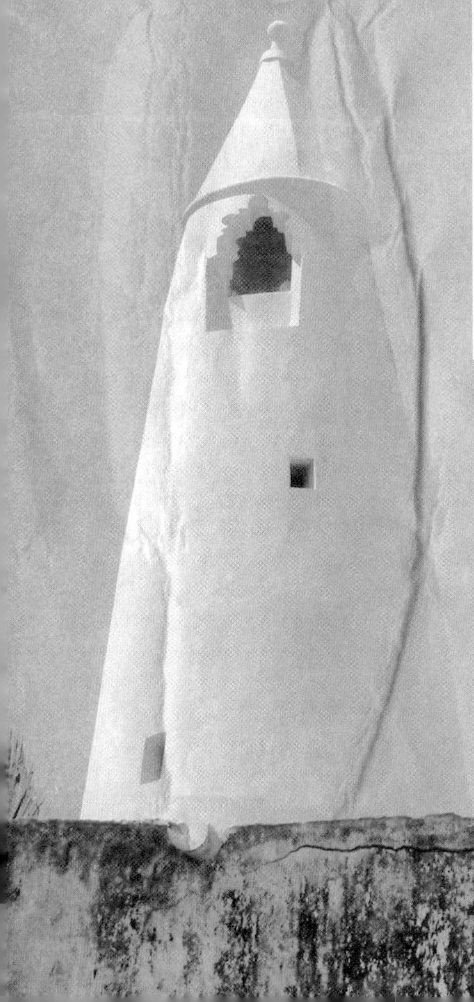

Selon un article du *Telegraph*, Sienna Miller, Ewan McGregor et Kate Moss y ont été aperçus. Barack Obama serait un client régulier de l'île. La princesse Caroline de Monaco et le prince Ernst de Hanovre y possèdent de grandes demeures. Bruno Blanchet y aurait loué une maison à trois étages, la *Queen House*, avec son ami Big Pete et son fils Boris. Pete et Boris y auraient été vus, au poste de police, sautant de joie...

Dans l'autobus qui mène au bateau qui mène à Lamu, nous sommes accompagnés d'un garde armé. Il dort. Je me dis que si je m'étirais le bras, je pourrais saisir sa carabine et la tirer par la fenêtre.

Et j'haïs ça quand je me dis des niaiseries de même! Parce que lorsque je serai vieux et sénile, je sais que ces niaiseries-là, je les dirai à haute voix...

Lamu est un paisible archipel à un tir de roquette de la Somalie. Lamu est aussi une île, une ville et une station balnéaire. Dans l'île voisine de Pate, tout le monde sait qu'il se cache des membres d'Al-Qaeda. Question existentielle : est-ce qu'ils y prennent des vacances? Et si oui, de quoi?

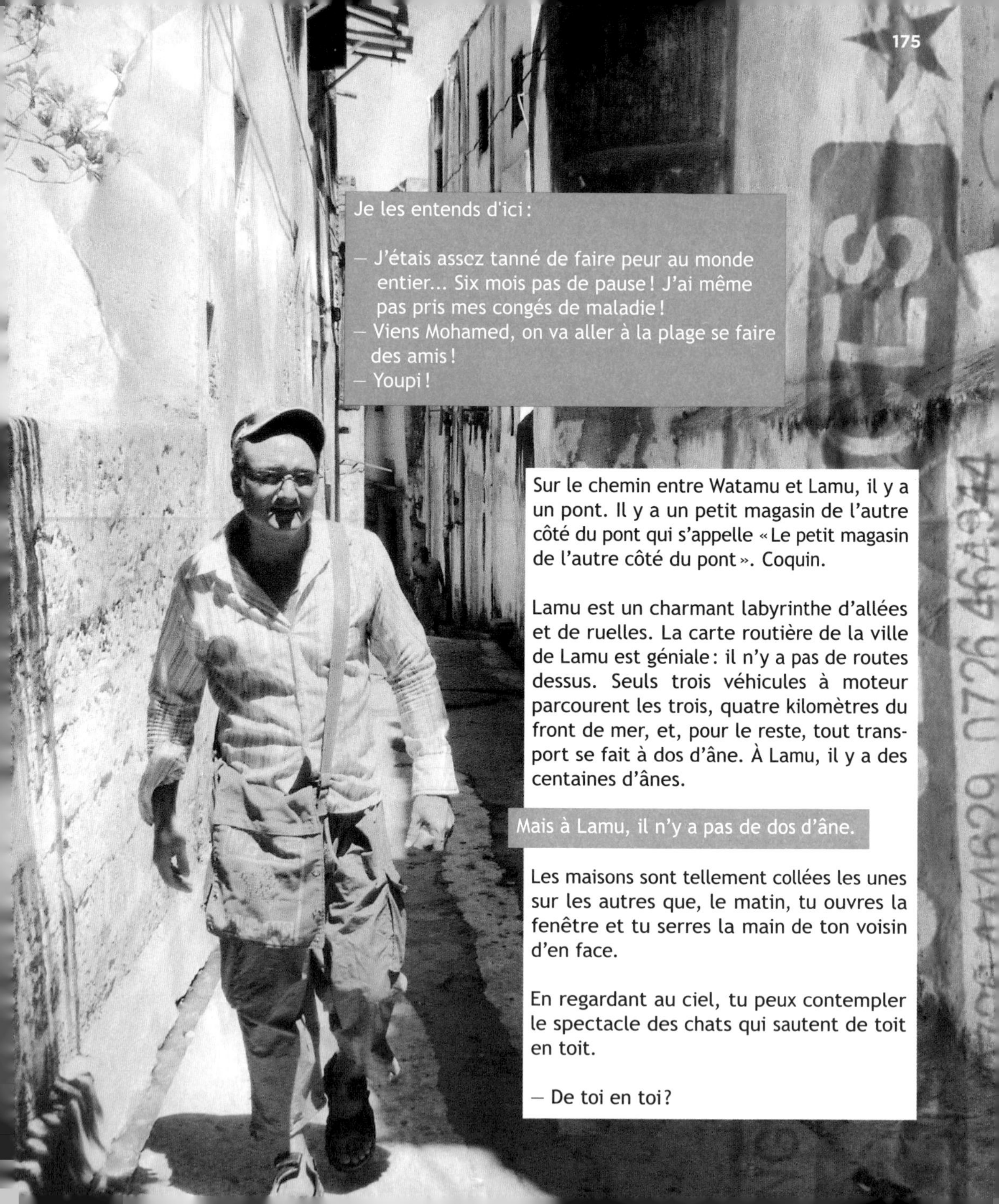

Je les entends d'ici :

— J'étais assez tanné de faire peur au monde entier... Six mois pas de pause ! J'ai même pas pris mes congés de maladie !
— Viens Mohamed, on va aller à la plage se faire des amis !
— Youpi !

Sur le chemin entre Watamu et Lamu, il y a un pont. Il y a un petit magasin de l'autre côté du pont qui s'appelle « Le petit magasin de l'autre côté du pont ». Coquin.

Lamu est un charmant labyrinthe d'allées et de ruelles. La carte routière de la ville de Lamu est géniale : il n'y a pas de routes dessus. Seuls trois véhicules à moteur parcourent les trois, quatre kilomètres du front de mer, et, pour le reste, tout transport se fait à dos d'âne. À Lamu, il y a des centaines d'ânes.

Mais à Lamu, il n'y a pas de dos d'âne.

Les maisons sont tellement collées les unes sur les autres que, le matin, tu ouvres la fenêtre et tu serres la main de ton voisin d'en face.

En regardant au ciel, tu peux contempler le spectacle des chats qui sautent de toit en toit.

— De toi en toi ?

Ah… À Lamu, il est facile de réveiller le poète ! L'ambiance est singulière. Hors du temps. Comme dit le Gros Pete : « Real fucking VIIIe siècle. » On arrive presque à décrocher du monde moderne. Presque ? Oui. Perso, mon problème, c'est que j'ai un bout de mine de crayon dans la paume de la main depuis la fin de la deuxième année du primaire qui me rappelle toujours mes origines. Des soirs, ça pique en chien ! C'est Patrick Cloutier qui me l'a planté dans la main. Je m'en souviens comme si c'était hier.

Et un jour, je me vengerai, Cloutier.
Un bruit me fait sursauter.

— Wouf wouf !

— Oh ! Un chien dans la maison ?

À Lamu, les maisons sont si rapprochées que toujours tu entends du bruit, mais jamais tu ne sais si ça vient de l'intérieur ou de l'extérieur de la maison.

Or, j'étais seul et je coupais des carottes en twistant sur du rockabilly (merci, Oli !), lorsque j'ai entendu le bruit d'une porte qu'on ouvre doucement.

Je ne me suis pas inquiété. Et je me suis exclamé :

— C'est chez le voisin !

Et comme le rock'n'roll lui seyait bien, je me suis mis à fredonner « c'est chez le voisin, c'est chez le voisin », sur l'air de *Freight Train Boogie*, en me servant d'une carotte comme d'un micro.

Ne me dites pas que vous n'avez jamais fait ça.

Puis, je me suis projeté sur la scène du Centre Bell, et j'étais Brown White (mon nom de rock star), et je chantais « c'est chez le voisin, c'est chez le voisin », avec le poing dans les airs, et je dansais, et j'étais quasiment sexy.

Et le propriétaire de la maison est entré.

Il s'appelle Ahmed. Il a une cinquantaine d'années. Il arrivait de la mosquée, en ce vendredi après-midi, et il était vêtu de ses plus beaux habits de cérémonie religieuse.

J'étais en sous-vêtements, avec une carotte à la main.

Vous ai-je déjà parlé de ma théorie, au sujet de ces fameux « moments magiques » ?

C'en était un.

>>>

Comme Lamu est une île à majorité musulmane, l'alcool est supposé rare. Certains voyageurs m'avaient même affirmé qu'il était quasi impensable d'y faire la fête… Alors, quelle est la première chose que mes compagnons de voyage, un ado de 22 ans et un Anglais hooligan, ont voulu régler ?

Trouver où il se vend de la bière ! Deux pros. Leur enquête n'a pas traîné !

— De la bière ?
— Oui, de la bière.
— Au poste de police.
— Pardon ?

Wow ! Et vous verriez le débit de boisson au quartier général de la police de Lamu. De la bière, oui, et encore: des vins, des alcools forts, du champagne, même !

Belle job, policier chez les musulmans, non ? Quand on leur a raconté qu'on venait du Canada, ils ont insisté pour nous servir un verre de Canadian Club Whisky.

Criss que c'est mauvais.

La prochaine fois, c'est clair que je viens de Champagne.

QUARANTE FOIS MEILLEUR

— MARRAKECH, MAROC —

En toute apparence, Boris n'avait pas lu le scénario : la semaine dernière, la veille de mon départ, en jouant au soccer sur la plage avec le Big Pete, il s'est fracturé un orteil. Il est rentré à la maison, et le bout de son orteil pendait comme une oreille d'épagneul.

— Tu peux y aller quand même, Papa.
— Tu iras à l'hôpital avec le Gros Pierre ?
— Faut, ç'a l'air.
— Et tu m'écriras ?
— C'est pas ma main qui est pétée.
— Manquerait rien que ça.

Marrakech, Maroc.

J'ai essayé, en me couchant par terre, sous le lavabo, avec les genoux dans le placard et le cul contre le tuyau ; puis, en me mettant sur la pointe des pieds, debout dans le lit, avec l'appareil à bout de bras ; puis du corridor, la porte ouverte, en m'aplatissant contre le mur, comme un poster, mais c'est peine perdue : ma chambre d'hôtel est tellement petite que je ne peux pas la prendre en photo.

Un père et son fils font le tour du monde. Un jour, le papa laisse son fiston seul au Kenya, car il doit aller tourner une série documentaire sur le tourisme durable, une série dont le tournage débute dans le Sahara. Le père est inquiet parce que son fils vient tout juste de se remettre d'une fracture au pied. Mais son fils le rassure.

— Je vais manger des fruits, me brosser les dents et je serai prudent !

— Tu es un bon garçon !

Et le père quitte, le cœur léger, pour le désert.

FIN

Ha ! Il me faudrait une lentille 4,5 mm, œil de poisson, avec un trépied de quatre pouces !

Excusez-la, c'est une joke de photographe.

Par contre, ce qu'il y a de génial, c'est que je peux tout faire en m'étirant le bras : ouvrir la fenêtre, fermer la porte, allumer la lumière, tirer la chasse d'eau, demander du sucre à la voisine et brosser mes dents au-dessus du lavabo.

Tout, sauf prendre ma chambre en photo.

Aaaaah ! Ce que je suis frustré... Il y a tant de choses singulières comme celle-là, ici, que je voudrais pouvoir partager avec vous !

Des saltimbanques frisés, en pantalon de jogging gris, qui culbutent, comme des meneuses de claques, et tiennent en équilibre sur leur moustache ? Il y en a ! Des charmeurs de serpents aux yeux exorbités qui s'essoufflent dans leur flûte, comme si les serpents avaient des tympans ? À chaque 10 pas ! Des dompteurs de singes qui poursuivent en hurlant les touristes qui osent les prendre en photo pour exiger paiement ? Beaucoup trop ! Des marchands de tapis multicolores qui répètent inlassablement « pas-cher-pas-cher-mon-ami », des musiciens africains qui chantent en arabe et s'accompagnent au banjo, des presseurs d'oranges pressés, des rabatteurs de couscous stressés, des vendeurs de dattes, tous les jours jusqu'à minuit, et partout cette odeur qui flotte, de tajine de poulet au citron ?

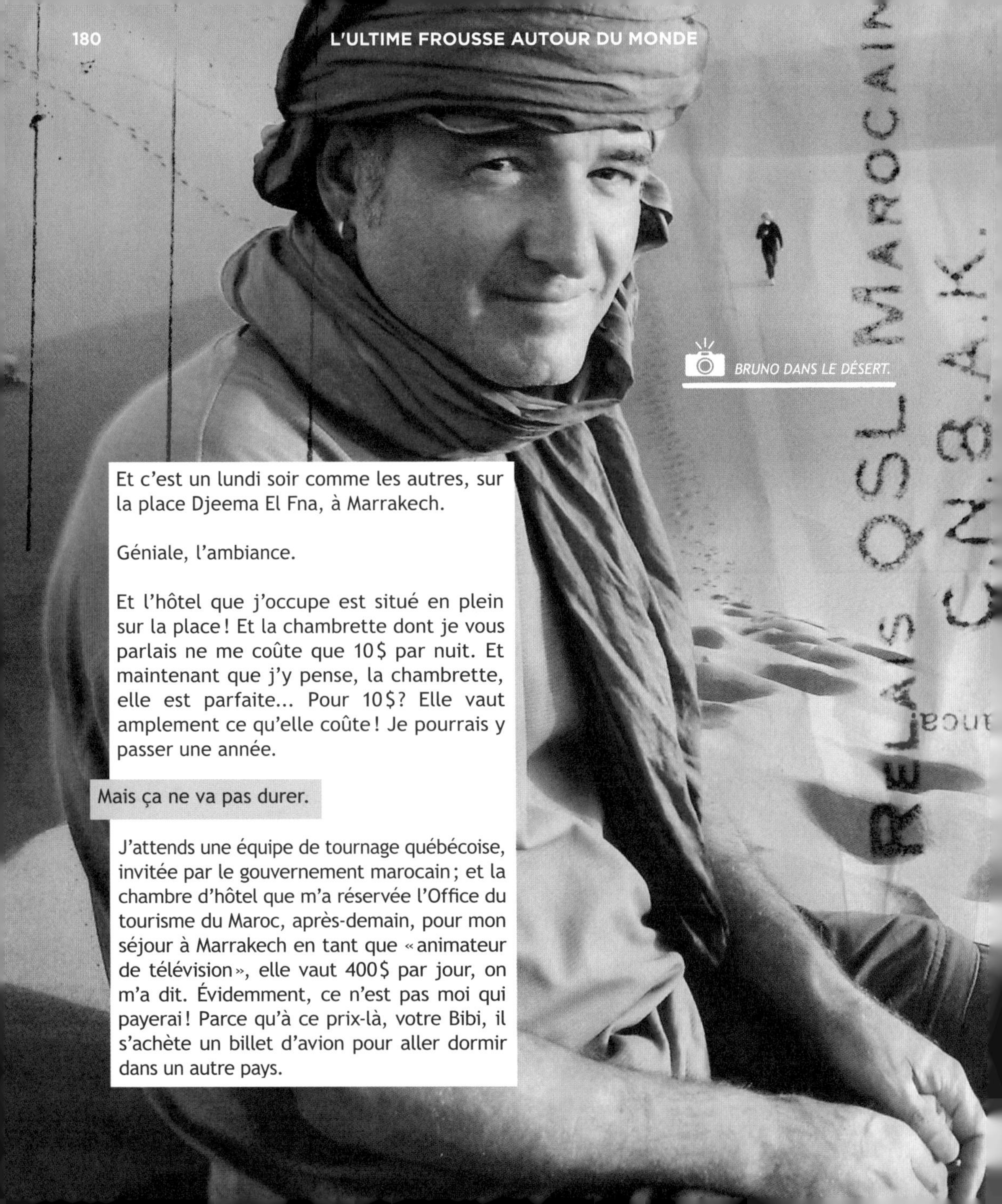

BRUNO DANS LE DÉSERT.

Et c'est un lundi soir comme les autres, sur la place Djeema El Fna, à Marrakech.

Géniale, l'ambiance.

Et l'hôtel que j'occupe est situé en plein sur la place ! Et la chambrette dont je vous parlais ne me coûte que 10 $ par nuit. Et maintenant que j'y pense, la chambrette, elle est parfaite... Pour 10 $? Elle vaut amplement ce qu'elle coûte ! Je pourrais y passer une année.

Mais ça ne va pas durer.

J'attends une équipe de tournage québécoise, invitée par le gouvernement marocain ; et la chambre d'hôtel que m'a réservée l'Office du tourisme du Maroc, après-demain, pour mon séjour à Marrakech en tant que « animateur de télévision », elle vaut 400 $ par jour, on m'a dit. Évidemment, ce n'est pas moi qui payerai ! Parce qu'à ce prix-là, votre Bibi, il s'achète un billet d'avion pour aller dormir dans un autre pays.

Mais puisqu'on me l'offre gentiment, j'en profiterai pour vous en parler. Et j'ai plutôt hâte de voir de quoi ça a l'air, une chambre 40 fois plus chère que celle que j'occupe présentement... Sera-t-elle 40 fois plus grande? Avec 40 lits? Pourrai-je prendre 40 douches? Aurai-je un walk-in minibar? Aurai-je besoin d'un GPS pour trouver la télécommande? Est-ce que mon lit sera 40 fois plus confortable, c'est-à-dire en apesanteur, avec des chatons blancs qui sentent la lavande et ronronnent sur des nuages de coton? Est-ce que le service aux chambres sera 40 fois plus rapide?

— Bonjour, vous désirez?

— Euh, c'est parce que je n'ai même pas encore appelé...

Feront-ils de la télépathie à la réception? Ferai-je des rêves 40 fois plus cochons!? Vraiment, est-ce que je serai seulement capable de soulever le savon?

Toutes des questions auxquelles je vous répondrai plus tard, si je ne me noie pas dans un bol de toilettes géant.

Parce qu'il faut que j'y retourne, mon chameau est garé en double.

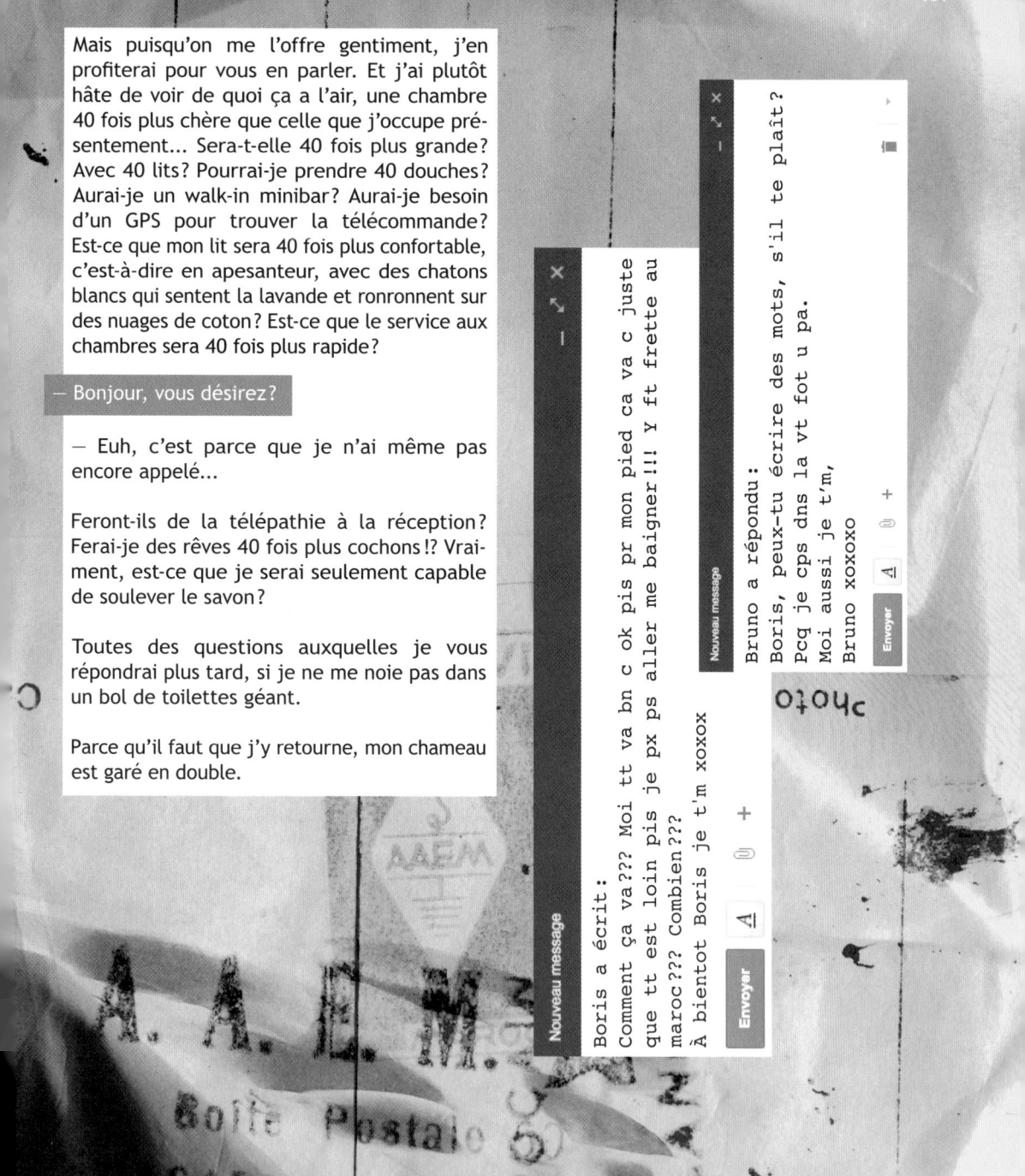

Nouveau message

Boris a écrit :
Comment ça va??? Moi tt va bn c ok pis pr mon pied ca va c juste que tt est loin pis je px ps aller me baigner!!! Y ft frette au maroc??? Combien???
À bientot Boris je t'm xoxox

Envoyer

Nouveau message

Bruno a répondu :
Boris, peux-tu écrire des mots, s'il te plaît?
Pcq je cps dns la vt fot u pa.
Moi aussi je t'm,
Bruno xoxoxo

Envoyer

NUIT DE DIAMANT

— SAHARA, MAROC —

Nous avançons dans le désert sans boussole. Je regarde deux fois au même endroit, et je vois deux endroits différents. Devant, le guide marche d'un pas alerte, comme s'il suivait une petite route de briques jaunes, avec des flèches au néon. Je peine à tenir le rythme. Je m'enfonce. J'ai chaud. Je suis perdu raide. Dans cet environnement, je suis d'une inutilité remarquable.

J'aurais dû apporter mes raquettes.

— Comment faites-vous pour retrouver votre chemin, Hassan ?

— Nous connaissons chaque colline, chaque butte et chaque arbre. Tu vois l'acacia là-bas ?

Je cherche. Je devine une minuscule silhouette d'arbre, au bout d'un gros doigt qui pointe au loin.

— Lui, c'est « Le Vieux ». Parce qu'il est courbé comme le dos d'une vieille personne. Et il a toujours l'air de mauvaise humeur !

— Vous leur donnez des noms ?

QUELQUE PART AU SAHARA…

— Bien sûr ! Ils ont tous des noms. Parce qu'ils sont nos amis et ils nous indiquent le chemin à suivre, depuis que nous sommes enfants. Alors, lorsque je reviens chez moi, et que je vois un arbre mort, je pleure. Avec lui, trop de souvenirs disparaissent…

Le vent soulève un nuage de poussière. Le dromadaire éternue. Il y a le soleil.

Et le bruit de vos pas.

Scouish, scouish, scouish.

Vous vous taisez. C'est le repli. Trop d'horizon, ça étourdit. Le Sahara vous donne le vertige. Vous entrez en vous-même. Pour vous accrocher à quelque chose. Mais face à l'immensité, vous réalisez vite votre fragilité. Votre vide existentiel. Et c'est dans un gouffre que vous plongez.

Dans le désert.

Vous rencontrez un gamin. Est-ce un mirage? Est-ce... moi? Est-ce que je deviens fou?

— Dessine-moi un mouton!

Un troupeau en cavale. Vous n'êtes pas seul.

Ils sont nombreux à habiter le désert.

Ce sont des nomades, ces errants paisibles, qui ne voudraient être nulle part ailleurs.

— Quel âge il a, votre dernier-né?
— Je ne sais pas. 18 ans. Peut-être 19?

Dans le Sahara, le temps ne se calcule plus en jours, en heures, en années. Le temps est celui que l'on passe, là, maintenant, en compagnie des invités.

Le temps d'un thé.

La nuit tombe. Vous cherchez un toit. Vous cherchez une oasis. Vous cherchez une porte. Il n'y a rien et, pourtant, vous entendez une rumeur. Un crépitement. Un galop. Est-ce mon coeur qui bat? Est-ce mon sang, qui coule dans mes veines? Sont-ce mes neurones, qui pètent comme du pop-corn? Vous regardez au ciel. La Voie lactée vous sourit. Dans le silence de la nuit, vous entendez peut-être scintiller les étoiles.

Que vous vous dites.

Parce que vous cherchez des mots, pour rendre l'expérience concrète.

Nouvel écueil.

Comment décrire une nuit de diamant?

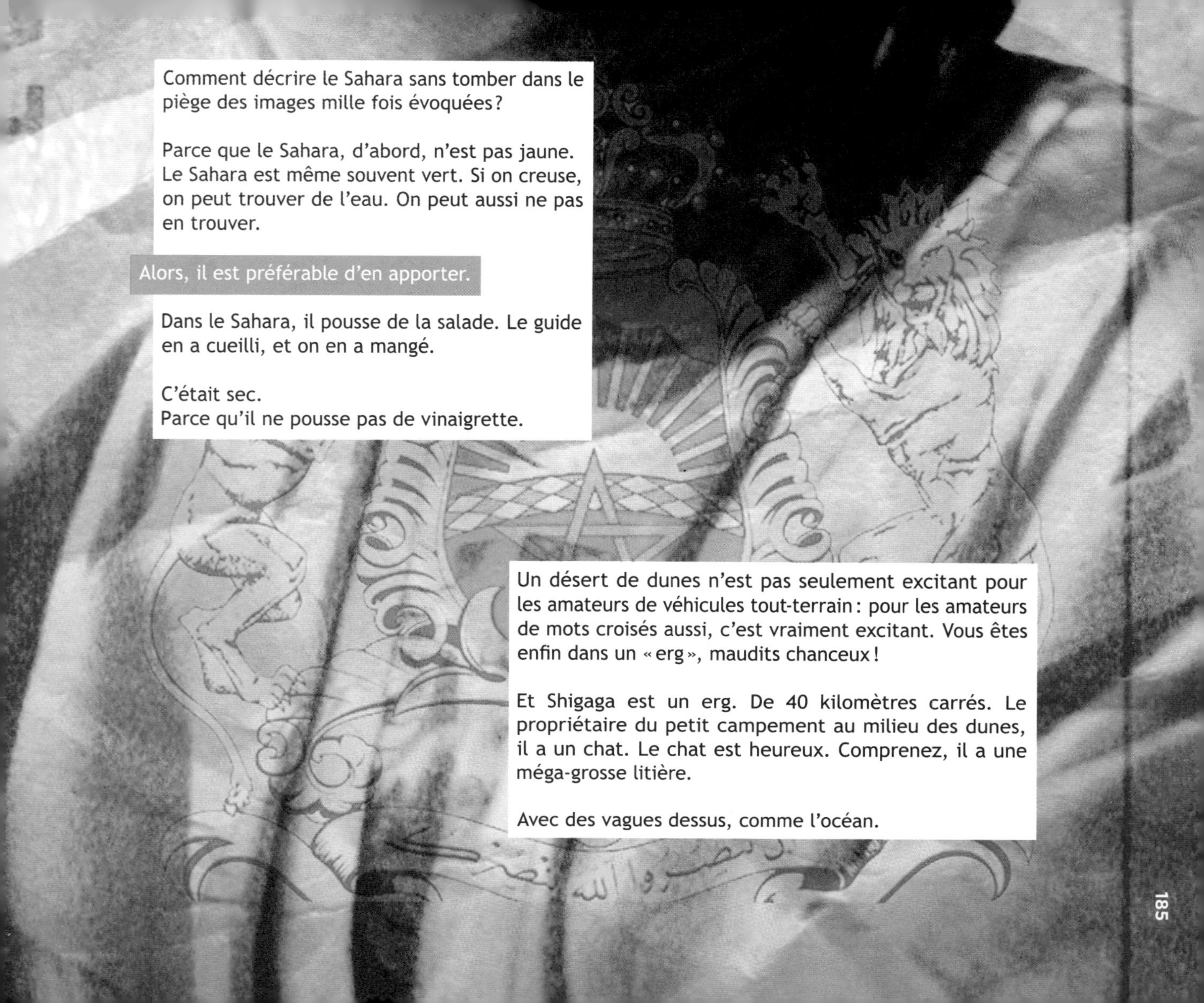

Comment décrire le Sahara sans tomber dans le piège des images mille fois évoquées?

Parce que le Sahara, d'abord, n'est pas jaune. Le Sahara est même souvent vert. Si on creuse, on peut trouver de l'eau. On peut aussi ne pas en trouver.

Alors, il est préférable d'en apporter.

Dans le Sahara, il pousse de la salade. Le guide en a cueilli, et on en a mangé.

C'était sec.
Parce qu'il ne pousse pas de vinaigrette.

Un désert de dunes n'est pas seulement excitant pour les amateurs de véhicules tout-terrain : pour les amateurs de mots croisés aussi, c'est vraiment excitant. Vous êtes enfin dans un « erg », maudits chanceux !

Et Shigaga est un erg. De 40 kilomètres carrés. Le propriétaire du petit campement au milieu des dunes, il a un chat. Le chat est heureux. Comprenez, il a une méga-grosse litière.

Avec des vagues dessus, comme l'océan.

ROCK THE CASBAH

— *SAHARA, MAROC* —

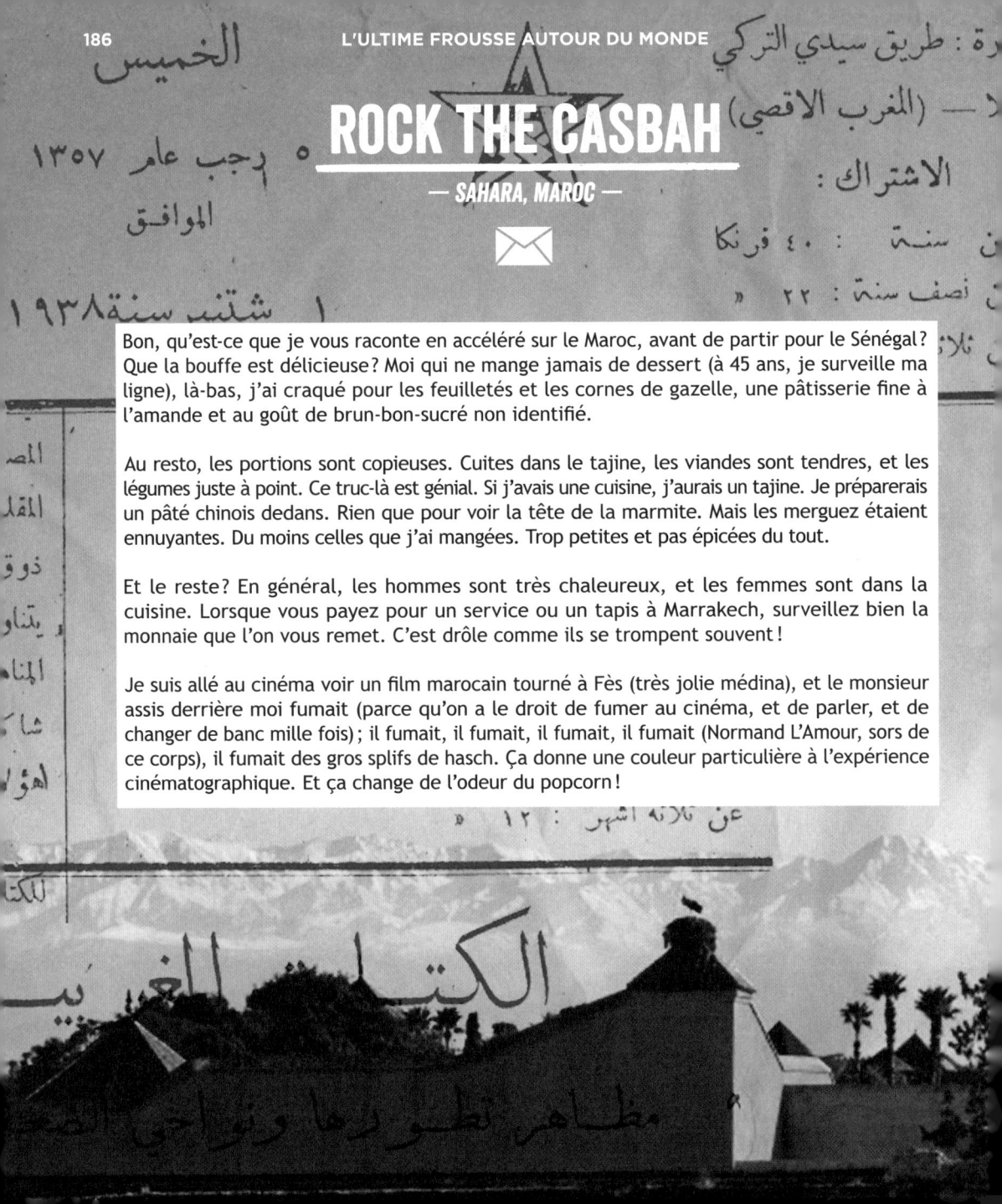

Bon, qu'est-ce que je vous raconte en accéléré sur le Maroc, avant de partir pour le Sénégal? Que la bouffe est délicieuse? Moi qui ne mange jamais de dessert (à 45 ans, je surveille ma ligne), là-bas, j'ai craqué pour les feuilletés et les cornes de gazelle, une pâtisserie fine à l'amande et au goût de brun-bon-sucré non identifié.

Au resto, les portions sont copieuses. Cuites dans le tajine, les viandes sont tendres, et les légumes juste à point. Ce truc-là est génial. Si j'avais une cuisine, j'aurais un tajine. Je préparerais un pâté chinois dedans. Rien que pour voir la tête de la marmite. Mais les merguez étaient ennuyantes. Du moins celles que j'ai mangées. Trop petites et pas épicées du tout.

Et le reste? En général, les hommes sont très chaleureux, et les femmes sont dans la cuisine. Lorsque vous payez pour un service ou un tapis à Marrakech, surveillez bien la monnaie que l'on vous remet. C'est drôle comme ils se trompent souvent!

Je suis allé au cinéma voir un film marocain tourné à Fès (très jolie médina), et le monsieur assis derrière moi fumait (parce qu'on a le droit de fumer au cinéma, et de parler, et de changer de banc mille fois); il fumait, il fumait, il fumait, il fumait (Normand L'Amour, sors de ce corps), il fumait des gros splifs de hasch. Ça donne une couleur particulière à l'expérience cinématographique. Et ça change de l'odeur du popcorn!

Paysage? Le massif de l'Atlas vaut à lui seul le déplacement. C'est à la fois troublant et magnifique de passer de la neige au désert. La ville de Marrakech est parsemée de beaux grands espaces jardinés apaisants. Sur les boulevards, on trouve des rangées d'orangers. C'est réjouissant, un oranger. Festif. Comme un arbre de Noël. Une orange sur la branche, c'est une ampoule électrique naturelle. Une petite boule de bonheur. Si vous êtes déprimé, jasez avec une orange.

— Bonjour, orange!
— Bonjour, Monsieur!

Et déjà, ça va mieux.

Le matin, je mange de l'hummus à la cuillère, et je me tape deux, trois shooters d'huile d'olive. En campagne, les ksars, les casbahs, les citadelles, les maisons en pisé de 400 ans, tout est stupéfiant. Demandez toujours la permission avant de prendre une photo. Même si vous êtes sur une terrasse et que vous voulez photographier les toits de la ville. Parce qu'il y a des lignes invisibles de propriété personnelle qui montent jusqu'au ciel. Surtout, n'hésitez pas à parler à n'importe qui, car comme le disent si bien les Marocains, les gens se rencontrent, les montagnes, jamais.

Ils utilisent aussi beaucoup l'expression «mon frère».
Ça réchauffe. Ça rapproche.

Alors maintenant, laissez-moi vous décrire mon nouveau contrat.

Après quelques dizaines de milliers de kilomètres parcourus en vagabond, après cinq ans à rebondir sur la planète comme une «superballe», je viens de me joindre à un projet distingué, qui me mettra peut-être un peu de plomb dans la tête: j'aurai pour mission d'aller à la rencontre de gens d'affaires d'exception qui ont réussi, chacun à sa façon, à faire du tourisme un commerce honnête, qui n'exploite ni l'autochtone, ni le pays hôte, ni l'environnement.

Ils appellent ça du tourisme durable. Ou équitable. Ou solidaire. Choisissez.

Avec une équipe de télé canadienne, nous sauterons d'un continent à l'autre, et nous explorerons une quinzaine de pays, du nord du Vietnam au sud du Pérou, en passant par le Sénégal et le Kilimandjaro...

Rien de trop beau !

BRUNO ET UN NOUVEL AMI DEVANT LE KSAR, AU MAROC

Et croyez-le ou non, c'est du documentaire SÉRIEUX : alors, si je ne me fais pas virer pour bouffonnerie impulsive (ce dont je souffre terriblement), je vous raconterai tout ce qu'il y a autour, qui ne l'est pas.

Les gens se rencontrent et les montagnes jamais.

~~Dicton~~ MAROCAIN

Nouveau message

Boris a écrit :
Salut papa !!!! Mon pied va bien, je marche dessus, et j'ai rencontré quelqu'un qui peut me trouver un job en Australie dans deux mois !!!! Je m'ennuie de ma blonde, et j'ai hâte de te revoir,
Ton fils, sosie de George Michael xxx

Envoyer

Nouveau message

Bruno a répondu:
Bravo pour le pied ! Mais pour l'Australie, assure-toi que c'est sérieux ! C'est loin, l'Australie. Et ça va te prendre un visa de travail-vacances australien. C'est laquelle ta blonde, déjà ?
Ton père, sosie de Bono xoxo

Envoyer

Nouveau message

Boris a écrit :
Le visa de travail-vacances australien, je peux l'avoir par internet. Pour deux cents dollars australiens. Ça prend juste une carte de crédit...

Envoyer

Nouveau message

Bruno a répondu :
Et la tienne est pleine, j'te gage ?

Envoyer

BRUNO AU PAYS DES GÉANTS

— DAKAR, SÉNÉGAL —

Parce qu'il n'y a pas assez d'espace pour les passagers normaux sur les vols nolisés en Afrique de l'Ouest, le premier contact avec le Sénégal, je l'ai eu dans l'avion: avec un Sénégalais de huit pieds qui s'est assis sur moi.

Pas d'autre choix. Ses jambes ne rentraient pas entre les bancs!

C'est Petit Bruno au pays des géants.

Les femmes sont corpulentes comme des joueurs de ligne de la LCF, et les hommes sont tous format Shaquille O'Neal.

Les enfants vous font de l'ombre, et les bébés... oh! Des bébés comme ceux-là, chez nous, on appelle ça des ados! Leurs poussettes sont grosses comme des chariots de chez Costco! On ne les nourrit pas au biberon, on les plogue directement sur la vache!

Vous voulez démarrer un bon business au Sénégal? Vendez du tissu. Ces beaux géants seraient un jour enveloppés par Christo que ce ne serait pas étonnant.

Tout ça pour dire d'une manière colorée que je n'étais pas encore débarqué, et que déjà je me sentais minuscule. Et blanc comme je ne l'ai pas été depuis longtemps.

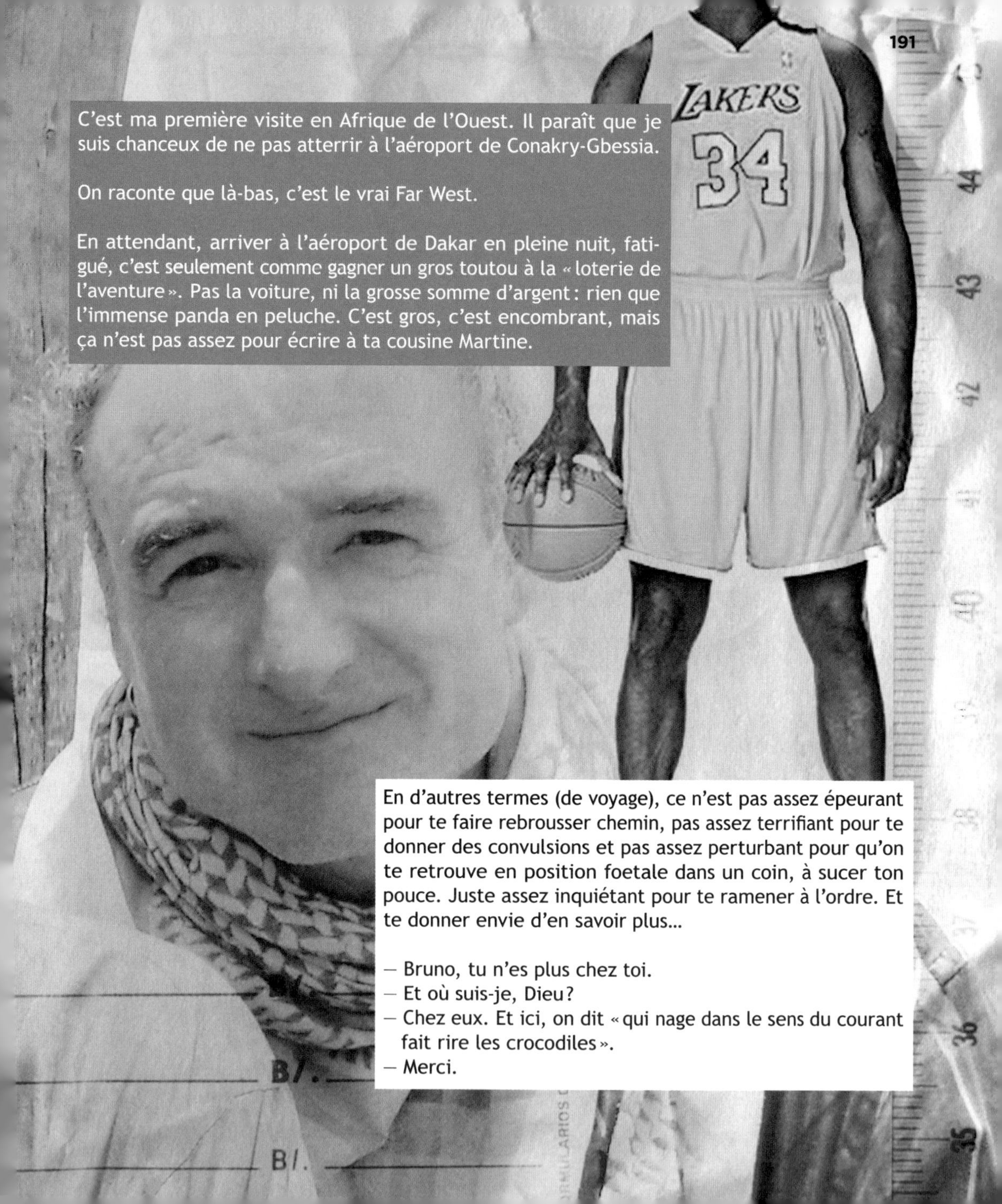

C'est ma première visite en Afrique de l'Ouest. Il paraît que je suis chanceux de ne pas atterrir à l'aéroport de Conakry-Gbessia.

On raconte que là-bas, c'est le vrai Far West.

En attendant, arriver à l'aéroport de Dakar en pleine nuit, fatigué, c'est seulement comme gagner un gros toutou à la « loterie de l'aventure ». Pas la voiture, ni la grosse somme d'argent : rien que l'immense panda en peluche. C'est gros, c'est encombrant, mais ça n'est pas assez pour écrire à ta cousine Martine.

En d'autres termes (de voyage), ce n'est pas assez épeurant pour te faire rebrousser chemin, pas assez terrifiant pour te donner des convulsions et pas assez perturbant pour qu'on te retrouve en position foetale dans un coin, à sucer ton pouce. Juste assez inquiétant pour te ramener à l'ordre. Et te donner envie d'en savoir plus...

— Bruno, tu n'es plus chez toi.
— Et où suis-je, Dieu?
— Chez eux. Et ici, on dit « qui nage dans le sens du courant fait rire les crocodiles ».
— Merci.

Et les prédateurs sont nombreux à l'aérogare... Le truc est simple, mais pas facile à accomplir : vous redressez la colonne, vous serrez les fesses et foncez droit devant, en affichant le sourire des grandes occasions (la Saint-Jean, le dernier jour d'école de l'année, les vacances de la construction), comme si vous étiez content de rentrer à la maison.

« Tassez-vous ! Rien à déclarer ! Pas besoin ! »

Ou vous faites comme moi: l'idiot. Et à chaque demande insensée, vous répondez poliment la plus gentille des aberrations :

— Vous avez un beau chapeau monsieur, et saluez votre maman.

En ajoutant toujours un gros « merci ! » affectueux avant de quitter l'importun : parce que le remerciement sincère déstabilise d'ordinaire, même le zigoto aux pires intentions.

Puis, s'il le faut, greffez-y une bonne grosse poignée de main de vendeur d'assurances ! Et si ça ne suffit pas, ajoutez, en prime, un hochement de tête hindou.

Vlan ! Avec ce dernier, vous êtes certain de rendre le monde fou.

L'hôtel que nous ont désigné nos hôtes sénégalais est situé au bord de la mer, à sept kilomètres du centre-ville. À côté d'une vraie belle plage.

En plein cœur du quartier industriel.

À gauche, une pointe de terres clôturées d'où émergent d'immenses cheminées et usines qui fabriquent de la boucane. À droite, vue imprenable sur des raffineries.

Et plein ouest, à l'horizon, la pittoresque île de Gorée, le joyau historique de l'Afrique, l'endroit le plus visité du Sénégal (que nous visiterons nous aussi), d'où seraient partis des milliers d'esclaves pour l'Amérique et les Antilles.

C'est irréel ! Nous sommes dans un décor de science-fiction, *made in Africa*.
Et tous ces colosses qui vous entourent...

Je comprendrai peut-être dans quelques semaines.

— Merci, c'est « djeredjef », en wolof.

Demain, nous devons partir pour le delta du Sine Saloum, à 150 kilomètres au sud. Nous explorerons Dakar au retour. Sortir de la capitale, on nous met en garde : attendez-vous à quatre heures, trois au minimum, si vous êtes chanceux. Et rien que pour vous rendre à l'autoroute ! Ali, le conducteur du minibus et notre joyeux G.O., essaie de m'expliquer.

— Parce que le Sénégal, c'est comme un visage, de profil. Et Dakar, c'est le nez.
— Et les sinus sont bouchés ?
— C'est ça. C'est comme essayer de sucer de la margarine par le chas d'une aiguille.
— Hum. Est-ce un proverbe sénégalais ?
— Non. C'est vrai.

Et c'est un départ.

MA CABANE AU SÉNÉGAL

— DAKAR, SÉNÉGAL —

Partir de Dakar en voiture, en direction de n'importe où, est un véritable cauchemar. Congestion? Ce n'est pas le mot! Paralysie serait plus près de la réalité. Il n'y a qu'une seule route, à deux voies, pour desservir une population de trois millions de personnes. Pare-chocs à pare-chocs sur 50 kilomètres, c'est la norme! Imaginez un endroit aussi pire que Saigon, et remplacez les motos par des 18 roues... Le conducteur de la camionnette peste.

— À cette heure-ci, c'est comme essayer de se sortir la tête par le nombril.

— Ah oui?
— Et avec les pieds devant, mon ami!

Il sourit. Moi aussi.

Il doit me trouver un peu curieux, notre pilote. Chaque fois qu'il ouvre la bouche, je sors mon calepin de notes. J'ignore de quel bouquin il tire ses citations, mais s'il n'existe pas, je suis en train de l'écrire!

Et Ali d'en remettre.

— Ici, on dit que, chaque soir, Dakar accouche d'une pieuvre.

— OK (j'en prends note). Et le matin, qu'est-ce qu'on dit?

— Le matin? On dit: «Merde, j'en peux plus de cette saloperie de trafic!!!»

Vous savez, chaque semaine, je vous décris des épreuves laborieuses, et parfois j'exagère un peu, pour l'amour des mots. Mais cette fois-ci, c'est du solide: si vous passez par Dakar, planifiez votre voyage en vous disant qu'il vous faudra peut-être quitter la capitale durant la nuit. Sur un tapis volant.

Dans le désert du Sahara, on nourrit de multiples craintes: la peur de manquer d'eau, la peur de se perdre, de se faire mordre par un serpent, de poser le pied sur un scorpion ou de se faire kidnapper, pour ne citer que cinq exemples. Chez des nomades du désert, rencontrés par hasard, qui nous avaient invités à boire un thé à la toute fin de notre périple, mes craintes s'étaient quelque peu dissipées, au contact de ces gens simples, qui survivent avec aise dans cet environnement inhospitalier. Le thé était délicieux et l'accueil, chaleureux.

Au moment de notre départ, alors que nous allions enfourcher nos montures, la dame de la maison s'est précipitée en notre direction, paniquée. Elle avait oublié de nous servir un bol de lait de chèvre, une tradition essentielle dans l'accueil d'étrangers de passage! Polis, nous nous sommes accroupis, devant la tente, pour boire le lait frais à même un grand bol de bois. Des grumeaux suspects flottaient sur le liquide beige.

«Je vais boire le lait, et ça va être dégueulasse», que je me suis dit, en éternel optimiste que je suis. Comprenez, tout allait trop bien, il fallait bien qu'il y ait un os quelque part! Mais c'était exquis... Doux, tiède, légèrement sur et sucré à la fois. C'est alors qu'une bande de chevreaux tous mignons nous ont encerclés! L'odeur du lait semblait les attirer. Bêêêê! Bêêêê! Ils étaient surexcités! C'était tellement *cuuuute*! Un joli petit chevreau gris avec une barbichette noire, plus rapide que les autres, a profité d'un moment de distraction de ma part pour s'enfouir la tête entre mes cuisses, et se mettre en quête d'un pis.

Il en a trouvé un.

Je ne sais pas si vous savez, mais ça pince en *tab'*!

Tout ça pour dire que le danger ne vient pas toujours de la manière, ni d'où on l'attend.

Pourquoi je vous parle de cela maintenant?

Parce que mon arrivée au Sénégal m'avait un peu ébranlé, je m'étais senti très petit et fragile, comme vous avez pu lire précédemment, et que j'étais légèrement inquiet pour la suite des événements.

Surtout après l'étape de Dakar-la-pas-reposante! Et je n'étais pas du tout convaincu de leur concept de la «teranga», ou hospitalité traditionnelle sénégalaise, telle que promise dans les guides de voyage.

Heureusement, encore une fois, j'avais tout faux!

Sauf que… Pouvez-vous imaginer les habitants d'un village entier qui vous reçoivent les bras ouverts et qui organisent pour vous accueillir un gala de lutte?! Pouvez-vous imaginer partager le repas d'une famille que vous ne connaissez ni d'Ève ni d'Adam et qui vous a invité parce que vous étiez devant sa maison, en train de photographier sa poule?! Pouvez-vous imaginer votre sommeil porté par un arbre vieux de 2000 ans, un baobab qui a vu la naissance du Christ, qui a survécu aux folies de l'homme moderne et à La Poune?!
Vous le pouvez, ici, au Sénégal.

Et vous pouvez rêver à bien plus encore.

Jean-Pierre et Sylvie étaient deux tripeux de France qui s'étaient mis en tête de bâtir un « lodge » en bordure d'un des nombreux chenaux d'eau salée (bolong) du delta du Siné Saloum.

Ils ont tout laissé, ont débarqué à Palmarin, et ont construit le Lodge des collines de Niassam. Huit ans plus tard, ils emploient des dizaines de gens du coin, en aident d'autres à démarrer des entreprises connexes avec l'aide d'un système de microcrédit, sont autonomes en énergie grâce à des panneaux solaires et une éolienne et sont parfaitement intégrés à la région et à la culture.
Et moi, en l'espace de trois jours, dans ma tête et mon cœur, je suis passé d'un pays hostile à une terre d'accueil. C'est rassurant, non?

Il y a des histoires qui finissent bien, en Afrique aussi.

Enfin, presque bien, dans mon cas.

Nouveau message

Boris a écrit :
Salut Papa, je pense que ça va se passer plus vite que prévu. J'ai reçu mon visa de travail-vacances australien. Mon pied va bien. Je partirai pour Perth dans trois semaines. Je veux essayer de me refaire une vie, loin du Canada… Quand est-ce que tu reviens me chercher au Kenya?

Envoyer

Nouveau message

Bruno a répondu :
Pars-tu seul? Tu m'inquiètes.

Envoyer

Nouveau message

Boris a écrit :
Avec qui veux-tu que je parte???

Nouveau message

Bruno a répondu :
D'accord… Mais on se donne rendez-vous à Bangkok, ok? Mon prochain tournage est au Vietnam.

Nouveau message

Boris a répondu :
T'es trop jet-set, le gros…

>>>

Puis, bouleversé comme un père peut l'être à l'annonce que son fils s'en va au bout du monde avec 22 $ dans ses poches pour repartir à zéro et ne sachant à qui demander conseil, je me suis confié à Ali, celui qui trouve toujours l'expression juste…

— Bruno, réjouis-toi !

Il rit à pleines dents. Devant mon air dubitatif, il ajoute :

— Souviens-toi toujours de ceci : que celui qui n'a pas traversé ne se moque pas de celui qui s'est noyé. Parce que l'expérience, c'est ce qui fait de nous des hommes… Laisse-le partir, ton tout petit. Tes parents, ils t'ont bien laissé ta chance, non ?

— Oui, ça tu peux le dire mon vieux !

— Et s'il ne craint pas de partir seul, c'est que t'as sûrement fait du bon boulot. Allez, réjouis-toi.

D'accord. Je me réjouis de ce pas ! Et merci pour les beaux mots, l'ami.

BONNE CHANCE, MON GARÇON

— DAKAR, SÉNÉGAL —

Aujourd'hui, c'est du sérieux. Mon fils part pour l'Australie, dans le but de refaire sa vie. Et moi, pour le Vietnam, pour faire de la télé. En initiant mon fiston au voyage, je souhaitais qu'il puisse être conscient des choix planétaires qui s'offrent à un Québécois de 22 ans, avec toutes ses dents, du cœur à l'ouvrage et un peu de courage.

J'escomptais qu'il y trouverait une option à l'existence telle qu'il la connaissait, qu'il se découvrirait un nouvel horizon, un point de vue peut-être plus éclairé sur le monde et sur la vie en général.

Je voulais qu'il profite de la possibilité de devenir un homme libre d'attaches, un baroudeur confiant, épris d'obstacles et d'inconnu. Sauf que, jusqu'à présent, c'est surtout d'inconnues qu'il s'éprend ! Mais ça, c'est l'âge, et on lui pardonne de succomber à l'appel de la testostérone.

Je rêvais donc de voir mon garçon prendre lui-même la décision de partir avec son baluchon, sans but précis, à la recherche de quelque chose d'indéfini.

Mais... Mais je ne voulais pas le voir partir.

>>>

Quand nous sommes rentrés à Bangkok, ma copine thaïlandaise, Supak, a trouvé Boris amaigri après son long séjour africain. Elle a trouvé qu'il avait vieilli.

Moi, je le trouve plutôt embelli.
Le regard plus usé, la peau moins lisse, l'air vaguement ennuyé, il a gagné en dureté ce qu'il a peut-être perdu en naïveté.

Moins beau?

Je me souviens, en arrivant au Yémen, d'une remarque que Boris m'avait lancée en se contemplant le visage dans le rétroviseur craqué du vieux taxi cabossé.

— Je commence à être bronzé pas pire, hein papa?

Oui, Boris. Comme si on en avait à branler de ton bronzage dans le pays le plus pauvre de la péninsule arabique. Ils sont tous bruns ici, t'as pas remarqué mon gars?

Maintenant, et je l'ai vu de mes yeux vu, mon fils, il se cache du soleil. Fini les vacances RX soleil!

Il a BIEN changé. Moins beau, non. Moins lourd!

Il était parti du Québec avec l'équivalent du poids total de mon bagage rien qu'en accessoires de mode.

Lorsque je lui ai ordonné de laisser derrière ses trois paires de jeans, ses ceintures et ses bijoux qui prennent 10 minutes à enlever à chaque détecteur de métal d'aéroport et que je lui ai montré les vêtements qui sèchent vite et les sandales laides mais confortables qu'il devrait porter pendant les six prochains mois en Afrique, afin de réduire le poids de nos bagages, il a presque éclaté en sanglots.

— Papa! Tu veux vraiment que je te ressemble? Ouache!

Je ne suis pas du genre à faire une affaire personnelle de ce type de commentaire, mais ce jour-là, j'ai été forcé de me regarder dans la glace. Hum. Et ce n'était pas inspirant.

— C'est vrai que tu pourrais faire un effort pour plaire visuellement aux autres, Bruno.

Parce que je suis moche. Faut se rendre à l'évidence! J'ai presque autant de style qu'un gars en pyjama dans le bois. J'en suis rendu à ma quatrième année consécutive de shorts verts, de t-shirts beige et de gougounes Scholls. Avantage: je ne me demande jamais ce que je vais porter durant la journée, ni durant la soirée. Parce que je n'ai pas le choix! J'enfile sans réfléchir ce qui est propre et sec. Et c'est à chaque fois 15 bonnes minutes devant le miroir de gagnées. Calculez cela comme vous voulez, mais ça fait 234 heures par année. À peu près... 10 jours. Enlevez le dodo et le niaisage, et ça totalise 20 jours!

Et qu'est-ce que je fabrique durant ces 20 jours?

Je dors et je niaise.

Mais aujourd'hui, c'est du sérieux. Mon fils part pour l'Australie, dans le but de refaire sa vie. Et moi, pour le Vietnam, pour faire de la télé.

Je l'ai photographié alors qu'il marchait vers le taxi. Il était trop cool, mon enfant. On s'est serré la main comme des grands. Puis il est monté, en s'essuyant les yeux. Je me suis retenu autant que je l'ai pu, pour lui donner du courage.

Ce n'est pas toujours facile de voir nos souhaits se réaliser. Mais, la vie continue.

Et il ne nous reste qu'à te souhaiter bonne chance, mon garçon.

LE NORD DU VIETNAM

— HANOÏ / HO CHI MINH, VIETNAM —

Dans la vie, moi, tout ce que je n'ai pas vu et expérimenté, je le comprends plus ou moins bien, ou pas du tout.

Je suis un gosseux. Un artisan. Un sensuel. J'ai besoin de toucher. De sauter à l'eau pour apprécier l'océan. De grimper la montagne pour découvrir sa majesté. De souffrir pour être bien.

C'est pourquoi je suis nul en histoire: nul avec un grand N. Un grand U aussi. Je n'ai aucune prise mentale sur les dates et les événements du passé. Je ne me souviens ni du nom du fondateur de l'Oratoire, ni de la couleur du cheval blanc de Napoléon ; je ne sais rien de la vraie vie de Moïse, ni s'il en a eu une ; et je n'ai aucun souvenir de la manière dont se termine l'histoire qui commençait par : « C'était une fois un Arabe, un Juif et un nain. »

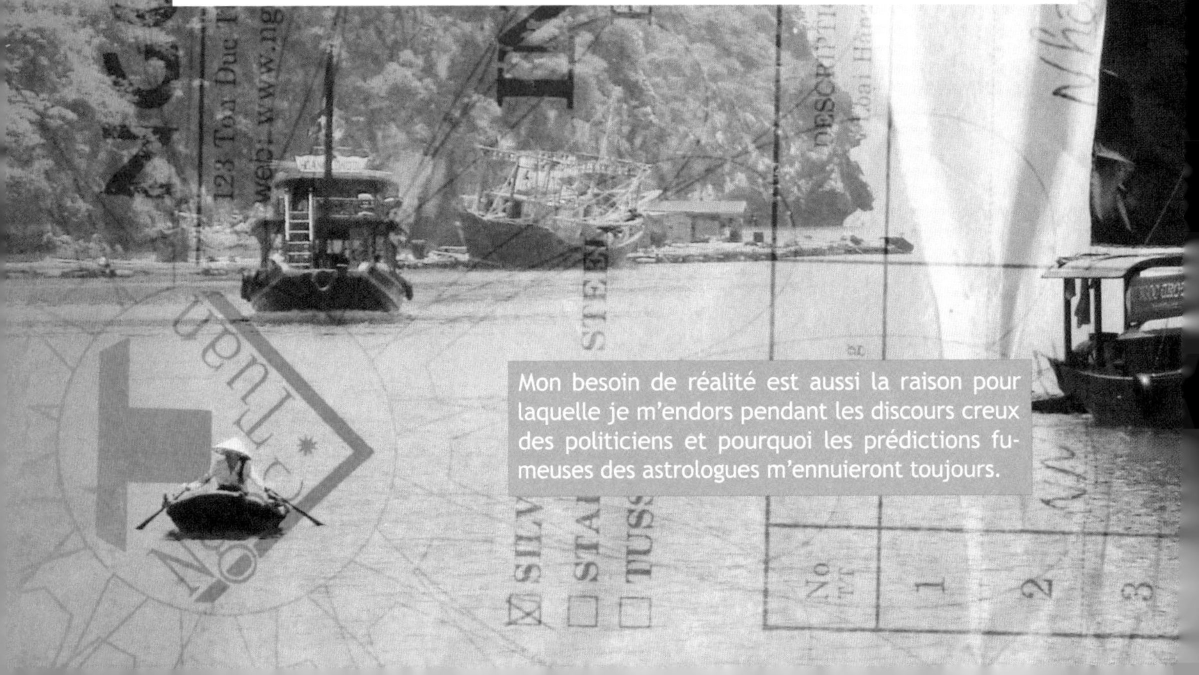

Mon besoin de réalité est aussi la raison pour laquelle je m'endors pendant les discours creux des politiciens et pourquoi les prédictions fumeuses des astrologues m'ennuieront toujours.

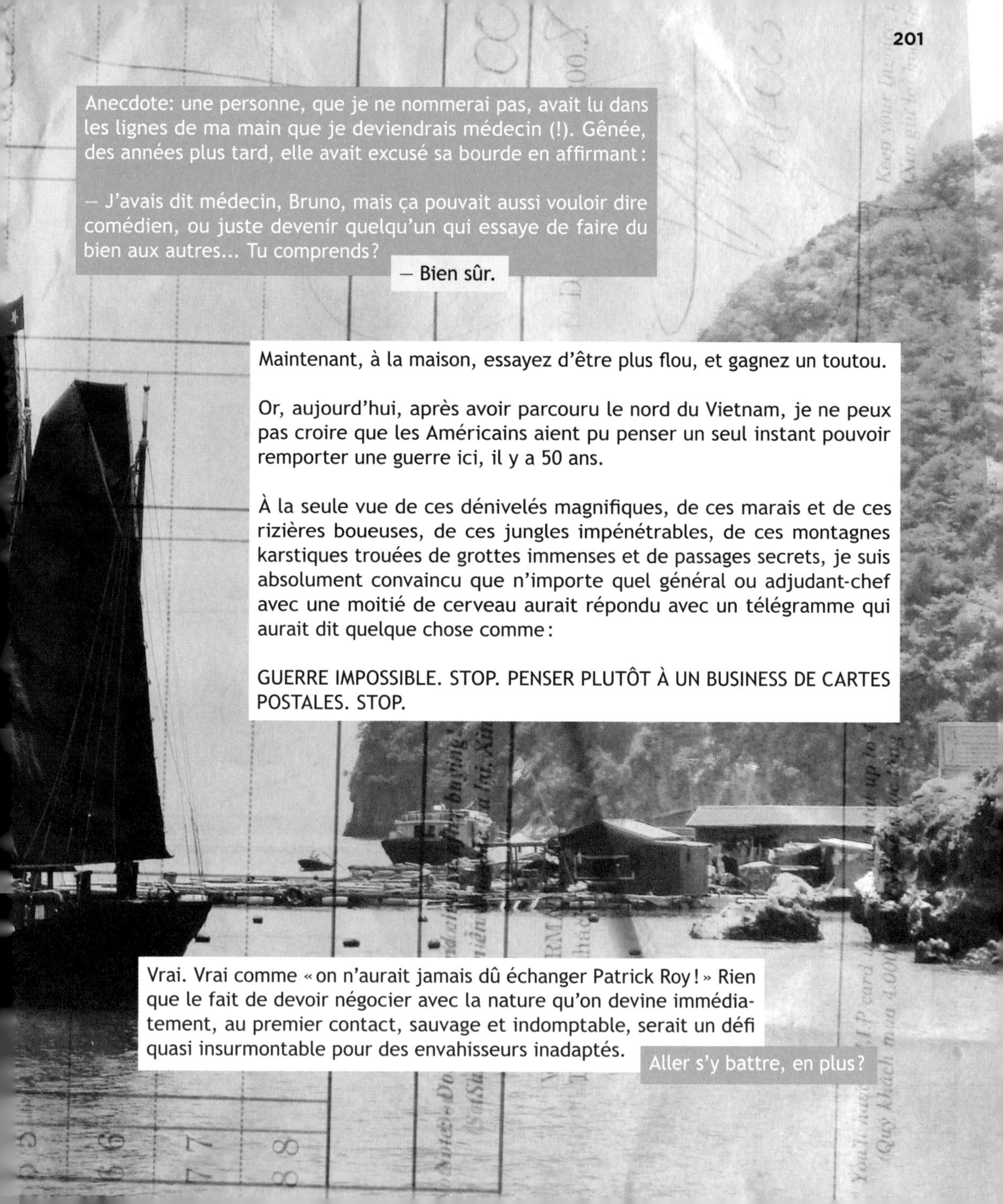

Anecdote: une personne, que je ne nommerai pas, avait lu dans les lignes de ma main que je deviendrais médecin (!). Gênée, des années plus tard, elle avait excusé sa bourde en affirmant :

— J'avais dit médecin, Bruno, mais ça pouvait aussi vouloir dire comédien, ou juste devenir quelqu'un qui essaye de faire du bien aux autres... Tu comprends?

— Bien sûr.

Maintenant, à la maison, essayez d'être plus flou, et gagnez un toutou.

Or, aujourd'hui, après avoir parcouru le nord du Vietnam, je ne peux pas croire que les Américains aient pu penser un seul instant pouvoir remporter une guerre ici, il y a 50 ans.

À la seule vue de ces dénivelés magnifiques, de ces marais et de ces rizières boueuses, de ces jungles impénétrables, de ces montagnes karstiques trouées de grottes immenses et de passages secrets, je suis absolument convaincu que n'importe quel général ou adjudant-chef avec une moitié de cerveau aurait répondu avec un télégramme qui aurait dit quelque chose comme :

GUERRE IMPOSSIBLE. STOP. PENSER PLUTÔT À UN BUSINESS DE CARTES POSTALES. STOP.

Vrai. Vrai comme « on n'aurait jamais dû échanger Patrick Roy ! » Rien que le fait de devoir négocier avec la nature qu'on devine immédiatement, au premier contact, sauvage et indomptable, serait un défi quasi insurmontable pour des envahisseurs inadaptés.

Aller s'y battre, en plus?

Pfff! Fallait être complètement taré pour penser partir de Washington avec une bande de gamins du Wisconsin et vaincre des Vietnamiens sur leur terrain! J'ai dit taré, et le mot est faible: fallait être le dernier des imbéciles...

Donc, après avoir parcouru le nord du Vietnam, j'ai compris une chose: la guerre du Vietnam était un massacre inutile. Une boucherie ignoble.

Les chiffres sont effroyables: près de 60 000 soldats américains tués.

Et quelque part entre cinq et six millions de victimes vietnamiennes et laotiennes.

Je sais que c'est plus compliqué qu'une fiche de statistiques, mais ça, c'est du domaine de l'histoire et de la politique...

Et cinquante ans plus tard, je suis seulement triste.
Ce que le monde peut être bête.

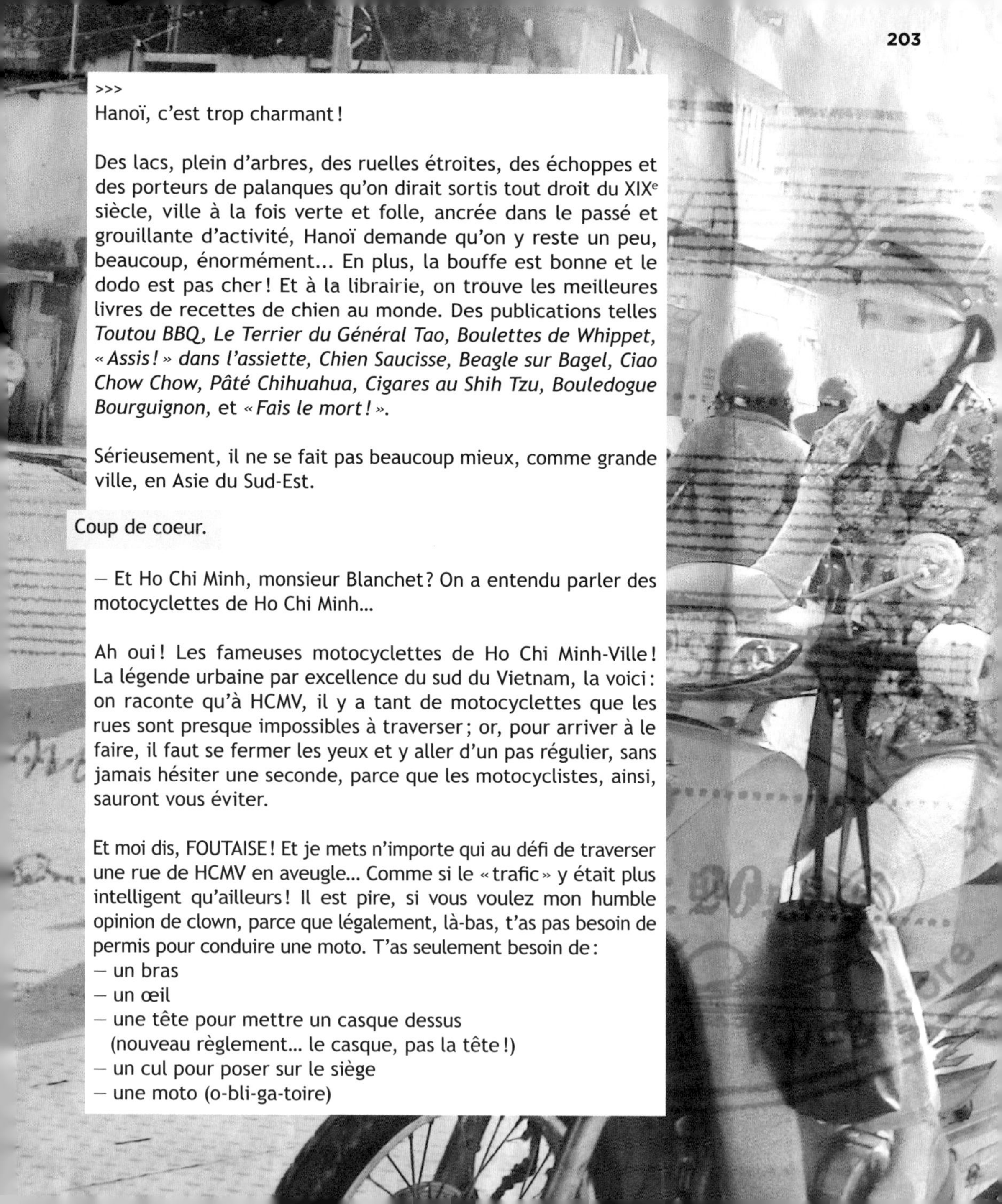

>>>

Hanoï, c'est trop charmant !

Des lacs, plein d'arbres, des ruelles étroites, des échoppes et des porteurs de palanques qu'on dirait sortis tout droit du XIXe siècle, ville à la fois verte et folle, ancrée dans le passé et grouillante d'activité, Hanoï demande qu'on y reste un peu, beaucoup, énormément... En plus, la bouffe est bonne et le dodo est pas cher ! Et à la librairie, on trouve les meilleures livres de recettes de chien au monde. Des publications telles *Toutou BBQ, Le Terrier du Général Tao, Boulettes de Whippet, « Assis ! » dans l'assiette, Chien Saucisse, Beagle sur Bagel, Ciao Chow Chow, Pâté Chihuahua, Cigares au Shih Tzu, Bouledogue Bourguignon,* et *« Fais le mort ! »*.

Sérieusement, il ne se fait pas beaucoup mieux, comme grande ville, en Asie du Sud-Est.

Coup de coeur.

— Et Ho Chi Minh, monsieur Blanchet ? On a entendu parler des motocyclettes de Ho Chi Minh...

Ah oui ! Les fameuses motocyclettes de Ho Chi Minh-Ville ! La légende urbaine par excellence du sud du Vietnam, la voici : on raconte qu'à HCMV, il y a tant de motocyclettes que les rues sont presque impossibles à traverser ; or, pour arriver à le faire, il faut se fermer les yeux et y aller d'un pas régulier, sans jamais hésiter une seconde, parce que les motocyclistes, ainsi, sauront vous éviter.

Et moi dis, FOUTAISE ! Et je mets n'importe qui au défi de traverser une rue de HCMV en aveugle... Comme si le « trafic » y était plus intelligent qu'ailleurs ! Il est pire, si vous voulez mon humble opinion de clown, parce que légalement, là-bas, t'as pas besoin de permis pour conduire une moto. T'as seulement besoin de :

— un bras
— un œil
— une tête pour mettre un casque dessus
(nouveau règlement... le casque, pas la tête !)
— un cul pour poser sur le siège
— une moto (o-bli-ga-toire)

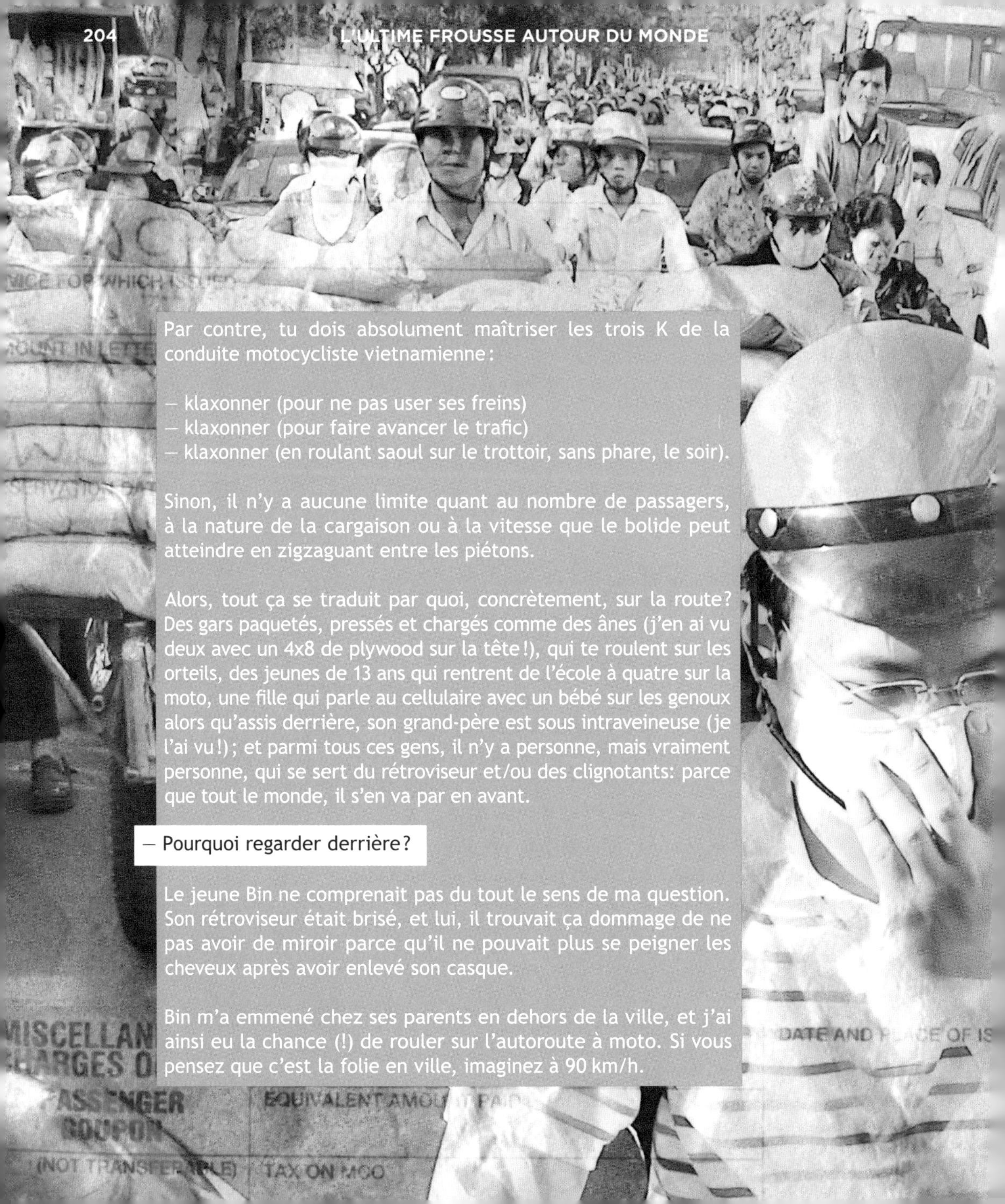

Par contre, tu dois absolument maîtriser les trois K de la conduite motocycliste vietnamienne :

— klaxonner (pour ne pas user ses freins)
— klaxonner (pour faire avancer le trafic)
— klaxonner (en roulant saoul sur le trottoir, sans phare, le soir).

Sinon, il n'y a aucune limite quant au nombre de passagers, à la nature de la cargaison ou à la vitesse que le bolide peut atteindre en zigzaguant entre les piétons.

Alors, tout ça se traduit par quoi, concrètement, sur la route? Des gars paquetés, pressés et chargés comme des ânes (j'en ai vu deux avec un 4x8 de plywood sur la tête !), qui te roulent sur les orteils, des jeunes de 13 ans qui rentrent de l'école à quatre sur la moto, une fille qui parle au cellulaire avec un bébé sur les genoux alors qu'assis derrière, son grand-père est sous intraveineuse (je l'ai vu !) ; et parmi tous ces gens, il n'y a personne, mais vraiment personne, qui se sert du rétroviseur et/ou des clignotants: parce que tout le monde, il s'en va par en avant.

— Pourquoi regarder derrière ?

Le jeune Bin ne comprenait pas du tout le sens de ma question. Son rétroviseur était brisé, et lui, il trouvait ça dommage de ne pas avoir de miroir parce qu'il ne pouvait plus se peigner les cheveux après avoir enlevé son casque.

Bin m'a emmené chez ses parents en dehors de la ville, et j'ai ainsi eu la chance (!) de rouler sur l'autoroute à moto. Si vous pensez que c'est la folie en ville, imaginez à 90 km/h.

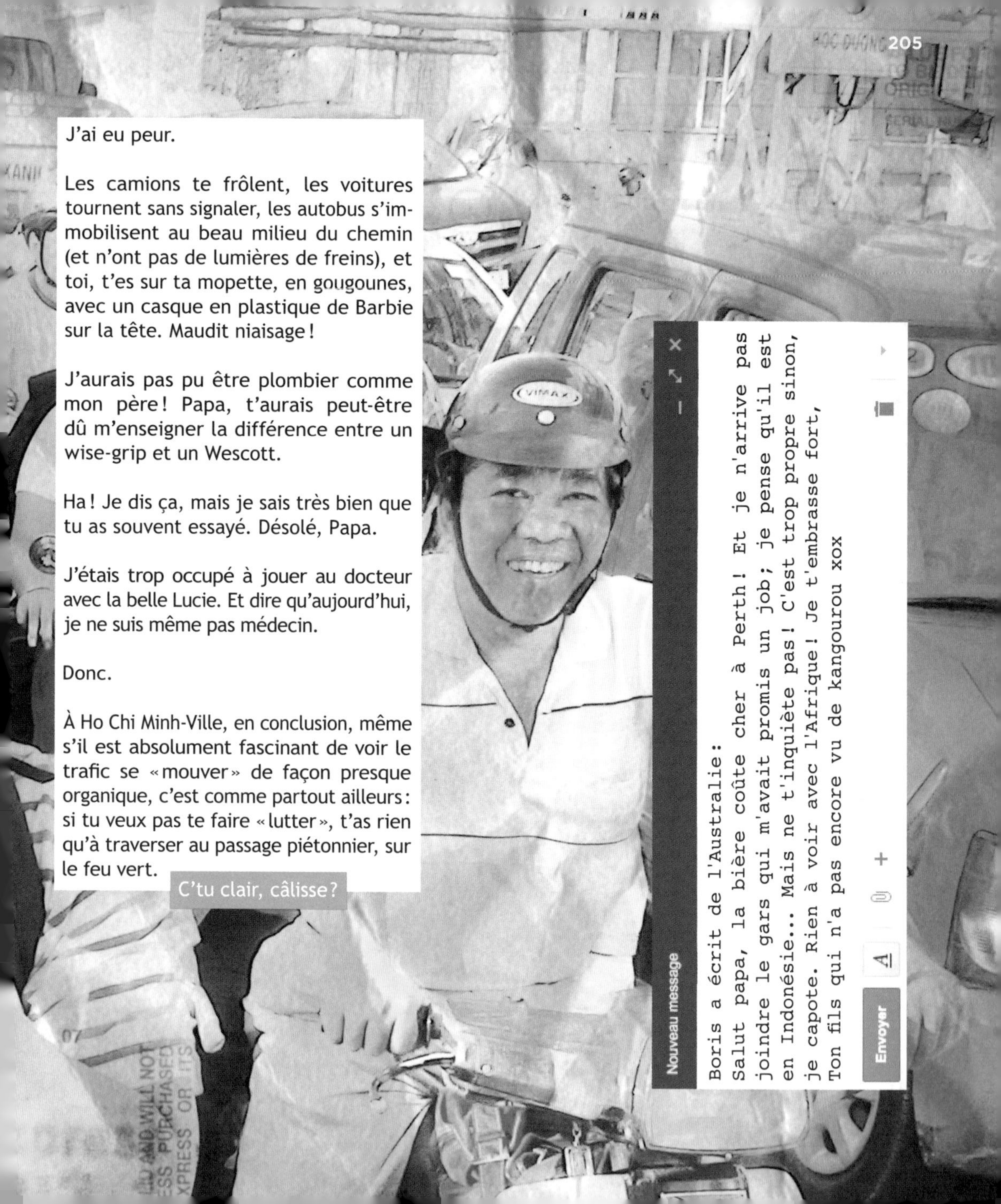

J'ai eu peur.

Les camions te frôlent, les voitures tournent sans signaler, les autobus s'immobilisent au beau milieu du chemin (et n'ont pas de lumières de freins), et toi, t'es sur ta mopette, en gougounes, avec un casque en plastique de Barbie sur la tête. Maudit niaisage !

J'aurais pas pu être plombier comme mon père ! Papa, t'aurais peut-être dû m'enseigner la différence entre un wise-grip et un Wescott.

Ha ! Je dis ça, mais je sais très bien que tu as souvent essayé. Désolé, Papa.

J'étais trop occupé à jouer au docteur avec la belle Lucie. Et dire qu'aujourd'hui, je ne suis même pas médecin.

Donc.

À Ho Chi Minh-Ville, en conclusion, même s'il est absolument fascinant de voir le trafic se « mouver » de façon presque organique, c'est comme partout ailleurs : si tu veux pas te faire « lutter », t'as rien qu'à traverser au passage piétonnier, sur le feu vert.

C'tu clair, câlisse ?

Nouveau message

Boris a écrit de l'Australie :
Salut papa, la bière coûte cher à Perth ! Et je n'arrive pas joindre le gars qui m'avait promis un job ; je pense qu'il est en Indonésie... Mais ne t'inquiète pas ! C'est trop propre sinon, je capote. Rien à voir avec l'Afrique ! Je t'embrasse fort,
Ton fils qui n'a pas encore vu de kangourou xox

Envoyer

VOTEZ POUR MOI

— SAYBOURI, LAOS —

Saviez-vous que, pour cuire un scorpion, on le jette vivant dans le feu? Comme le homard dans l'eau bouillante! Je l'ignorais moi-même jusqu'à ce que mon hôte de la tribu Khmu extirpe la frétillante bestiole du pot de plastique et la balance vivante sur la braise.

— Vous ne tuez pas le scorpion?
— Il va mourir de toute façon!

Bien entendu. Sauf que le scorpion, lui, il ne sait pas qu'il doit rester sur la bûche, et griller vif pour le régal des Laotiens. Et curieusement, le scorpion essaye de se sauver lorsqu'il est jeté au feu...

Ça aussi, je l'ai appris en direct. Assis juste à côté du feu. Avec un scorpion entre les jambes, qui essayait de me grimper dessus.

Quel beau métier je fais.

>>>

Le souvenir de mon dernier séjour au Laos, une quinzaine de jours coincés entre mes nuits folles à Bangkok et mes pérégrinations laborieuses en Chine, était celui d'un passage à plat dans un pays trop tranquille, voire quasiment ennuyeux.

À l'époque, je n'avais pas fait mention de mon déplaisir parce qu'à peu près tous les routards rencontrés en Asie ne cessaient de me répéter à quel point le Laos était génial.

Un champ, un champ, une rizière, un champ, une montagne, un champ, une rizière, un village de pauvres, un champ, un champ, un autre champ... Génial, vraiment?

Oui. Quand on prend le temps de s'y arrêter.

Et même excitant! Je n'ai pas que mangé que du scorpion, j'ai aussi bouffé de l'araignée, de la fourmi rouge et du termite. Et j'ai bu du whisky lao avec un scolopendre venimeux dans la bouteille. Et avec des inconnus, j'ai dansé des danses traditionnelles. Dans une rizière, j'ai manipulé la charrue. Derrière le bœuf. Comme nos ancêtres. Comme les Laotiens d'aujourd'hui. Un bœuf super fort, mais qui ne comprenait pas très bien le québécois... Du moins, pas le « Wôw, tabarnak, stop! » que je criais à pleins poumons, en position de ski nautique.

Puis, j'ai cueilli les pousses de riz et je les ai repiquées, les deux pieds dans la vase jusqu'aux genoux. Malhabile, je les ai fait rire, les riziculteurs. Mais ils n'auraient jamais pu compter sur moi pour les nourrir... Mes pousses étaient toutes plantées de travers et vouées à une mort certaine. Quel ouvrage pénible!

Alors, le riz dans mon assiette, je vais devoir l'apprécier, à l'avenir. Et les riziculteurs, les vénérer, dès maintenant! Moi, le fermier du dimanche, l'incapable, le ridiculteur... Un jour, tiens, je deviendrai peut-être ministre de la Ridiculture? Et je proposerai aussitôt un truc: la journée où tout le monde échange son job. Le policier derrière le comptoir au Dunkin Donuts. Le boss à la réception. Le screw en prison. Et je proposerai aussi la « Journée officielle où tu peux envoyer paître ton patron ». Ou lui dire que tu l'aimes. À ta discrétion!

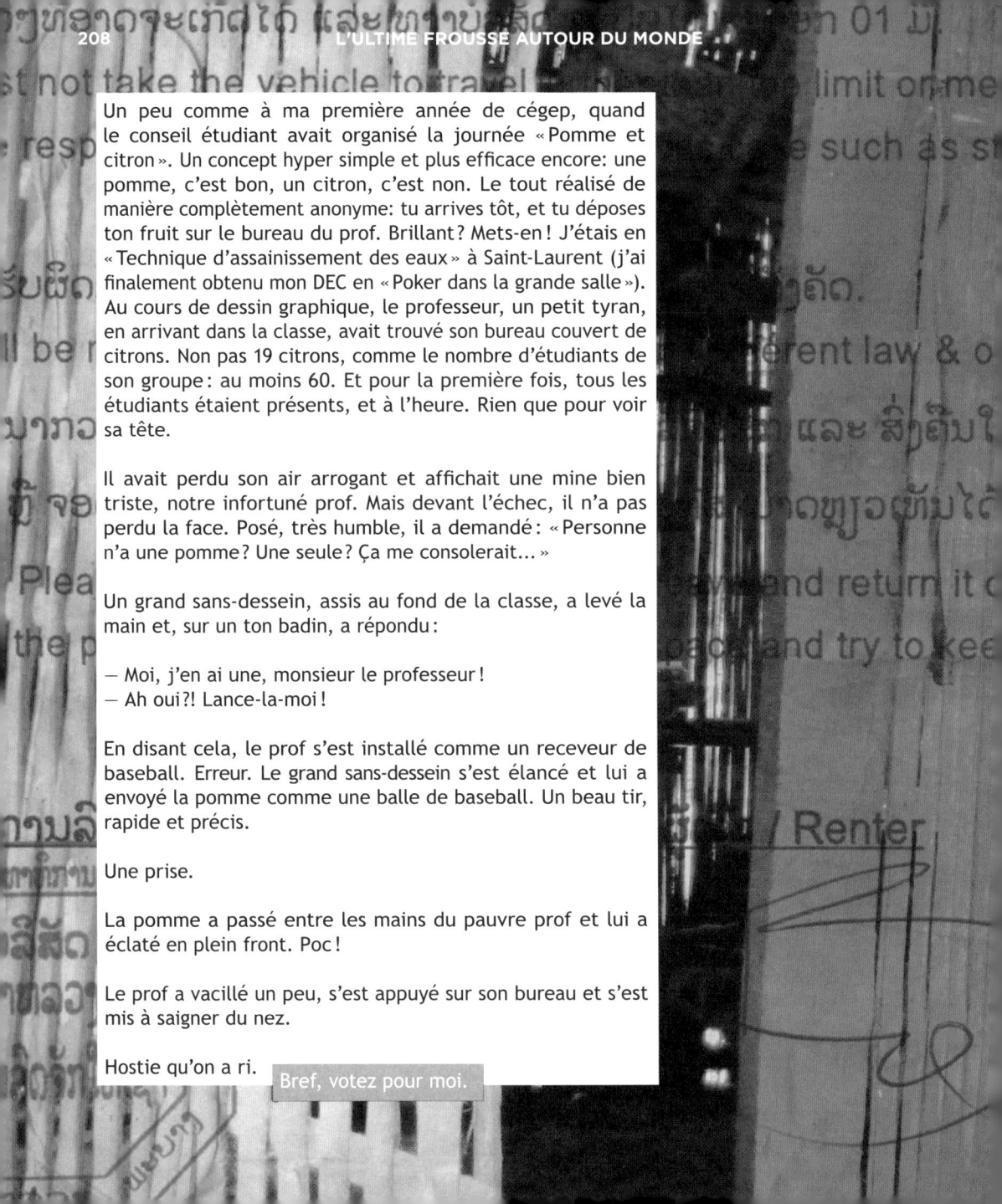

Un peu comme à ma première année de cégep, quand le conseil étudiant avait organisé la journée « Pomme et citron ». Un concept hyper simple et plus efficace encore: une pomme, c'est bon, un citron, c'est non. Le tout réalisé de manière complètement anonyme: tu arrives tôt, et tu déposes ton fruit sur le bureau du prof. Brillant? Mets-en! J'étais en « Technique d'assainissement des eaux » à Saint-Laurent (j'ai finalement obtenu mon DEC en « Poker dans la grande salle »). Au cours de dessin graphique, le professeur, un petit tyran, en arrivant dans la classe, avait trouvé son bureau couvert de citrons. Non pas 19 citrons, comme le nombre d'étudiants de son groupe: au moins 60. Et pour la première fois, tous les étudiants étaient présents, et à l'heure. Rien que pour voir sa tête.

Il avait perdu son air arrogant et affichait une mine bien triste, notre infortuné prof. Mais devant l'échec, il n'a pas perdu la face. Posé, très humble, il a demandé: « Personne n'a une pomme? Une seule? Ça me consolerait... »

Un grand sans-dessein, assis au fond de la classe, a levé la main et, sur un ton badin, a répondu:

— Moi, j'en ai une, monsieur le professeur!
— Ah oui?! Lance-la-moi!

En disant cela, le prof s'est installé comme un receveur de baseball. Erreur. Le grand sans-dessein s'est élancé et lui a envoyé la pomme comme une balle de baseball. Un beau tir, rapide et précis.

Une prise.

La pomme a passé entre les mains du pauvre prof et lui a éclaté en plein front. Poc!

Le prof a vacillé un peu, s'est appuyé sur son bureau et s'est mis à saigner du nez.

Hostie qu'on a ri.

Bref, votez pour moi.

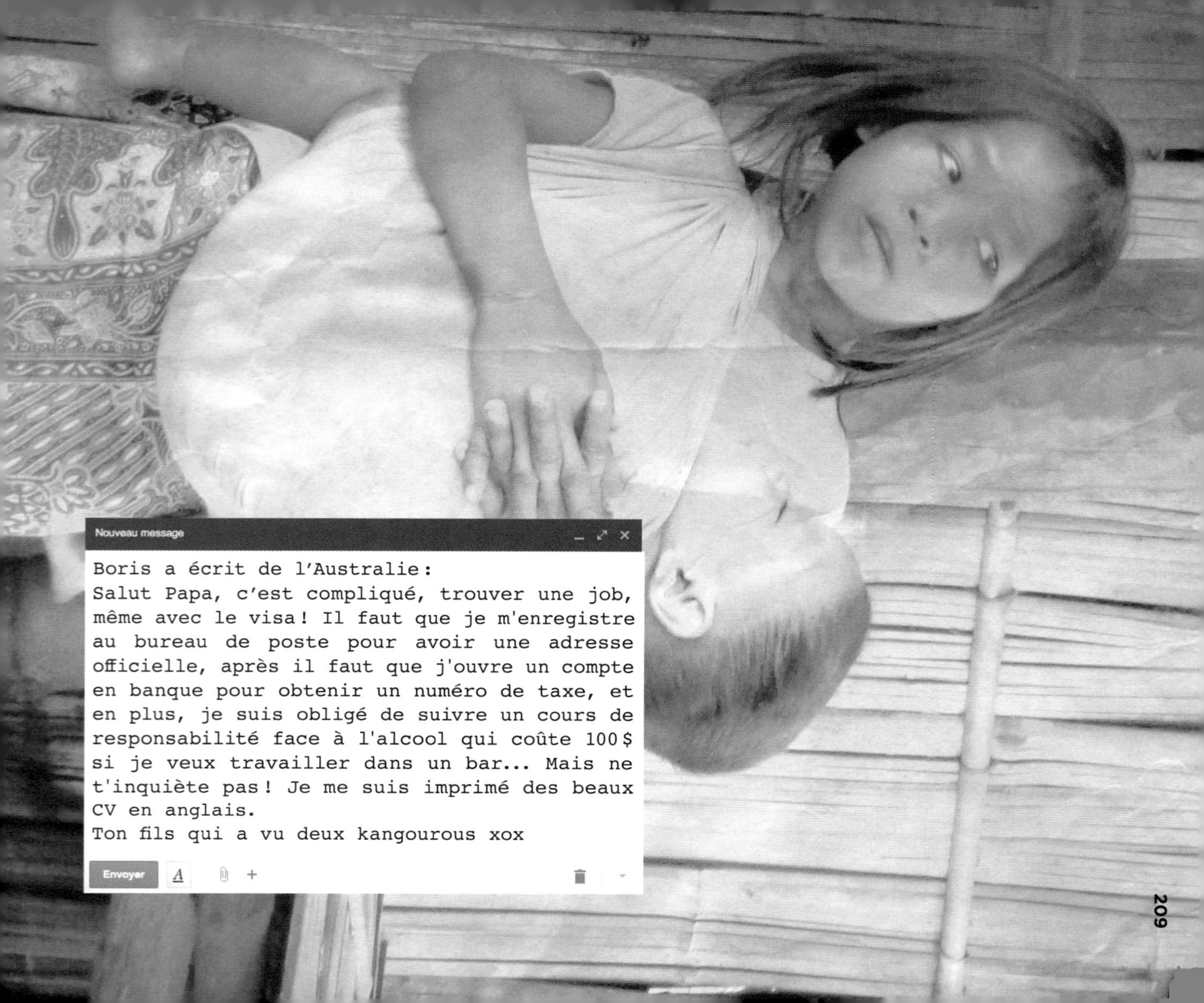

Nouveau message

Boris a écrit de l'Australie:

Salut Papa, c'est compliqué, trouver une job, même avec le visa! Il faut que je m'enregistre au bureau de poste pour avoir une adresse officielle, après il faut que j'ouvre un compte en banque pour obtenir un numéro de taxe, et en plus, je suis obligé de suivre un cours de responsabilité face à l'alcool qui coûte 100$ si je veux travailler dans un bar... Mais ne t'inquiète pas! Je me suis imprimé des beaux CV en anglais.

Ton fils qui a vu deux kangourous xox

Envoyer

LES VRAIS PLUS PIRES TOURISTES

— SAYBOURI, LAOS —

Ce matin, au petit-déjeuner, j'ai bu un thé de caca de ver à soie. Ils appellent ça, au Laos, un thé de caviar : parce que les excréments des vers ont l'apparence de petits œufs… C'est réputé être excellent pour la santé, mais entre vous et moi, je préfère encore le café !

Cela dit, mon voyage dans la région de Saybouri est extraordinaire. Je suis en tournage dans les champs de coton avec Isabelle, Simon, Milan et Jaz*, et j'apprends tellement de belles choses... Et la région est splendide ! Allez-y, vous ne le regretterez pas, c'est promis. Même si l'endroit n'est pas facile d'accès et n'a pas d'infrastructure touristique solide... L'effort en vaut la chandelle. Si vous pouviez voir le sourire des habitants et la joie qu'ils éprouvent à recevoir des visiteurs étrangers ! Un soir, je suis allé au restaurant, je me suis assis à une table de locaux, à leur invitation, puis j'ai bu, j'ai dansé, j'ai mangé et je n'ai pas mis la main dans ma poche. Je les aurais insultés !

À Hongsa, la sympathique Monica, propriétaire de la seule guesthouse du village, raconte qu'elle reçoit en moyenne huit touristes par mois. Huit ! Mais elle précise qu'ils sont les meilleurs touristes : c'est à dire les plus respectueux, les plus aventuriers et les moins chialeux.

OK... Cliché! Amateurs de voyage, vous avez sûrement lu le sondage publié un jour sur les mauvais touristes qui pointait un gros doigt accusateur en direction des Français. Y avez-vous cru? Pas moi! Sûr, ils sont les plus forts en gueule, ils sont facilement identifiables et une mauvaise réputation les précède... Mais sont-ce les pires? No way!

En vérité, les questions que l'on doit se poser sont les suivantes:

Existe-t-il en réalité de «bons» et de «mauvais touristes»? Le «bon tourisme» n'est-il pas aussi néfaste que le pire, à long terme, pour la population locale? En ce sens que le tourisme dit solidaire, en zone reculée, n'entraîne-t-il pas une modification irréversible des traditions ancestrales?

Oui, mais il ne faut pas arrêter le progrès, protesteront certains. Bien entendu... Mais est-ce que le progrès est absolument nécessaire? Sommes-nous plus heureux aujourd'hui qu'en 1862?

Alors, cela considéré, qui sont les pires? Ceux qui se promènent au centre-ville en bedaine ou en bikini? Ceux qui portent des g-strings sous des pantalons blancs transparents en pays bouddhiste ou musulman? Ceux qui font des grimaces de dégoût en recevant leur plat au restaurant? Ceux qui traînent une valise de 28 kilos et qui ne sont même pas capables de la soulever? Ceux qui n'enlèvent pas leurs chaussures en entrant chez les gens? Ceux qui se promènent pieds nus sur la rue? Ceux qui crient? Ceux qui ne gueulent pas et se font arnaquer? Ceux qui ne laissent pas de pourboire? Ceux qui en laissent trop? Ceux qui oublient de dire merci? Ceux qui ne font pas l'effort d'apprendre à le dire?

Ceux qui partent avec la serviette du motel? Ceux qui en utilisent trois pour se sécher? Ceux qui négocient pendant 15 minutes pour sauver dix cents? Ceux qui ne négocient pas? Ceux qui donnent de l'argent aux enfants? Ceux qui leur lancent des friandises par les fenêtres de leur véhicule en mouvement? Ceux qui s'achètent en Afrique des souvenirs *made in China*?

Ceux qui touchent les monuments historiques au risque de les abîmer? Ceux qui grimpent sur les ruines? Ceux qui brisent des trucs et les dissimulent sous le lit? Ceux qui aident les autres pour eux, se sentir mieux? Ceux qui piquent des trucs en souvenir? Ceux qui prennent des photos sans demander la permission? Ceux qui n'éteignent pas leur téléphone dans l'avion? Ceux qui s'embrassent à pleine bouche en public dans un pays conservateur? Ceux qui claquent la porte de la chambre d'hôtel? Ceux qui oublient de rendre la clé? Ceux qui posent leurs pieds nus sales sur la chaise au bar? Ceux qui se mouchent à table? Ceux qui, à table, jouent du drum avec leurs baguettes? Ceux qui se lèchent les doigts? Ceux qui portent des bas avec des sandales? Ceux qui sont fâchés parce qu'il ne fait pas soleil? Ceux qui achètent des coraux, des coquillages ou des tortues empaillées et autres espèces en danger d'extinction?

Ceux qui pointent du doigt? Ceux qui crachent? Ceux qui pissent sur les murs des mosquées? Ceux qui dressent des listes en se croyant audessus de la mêlée?

Selon moi, et en toute humilité, les pires touristes sont simplement ceux qui se croient partout chez eux et qui se croient tout permis parce qu'ils ont « payé ».

Ils sont ceux chez qui on n'a pas envie d'aller.

Et en attendant les élections, on part au Pérou. *Hasta la vista.*

PÉRIL AU PÉROU

— LAC TITICACA / JULIACA, PÉROU —

Après une dizaine de minutes de ciel en mode « SPIN » de sécheuse à linge, durant lesquelles nous nous demandons franchement si les ailes vont tenir le coup, l'avion plonge dans les nuages. Il bondit sur les cumulonimbus à deux ou trois reprises avant de réussir à pénétrer la furieuse dépression.

Et durant les 30 très longues secondes qui suivent, c'est une culbute dans les ténèbres: la tête tourne, les oreilles bouchent-débouchent-bouchent-débouchent, et nous avons l'impression affolante de nous enfoncer dans les eaux tumultueuses du Rio Inferno, la rivière du Diable. Puis, la piste apparaît, dans la lumière crue des Andes, à 4000 mètres d'altitude.

Bienvenue à Juliaca, aéroport officiel du lac Titicaca.

Là où les avions réussissent à se poser, parfois.

— Vous avez été chanceux d'avoir la permission d'atterrir, nous confie avec un grand sourire le préposé aux sacs à vomi, en entrant dans l'avion pour ramasser les dégâts.

Tu parles, mon vieux. Je sens qu'on ne s'ennuiera pas ici.

Tout juste le temps de sortir de l'appareil, d'entrer au pas de course dans l'aéroport et, dehors, c'est la tempête de grêle qui éclate.

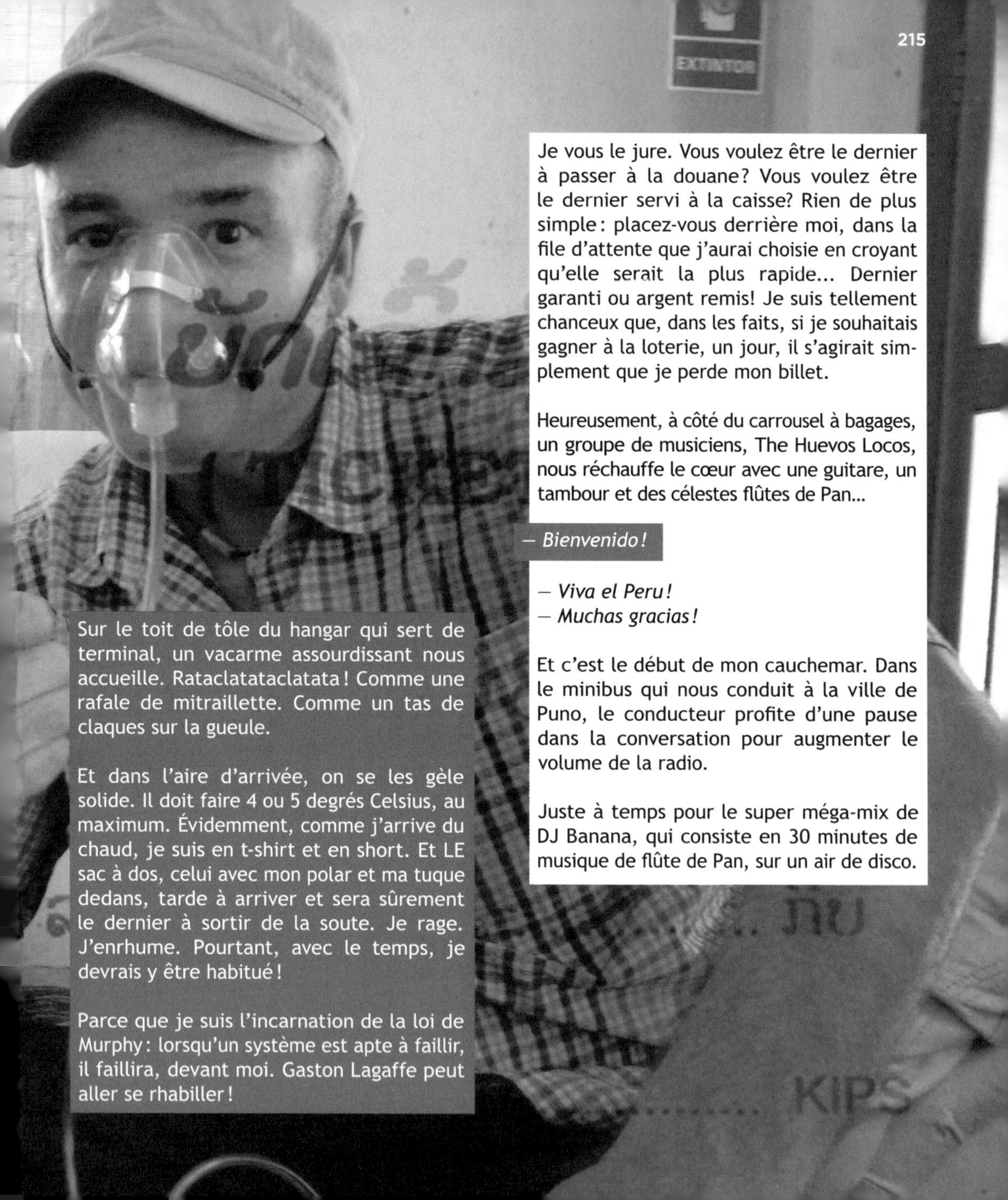

Sur le toit de tôle du hangar qui sert de terminal, un vacarme assourdissant nous accueille. Rataclatataclatata ! Comme une rafale de mitraillette. Comme un tas de claques sur la gueule.

Et dans l'aire d'arrivée, on se les gèle solide. Il doit faire 4 ou 5 degrés Celsius, au maximum. Évidemment, comme j'arrive du chaud, je suis en t-shirt et en short. Et LE sac à dos, celui avec mon polar et ma tuque dedans, tarde à arriver et sera sûrement le dernier à sortir de la soute. Je rage. J'enrhume. Pourtant, avec le temps, je devrais y être habitué !

Parce que je suis l'incarnation de la loi de Murphy : lorsqu'un système est apte à faillir, il faillira, devant moi. Gaston Lagaffe peut aller se rhabiller !

Je vous le jure. Vous voulez être le dernier à passer à la douane? Vous voulez être le dernier servi à la caisse? Rien de plus simple : placez-vous derrière moi, dans la file d'attente que j'aurai choisie en croyant qu'elle serait la plus rapide... Dernier garanti ou argent remis! Je suis tellement chanceux que, dans les faits, si je souhaitais gagner à la loterie, un jour, il s'agirait simplement que je perde mon billet.

Heureusement, à côté du carrousel à bagages, un groupe de musiciens, The Huevos Locos, nous réchauffe le cœur avec une guitare, un tambour et des célestes flûtes de Pan...

— *Bienvenido !*

— *Viva el Peru !*
— *Muchas gracias !*

Et c'est le début de mon cauchemar. Dans le minibus qui nous conduit à la ville de Puno, le conducteur profite d'une pause dans la conversation pour augmenter le volume de la radio.

Juste à temps pour le super méga-mix de DJ Banana, qui consiste en 30 minutes de musique de flûte de Pan, sur un air de disco.

Nous arrivons à l'hôtel. Un chic établissement, au centre-ville, avec une grande boutique de souvenirs : des cartes postales, des figurines de lamas en poil de lama, des ponchos en poil d'alpaga et des flûtes de Pan en trous de bois. Dans le hall, surprise, on joue la musique des Beatles.

À la flûte de Pan.

« Tuuu Tuuu tuuuuu....Tu tuu tuuu tuuu tu tuuuuuu tuu tu tuuuuuuu... ».

C'est la chanson « Yesterday ».

Nos hôtes nous servent un mate de coca, une infusion de feuilles de coca censée nous aider à supporter les malaises liés à l'altitude.

J'enquête.

— Avez-vous quelque chose pour nous aider à endurer la flûte de Pan ?

— *Pardon, señor ?*

— Voyez, mes chers amigos, je suis allergique aux vieux chats quand ils me lèchent. Je suis allergique aux maringouins quand ils me piquent et aux fraises quand j'en mange trop. Mais je suis allergique à la flûte de Pan tout le temps ! À la flûte de Pan, je préfère le son d'un camion qui recule sur un lapin dans un chantier de construction. À la flûte de Pan, je préfère le bruit de la pluie pendant une journée de vacances. À la flûte de Pan, je préfère entendre deux voitures se foncer dedans !

— *Pardon, señor ?*
— Un mate de coca, s'il vous plaît.
— *Si, señor.*

Au moins, je croyais que je n'aurais pas le mal de l'altitude...

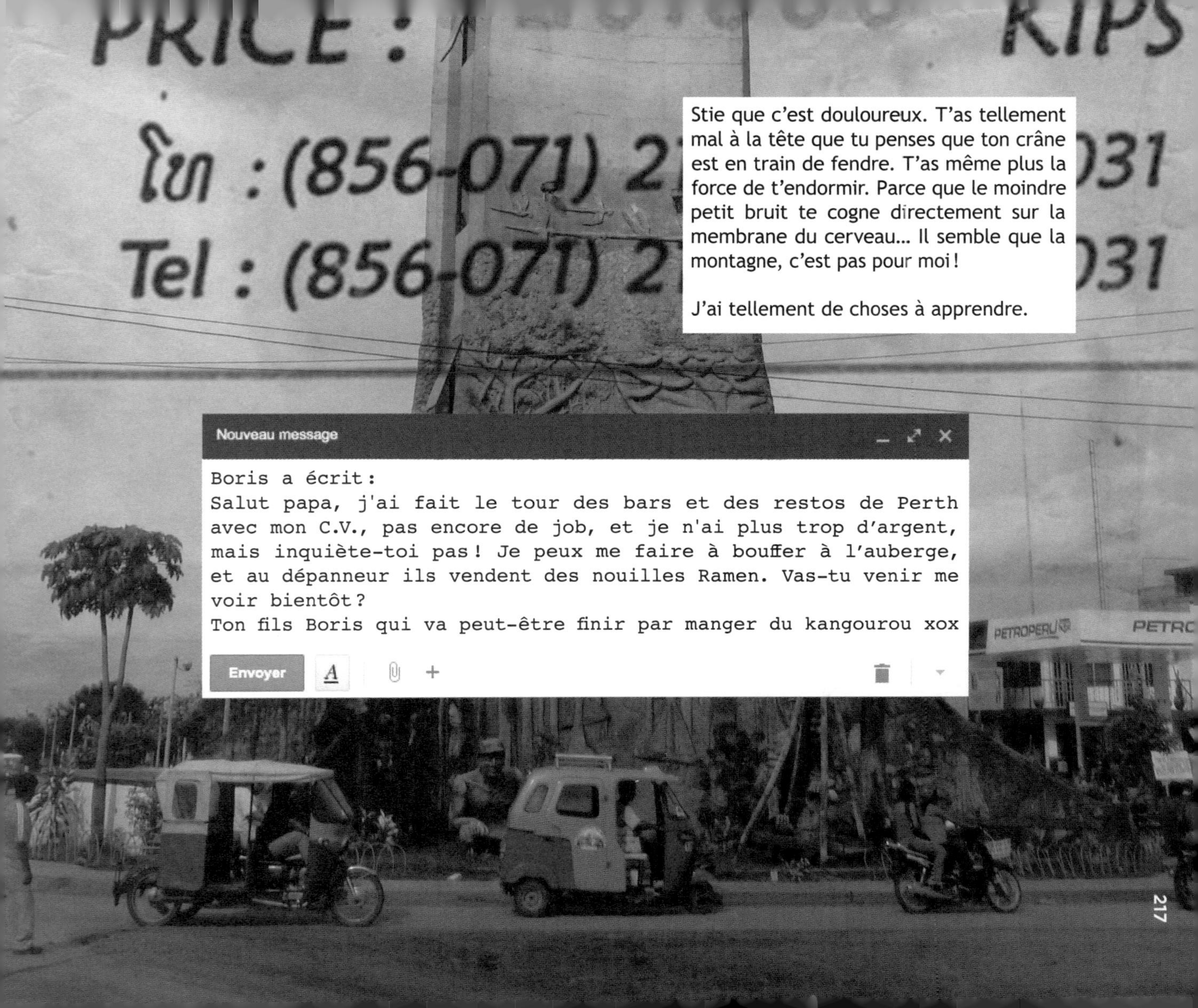

Stie que c'est douloureux. T'as tellement mal à la tête que tu penses que ton crâne est en train de fendre. T'as même plus la force de t'endormir. Parce que le moindre petit bruit te cogne directement sur la membrane du cerveau… Il semble que la montagne, c'est pas pour moi !

J'ai tellement de choses à apprendre.

Nouveau message

Boris a écrit :
Salut papa, j'ai fait le tour des bars et des restos de Perth avec mon C.V., pas encore de job, et je n'ai plus trop d'argent, mais inquiète-toi pas ! Je peux me faire à bouffer à l'auberge, et au dépanneur ils vendent des nouilles Ramen. Vas-tu venir me voir bientôt ?
Ton fils Boris qui va peut-être finir par manger du kangourou xox

Envoyer

MANGER UN COCHON D'INDE

— PUNO / TIPON, PÉROU —

Au milieu de l'assiette, le cochon d'Inde fumait. C'était laid. Une fois bien grillée et dépourvue de son pelage, l'aimable petite bête ressemble drôlement à un rat : un rat mort, qu'on avait en plus tranché en deux, dans le sens de la longueur. Une belle coupe franche, habile, quasi chirurgicale. Schlac ! Et tout y était, intact : les petites dents, les petites pattes, la petite oreille et le petit dedans... C'était presque troublant.

Comme une œuvre de Damien Hirst, enfant.

À peine 20 minutes auparavant, derrière le pittoresque restaurant de Tipon, ce joli animal de compagnie couinait, peinard, en grignotant une feuille de laitue dans son petit enclos, entouré d'une douzaine de ses pairs qui, comme lui, ne se doutaient pas une seconde qu'ils allaient bientôt être servis à des dîneurs affamés avec de la sauce à la menthe, une pomme de terre et des spaghettis...

Or, devant ce cheptel incongru, j'étais dubitatif. Il me fallait choisir. Lequel est le meilleur au goût? Mange-t-on le plus poilu? Le plus brun? Ou le plus gras?

— Comment choisit-on son cochon d'Inde, Antoine?

Mon nouvel ami Antoine, lui-même dans l'ignorance, traduit alors en espagnol ma question à la dame du restaurant. Après une seconde de réflexion, elle nous répond:

— En le montrant du doigt!

Ah! Je suis éberlué! Science extraordinairement précise, que le choix de ce mets raffiné péruvien! Alors, j'ai fermé les yeux et j'ai pointé au hasard une de ces malheureuses petites bêtes. Désolé, Mickey!

Maintenant, ne restait qu'à le manger.

Au milieu de l'assiette, le cochon d'Inde fumait... Ouache! À quoi ai-je bien pu penser?

Après le tournage de *Partir Autrement* sur le lac Titicaca et la rencontre avec les indigènes forts accueillants de l'ethnie Quechua, l'équipe repartie à Montréal, j'avais décidé de me précipiter à Cuzco, la capitale officielle de la civilisation inca, également la ville d'où s'organisent les treks et d'où partent les trains pour le Machu Picchu. Je ne disposais que de deux jours et j'allais tenter de me greffer, *in extremis*, à un groupe de touristes afin de visiter les fameuses ruines.

J'étais donc sur un rush, à la recherche d'un hôtel au centre-ville, avec, en tête, la chanson *Run to the Hills* de Iron Maiden; et je crois même que je la sifflais un peu fort lorsqu'un beau jeune homme s'est avancé vers moi, la main tendue.

— Bonjour, monsieur Blanchet! Qu'est-ce que vous faites ici? Je vous croyais en Asie!

J'ai sursauté. Vous me faites tellement plaisir quand vous m'abordez, comme ça. Je ne m'y habituerai jamais.

Il s'appelait Antoine. S'appelle encore Antoine. Étudiant. Voyage seul. Dans la très jeune vingtaine. Et il pourrait être mon fils...

Au chic Cucaracha Club, devant une grande Cusqueña *muy fria*, il me raconte son histoire:

— Je pourrais rester ici encore quelques semaines. J'ai du temps et j'ai le budget! Mais je stresse trop... Faudrait vraiment que je rentre. Faudrait que je retourne à l'école. Mais en même temps, je ne sais pas quoi faire de ma vie... J'ai l'impression de perdre mon temps!

Antoine est au Pérou depuis un mois pour apprendre l'espagnol. Il vit dans une famille, à Cuzco, et il se débrouille déjà si bien dans la langue de Cervantès que la serveuse lui demande «s'il vient de l'Argentine»! Il est flatté. Et pourtant, en ce moment, il a l'impression de stagner. De faire du surplace... À 20 ans? Oui, et selon lui, il aurait dû décider de son avenir il y a longtemps!

Dites-moi donc, les jeunes : qui vous a mis ça dans la tête ? *Star Académie* ?! Calmez-vous donc les nerfs ! Bienvenue dans le monde merveilleux des adultes, où il y a suffisamment d'énervés ! S.V.P. n'en ajoutez plus, la coupe est pleine, et va déborder !

Antoine se croit inutile. Il a tort.
Je lui demande.

— Et si je n'allais pas au Machu Picchu demain, qu'est-ce que tu nous suggèrerais, Antoine, pour un bel après-midi ensoleillé ?

— J'ai une idée, Bruno. On pourrait aller à Tipon, un village à 45 minutes, en bus local, pour manger de la *cuy*.

— Pardon ?!

Comprenez mon interrogation : *cuy* se prononce couille, mais signifie autre chose.

— De la *cuy*, c'est du cochon d'Inde.

Demain, c'est clair que je reste avec lui.

>>>
Visiblement, Antoine n'en est pas à son premier cochon d'Inde. Sans hésitation, il arrache la patte de derrière et se met à gruger la viande autour de l'os. Il y en a peu, et ça goûte le poulet sec pas bon. Il rit de me voir zigonner avec la bébitte. Il se moque un peu de moi, l'as, le nouveau « local ».

Il est beau comme un cœur. Il s'appelle Antoine. Étudiant. Voyage seul. Dans la très jeune vingtaine. Pourrait être mon fils. Pourrait être votre garçon.

Pourrait être moi, il y a vingt ans.

Pourrait être toi. Maintenant.

MON REPAS AVANT D'ÊTRE CUIT !

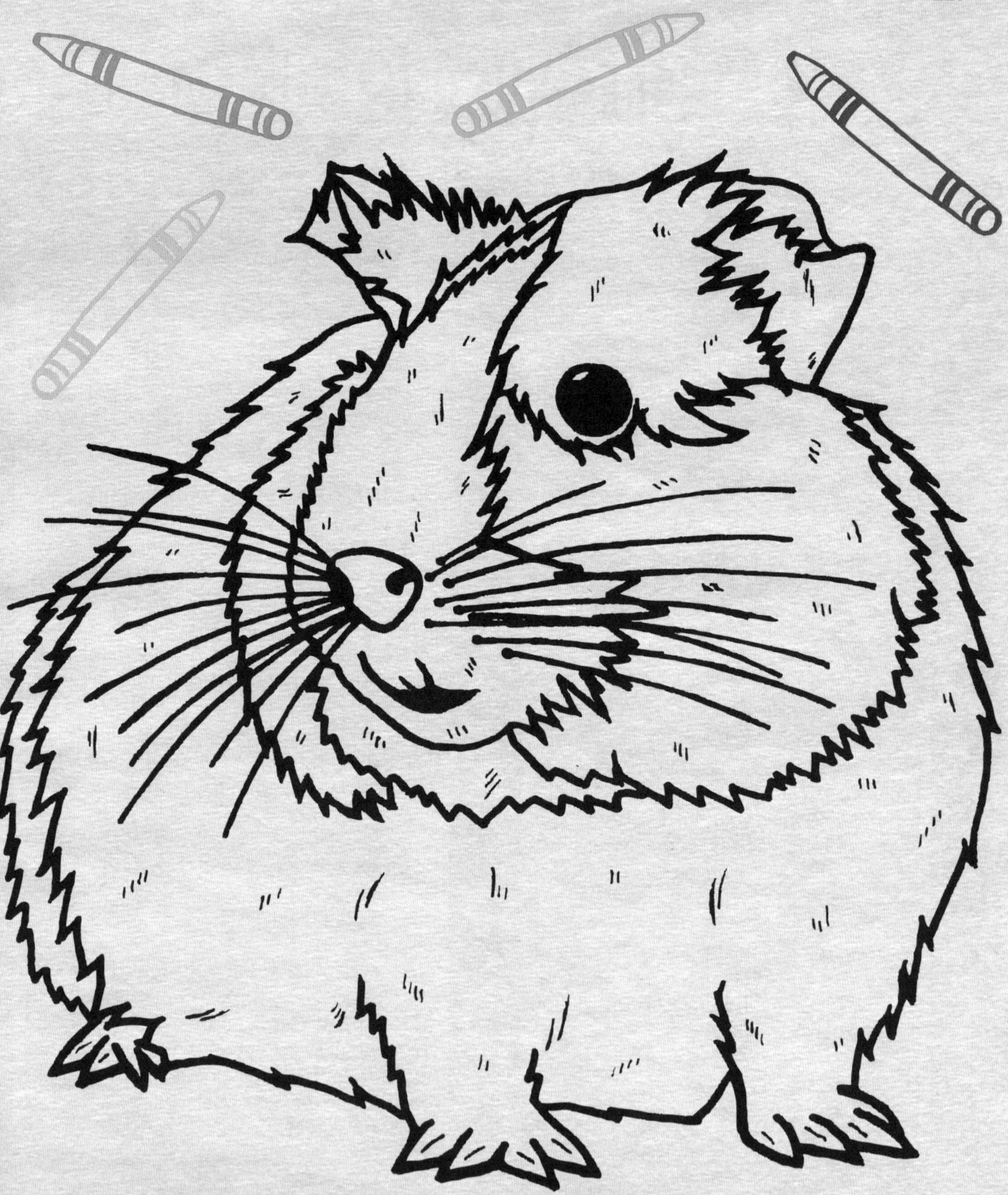

LA PLUS BELLE SURPRISE DE L'ANNÉE

— INFIERNO, AMAZONIE —

Six heures du matin. Je m'installe au bout de la table. Je commence à réviser mes textes, seul dans la salle à manger, devant un café épais comme de la mélasse. C'est une espèce de boue ultra caféinée qu'on sert, ici, et qu'il faut mélanger à de l'eau bouillante.

Attention au dosage, parce qu'on peut facilement se faire exploser la patate.

Un bruit attire mon attention. Pendant un instant, je crois qu'un hydravion tente de se poser sur la rivière. Le bruit se précise. Je lève la tête.

BZZZZZZ !

C'est un taon brun, long et poilu comme mon mollet, avec un cul proéminent comme une semi-remorque et un dard long comme un fleuret, qui flotte entre ciel et terre, à 30 centimètres de mon visage.

BZZZZZZ !

Et l'insecte, je vous le jure, m'observe ! Dans ses grands yeux de super mouche, je m'y vois, l'air hébété, en un million de réflexions...

C'est de la science-fiction ?

Non.
C'est un lundi matin dans la forêt amazonienne.

Non mais... Quel milieu naturel incroyable ! Depuis le temps que j'entendais parler de l'immense importance écologique de l'Amazonie, enfin, je comprends !

C'est la nature dans sa forme la plus primitive, la plus brute, la plus belle ; celle qui nous rappelle que l'espèce humaine est loin d'être l'espèce la plus brillante, et que, à part avoir appris à utiliser nos pouces préhensiles et notre capacité de destruction, nous sommes demeurés terriblement ignorants des mœurs du reste du monde vivant.

Des coccinelles qui se déguisent en hiboux ? Des plantes qui communiquent entre elles ? Des insectes qui changent de couleur en automne ?

Ce ne sont pas des extraterrestres !

Ici, c'est la planète Terre !

Ici, les papillons de nuit font peur aux chauves-souris. Ici, après la pluie, on peut littéralement voir les arbres se battre entre eux pour boire l'eau des flaques. Ici, les serpents sont si longs que les deux bouts se rencontrent deux fois par année : à Noël et à la Saint-Valentin.

Et les araignées? Ayayayaye!

J'en ai taquiné une avec un bout de bois, dans son trou, pendant cinq minutes. Finalement, elle a mordu, comme un poisson à un hameçon. Elle a serré l'intrus entre ses mandibules, puis j'ai tiré avec force, et elle est apparue: la célèbre *chicken spider*, une araignée de la famille des tarentules.

Grande comme une assiette, velue comme un Grec, mais avec les crocs de Dracula.

Un conseil: dormez sous une moustiquaire!

L'Amazonie, c'est un lieu si singulier, et si intense, que même les touristes qui visitent la forêt sont de curieux personnages, avec des agendas parfois surprenants... Dans la grande salle du lodge Posada Amazonas, je pose des questions.

— Bonjour, qui êtes-vous? Qu'êtes-vous venu faire ici?

Ron, le gars du New Jersey avec le télescope, m'explique qu'il est venu pour compter des mammifères. Je ne saisis pas vraiment.

— Compter?
— Oui. Un, deux, trois... Vingt.
— Compter.
— Oui, compter!
— Vous en avez compté combien jusqu'à présent?
— Sept. Presque huit!
— Génial!?

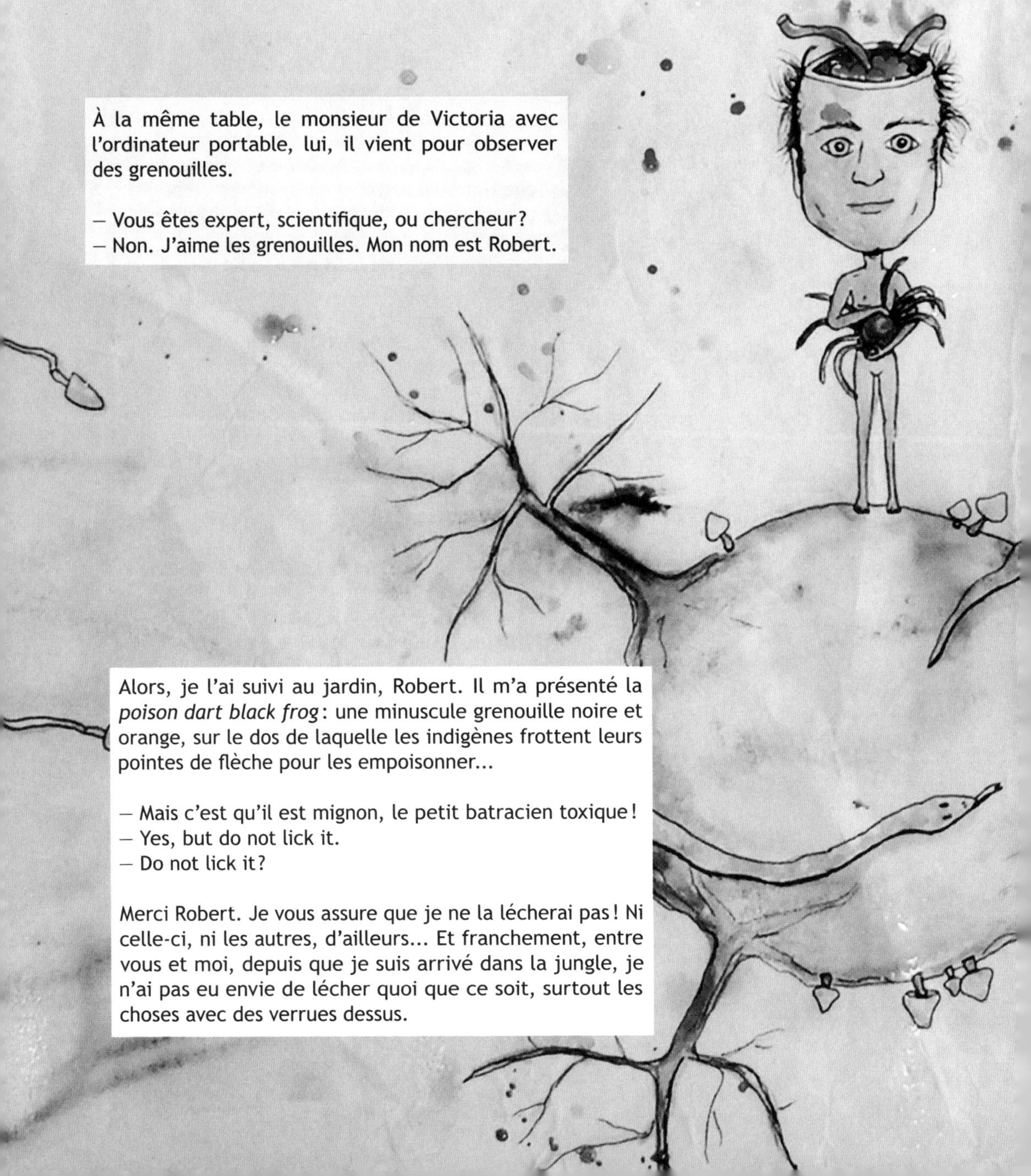

À la même table, le monsieur de Victoria avec l'ordinateur portable, lui, il vient pour observer des grenouilles.

— Vous êtes expert, scientifique, ou chercheur ?
— Non. J'aime les grenouilles. Mon nom est Robert.

Alors, je l'ai suivi au jardin, Robert. Il m'a présenté la *poison dart black frog* : une minuscule grenouille noire et orange, sur le dos de laquelle les indigènes frottent leurs pointes de flèche pour les empoisonner...

— Mais c'est qu'il est mignon, le petit batracien toxique !
— Yes, but do not lick it.
— Do not lick it ?

Merci Robert. Je vous assure que je ne la lécherai pas ! Ni celle-ci, ni les autres, d'ailleurs... Et franchement, entre vous et moi, depuis que je suis arrivé dans la jungle, je n'ai pas eu envie de lécher quoi que ce soit, surtout les choses avec des verrues dessus.

UNE ILLUSTRATION DE STÉPHANIE LAFLEUR, FAN DE BRUNO QUI A RÉPONDU À L'APPEL À TOUS

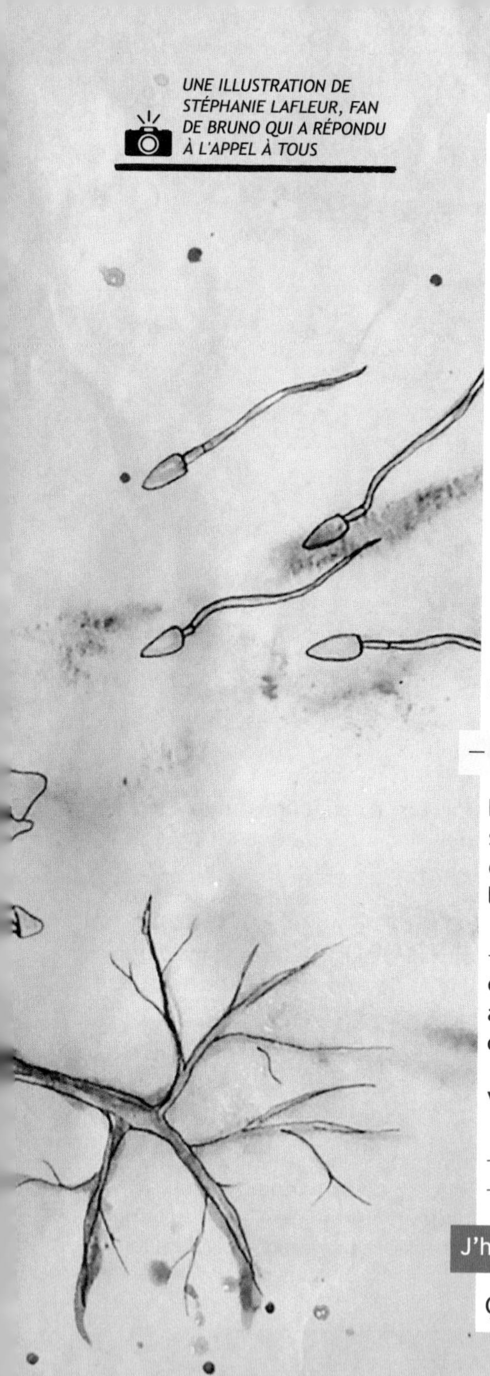

Puis il y avait Jeanne, la femme de Munich avec l'appareil photo à 2000 euros, qui était venue jusqu'ici afin de photographier UN oiseau, un seul : le fameux *blue bird truc machin*. Pourquoi ?

— Parce qu'on ne peut le voir qu'ici.
— Et ensuite ?
— Ensuite ? Bien, je l'aurai vu !
— Ah bon.

Elle a sifflé un coup, puis elle a fait une tête qui ressemblait à « non mais, quel crétin, ce Canadien »...

Et finalement, j'ai rencontré Jérôme, un cinéaste de brousse qui passe beaucoup de temps ici, depuis deux ans, à filmer les mœurs des aras.

— Tu filmes les perroquets ?
— Oui, et j'aime bien, de temps en temps, boire l'*ayahuasca* avec un chaman.

— Pardon ?

L'ayahuasca est un arbre duquel on extrait une substance qui provoque des hallucinations. Les gens du coin l'utilisent pour communiquer avec le dieu de la forêt. Jérôme me raconte avec enthousiasme.

— La dernière fois, je suis devenu un spermatozoïde, et je me battais avec les autres spermatozoïdes pour arriver le premier à l'ovule, puis je me suis envolé dans l'espace et j'ai plané autour du système solaire !

Vous me connaissez, j'ai eu envie d'en savoir plus...

— Tu m'intéresses, l'ami Jérôme...
— Je peux t'y amener, si tu veux.

J'hésite. J'y réfléchis...

Ça vous dirait, un voyage astral ?

AYAHUASQUOI ?

— FORÊT AMAZONIENNE, PÉROU —

Jérôme était catégorique.

— Oui, il y a des risques. Par exemple, une fois, un mec a pris de l'ayahuasca avec un chaman, ici, et le chaman l'a comme... échappé. Tu sais que le chaman, en principe, te guide dans ton voyage. Mais le mec était devenu hors de contrôle. Il s'est foutu à poil et il s'est sauvé à travers la forêt amazonienne. En pleine nuit, tu imagines ! À poil, avec tous les pumas, les serpents, les araignées, les scolopendres... Sans compter les arbres avec des épines longues comme ça, ouille ! Le mec a couru comme un con, et le lendemain on l'a retrouvé assis sur une branche, dans un arbre, à cinq kilomètres de là ! Miraculeusement, il n'était pas blessé. Mais le zigoto, il se prenait pour un singe. Il avait perdu la raison.

— Pourquoi ?

— On pense que le mec n'avait pas respecté la diète prescrite par le chaman avant le rituel. Crois-moi, ce n'est pas une blague, Bruno : obéis au chaman. Sinon, tu pourrais finir au zoo à faire des singeries.

— Oui. Et surtout que c'est précisément mon genre !

Pendant les trois jours qui précèdent le rituel, les règles sont strictes : pas d'alcool, pas de café, pas d'épices, pas de drogue, pas de viande, pas de sexe.

— Le plus dur, c'est le sexe, lance Jérôme à la blague, lui qui est déjà passé quatre fois par là.

Il se penche à mon oreille et me confie un secret.

— Et après ton « voyage », le plus étrange, c'est que tu te souviendras de tout. De tout ! Aucun détail ne t'aura échappé. C'est intense mon vieux, crois-moi...

J'étais convaincu !

— Ouf. Merci pour les explications, mon Jerry. Je te raconterai mes péripéties, c'est promis ! Allez l'ami, il se fait tard, et tes bêtes t'attendent !

Son métier de cinéaste de brousse est un job fascinant. Rien que de le voir partir, aux premières lueurs, dans son habit de camouflage avec ses trois épaisseurs de pulls, ses gants, sa cagoule et ses grandes bottes dans lesquelles il rentre le pantalon, c'est impressionnant.

Le premier matin, je n'ai pas pu m'empêcher de lui demander :

— Tu t'en vas faire du ski-doo, Jérôme ?

Il a rigolé. Même s'il n'avait aucune idée de ce que c'était, un ski-doo, il avait compris l'ironie.

— Pas le choix, mon vieux ! Soit je crève de chaleur, soit je me fais dévorer par les moustiques. Je préfère la chaleur, parce que les moustiques ici, ils te vident de ton sang en un clin d'œil.

Et l'autre matin, le fou zélé, il a attendu le retour d'un oiseau pendant quatre heures, au pied d'un nid. Immobile, à genoux derrière son trépied couvert de feuillage, prêt à peser sur le bouton rouge de la caméra. Il ne l'a jamais vu.

— J'ai abandonné quand les fourmis ont trouvé un trou dans mon froc.

Il se gratte.

— Elles m'ont bouffé le cul, ces saloperies de bestioles !

Or, ça prenait seulement un beau cinglé comme lui pour me convaincre de sortir en pleine nuit dans la jungle amazonienne et de boire une boisson hallucinogène, qui aura le pouvoir de me transformer en animal sauvage ou en joli petit macaque.

Ma décision prise, il ne me restait qu'à partir en ville pour rencontrer un chaman digne de ce nom.

Adios, Jérôme, *caro mio.*

>>>
Arrivé à Puerto Maldonado, grosse déception. Je croyais que ça allait être difficile de me trouver un chaman. Je m'attendais à une aventure captivante. Comme dans un film. Avec un rendez-vous dans une ruelle, un mot de passe, des ombres furtives, un hurlement de coyote...

Sur des affiches d'agences de voyages, partout autour de la Plaza de Armas, on fait la promotion, en grosses lettres, de forfaits « RITUEL DE L'AYAHUASCA », avec transport et nuit dans un lodge... Bordel, c'est une activité à la mode !

Est-ce de la frime ?

J'enquête.

– Bonjour madame, y a-t-il une diète spéciale à suivre, avant le rituel ?

– Non. Mais on vous conseille d'apporter un imper, des chaussures confortables et du chasse-moustiques.

– D'accord. C'est comme une sortie en groupe, comme pour faire du rafting ?

– Exactement! Après-demain, on accueille un groupe de Suisse. Vous serez avec six personnes. On viendra vous chercher à l'hôtel. Et le lendemain, le petit-déjeuner est inclus.

– Y aura des bananes ?
– Pardon ?
– J'espère que les Suisses aiment les bananes.

Moi, j'ai un autre plan.

>>>
Mon ami péruvien Gilberto et sa femme traversaient une période difficile.

– Quatorze ans de vie commune, ça use, Bruno.

Et une façon de régler les problèmes de couple, ici, c'est de prendre de l'ayahuasca, afin de se retrouver, mari et femme, dans les étoiles.

– De là-haut, on a une vue incroyable sur notre petite vie!, m'avait-il dit.

Gilberto était notre interprète durant le tournage, et je suis allé le supplier de venir faire le rituel de l'ayahuasca avec moi. Je sais qu'avec lui, ce sera du sérieux.

Il en a donc parlé à son épouse. Elle était d'accord. Nous ferons donc ensemble le voyage psychédélique.

Je me mets immédiatement à la diète. Et surprise, une des règles sera beaucoup plus difficile à respecter que prévu, entre « pas de sexe », « pas de viande », et « pas d'épices »... Et ce n'est pas l'abstinence, non !

C'est la viande. Se dénicher un bon repas végétarien en Amazonie relève de l'exploit. Y a pas de légumes ici ! Premier dilemme : du poisson, est-ce de la viande ?

Basta ! Je mange une truite.

Fin du premier jour. La nuit, je fais de drôles de rêves. Je me lance en bas d'un building et je rebondis.

Deuxième jour, je fais un effort. Je ne mange qu'un repas de riz aux légumes, avec du ketchup. Je sens que je ne serai pas très fort demain soir !

19 h 40, le même soir. On frappe à la porte de ma chambre. Mon ami Gilberto est essoufflé.

— Changement de plan. On a rendez-vous ce soir avec le chaman. Demain, il part pour la capitale.

— Ce soir ? Mais je n'ai pas fini ma diète !

— T'as fait combien de temps ?
— Deux jours. Et j'ai mangé de la truite.

— Ça devrait aller. Je reviens te chercher dans 20 minutes.

— Mais...
— Tu te dégonfles ?
— Non, je ne me dégonfle pas.

Je ne me dégonfle pas ! Cependant, très chers lecteurs, je vous demanderais une faveur : au zoo, dans la cage des singes, s'il vous plaît, ne me lancez pas de cacahuètes...

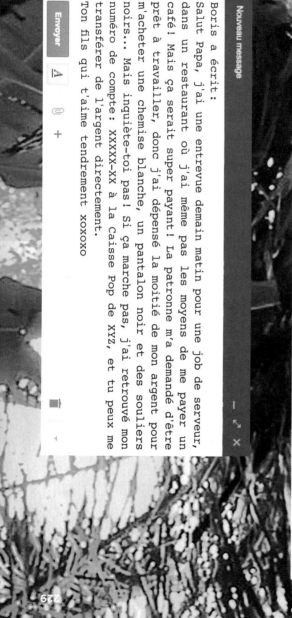

Nouveau message

Boris a écrit :
Salut Papa, j'ai une entrevue demain matin pour une job de serveur, dans un restaurant où j'ai même pas les moyens de me payer un café ! Mais ça serait super payant ! La patronne m'a demandé d'être prêt à travailler, donc j'ai dépensé la moitié de mon argent pour m'acheter une chemise blanche, un pantalon noir et des souliers noirs... Mais inquiète-toi pas ! Si ça marche pas, j'ai retrouvé mon numéro de compte : XXXXX-XX à la Caisse Pop de XYZ, et tu peux me transférer de l'argent directement.
Ton fils qui t'aime tendrement xoxoxo

Envoyer

LA CONQUÊTE DE L'ESPACE

— PUERTO MALDONADO, PÉROU —

1RE PARTIE

Dans 20 minutes, Gilberto viendra me chercher pour aller dans la jungle. Avec sa femme, Leila, nous participerons au rituel de l'ayahuasca, une célébration païenne dont l'origine remonterait à 2000 ans avant J.-C. J'ignore comment se déroulera la soirée. Tout ce que je sais, c'est que je devrai boire une mixture hallucinogène, à base d'une racine d'arbre, un truc super puissant qui pourrait me rendre fou.

Ou m'emmener au paradis.

Je tourne en rond dans ma chambre. Et je fulmine. Pourquoi ai-je accepté? Qu'est-ce que je cherche? Où s'arrêtera donc ce besoin d'exploration? Comment faire marche arrière? Dans mon esprit, les scénarios se bousculent. Comme il pleut à verse, je me dis que le rituel sera peut-être... reporté. Non. Ce n'est pas un match de baseball. Je me cache sous le lit? Il y a des araignées. Gilberto aura peut-être un empêchement de dernière minute? Comme une crevaison ou une crise d'appendicite? Je me mets à souhaiter l'arrivée d'un ovni qui m'amènera chez les Raëliens.

Dehors, la pluie cesse.

Gilberto débarque à 20 h précises. Il tient ses promesses, celui-là! J'aurais préféré qu'il ne soit pas aussi loyal.

Il est à moto. Avec sa femme.

— Je m'assois où?
— Au milieu.

Nous partons. Quatre coins de rue plus tard, nous avons quitté les lumières de la ville et son rassurant asphalte.

Nous sommes à trois sur une moto, sur une piste boueuse, dans l'obscurité la plus totale. Gilberto connaît bien le chemin. Alors il roule comme un malade mental. Direction, le port du village d'Infierno. En français : L'enfer.

GILBERTO ET LA PIROGUE DU CHAMAN, EN ROUTE VERS L'INCONNU.

Je me penche à son oreille.

— Es-tu pressé, Gilberto?
— Non.
— Heureusement.

Nous dérapons. Leila rit. Elle est habituée. Moi je suis prêt à être éjecté du véhicule: et mentalement, je me prépare à effectuer une roulade, comme au judo.

L'épreuve dure 45 minutes.

Nous arrivons au quai. La pente est raide. J'allume ma lampe de poche. Un papillon me fonce dans le front.

Poc! Et je pile dans la merde.

Le chaman nous attend au bord de l'eau. Il a de beaux yeux rieurs et une poignée de main rassurante. Mais il a aussi une pirogue pourrie qui prend l'eau.

Et nous devons l'emprunter pour traverser le rio Tambopata, une grande rivière brune avec beaucoup de courant. Exactement le genre de cours d'eau dans lequel t'as pas envie de tomber dedans! J'ai déjà trouvé ma tactique en cas de chavirage: j'arrache mes bottines, j'enlève mon manteau et je nage, en diagonale, vers la rive, en faisant le moins de splish-splash possible afin de ne pas attirer les caïmans... Nous réussissons à prendre place sans renverser le canot. Et une fois tous à bord, nous frôlons la surface de l'eau.

Une vague, même toute petite, et c'est bye-bye la visite!

— Éteins ta lampe, Bruno.
— Pourquoi?
— Pour ne pas attirer les caïmans.
— Sacramant...

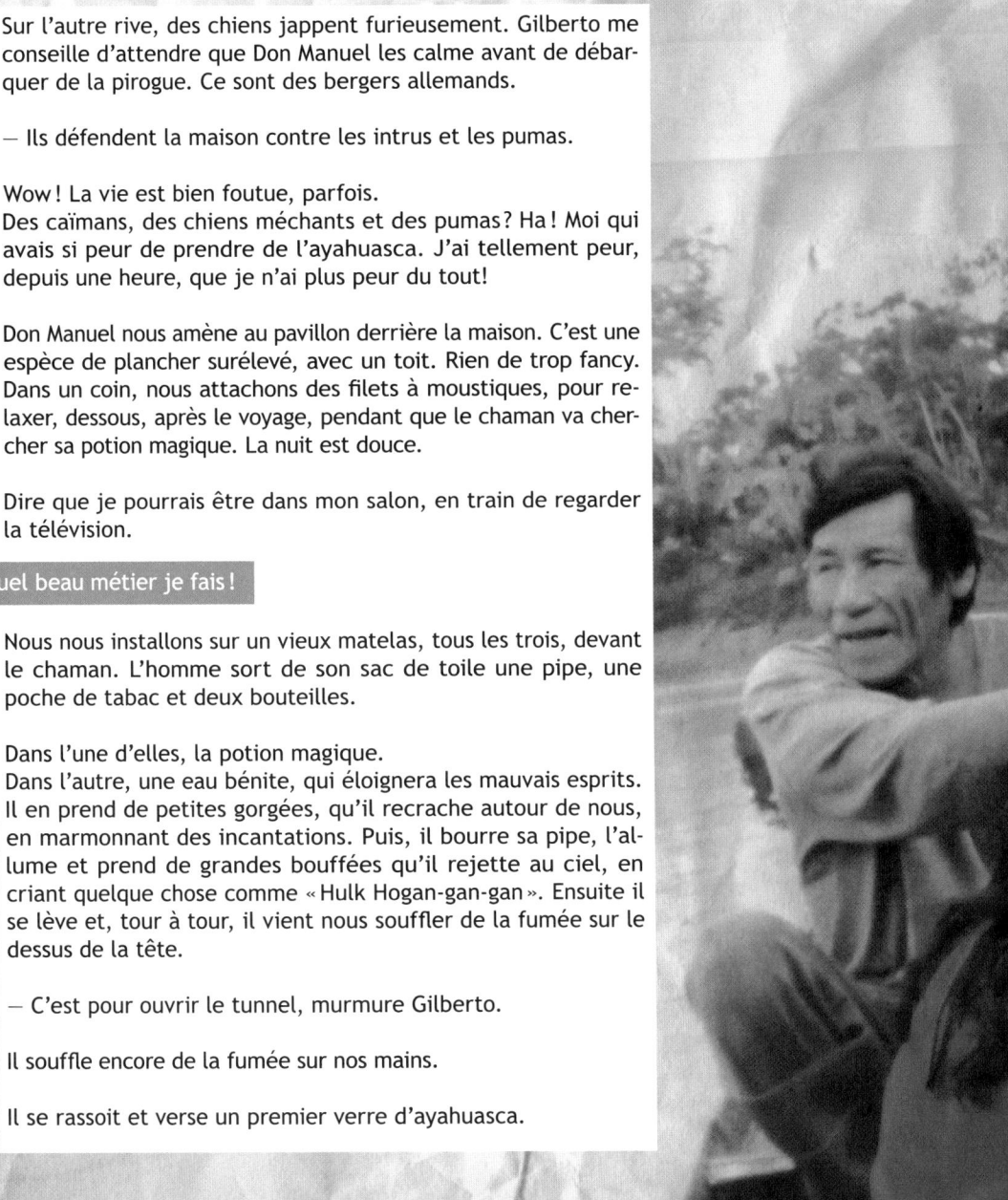

Sur l'autre rive, des chiens jappent furieusement. Gilberto me conseille d'attendre que Don Manuel les calme avant de débarquer de la pirogue. Ce sont des bergers allemands.

— Ils défendent la maison contre les intrus et les pumas.

Wow ! La vie est bien foutue, parfois.
Des caïmans, des chiens méchants et des pumas ? Ha ! Moi qui avais si peur de prendre de l'ayahuasca. J'ai tellement peur, depuis une heure, que je n'ai plus peur du tout!

Don Manuel nous amène au pavillon derrière la maison. C'est une espèce de plancher surélevé, avec un toit. Rien de trop fancy. Dans un coin, nous attachons des filets à moustiques, pour relaxer, dessous, après le voyage, pendant que le chaman va chercher sa potion magique. La nuit est douce.

Dire que je pourrais être dans mon salon, en train de regarder la télévision.

Quel beau métier je fais !

Nous nous installons sur un vieux matelas, tous les trois, devant le chaman. L'homme sort de son sac de toile une pipe, une poche de tabac et deux bouteilles.

Dans l'une d'elles, la potion magique.
Dans l'autre, une eau bénite, qui éloignera les mauvais esprits. Il en prend de petites gorgées, qu'il recrache autour de nous, en marmonnant des incantations. Puis, il bourre sa pipe, l'allume et prend de grandes bouffées qu'il rejette au ciel, en criant quelque chose comme « Hulk Hogan-gan-gan ». Ensuite il se lève et, tour à tour, il vient nous souffler de la fumée sur le dessus de la tête.

— C'est pour ouvrir le tunnel, murmure Gilberto.

Il souffle encore de la fumée sur nos mains.

Il se rassoit et verse un premier verre d'ayahuasca.

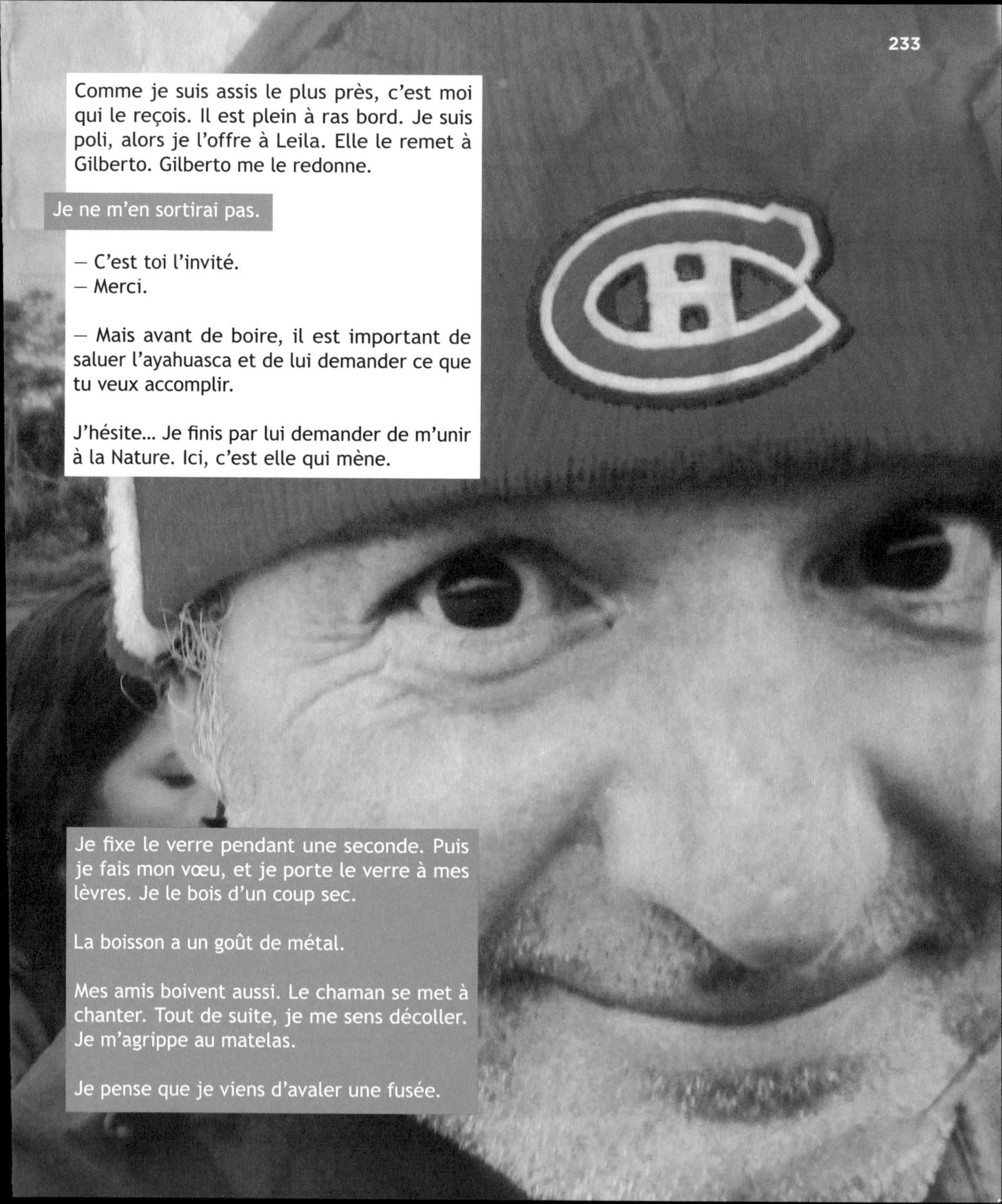

Comme je suis assis le plus près, c'est moi qui le reçois. Il est plein à ras bord. Je suis poli, alors je l'offre à Leila. Elle le remet à Gilberto. Gilberto me le redonne.

Je ne m'en sortirai pas.

— C'est toi l'invité.
— Merci.

— Mais avant de boire, il est important de saluer l'ayahuasca et de lui demander ce que tu veux accomplir.

J'hésite... Je finis par lui demander de m'unir à la Nature. Ici, c'est elle qui mène.

Je fixe le verre pendant une seconde. Puis je fais mon vœu, et je porte le verre à mes lèvres. Je le bois d'un coup sec.

La boisson a un goût de métal.

Mes amis boivent aussi. Le chaman se met à chanter. Tout de suite, je me sens décoller. Je m'agrippe au matelas.

Je pense que je viens d'avaler une fusée.

LA CONQUÊTE DE L'ESPACE

— PUERTO MALDONADO, PÉROU —

2E PARTIE

Mon ami Jérôme, lui, s'était transformé en serpent. Puis en spermatozoïde. Et finalement en poussière de comète.

Moi, après 15 minutes sur l'ayahuasca, je sens le plancher qui m'avale. Comment est-ce possible? Je me tâte. Je comprends.

C'est parce que mes fesses sont en bois.

Je regarde mes mains. Ce ne sont plus des mains. Ce sont des racines. J'ai les doigts pris dans le plancher. Je ne pourrai plus bouger. Je m'étends.

J'ai de la difficulté à respirer. Suis-je en bois? L'ayahuasca me répond.

— Calme-toi.

— Ah! T'étais là, toi?

C'est un des aspects les plus surprenants de l'ayahuasca. Le truc te parle. Te guide. Te propose des choses. Te console.

— Laisse aller.

Je respire un grand coup. Mes poumons fonctionnent.

Et cela, même si je suis devenu... la cabane. Je résonne sur le plafond, les murs, le plancher. Je m'entends faire écho aux bruits de la forêt. Et au chant du chaman. Magnifique. Sa voix, ses mots me transportent. Me soulèvent. Et le miracle a lieu.

Je suis aussi le chaman! Je suis lui, moi, la cabane, la forêt!

Voilà. Je comprends tout. J'ai tellement d'amour que je sens mon cœur protester. Il veut sortir de ma poitrine.

Ma pensée éclate, se fragmente en un million de petites pièces. Devant moi, un feu d'artifice d'équations mathématiques, d'électrons, de noyaux, de ficelles. Et de nez de clown. Des nez de clown? Ha! Je me dis qu'il y a des éléments chimiques qui ne sont pas très sérieux.

Ça me fait rigoler.

Je me revois au cégep dans le cours de chimie. Flash. Je suis un vieux Vietnamien. *Cam on*! Puis, je disparais. Je ne me revois plus. Et pendant ce qui me semble des heures, il n'y a plus de haut, plus de bas, plus de devant ni de derrière. Plus de Bruno. Qu'une pluie de codes complexes. Le temps a explosé. Tout se désintègre. C'est *La matrice*? C'est la formation de l'univers?

— Les nerfs, Bruno.

Je panique. Ma respiration est haletante. Le chaman me demande si je vais bien.

— *Estoy mucho loco*, c'est fou, que je lui réponds.
— Et qu'est-ce qui est fou?
— Moi, je suis fou! Je suis un poisson.

Pour l'apaiser, j'ouvre la bouche et j'avale la lumière de la lune. Elle coule dans ma gorge, s'enroule autour de ma moelle épinière, descend dans mon ventre et ressort par tous les pores de ma peau. Je brille dans la nuit. Je suis un astre!

Comme par magie, les grillons se mettent tous à chanter la même note. C'est le O de Bruno. Le sifflement devient de plus en plus fort et m'envahit, comme une décharge électrique.

BUZZZZZZZZ!

Je me retourne comme un gant et je me rentre dedans, à la vitesse de la lumière. Plongeon dans les molécules! Assaut dans la matière!

BUZZZZZZZZ!

Pardon? Je suis un poisson? Pourquoi j'ai dit ça?

Je touche ma tête. Elle est lisse.
Et je suis dans l'eau. Instinctivement, je veux remonter la rivière.

Je pense comme un poisson. Il n'y a plus de mots dans ma tête. Que des sensations.

Tout va trop vite. Je demande à l'ayahuasca de ralentir. Elle insiste pour me faire remonter la rivière. Elle veut me dévoiler quelque chose d'important. D'essentiel. Je le sens.

— C'est l'origine de la vie?

Elle ne me répond pas. Je remonte le courant. L'eau me rafraîchit. Elle est de plus en plus froide. Au bout de ma course folle, un glacier. Un glacier? Je croyais que la lumière était la grande responsable de notre existence! La fameuse grande lumière blanche, au bout du tunnel. Non, c'est l'eau, la vie, qu'elle me dit. Devant mes yeux, le glacier fond. Je pleure. Je viens de comprendre.

Il y aura une fin, après Tout. Une fin du monde. Je l'ai vue.

Le jour où il n'y aura plus d'eau.

Le chaman se lève. Il me souffle de la fumée sur la tête. Il m'en souffle sur les mains.

— *Listo*, Bruno. C'est fini.

J'ouvre les yeux. Je vois mes pieds.

Mes amis entrelacés.

Et la fumée du chaman est bonne. Rassurante. Je voudrais pouvoir me lover dans ses volutes. Son odeur m'enveloppe. Dans la fumée, il y a le tabac, la plante du tabac, il y a le soleil, il y a le feu, il y a la terre. Je vois tout, je sens tout, j'ai accès à différents niveaux de conscience, je suis dans l'infiniment petit et l'infiniment grand, et je peux comprendre, en même temps, ce qui se passe dans la pièce.

Je souris.

Le chaman se remet à chanter. Je repars, doucement cette fois, juste pour planer au-dessus de la forêt et jaser avec l'ayahuasca. Le soleil s'est levé. Mes amis étaient couchés collés. Le chaman m'a demandé ce que je retenais de l'expérience.

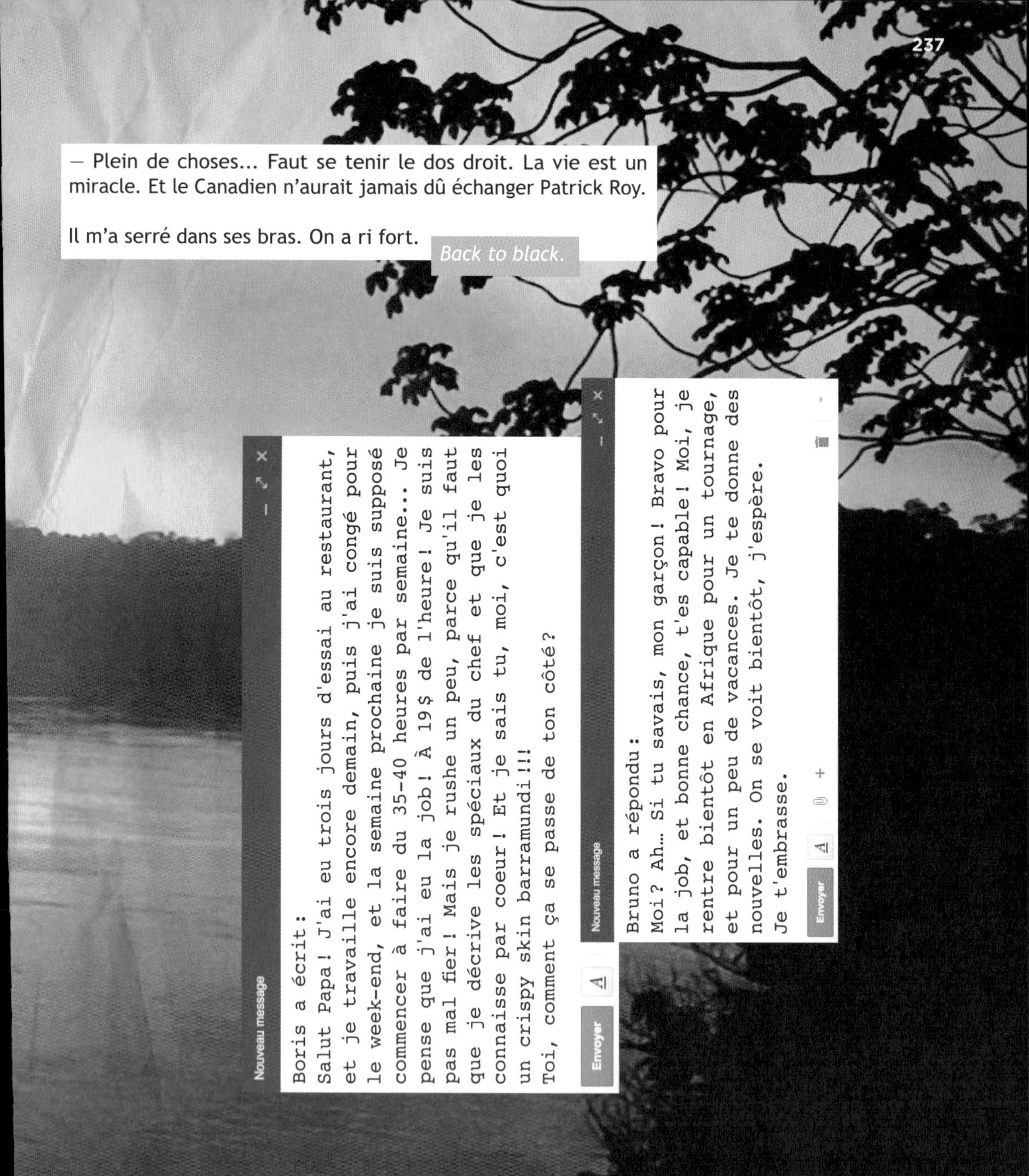

— Plein de choses… Faut se tenir le dos droit. La vie est un miracle. Et le Canadien n'aurait jamais dû échanger Patrick Roy.

Il m'a serré dans ses bras. On a ri fort.

Back to black.

Nouveau message

Boris a écrit :
Salut Papa ! J'ai eu trois jours d'essai au restaurant, et je travaille encore demain, puis j'ai congé pour le week-end, et la semaine prochaine je suis supposé commencer à faire du 35-40 heures par semaine… Je pense que j'ai eu la job ! À 19$ de l'heure ! Je suis pas mal fier ! Mais je rushe un peu, parce qu'il faut que je décrive les spéciaux du chef et que je les connaisse par coeur ! Et je sais tu, moi, c'est quoi un crispy skin barramundi !!!
Toi, comment ça se passe de ton côté ?

Envoyer

Nouveau message

Bruno a répondu :
Moi ? Ah… Si tu savais, mon garçon ! Bravo pour la job, et bonne chance, t'es capable ! Moi, je rentre bientôt en Afrique pour un tournage, et pour un peu de vacances. Je te donne des nouvelles. On se voit bientôt, j'espère.
Je t'embrasse.

Envoyer

UNE BELLE RENCONTRE

— ARUSHA, TANZANIE —

Kilimandjaro — Au pied du mont Méru, à Arusha, en Tanzanie, un lot de compagnies de trekking et d'agences de voyages organisent des excursions pour le Kilimandjaro; et comme avec n'importe quel type d'entreprise, on en trouve des bonnes, des respectables, des populaires, des petites et des minables.

Le magasinage, ici, est super important! Parce que grimper le Kilimandjaro n'est pas une balade sur le mont Saint-Grégoire; et de nombreux problèmes peuvent survenir, liés au mal de l'altitude ou à l'ascension de la montagne. Et vous pouvez mourir.

Crac, bang, kapout, fini. N-i, ni. Comme dans « fini le mal de dos et les comptes d'Hydro ». Comme dans « pas nécessaire de rentrer au bureau lundi, Roger ». Comme dans « qu'il est doux, mon éternel repos ».

À ce sujet, et je ne voudrais pas éveiller en vous des idées noires, j'ai fait un rêve extraordinaire, la nuit dernière : j'étais mort.

J’étais couché sur le dos, dans un champ, et je m’enfonçais doucement. Je retournais au sol qui m’avait donné la vie. Et c’était bon... J’ignore de quelle manière j’avais été saisi du plus grand des mystères : mais je savais que, bientôt, je serais la Terre ; j’avais compris que le cosmos et moi, nous étions de la même matière ; que je n’aurais jamais existé sans la lune, le soleil, les koalas, les coccinelles, les Cowboys de Dallas et les hindouistes ; que je n’aurais jamais été là sans vous, et que vous n’existeriez pas sans moi. D’une façon viscérale, de par l’ensemble de mes atomes, j’avais compris que tout était Dieu : l’air, l’eau, le feu, Jean-Pierre et Monique...

Bref, j’avais compris que vous étiez Dieu. Et que j’étais Dieu, moi itou.

Pas pire buzz, hein ?

Cela dit, même si la mort était aussi douce, c’est un peu moche de crever en escaladant le Kilimandjaro : parce que ça cause beaucoup de problèmes pour la famille et que ça ne fait pas de très belles photos de voyage. De là l’importance de savoir bien profiter de vos vacances en Tanzanie pour en revenir bronzés, grandis et en vie. Et coïncidence, je peux justement vous conseiller quelqu’un de spécial qui va vous arranger ça à la mode de chez nous.

Elle s'appelle Julie. Elle est québécoise. Elle est mariée à un Masaï. Ensemble, ils ont une adorable petite princesse de 5 ans prénommée Siyana.

Julie est copropriétaire de l'agence de voyages East African Voyage, qui nous a offert un service hors pair lors de notre séjour sur le Kilimandjaro, à la rencontre des fermiers de café de la tribu Chagga.

Lorsque je l'ai rencontrée, après notre trek, elle réglait un problème de guide japonais pour un groupe qui arrivait de Tokyo le lendemain. Deux coups de téléphone et le tour était joué.

Parce que Julie est une femme d'affaires accomplie. Son agence fonctionne à bloc, mais son véritable métier est celui d'avocate. Et dans le genre « curiosité morbide pour épris de justice », il y a ici, à Arusha, une attraction touristique vraiment singulière: vous pouvez assister aux procédures du Tribunal pénal international de l'ONU, qui juge les accusés du génocide rwandais. Et c'est gratuit ! Vous n'avez qu'à présenter votre passeport et laisser votre appareil photo à l'entrée… Donc, si aller voir des « monstres en chair et en os », ça vous inspire, le Tribunal, c'est l'endroit.

C'est précisément là que Julie travaille.

— Je défends les accusés du génocide.
— Pardon ?

J'ai avalé ma bouchée de spaghetti carbonara de travers. Elle a ri. Elle m'a expliqué. Son amour pour la loi. Sa défense du droit à l'avocat. Le manque de standardisation des enquêtes contre les accusés, effectuées par le procureur lui-même. Les accusations gonflées, appuyées par des témoins qui, lorsqu'on leur demande d'identifier l'accusé, pointent plutôt en direction du gardien de sécurité... C'était tellement fascinant de l'écouter ! J'ai insisté pour voir où elle travaillait. Elle m'a amené backstage, à la cour, dans des corridors laids et anonymes, où des bureaux minuscules accueillent jusqu'à cinq avocats à la fois. J'étais étonné. C'est vraiment ça, les conditions des travailleurs de la Cour internationale de l'ONU ?

— On ne le fait pas pour le confort !

Une question me brûlait la langue.

— Mais, lorsque tu rencontres ces «meurtriers»... ça fait quoi?

Elle a réfléchi.

— Le premier que j'ai défendu était un grand-père, avec les yeux doux et une poignée de main molle. Comprends bien une chose, Bruno: je n'aime pas les criminels, ni les crimes, et surtout celui de génocide, qui est horrible. J'essaie simplement de comprendre comment l'humain peut en arriver là...

Ces jours-ci, ne la cherchez pas: elle est à Mombasa, au Kenya.

— Je vais voir si je peux défendre des pirates somaliens qui seront jugés là-bas.

— Les pirates somaliens?!? Et pourquoi?

— Pour le défi. Pour le plaisir de la cause. Sais-tu que le crime de piraterie n'a pas été redéfini depuis des dizaines d'années? Et que des dizaines d'individus sont entassés dans des conteneurs, dans des conditions atroces, accusés de piraterie, alors qu'ils sont de simples pêcheurs? Et des adolescents, et des... Et la voilà repartie.

Nous aussi. Devinez où? Au Rwanda.

>>>

Dans le genre, la bureaucratie rwandaise me rappelle drôlement celle de l'Inde : à la différence qu'ici, elle se fait dans la joie et la bonne humeur. Alors qu'en Inde, on vous engueule à la moindre anomalie. Je ne me souviens plus si je vous l'ai raconté, mais ils m'énervaient tellement que j'écrivais n'importe quoi, à la fin, rien que pour les embêter. Sur les formulaires d'inscription à l'hôtel, sous « nom de votre mère », j'écrivais Maman. Sous « tribu », j'écrivais Rosemont...

— Qu'est-ce que vous avez écrit, là, sous « métier de votre père » ?
— Inspecteur en ours polaire, monsieur.
— Inspecteur en ours polaire ? Mais c'est illisible ! Effacez et recommencez !
— I-n-s-p-e-c-t-e-u-r...

COMME DANS UN CAUCHEMAR

— MURAMBI, RWANDA —

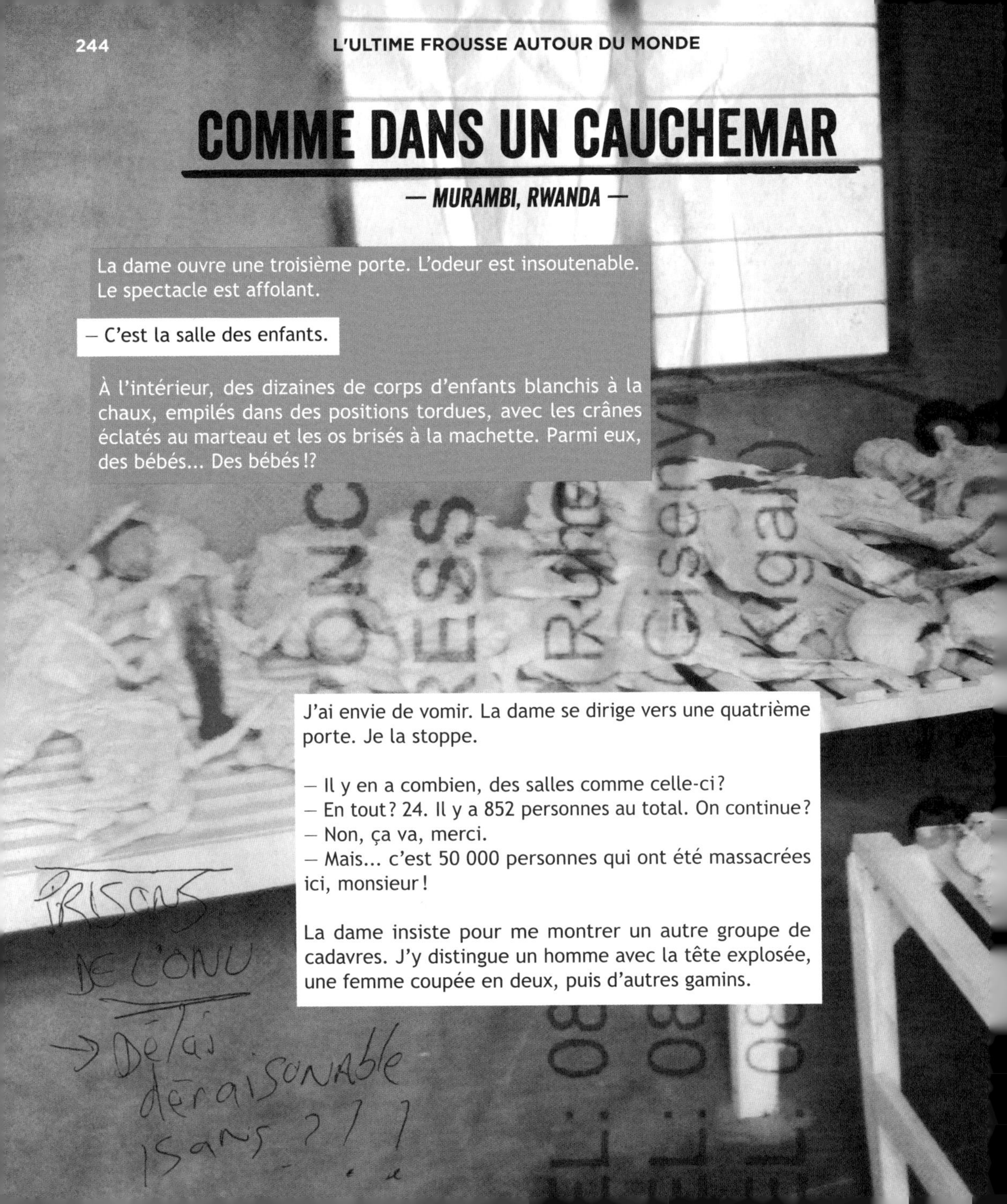

La dame ouvre une troisième porte. L'odeur est insoutenable. Le spectacle est affolant.

– C'est la salle des enfants.

À l'intérieur, des dizaines de corps d'enfants blanchis à la chaux, empilés dans des positions tordues, avec les crânes éclatés au marteau et les os brisés à la machette. Parmi eux, des bébés... Des bébés !?

J'ai envie de vomir. La dame se dirige vers une quatrième porte. Je la stoppe.

– Il y en a combien, des salles comme celle-ci?
– En tout? 24. Il y a 852 personnes au total. On continue?
– Non, ça va, merci.
– Mais... c'est 50 000 personnes qui ont été massacrées ici, monsieur !

La dame insiste pour me montrer un autre groupe de cadavres. J'y distingue un homme avec la tête explosée, une femme coupée en deux, puis d'autres gamins.

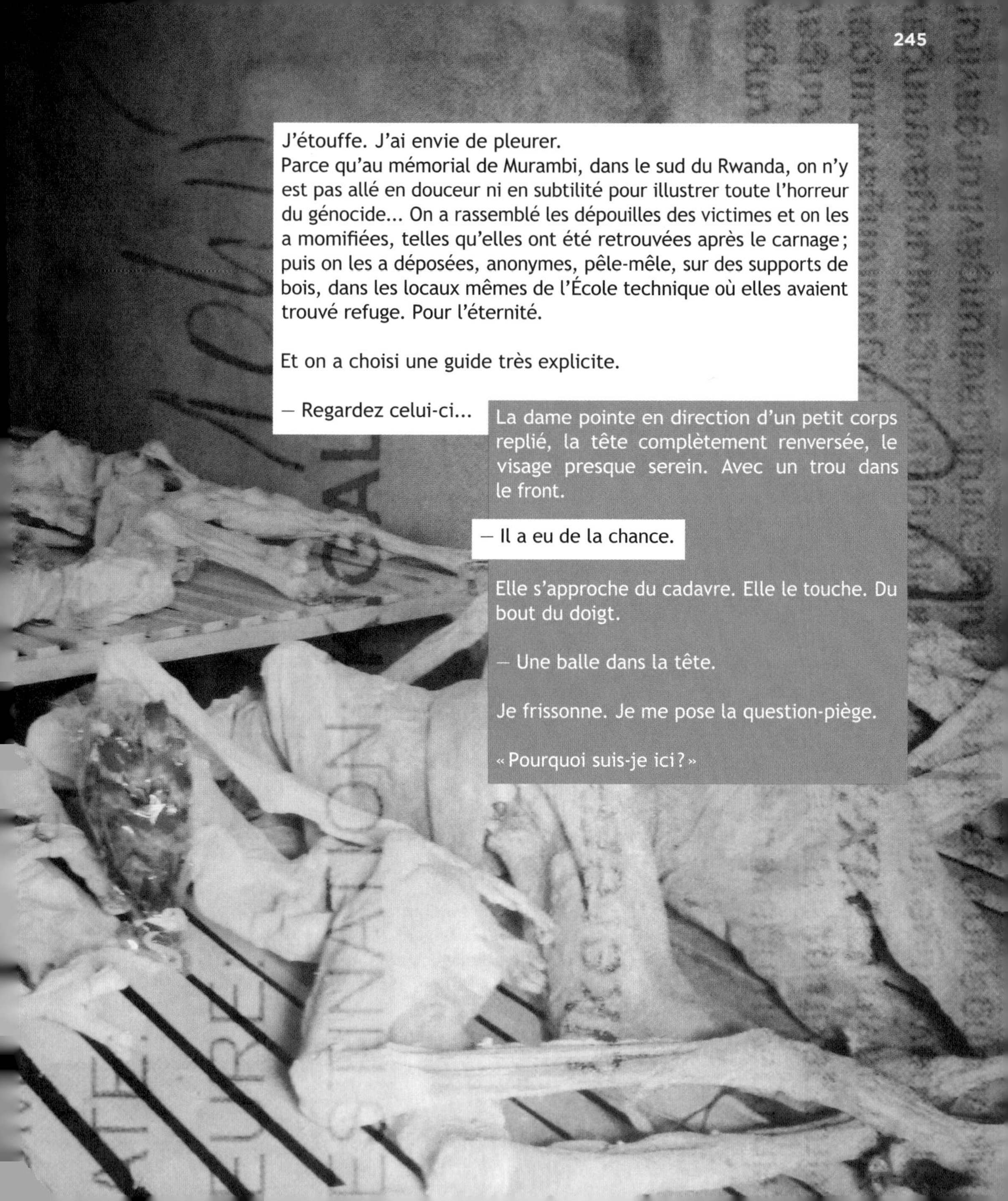

J'étouffe. J'ai envie de pleurer.
Parce qu'au mémorial de Murambi, dans le sud du Rwanda, on n'y est pas allé en douceur ni en subtilité pour illustrer toute l'horreur du génocide... On a rassemblé les dépouilles des victimes et on les a momifiées, telles qu'elles ont été retrouvées après le carnage ; puis on les a déposées, anonymes, pêle-mêle, sur des supports de bois, dans les locaux mêmes de l'École technique où elles avaient trouvé refuge. Pour l'éternité.

Et on a choisi une guide très explicite.

— Regardez celui-ci...

La dame pointe en direction d'un petit corps replié, la tête complètement renversée, le visage presque serein. Avec un trou dans le front.

— Il a eu de la chance.

Elle s'approche du cadavre. Elle le touche. Du bout du doigt.

— Une balle dans la tête.

Je frissonne. Je me pose la question-piège.

« Pourquoi suis-je ici ? »

>>>

Lorsque je débarque dans une nouvelle ville, mon plan est souvent le même : je pars de l'hôtel le matin, sans carte ni sac à dos, avec une vingtaine de dollars dans les poches, une vague connaissance des lieux et une bouteille d'eau. Et je marche jusqu'à ce que je sois complètement perdu. Je ne crains rien parce que je n'ai rien, et je me réserve le droit à toutes les surprises.

– Wow ! Le beau monument croche ! On dirait qu'il penche d'un côté!
– C'est la tour de Pise, monsieur.

– Ah bon...

Donc, c'est avec cette même légèreté de l'être que je me prépare à quitter l'hôtel Okapi, au centre-ville de Kigali, pour mon premier *blind date* avec le Rwanda. Je me suis quand même fixé des objectifs « touristiques » pour la journée : visiter un mémorial dédié aux victimes du génocide ; trouver le bureau de l'Office du tourisme (ORTPN), afin d'essayer d'obtenir un des rares permis disponibles pour aller voir les gorilles dans le nord du pays ; et photographier l'église de la Sainte-Famille, site du massacre de centaines de Tutsis et d'opposants hutus, le 17 juin 1994... Je sais, c'est horrible: mais il est quasi impossible d'échapper à l'attrait malsain qu'exerce le génocide lorsqu'on visite le Rwanda pour la première fois. Surtout que tous les guides de voyage vous proposent des itinéraires des « lieux associés au génocide », comme on vous conseillerait un parcours des châteaux de la Loire...

La veille, j'étais descendu au fameux Hotel Rwanda, du film hollywoodien du même nom, qui est en fait l'Hôtel des Mille Collines, pour y passer ma première nuit.

« Rendez-vous avec l'histoire, Bruno, et attention aux fantômes... »

Rendez-vous raté. Au moment où j'écris ces lignes, l'hôtel est en grande phase de rénovation. Et franchement, je ne suis pas déçu.

Devant, un homme prenait des photos. Il avait l'air furieux.

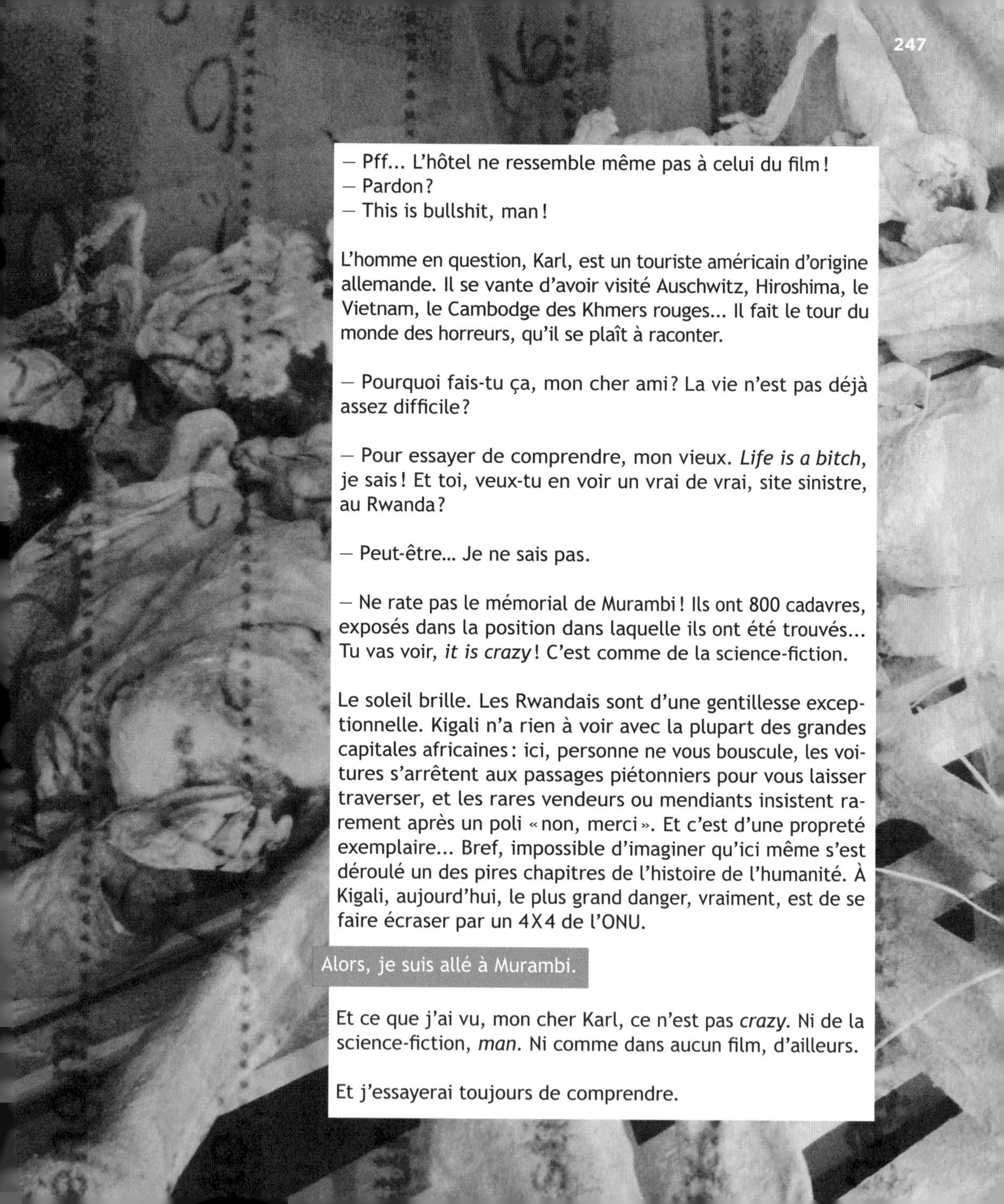

— Pff... L'hôtel ne ressemble même pas à celui du film !
— Pardon ?
— This is bullshit, man !

L'homme en question, Karl, est un touriste américain d'origine allemande. Il se vante d'avoir visité Auschwitz, Hiroshima, le Vietnam, le Cambodge des Khmers rouges... Il fait le tour du monde des horreurs, qu'il se plaît à raconter.

— Pourquoi fais-tu ça, mon cher ami ? La vie n'est pas déjà assez difficile ?

— Pour essayer de comprendre, mon vieux. *Life is a bitch*, je sais ! Et toi, veux-tu en voir un vrai de vrai, site sinistre, au Rwanda ?

— Peut-être... Je ne sais pas.

— Ne rate pas le mémorial de Murambi ! Ils ont 800 cadavres, exposés dans la position dans laquelle ils ont été trouvés... Tu vas voir, *it is crazy* ! C'est comme de la science-fiction.

Le soleil brille. Les Rwandais sont d'une gentillesse exceptionnelle. Kigali n'a rien à voir avec la plupart des grandes capitales africaines : ici, personne ne vous bouscule, les voitures s'arrêtent aux passages piétonniers pour vous laisser traverser, et les rares vendeurs ou mendiants insistent rarement après un poli « non, merci ». Et c'est d'une propreté exemplaire... Bref, impossible d'imaginer qu'ici même s'est déroulé un des pires chapitres de l'histoire de l'humanité. À Kigali, aujourd'hui, le plus grand danger, vraiment, est de se faire écraser par un 4X4 de l'ONU.

Alors, je suis allé à Murambi.

Et ce que j'ai vu, mon cher Karl, ce n'est pas *crazy*. Ni de la science-fiction, *man*. Ni comme dans aucun film, d'ailleurs.

Et j'essayerai toujours de comprendre.

LE COURAGE EST-IL CONTAGIEUX ?

— BUJUMBURA, BURUNDI —

Avant de me décider à partir au Burundi, j'ai consulté autant de gens que je le pouvais sur la sécurité dans le pays, et j'ai lu tous les avertissements que j'ai pu trouver sur Internet. La guerre civile fait toujours rage dans certaines régions, et la situation y est jugée « volatile ». Or, je n'ai rien trouvé qui aurait pu me retenir d'y aller. J'ai quand même quitté le Rwanda un peu sur les talons, incertain, fébrile, en espérant ne pas être le seul touriste à avoir bravé les mises en garde et en souhaitant, de toutes mes forces, y être bien accueilli…

Maintenant, essayons encore une fois de comprendre pourquoi, c'est souvent là où le danger rôde, que l'on rencontre les gens les plus excitants.

Je l'ai croisée au marché de Bujumbura alors que je flânais, complètement séduit par le lieu et par l'animation incroyable. On te fonce dessus, on te pousse, on te salue, on te crie. C'est trop de vie en même temps ! Le plus beau et le plus sécuritaire marché d'Afrique de l'Est que j'ai visité jusqu'à présent ; et en plein le genre d'endroit qui donne à l'expression « bain de foule », tout son sens : tu en ressors trempé et détendu…

Puis, j'ai aperçu ce petit bout de femme blanche, avec des lunettes étranges, un peu comme celles d'un joailler, en train de faire les courses, et il m'a semblé qu'elle était suivie, à distance, par un jeune à l'allure louche. Je me suis approché et j'ai voulu faire part à la dame de mon inquiétude. Paranoïa, quand tu nous tiens...

— T'en fais pas, c'est mon escorte ! Je lui ai refilé quelques sous pour m'assurer de bien rentrer à la maison.

Les lunettes? Renée m'explique que légalement, elle est considéré comme une non-voyante. Pour lire, elle se sert d'une loupe. Pour déchiffrer les enseignes, Renée doit porter ces lunettes immenses, dotées d'un télescope, qui la font ressembler à un personnage de *Star Trek*, ou à un GI de l'armée américaine durant un raid nocturne en Afghanistan. Justement, Renée est américaine : mais son père était francophone, d'où le prénom. À Portland, en Oregon, elle est infirmière. En Afrique, elle œuvre auprès d'enfants, eux aussi non voyants, entre deux périples autour du monde, sac au dos. Son budget de voyage est de... 10 $ par jour ! Elle mange sur la rue, dans les cafés populaires et couche la plupart du temps chez l'habitant. Et qu'elle vagabonde en Inde, en Indonésie ou en Chine, son budget demeure toujours le même. C'est ainsi qu'avec un petit montant d'argent, elle a réussi à faire le tour du monde, en solo, plusieurs fois. Elle a deux enfants et trois petits-enfants.

Renée a 62 ans.

— Vous irez de quel côté maintenant, Renée ?
— En Tanzanie.
— Vous y êtes déjà allée ?
— Non. Et c'est excitant.

Et je la regarde prendre les devants, avec son tout petit sac de rien du tout, ses souliers de nonne et ses lunettes de l'espace... Dieu qu'elle est magnifique ! Elle a de beaux cheveux gris, bien coiffés, une rose fraîchement tatouée sur la poitrine (son cadeau pour ses 60 ans !), et elle ne doit pas mesurer plus de quatre pieds et demi... Pourtant, elle est aussi rassurante qu'un défenseur de huit pieds qui joue dans votre équipe.

On s'est donné rendez-vous pour le dîner, dans un restaurant au centre-ville, là où, en principe, on ne doit pas traîner après la tombée de la nuit.

Elle y était. Devant un steak délicieux et une bonne bouteille de vin, je lui ai raconté combien j'étais fébrile de me retrouver au Burundi.

Elle a fait la moue.

— Moi, très franchement, je trouve l'endroit un peu ennuyant.

— Ennuyant ?

— Oui, ennuyant. Comme le Rwanda l'est par rapport au Burundi, et comme le Burundi l'est par rapport au Congo. Je viens de passer trois semaines là-bas et, crois-moi, je ne me suis jamais sentie aussi vivante !

— Mais, le Congo, ce n'est pas trop dangereux pour... toi ?

— Pour moi ?
— Je veux dire, pour toi avec ton handicap ?

— Pfff ! Tu veux te sentir en péril ? Tu veux mesurer ton courage ? Tu veux exister ? Cours au Congo ! Tu veux en rencontrer des exaltés, des déchirés, des bienheureux, des audacieux ? Cours au Congo !

J'avais le souffle coupé. Elle riait.

— À moins que tu ne voyages que pour photographier les montagnes ?

— Euh, non, enfin, je ne crois pas...

— Moi, je dois t'avouer une chose : je n'ai pas le choix de voyager pour rencontrer des gens... Parce que je suis nulle en photographie !

— Ha ha !

On est sortis du resto et elle a enfilé ses lunettes Full Metal Jacket pour trouver un taxi. Je lui ai lancé, à la blague :

— Est-ce qu'il y a la fonction vision de nuit sur votre truc, Renée ?

— Vision de nuit ? Et qu'est-ce que j'en ferais, mon cher Bruno ? Je suis aveugle, je te rappelle, et ça ne me fait pas peur, la nuit !

Renée, en talons hauts, je vous jure, elle m'arrive sous le bras.

Mais, même avec une échelle, je ne lui arrive pas à la cheville. Et vraiment, dans notre couple drôlement assorti, c'est peut-être moi, l'aveugle.

Destination Congo.

Nouveau message

Boris a écrit :
Salut papa, je travaille à temps plein au resto ; c'est payant, mais j'arrive pas à ramasser de l'argent ! Ça coûte trop cher ! Une chance que l'impôt que le gouvernement me prend sur mes chèques me revient à la fin ! J'ai pas trop le temps de te parler, viens me voir, s'il te plaît, je peux prendre une semaine de congé quand je veux.
Boris, ton fils à Perth en Australie xoxo
P.-S. : dis merci à tous ceux qui m'ont envoyé des idées et des contacts !

Envoyer

Nouveau message

Papa a répondu :
Je suis en Afrique pour encore quelques semaines, mais je te promets, aussitôt que j'ai terminé, je passe te voir ! Good luck, mate,
Daddy B xxx
PS : souhaite-moi bonne chance le gros, je traverse au Congo…

Envoyer

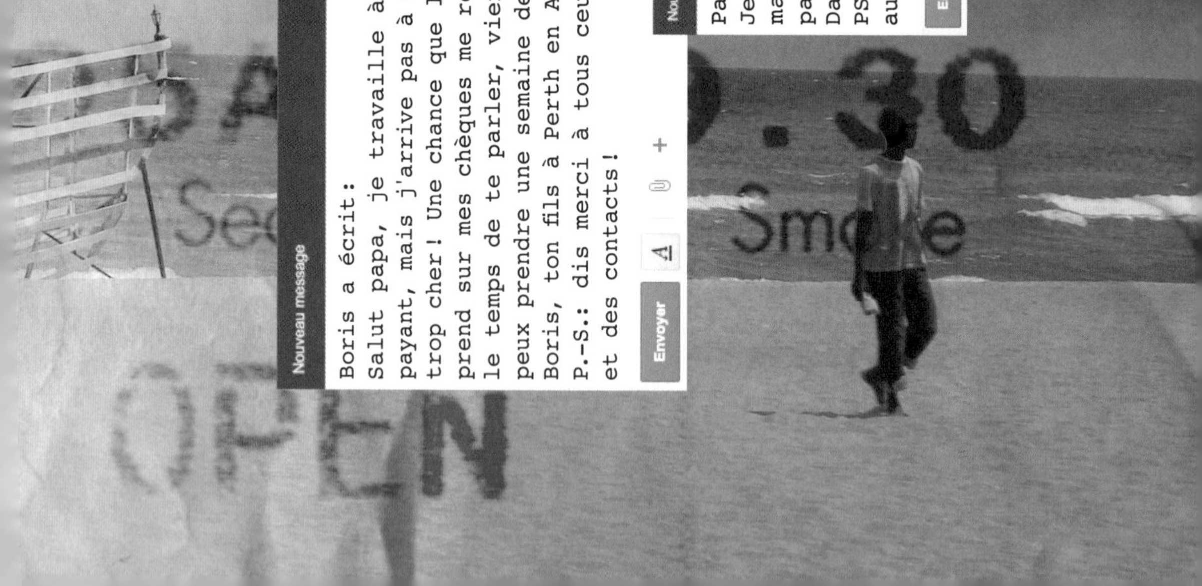

UN PIED EN ENFER

— ENTRE DEUX PAYS D'AFRIQUE —

Comme plonger tête première dans l'eau opaque d'un étang, le soir, avoir du courage, c'est beaucoup plus facile à décrire qu'à accomplir.

— Veux-tu vraiment aller en République démocratique du Congo, un des endroits les plus dangereux au monde, Bruno?

La question me résonne dans le crâne comme un acouphène. Et depuis deux jours, je tourne autour du pot. Je suis à Cyangugu, au Rwanda, et le poste-frontière de la RD Congo est à 50 mètres de mon balcon. Je le vois, même la nuit, en plissant des yeux. Pourtant, il me semble aussi éloigné que pourrait l'être une autre dimension... Depuis deux jours, je suis entré dans un minimum de 12 bureaux de change, où j'ai demandé autant de fois le taux de change du franc du Rwanda en francs de la République démocratique du Congo.

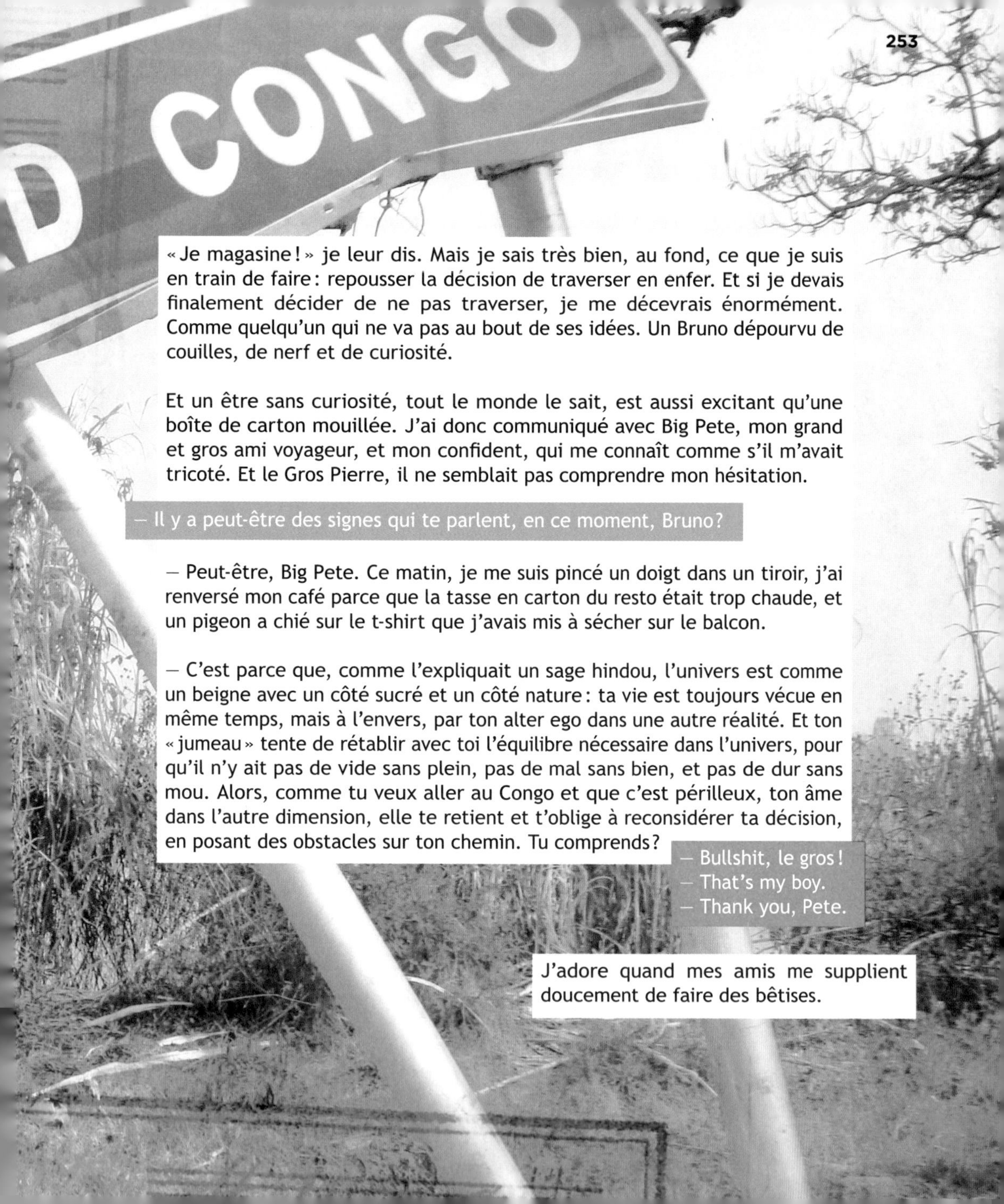

« Je magasine ! » je leur dis. Mais je sais très bien, au fond, ce que je suis en train de faire : repousser la décision de traverser en enfer. Et si je devais finalement décider de ne pas traverser, je me décevrais énormément. Comme quelqu'un qui ne va pas au bout de ses idées. Un Bruno dépourvu de couilles, de nerf et de curiosité.

Et un être sans curiosité, tout le monde le sait, est aussi excitant qu'une boîte de carton mouillée. J'ai donc communiqué avec Big Pete, mon grand et gros ami voyageur, et mon confident, qui me connaît comme s'il m'avait tricoté. Et le Gros Pierre, il ne semblait pas comprendre mon hésitation.

— Il y a peut-être des signes qui te parlent, en ce moment, Bruno?

— Peut-être, Big Pete. Ce matin, je me suis pincé un doigt dans un tiroir, j'ai renversé mon café parce que la tasse en carton du resto était trop chaude, et un pigeon a chié sur le t-shirt que j'avais mis à sécher sur le balcon.

— C'est parce que, comme l'expliquait un sage hindou, l'univers est comme un beigne avec un côté sucré et un côté nature : ta vie est toujours vécue en même temps, mais à l'envers, par ton alter ego dans une autre réalité. Et ton « jumeau » tente de rétablir avec toi l'équilibre nécessaire dans l'univers, pour qu'il n'y ait pas de vide sans plein, pas de mal sans bien, et pas de dur sans mou. Alors, comme tu veux aller au Congo et que c'est périlleux, ton âme dans l'autre dimension, elle te retient et t'oblige à reconsidérer ta décision, en posant des obstacles sur ton chemin. Tu comprends?

— Bullshit, le gros !
— That's my boy.
— Thank you, Pete.

J'adore quand mes amis me supplient doucement de faire des bêtises.

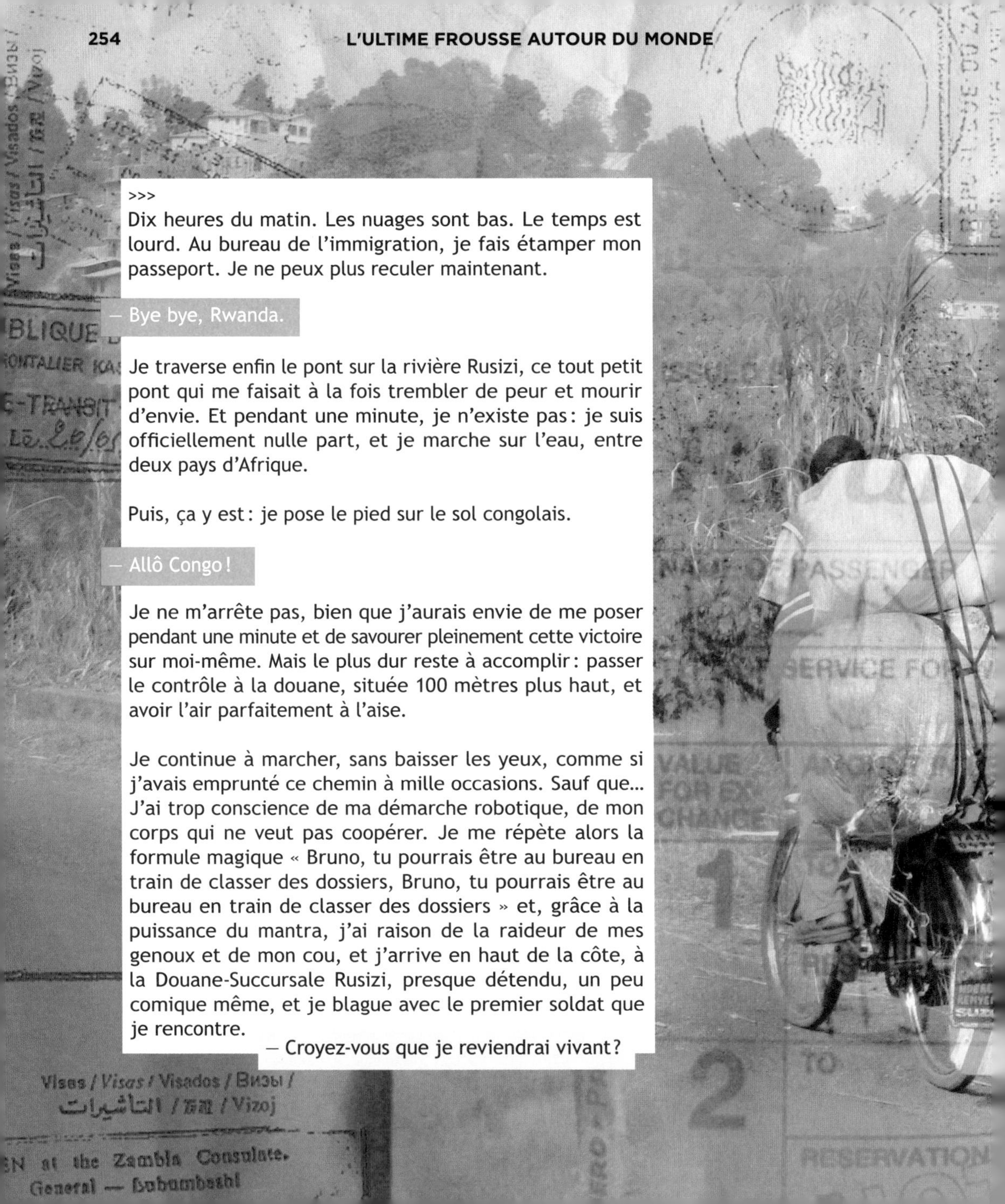

>>>

Dix heures du matin. Les nuages sont bas. Le temps est lourd. Au bureau de l'immigration, je fais étamper mon passeport. Je ne peux plus reculer maintenant.

— Bye bye, Rwanda.

Je traverse enfin le pont sur la rivière Rusizi, ce tout petit pont qui me faisait à la fois trembler de peur et mourir d'envie. Et pendant une minute, je n'existe pas : je suis officiellement nulle part, et je marche sur l'eau, entre deux pays d'Afrique.

Puis, ça y est : je pose le pied sur le sol congolais.

— Allô Congo !

Je ne m'arrête pas, bien que j'aurais envie de me poser pendant une minute et de savourer pleinement cette victoire sur moi-même. Mais le plus dur reste à accomplir : passer le contrôle à la douane, située 100 mètres plus haut, et avoir l'air parfaitement à l'aise.

Je continue à marcher, sans baisser les yeux, comme si j'avais emprunté ce chemin à mille occasions. Sauf que… J'ai trop conscience de ma démarche robotique, de mon corps qui ne veut pas coopérer. Je me répète alors la formule magique « Bruno, tu pourrais être au bureau en train de classer des dossiers, Bruno, tu pourrais être au bureau en train de classer des dossiers » et, grâce à la puissance du mantra, j'ai raison de la raideur de mes genoux et de mon cou, et j'arrive en haut de la côte, à la Douane-Succursale Rusizi, presque détendu, un peu comique même, et je blague avec le premier soldat que je rencontre.

— Croyez-vous que je reviendrai vivant ?

— Ça dépend... Vous m'avez l'air d'avoir de la chair tendre!

Puis le soldat, il éclate d'un rire magnifique et il me fait passer devant tout le monde. Je n'en demandais pas autant... J'entre dans le bureau de la douanière, qui feuillette mon passeport et aussitôt me dit:

— Et il est où, votre visa du Congo?
— Euh... Mon visa? Je peux l'acheter ici, non?

J'avais glissé un beau billet de cinquante dollars US flambant neuf dans mon passeport, en cas de problème, et en espérant la corrompre. Elle n'a pas bronché.

— Mais non, M. Blanchet! Il faut faire une demande sur l'internet. Et pour la réponse, ça prend des semaines...

Arrgh! Si près du but!

Je suis donc revenu au Rwanda, penaud, mais fier.

J'aurai tout de même vaincu mes démons et mis un pied en enfer.

Retournons maintenant au Rwanda, et allons voir ces fameux gorilles de près!

DES GORILLES ET DES HOMMES

— RUHENGERI, RWANDA —

1RE PARTIE

J'avais le sentiment que j'allais m'amuser. Et effectivement, la visite des gorilles au Rwanda est un véritable cirque. Et qui n'a rien à voir avec les gorilles.

Résumé de l'opération : chaque jour, 56 visiteurs sont divisés en sept groupes. Ces 56 visiteurs, qui marchent entre une et cinq heures dans la montagne avec un guide à la recherche des primates, ont payé 500 $ chacun pour passer une heure avec les gorilles.

Le trek est qualifié de moyen à difficile.

L'organisation aussi.

À Ruhengeri, la ville de départ, il n'y a pas la moindre indication du bureau de l'ORTPN, l'office de tourisme qui gère l'aventure.

Une fois trouvé l'introuvable, on joint au téléphone le responsable absent dont le numéro de téléphone personnel est gribouillé sur une photocopie de face de gorille jaunie épinglée sur une porte de bécosse. Et on apprend qu'il n'existe pas de transport pour ceux qui veulent aller au camp de base, et qui « ne font pas partie d'un groupe ».

— Mes 500 piastres me donnent droit à quoi, au juste ?

— Une heure avec les gorilles.

Mon moyen de transport, pour 80 $, sera donc le véhicule du beau-frère du gars qui travaille à la réception de l'hôtel ; et il arrive le lendemain matin avec 45 minutes de retard, dans un vieux RAV-4 dont la fenêtre du passager ne ferme plus qu'à moitié.

Nous parcourons 15 kilomètres, ma foi, plutôt intéressants, à travers de jolis villages où j'aurais dû aller avant de partir… Un conseil : où que vous alliez, sortez vite des sentiers battus !

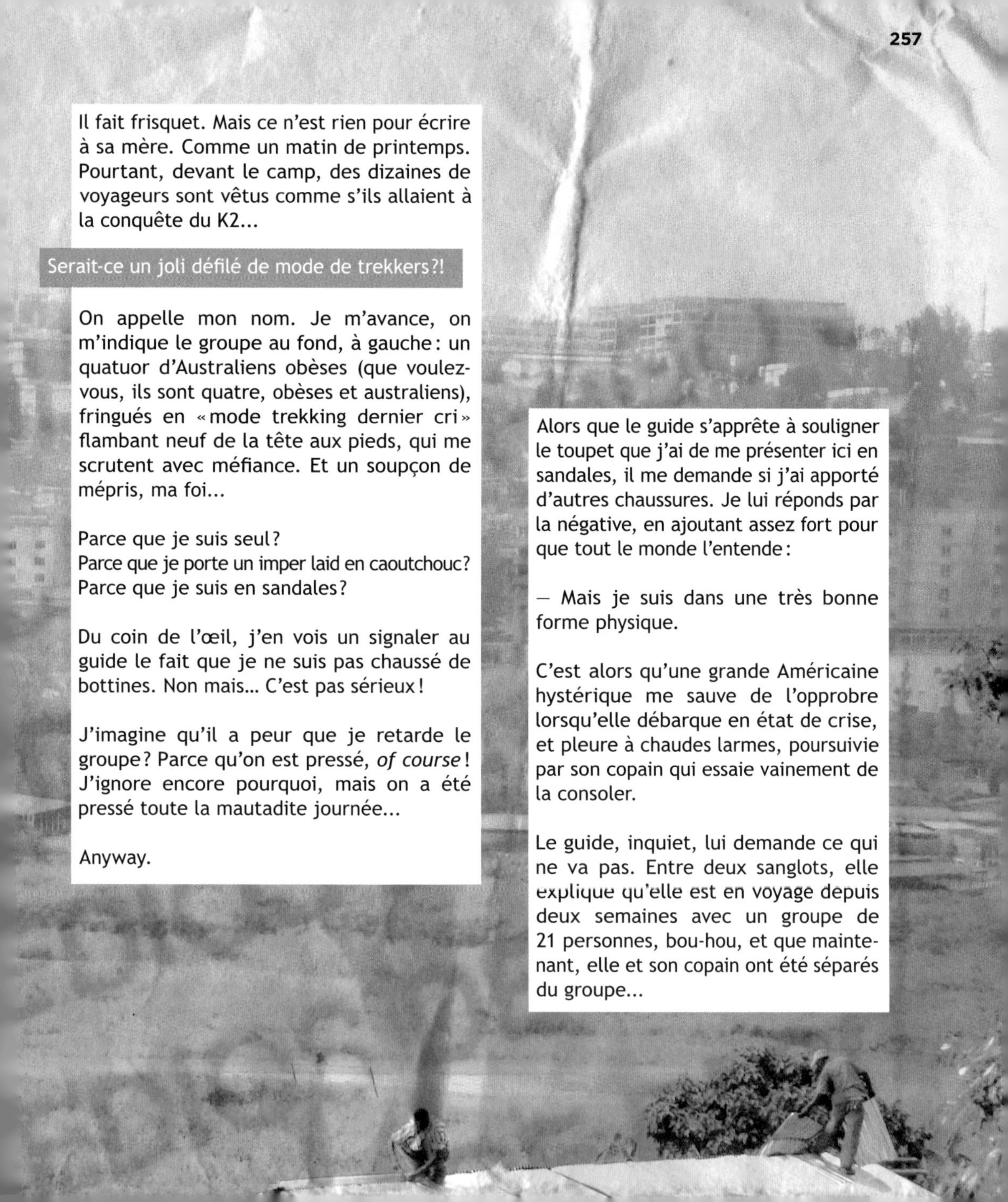

Il fait frisquet. Mais ce n'est rien pour écrire à sa mère. Comme un matin de printemps. Pourtant, devant le camp, des dizaines de voyageurs sont vêtus comme s'ils allaient à la conquête du K2...

Serait-ce un joli défilé de mode de trekkers?!

On appelle mon nom. Je m'avance, on m'indique le groupe au fond, à gauche : un quatuor d'Australiens obèses (que voulez-vous, ils sont quatre, obèses et australiens), fringués en « mode trekking dernier cri » flambant neuf de la tête aux pieds, qui me scrutent avec méfiance. Et un soupçon de mépris, ma foi...

Parce que je suis seul ?
Parce que je porte un imper laid en caoutchouc ?
Parce que je suis en sandales ?

Du coin de l'œil, j'en vois un signaler au guide le fait que je ne suis pas chaussé de bottines. Non mais... C'est pas sérieux !

J'imagine qu'il a peur que je retarde le groupe ? Parce qu'on est pressé, *of course* ! J'ignore encore pourquoi, mais on a été pressé toute la mautadite journée...

Anyway.

Alors que le guide s'apprête à souligner le toupet que j'ai de me présenter ici en sandales, il me demande si j'ai apporté d'autres chaussures. Je lui réponds par la négative, en ajoutant assez fort pour que tout le monde l'entende :

— Mais je suis dans une très bonne forme physique.

C'est alors qu'une grande Américaine hystérique me sauve de l'opprobre lorsqu'elle débarque en état de crise, et pleure à chaudes larmes, poursuivie par son copain qui essaie vainement de la consoler.

Le guide, inquiet, lui demande ce qui ne va pas. Entre deux sanglots, elle explique qu'elle est en voyage depuis deux semaines avec un groupe de 21 personnes, bou-hou, et que maintenant, elle et son copain ont été séparés du groupe...

— C'est injuste ! Pourquoi est-ce qu'on ne peut pas vivre l'aventure avec nos amis?

Le guide, très calme, lui explique une simple règle de mathématique : 21, c'est plus que 8.

— (...) Donc, votre groupe, madame, il faut le diviser.

— Oui, mais pourquoi moi, moi, moi, moi ! Gnagnabouhou !

La femme repousse son copain et court pour bouder dans le stationnement.

C'est troublant.

Je crois que le voyage en groupe crée, parfois, ce terrible sentiment d'insécurité chez certains individus aussitôt qu'ils en sont isolés. Et c'est complètement farfelu lorsqu'on y songe bien : parce que d'être en tas n'a jamais empêché d'être atteint par une météorite, d'être victime d'un tremblement de terre ou d'être écrasé par un camion rempli de jouets chinois.

Être en tas, ça empêche seulement d'être pointé distinctement du doigt.

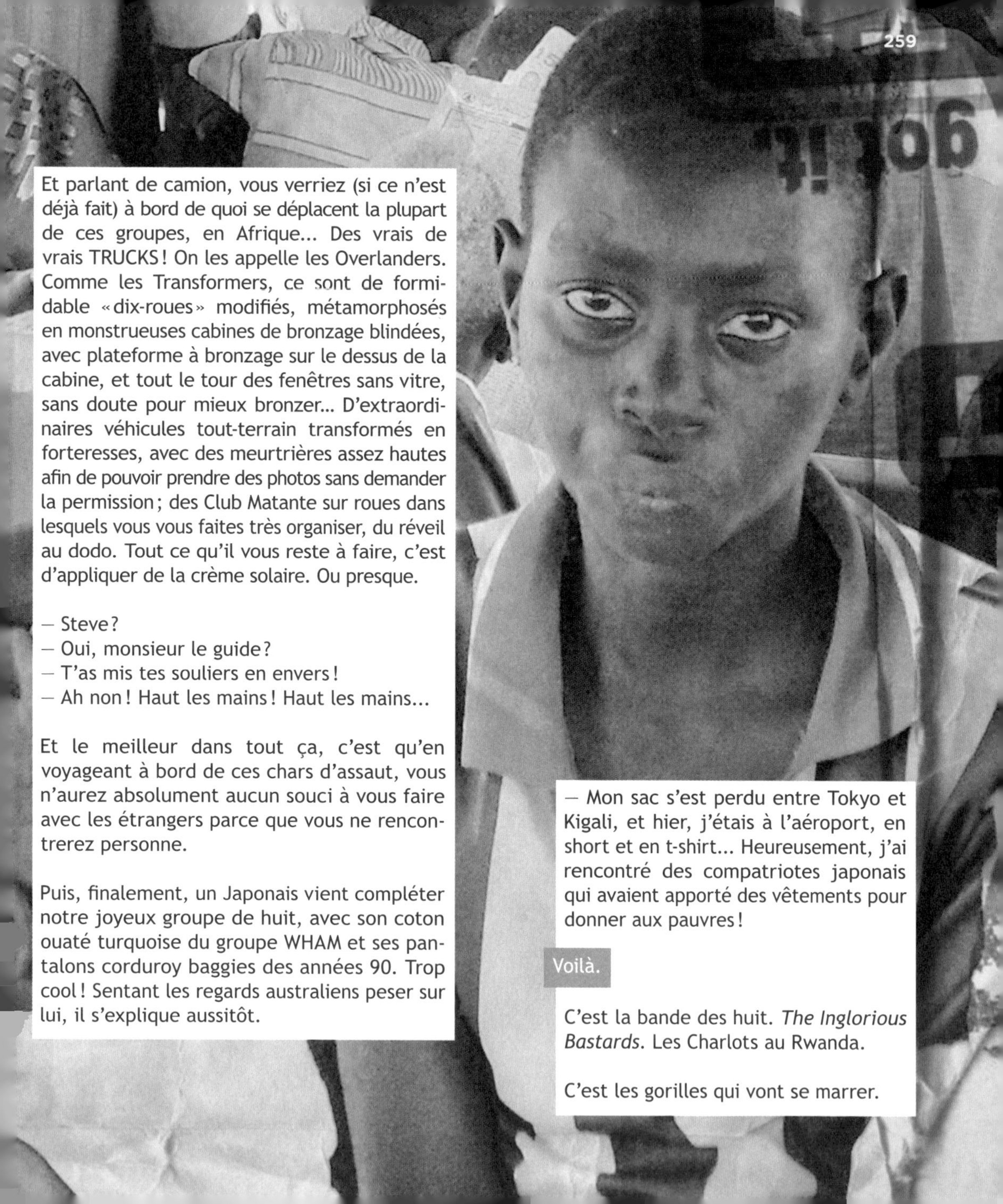

Et parlant de camion, vous verriez (si ce n'est déjà fait) à bord de quoi se déplacent la plupart de ces groupes, en Afrique... Des vrais de vrais TRUCKS ! On les appelle les Overlanders. Comme les Transformers, ce sont de formidable « dix-roues » modifiés, métamorphosés en monstrueuses cabines de bronzage blindées, avec plateforme à bronzage sur le dessus de la cabine, et tout le tour des fenêtres sans vitre, sans doute pour mieux bronzer... D'extraordinaires véhicules tout-terrain transformés en forteresses, avec des meurtrières assez hautes afin de pouvoir prendre des photos sans demander la permission ; des Club Matante sur roues dans lesquels vous vous faites très organiser, du réveil au dodo. Tout ce qu'il vous reste à faire, c'est d'appliquer de la crème solaire. Ou presque.

— Steve ?
— Oui, monsieur le guide ?
— T'as mis tes souliers en envers !
— Ah non ! Haut les mains ! Haut les mains...

Et le meilleur dans tout ça, c'est qu'en voyageant à bord de ces chars d'assaut, vous n'aurez absolument aucun souci à vous faire avec les étrangers parce que vous ne rencontrerez personne.

Puis, finalement, un Japonais vient compléter notre joyeux groupe de huit, avec son coton ouaté turquoise du groupe WHAM et ses pantalons corduroy baggies des années 90. Trop cool ! Sentant les regards australiens peser sur lui, il s'explique aussitôt.

— Mon sac s'est perdu entre Tokyo et Kigali, et hier, j'étais à l'aéroport, en short et en t-shirt... Heureusement, j'ai rencontré des compatriotes japonais qui avaient apporté des vêtements pour donner aux pauvres !

Voilà.

C'est la bande des huit. *The Inglorious Bastards*. Les Charlots au Rwanda.

C'est les gorilles qui vont se marrer.

DES GORILLES ET DES HOMMES

— RUHENGERI, RWANDA —

2E PARTIE

Comment arrive-t-on à trouver avec précision où se trouvent des gorilles dans la jungle? me demande mon amie Sylvie, de NDG.

Excellente question, ma chère! Parce qu'avec les 10 millions US que rapporte à des individus (mystérieux) cette activité chaque année, on pourrait croire que ces mêmes individus se seraient dotés d'une méthode technologiquement avancée de « repérage de gorilles » : on les imagine en hélicoptère, accrochés à des jumelles infrarouges, ou dans un camp de surveillance, guettant sur un écran radar les bips produits par des microémetteurs attachés aux bêtes...

Au camp de base où on sert du café instantané infect et où les toilettes sont partagées par les deux sexes, il n'y a ni radar ni bips : on bosse au crayon HB, on copie les formulaires au papier carbone et on calcule à la mitaine. Un bref coup d'œil sur les lieux suffit pour comprendre que la bouilloire de plastique y est probablement l'outil le plus moderne et qu'il est impossible de l'utiliser pour repérer des gorilles, parce que le fil n'est pas assez long...

Alors? Tout le travail est effectué à l'huile de genou par une équipe de traqueurs qui suivent les gorilles sur le terrain, du lever du jour à la tombée de la nuit. Des vrais Tarzan, ceux-là...

À 7 h, aussitôt les gorilles repérés, ils communiquent avec le guide, qui mène d'abord le groupe en voiture jusqu'à un point de départ favorable pour attaquer la montagne. Puis s'amorce la marche sur l'une des nombreuses pistes aménagées par ces jungle boys.

Voilà.

Nous, les Charlots en vacances, nous avons eu la chance, ce jour-là, d'avoir une grimpe d'au moins trois heures. Et je dis la « chance » parce que pour certains groupes, les bêtes sont assises si près de la route qu'ils ont à peine besoin de marcher ! Or, pour 500 $US, aller dans la jungle en char, c'est un peu comme... moche. Nous, il nous faudra le gagner, notre moment privilégié avec les gorilles !

Et nous le gagnons. Après avoir grimpé tout en haut de la montagne, on aperçoit les gorilles... 200 mètres plus bas ! Pour les rejoindre, nous devrons descendre une périlleuse pente inclinée à 75 degrés, pas de farce, en nous accrochant aux lianes... couvertes d'épines !

Une opération possible à mains nues, mais plus facile avec des gants. On nous distribue des gants.

Dans le cas des chaussures, même s'il vaut mieux porter des bottes fermées, mes sandales — de marque Teva, conçues pour freiner sur la Lune — ont aisément supporté l'épreuve. Malgré l'incrédulité de mes coéquipiers, qui auraient gagné à se soucier de leur forme physique plutôt que de s'acheter des déguisements d'alpinistes... Fallait les voir haleter, les pseudo-grimpeurs !

Nous arrivons finalement à la hauteur des gorilles, au milieu d'une gorge fabuleuse, où les nuages et la brume se heurtent en silence dans un décor si spectaculaire qu'on dirait qu'il est tiré de *Jurassic Park*... ou de *King Kong* ! Le portrait, en plan large, est saisissant.

Pourtant, après 15 minutes d'ébahissement et 200 photos de gorilles, je réalise que, aussi fascinante que puisse sembler la rencontre de deux espèces dont l'ADN ne diffère que de 3 %, je préfère encore aller à la rencontre des miens.

C'est beau, mais c'est soporifique, les gorilles. La marche en montagne était plus intéressante.

Parce qu'un gorille n'est pas précisément une explosion de joie ou un caniche de cirque. Le gorille fait ce qu'il a à faire, c'est-à-dire qu'il mange, il digère ou il dort. Dans l'ordre ou le désordre. Puis il se gratte. Et le cycle recommence.

Ennuyé au bout de 30 minutes, les cartes mémoires remplies, mon groupe de joyeux lurons s'est mis à bombarder le guide de questions très inspirées, dont celle-ci, qui m'a littéralement achevé :

— Croyez-vous que les gorilles le savent, qu'ils sont une espèce en voie de disparition ?

Bien sûr, mon cher ! Et poursuivons la réflexion : un gorille sait-il qu'il est un gorille? Un gorille sait-il que nous sommes des êtres humains? Les gorilles lisent-ils le *National Geographic*? Un gorille sait-il que, malgré les apparences, nous ne sommes pas une espèce mineure de primates, mal adaptée à l'environnement, d'une odeur repoussante, née avec une ridicule boîte qui fait « clic clic » entre les mains? Un gorille sait-il que nous sommes des êtres PLUS évolués que lui?

Une fois, c'est un gorille qui dit à l'autre gorille :

— Hey, Bob, sais-tu quelle est la différence entre un humain et un gorille?
— Euh, non...
— Ha ! Ta femme doit être laide en tab...

Bref, à moins d'être un disciple de Diane Fossey ou un spécialiste des questions simiennes, en toute honnêteté, je ne vois pas pourquoi quiconque se déplacerait jusqu'au Rwanda, à ce prix-là, pour aller photographier pendant 60 minutes un cousin poilu écrasé sur son cul en train de digérer.

Moi, j'ai juste à aller à Sainte-Marthe-sur-le-Lac, pour gratis aller voir Martin.

Salut, cousin.

LOIN DE LA DÉBARBOUILLETTE

— PAYS DOGON, MALI —

Ceci est l'histoire incroyable d'hommes et de femmes assiégés, qui voulurent échapper à l'envahisseur et qui trouvèrent une solution plutôt originale.

— On va aller là où personne n'a envie d'aller.
— Pourquoi?
— Parce qu'on ne se fera plus achaler.

Alors, ils ont marché pendant des lunes, jusqu'à une falaise casse-cou, où l'eau était aussi rare que les terrains fertiles. Ils y sont grimpés tant bien que mal et s'y sont installés pour vivre en paix, pendant des siècles. Ils ont appelé ça le pays Dogon : un endroit qui demeure encore aujourd'hui d'un anachronisme ahurissant, et où, durant les menstruations, les femmes doivent quitter leur village parce qu'elles sont considérées comme impures.

Il existe ici celui qu'on désigne comme le Hogon. Il est le Grand Homme, le Sage. Souvent le plus âgé du village, il est nommé pour le restant de sa vie. Il sera consulté sur toutes les affaires importantes de la communauté. Et plus personne ne pourra physiquement le toucher. L'homme ne se lave plus. Chaque repas qu'il mange doit être goûté par une tortue sacrée avant de lui être servi. Il vit reclus, dans une toute petite grotte qu'à part lui, seuls un serpent et une vierge ont le droit de situ : la vierge pour le servir, et le serpent pour le laver. Parce que, chaque nuit, un serpent vient nettoyer le corps du Hogon...

Vous me suivez toujours?

Je sais ce que vous pensez: «Un serpent qui nettoie quelqu'un? Voyons donc, c'est ridicule!»

Et vous n'avez pas tout à fait tort. Car selon les dires du Hogon lui-même:

— Ce n'est pas un serpent ordinaire: ce sont les âmes de tous mes ancêtres qui se réincarnent dans un corps de serpent pour venir me laver. Je vous assure qu'on est loin de la débarbouillette.

Et pour faire une histoire courte, il est arrivé à ces mystérieux indigènes ce qui devait arriver: ils furent découverts par l'Occident. Et maintenant, l'envahisseur est blanc, se déplace en 4x4 et rapporte des belles photos.

Et ils achètent des t-shirts, des sculptures et des masques.

— C'est une face de lapin?

— Ouain, c'est comme un animal sacré là-bas. Mais ils le mangent.

— Pourquoi?

— Parce c'est bon avec de la moutarde et des oignons.

Et doucement leur falaise est en passe de devenir une grande boutique de souvenirs, où les enfants vous poursuivent en criant «cadeau» et/ou «bonbon». Comment les blâmer? Des tas de touristes irresponsables se baladent ici avec les poches pleines de sucreries...

— Venez les jeunes, n'ayez pas peur!

L'homme distribuait des bonbons comme si c'était l'Halloween. Par hasard, nous étions ce matin-là avec un responsable du tourisme malien. Il s'est avancé vers l'homme, et lui a dit que ce n'était pas un geste correct.

— Si vous voulez donner aux enfants, monsieur, il faut donner à l'école.

Et le mec de répliquer, effrontément:

— Quoi? Faut que je leur donne mes bonbons à l'école?!

Gros con, va.

Même les guides officiels et les chauffeurs trouvent la situation intenable. Tout se marchande désormais à gros prix au pays dogon, et si t'as le malheur d'embourber ton véhicule... Sors les billets verts, mon grand! Sinon, personne ne t'aidera.

— Un soir, j'étais calé dans la boue, et on m'a demandé 100 000 CFA (200 dollars) pour pousser la voiture! m'a raconté Adama, le chauffeur, les yeux écarquillés, avant d'ajouter: C'est pas le Mali, ça!

Alors, brûlé, le pays dogon?

Non! Au village de Youga Nah, un groupe d'irréductibles dogons résistent encore et toujours à l'envahisseur. Ils ont construit un campement. Une initiative qui vise à encourager un séjour prolongé sur la falaise. Et le résultat est étonnant. Autour, on reconnaît déjà moins les problèmes liés au tourisme de passage. Le rapport avec les habitants est plus sain. Ils savent qu'ils en bénéficieront tous, que ce soit par l'amélioration des pistes, la qualité de l'eau ou les frais de scolarité: parce qu'ils ont tous été consultés.

Et je vous jure que ça vaut vraiment la peine de rester dans un village dogon comme celui de Youga Nah. On comprend un peu plus la spiritualité de ce peuple, après avoir passé plusieurs jours dans leur paysage mystérieux… Il y a quelque chose de magique ici !

Un matin, je me suis éloigné du village pour observer les oiseaux.

Parce que dans le domaine aviaire, au Mali, je vous assure qu'on est gâté par la nature !

J'ai vu des guêpiers fantastiques (à gorge rouge, écarlate, et d'Orient, mon favori) des souïmangas multicolores, des hérons (ardoisé, pourpre, strié, squacco), des vanneaux désagréables (comme la police, ils avertissent les autres oiseaux de votre présence !), un couple de rares pics gris, des tonnes d'hirondelles, de calmes martins-pêcheurs, un camaroptère à tête grise, au moins 10 gonoleks de Barbarie (ou toujours le même?!), un bruyant piapiac sur le cul d'un mouton, deux gracieuses veuves nigériennes au coucher du soleil, tous les choucadors, le coucal du Sénégal, le combassou du Sénégal, le rolle violet, la huppe fasciée, le perroquet youyou, le touraco gris, le capucin nonette, l'euplecte franciscain, ce petit gros un peu ridicule qu'on se demande comment il peut voler, le pluvian fluviatile sans son crocodile, des traquets bruns et des au ventre roux, le colombar waalia, l'agrobate podobé, le cordon bleu, sa femme, le vautour charognard et un lot d'oiseaux de proie qui volent trop haut, des tisserins et des mahalis à ne plus savoir les compter, des coucous, des calaos, des cormorans, le francolin à double éperon (BVD : *better view desired*), l'amarante du Sénégal, et peut-être même l'amarante de Kulikoro, dont on dit qu'elle est l'unique espèce endémique du Mali…

Or, j'étais loin du village, et j'étais seul. Du moins, je le croyais. C'est alors qu'elle est apparue. La vieille… Comme sortie de nulle part. J'avais le dos à la falaise. Aucune issue possible.

Elle s'est avancée lentement. Courbée, un tissu déchiré autour de la taille, elle marchait comme un zombie ; ses cheveux gris étaient dénoués, en bataille ; ses seins plats comme des oreilles d'épagneul lui pendaient sur les genoux, et ses bras longs et maigres étaient tendus vers moi... Brrrr ! On aurait dit la sorcière qui sort de la douche dans le film *The Shining* !

J'avais un peu peur. Elle m'a saisi les mains... J'ai fait bonjour ? Elle a souri. Elle n'avait plus qu'une seule dent.

Et elle m'a dit :

— Bonbon !

>>>

Parlant de bonbon, vous êtes plusieurs à me demander des nouvelles de mon fils Boris, merci ! En voici : Boris a laissé son boulot de serveur à Perth pour aller travailler dans un vignoble au sud, près d'Albany. Son salaire de 19 dollars de l'heure n'était pas suffisant pour vivre à Perth et épargner de l'argent. Je l'ai eu au téléphone.

— Un lit, papa, dans un dortoir à quatre lits, coûte 24 dollars par soir... Et une bière dans un bar coûte 10 dollars ! Alors que, sur la ferme, le logement est gratuit, les heures de travail sont nombreuses et les distractions, plus rares.

Bref, il dit que la vie est bonne avec lui, mais qu'il s'ennuie un peu de son papa. Il sera encore en Australie pour au moins six mois, ou plus, selon le boulot. Et il a droit à un congé, maintenant.

— C'est vrai ?

— J'aimerais ça que tu rencontres mes chums écossais et qu'on sorte boire un pichet de Swan au Shed.

— D'accord... Autre chose ?

— Et j'aimerais ça que tu me rapportes, via Bangkok, un nouveau téléphone cellulaire Nokia, des sous-vêtements Jockey et deux paires de jeans Levis 503, mon papa chéri !

— Je me disais bien aussi...

Alors, son papa chéri, passant par Bangkok, a acheté le téléphone, les sous-vêtements et les jeans.

On dit que c'est joli, l'ouest de l'Australie... Vous venez ?

LES RETROUVAILLES

— BANGKOK, THAILANDE —

Bangkok, un mercredi.

Le voyage en Australie ne sera pas très long, et l'important, afin de bien le réussir, est de l'organiser avec soin. Or, comme je suis brouillon de nature et plutôt nul dans l'élaboration d'un itinéraire plaisant avec horaire serré (mais excellent dans « l'altération des plans »), j'ai donc pensé faire appel à un ami voyageur expert en la matière et qui, par hasard, se trouvait dans le pays voisin, la Malaisie. Et ce, même si je savais qu'avec lui, je m'engageais dans une voie potentiellement périlleuse : la dernière fois que je l'ai croisé, il m'a éclaté le pif pour me faire rire... Ah ! Mais je n'ai jamais regretté nos péripéties déraisonnables, nos virées et nos nuits passées sur la corde à linge, et j'en garderai pour toujours les plus belles cicatrices. Et puis dites-moi, franchement, à quoi sert la camaraderie si on ne peut même plus se fracturer le nez entre amis?

– Hello, fat ass !

– Hello, Bruno, you ugly old fuck, nice to hear from you !

– Es-tu occupé la semaine prochaine?

– Pas vraiment. J'ai rendez-vous à Bali dans trois semaines.

– Parfait. J'ai besoin de toi en Australie. Parce que je n'ai plus de permis de conduire, et tu vas être mon pilote, ok?

Et c'est ainsi que j'ai atterri à Kuala Lumpur, avec deux billets en poche pour Perth, en Australie. Un pour moi et un pour Big Pete.

Kuala Lumpur, Kuala Lumpur, Malaisie, beer o'clock le samedi suivant.

C'est toujours agréable de se retrouver à l'ombre des tours Petronas. Je ne suis pas un fan de gratte-ciels, ni de KL, mais même après trois visites dans la capitale malaisienne, les tours Petronas me font toujours de l'effet. Surtout vues du monorail, aux environs de 17 h 30, lorsque la chaleur devient moins suffocante, et que le soleil couchant fait virer la pointe des tours jumelles à l'orange, et que les reflets vous aveuglent, et que le train glisse en silence entre les immeubles, direction quartier chinois où vous avez rendez-vous sur une terrasse avec le Gros Pete pour célébrer vos retrouvailles. Et votre départ pour l'Australie, le lendemain.

Moment presque magique : 8,5/10.

Perth, Australie. Dimanche. Brasserie le Shed.
Pete et Bruno boivent un pot. Ils attendent Boris. Sans y être invitées, deux jeunes inconnues s'assoient à leur table.

— Hi, ya mate. I am Sandra, and she's Vicky !

Elles sont habillées comme si elles revenaient d'un baptême de clown, avec des robes strapless à paillettes et des souliers blancs. Pour aller à la brasserie ? Depuis un moment, ça m'apparaît normal, ici. Le look « j'ai l'air d'une matante des années 90 » semble à la mode à Perth, où abondent les leggings à bourrelets, les robes trop longues à fleurs trop laides et les coupes de cheveux de catalogues de meubles.

Prédiction de Nostradabrune : la couleur qui est à la mode cette année à Londres va arriver ici dans 10 ans.

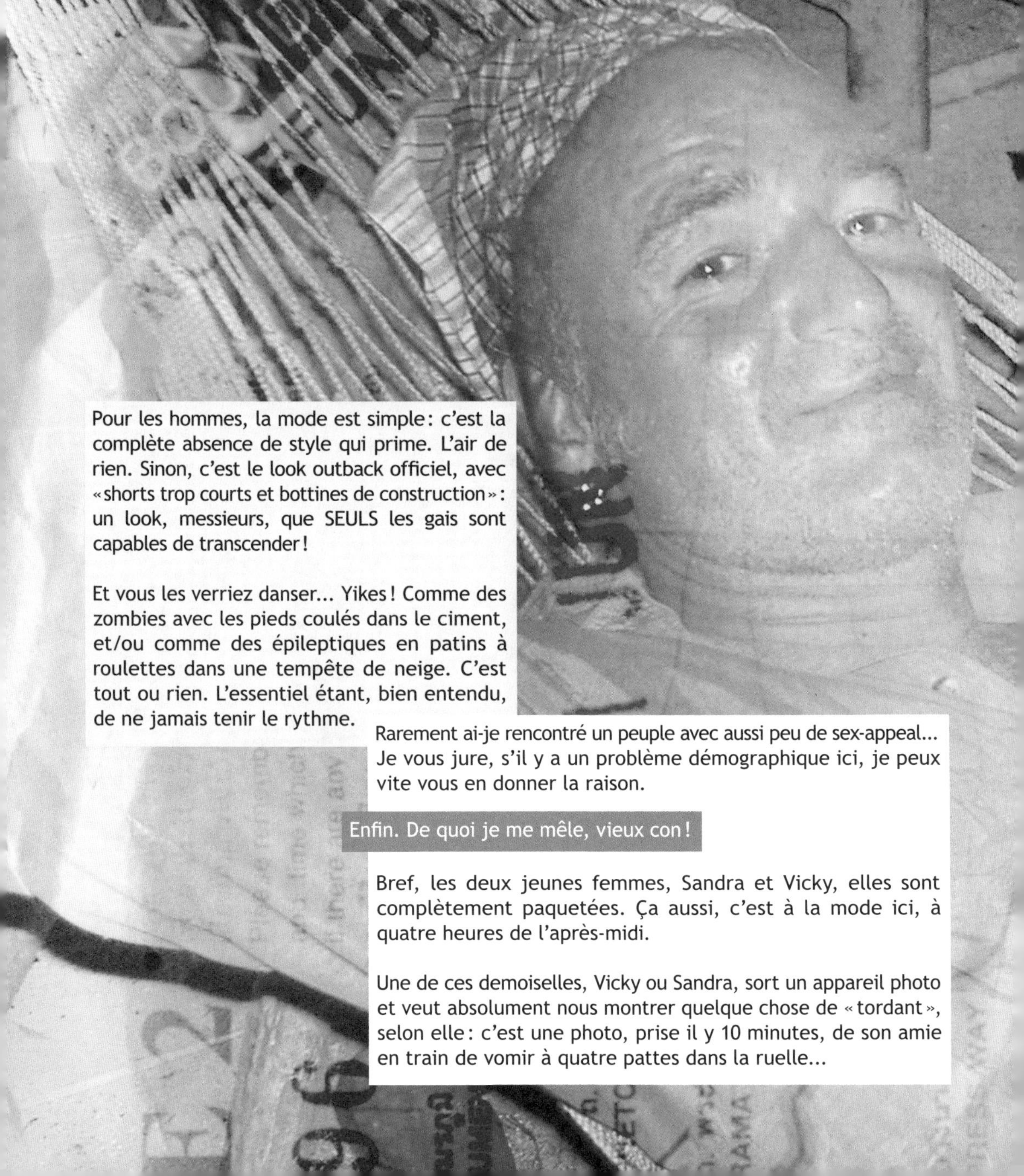

Pour les hommes, la mode est simple: c'est la complète absence de style qui prime. L'air de rien. Sinon, c'est le look outback officiel, avec «shorts trop courts et bottines de construction»: un look, messieurs, que SEULS les gais sont capables de transcender!

Et vous les verriez danser... Yikes! Comme des zombies avec les pieds coulés dans le ciment, et/ou comme des épileptiques en patins à roulettes dans une tempête de neige. C'est tout ou rien. L'essentiel étant, bien entendu, de ne jamais tenir le rythme.

Rarement ai-je rencontré un peuple avec aussi peu de sex-appeal... Je vous jure, s'il y a un problème démographique ici, je peux vite vous en donner la raison.

Enfin. De quoi je me mêle, vieux con!

Bref, les deux jeunes femmes, Sandra et Vicky, elles sont complètement paquetées. Ça aussi, c'est à la mode ici, à quatre heures de l'après-midi.

Une de ces demoiselles, Vicky ou Sandra, sort un appareil photo et veut absolument nous montrer quelque chose de «tordant», selon elle: c'est une photo, prise il y 10 minutes, de son amie en train de vomir à quatre pattes dans la ruelle...

— *Look! It's too funny*, c'est trop drôle, ses mains sont dedans le vomi !

Je suis franchement ravi. Je me tourne vers Pete.

— Non mais, c'est vraiment génial, l'ère du numérique.

Pete n'est pas d'accord.

— Il y a des valeurs qui se perdent, mon vieux... Dans mon temps, pour avoir du plaisir, il fallait vomir sur quelqu'un d'autre.

Je consulte la montre du Gros. Boris se fait attendre! Il nous a donné rendez-vous au Shed, et il aurait dû être arrivé il y a...

— BORIS !!!

C'est Sandra, ou Vicky, je ne sais plus laquelle, qui a crié en voyant Boris. Elle lui saute au cou.

— Boris, je me suis ennuyée de toi !

Boris l'embrasse sur la joue, et puis, nous aperçoit. Il rougit. Pourquoi? Je ne sais pas. Il porte une barbe hideuse, il s'est fait tailler les cheveux, style mohawk de David Beckham d'il y a huit ans et il aura beaucoup d'explications à donner au Big Pete, le petit faux punk, avec son t-shirt aux couleurs de Man Utd., alors que le Gros Pierre est un fan de Arsenal.

Boris pointe dans ma direction.

— Sandra, lui, c'est mon père.

Sandra est étonnée.

— Ton père ! Wow ! J'aurais pensé que c'était plus comme ton frère !

Et c'est ainsi que, tout de suite en arrivant en Australie, on est immédiatement frappé par le côté extrêmement sympathique et accueillant des habitants.

J'adoooore !

MILLAGE ILLIMITÉ

— PERTH, AUSTRALIE —

Le lendemain matin, j'essaye de consulter les endroits que le Gros Pierre a jugé important de souligner dans le guide du Western Australia. J'ai une gueule de bois incroyable. Un Changover, comme on l'appelle en Thaïlande… Nous sommes au *Britannia Hostel* : un point de rencontre populaire pour jeunes voyageurs, un endroit grand et propre, avec l'internet gratuit « emprunté » au commerce d'en face, une cuisine communautaire et des dortoirs. Boris a voulu nous initier, Big Pete et moi, à sa culture de backpackers. Et il nous a servi, hier, un liquide infâme, une boisson alcoolisée imbuvable dont les jeunes raffolent, parce que ça ne coûte pas cher.

Du Goon.

C’est supposé être du vin, c’est annoncé comme étant du « vin », mais le Goon, ça goûte le jus de débarbouillette de camping et c’est vendu dans une boîte sur laquelle on peut lire : « Peut contenir des traces de poisson, d’œuf et/ou de lait. »

Bref, c’est un peu pas bon et un peu comme de l’alcool de toilettes de prison.

Mais dans la salle à manger, Boris est super en forme. Et il n’arrête pas de parler. C’est à croire qu’il a été en prison.

— C’est fou ! À la ferme, on travaille toujours, tous les jours, même sous la pluie. Mais la patronne est cool. Le soir, on prend son 4x4 pour chasser les kangourous en écoutant du AC/DC dans le tapis. Parce qu’ici, le monde les haïssent, les kangourous, même si les touristes capotent dessus. Et c’est parce qu’ils détruisent les récoltes. Comme les perroquets, ces beaux gros oiseaux de toutes les couleurs ; les fermiers, eux, s’en sacrent des couleurs, ils les abattent et ils ne les mangent même pas. Sinon, on se fait de la bouffe, des pâtes beaucoup, on a un poêle à deux ronds dans notre cabane et un frigidaire. Et le Français avec qui je partage la chambre, il vient de... »

Et il a jacassé comme ça, sans arrêt, pendant au moins 15 minutes. Mais je n’ai pas réussi à savoir ce qu’il faisait comme travail !

— Ah, la job ! C’est de préparer le vignoble pour la prochaine saison : on coupe les vignes et on répare les clôtures. Mais des fois, on prend la moto et on s’amuse à...

Wow. Trop de choses se bousculent dans sa tête, à mon beau fiston ! Je finis par comprendre, dans son éparpillement, qu’il sera obligé de travailler deux autres mois sur une ferme s’il veut pouvoir légalement renouveler son visa de travail-vacances pour une année supplémentaire.

Ce qu'il a l'intention de faire, mon beau Boris.

À côté de nous, deux jeunes routards asiatiques s'installent pour le petit-déjeuner. Ils déposent sur la table un sac de biscuits aux brisures de chocolat de la marque « No Name ». J'attends le reste du repas... C'est tout? Oui. Et ils mangent, que dis-je, ils dévorent les biscuits! Sans se parler. La scène pourrait être triste. Et pendant une seconde, j'ai presque envie de les prendre en pitié.

Aujourd'hui, quand j'y songe, c'est la meilleure de toute ma vie.

Boris me tire de ma rêverie.

— Ce sont des Taiwanais. Ils sont partout ici.

— Ah oui?

Puis, j'ai un souvenir. Un beau souvenir.

C'était en 1982. J'étais en stop, avec Bob, sur la route 101, en Californie. J'avais 18 ans.

La jeune fille nous avait demandé d'embarquer dans la boîte de sa camionnette. À la radio jouait Neil Young. La chanson *Old man.*

It doesn't mean that much to me
To mean that much to you

On était rebelles. On avait le vent dans les ailes. On avait le vent dans les cheveux.

On avait des cheveux.

On était descendus à Gold Beach, et tout ce qu'il nous restait à bouffer était une boîte de conserve de soupe au bœuf de marque Chunky.

On l'avait mangée froide, à la fourchette, assis sur un rocher, en regardant l'océan Pacifique. Les eaux agitées changeaient trois fois de couleur, de l'horizon jusqu'à la rive, où elles venaient se briser en tons de vert et de turquoise. Et on était parfaitement heureux, Bob et moi.

On n'avait rien devant, rien derrière, et on n'avait besoin de rien d'autre. Une soupe froide? Tant pis! À cet instant précis, c'était la meilleure soupe au monde.

Étrange... J'avais effectivement remarqué une forte présence asiatique à Perth. Mais je n'aurais jamais pu deviner qu'ils étaient taiwanais : un peuple qu'on a rarement la chance de croiser en dehors de Taiwan. Cela dit, ils sont plutôt gentils, les Taiwanais.

Une jeune Taiwanaise salue Boris. Son regard est vraiment bizarre. Comme celui d'une poupée de film d'horreur. Je le souligne à Boris.

— C'est parce qu'elle porte des verres de contact spéciaux, pour avoir des yeux plus ronds. C'est la nouvelle mode chez les Asiatiques. Tu connais ?

— Euh... Non.

Avec mes nombreux déplacements cette année, j'en ai assurément manqué des bouts ! Le chien aboie, les modes passent...

Et j'ignorais que, aujourd'hui, c'était considéré comme une bonne idée de ressembler à un personnage de Mini-Fée.

Big Pete entre dans la salle à manger, essoufflé. Il arbore le sourire de quelqu'un qui a une bonne nouvelle à annoncer. Ce qu'il s'empresse de faire.

— J'ai trouvé un *camper van*. Trois lits, 800 dollars pour une semaine.

— Millage illimité ?
— Millage illimité.
— Great !

On part demain.

HIT THE ROAD, JACK !

— *QUELQUE PART, AUSTRALIE* —

Ce qu'il était mignon, le *camper van*. Il était équipé d'un frigidaire, d'un poêle à gaz et d'un four à micro-ondes. D'un lavabo en inox. De deux lits doubles sur planches superposées.

Notre camping-car aurait pu être… presque parfait.

Mais il dégageait une odeur qui rappelait à la fois le Comet et le vieux cheddar. L'eau qui sortait du robinet était jaune; les vitres, grasses; les sièges, durs, et le compteur indiquait 10 000 km. En considérant son état, nous avions unanimement déduit que cela devait plutôt signifier 310 000.

Ou plus.

Les freins étaient robustes, mais trop serrés; le véhicule était bien chaussé, on sentait que la suspension avait déjà été changée (heureusement!), mais la quatrième passait à la cinquième de peur (et de force) après un long grognement. On avait le sentiment qu'il serait solide comme un tracteur, mais bourru comme un âne; on savait qu'il serait fiable, comme une vieille voisine, mais parfois, aussi, inconfortable comme le sac de couchage d'un ami qu'on n'a pas déroulé depuis longtemps.

On l'a donc baptisé affectueusement le Petit Québec, s'il vous plaît ne prenez pas ça personnel, et on l'a chéri.

Car vraiment, la vie était belle. Nous étions en famille, Boris et moi réunis, et nous avions six jours de parfait bonheur devant nous. Avec liberté totale. Avec zéro obligation.

Et avec Big Pete.

Puis, avec « l'essentiel », selon Boris : une grosse poche de patates, 36 œufs, des nouilles Ramen à profusion, du café instantané, du bacon de la marque « Sans Nom », un sac d'oranges, des carottes et des cartes à jouer.
Et deux paquets de 25 longues saucisses de porc.

>>>

Le soir précédent, dans les allées du Wooly, Boris me guide à vive allure. Le Wooly, abrégé pour Woolworth, est le magasin d'alimentation où les jeunes du coin trouvent les meilleurs prix. J'essayais de lui suggérer des plats.

— Des côtelettes de veau?
— Pas achetables!
— Du poulet cordon bleu?
— Tu veux rire?
— Des hamburgers?

– Oublie ça ! La viande ici est trop chère... Et en plus, pour quatre pains à hamburger, c'est cinq dollars ! Pis, ici, y a pas de vraie mayonnaise, le fromage est hors de prix et les sauces sont bourrées de sucre. Mais la saucisse est bonne en ta', me jure-t-il en mettant deux paquets d'énormes saucisses dans notre panier à provisions.

– Cinquante ? T'es certain qu'on en aura assez ?
– J'ai calculé mes affaires. Ne t'inquiète pas, papa !
– Je ne m'inquiète pas. Je faisais de l'humour...

Lorsque j'ai décidé de confier à Boris l'organisation du garde-manger pour la semaine, c'était pour sonder la nature de son régime alimentaire, en Australie, et pour le mettre au défi de nous créer un menu. Et puis, comme j'aime apprendre des choses de mon fils ! J'en suis fier. Et c'est le plus beau sentiment d'un paternel...

Mais aujourd'hui, je ne comprends pas comment il a pu perdre du poids.

– C'est parce que je travaille fort !

Hum. Je commence à te croire, mon fiston...

Au départ de Perth, après une courte période d'excitation, nous constatons vite que les distractions sur la route sont rares, et précieuses en gériboire... Un chemin plus droit et plus plat que celui-ci, c'est la Transcanadienne entre Winnipeg et Regina.

Mais en restant bien éveillé et en se concentrant sur les détails, on remarque que, parce qu'on monte plein nord, le décor change ; la végétation rapetisse, la faune aviaire se diversifie à la grande satisfaction du Gros Pierre l'ornithologue, la végétation se contracte et les collines se déroulent doucement pour former à l'infini un grand tapis de sable orangé.

Magnifique.

Et dans le genre « route touristique », c'est très bien organisé. Lorsqu'il y a le moindre point de vue intéressant, on vous avertit un kilomètre à l'avance, avec une affiche brune qui indique qu'il vous faut sortir votre appareil photo. Et lorsque la distance entre certains villages est trop grande, on peut trouver des endroits où le café est offert gratuitement.

Ce sont des *roadhouses*. Mi-restos, mi-motels, avec boutique intégrée et garage adjacent; ce sont des lieux aux allures mythiques, qui empruntent des airs de magasin général avec leur façade en vieux bois de grange et leur fouillis indescriptible ; et vous pouvez y déguster un cheeseburger de kangourou (pour 12 dollars) devant un joli mur de photos 4x6 de mecs tatoué(e)s qui exhibent leurs tatouages et de pêcheurs qui dévoilent leurs prises, tout ça sous une tête empaillée de crocodile.

Pittoresque !

Puis, à chaque agglomération, le 88 FM Radio Touriste entre en ondes, avec les ultra-dynamiques animateurs John et Candy, qui vous dressent un portrait hyper-sympathique de la région et vous renseignent sur toutes les activités à faire dans le coin...

— Ici, John, au village de Horrocks, c'est EXTRA-ORDINAIRE !
— Oui, Candy, c'est FANTAS-TIQUE !
— C'est comme dans un RÊVE !
— Pince-moi, CANDY !
— MORDS-moi, John !
— Grrrrr... N'en dis pas plus !
— Miam miam !
— Flouche flouche !

D'accord, ils en mettent un peu plus que le client en demande... Car les activités sont souvent limitées à regarder autour, et à faire « wow ». Mais c'est souvent un « wow-WOW » qui en vaut la peine.

En véhicule récréatif, dans cette vaste contrée de l'ouest de l'Australie, le seul vrai hic sur la route, c'est à la tombée de la nuit...

Et chers amateurs de films d'horreur, ne ratez pas le prochain épisode de Brun, Bo et Pet au village des damnés !

LES ADIEUX

— QUELQUE PART, AUSTRALIE —

Étrangement, dans le fameux *outback* australien, durant la journée, tout le monde se salue. Et quand j'écris tout le monde, c'est vraiment tout le monde !

— *G'day, mate !*

Ce à quoi vous devez répliquer :

— *G'day, mate !*

Même au volant, les conducteurs, en se croisant, s'envoient la main ou s'envoient un petit coup de klaxon. Pout !

Je n'ai pas encore vu un seul doigt d'honneur !

Sympathique, vous vous dites? Oui, étonnamment. Mais la nuit, c'est une autre histoire...

19 h. Dans le camion, nous commençons à stresser. Le Gros Pierre, au volant, a réduit la vitesse de moitié, car le soleil est presque couché, et il faut faire gaffe : les kangourous, des bêtes imprévisibles, sont planqués dans les fossés, prêts à bondir ! Et dès la tombée du jour, ils envahiront la route et se jetteront devant notre véhicule, tels des kamikazes confus, pour une raison encore indéterminée dans le grand livre de la nature et de la vie.

Chaque soir, donc, en Australie c'est l'hécatombe.

19 h 30. Nos phares sont allumés. La tension dans le camion est à couper au couteau suisse pas aiguisé. À chaque instant, nous nous attendons à ce qu'un marsupial de 40 kilos sorte des ténèbres et nous fonce dans le pare-brise comme un papillon de nuit.

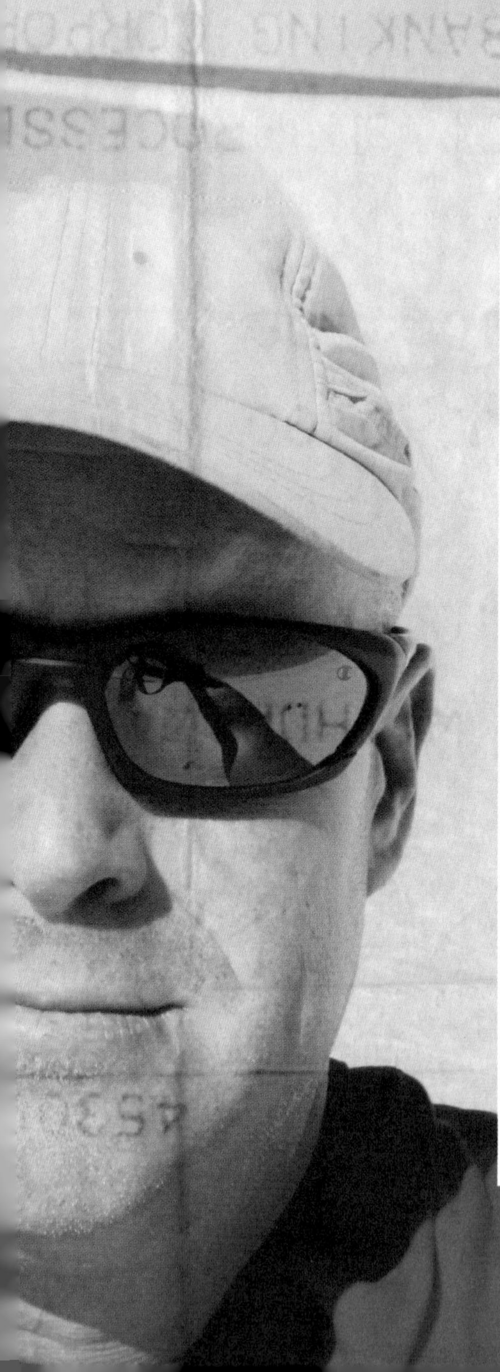

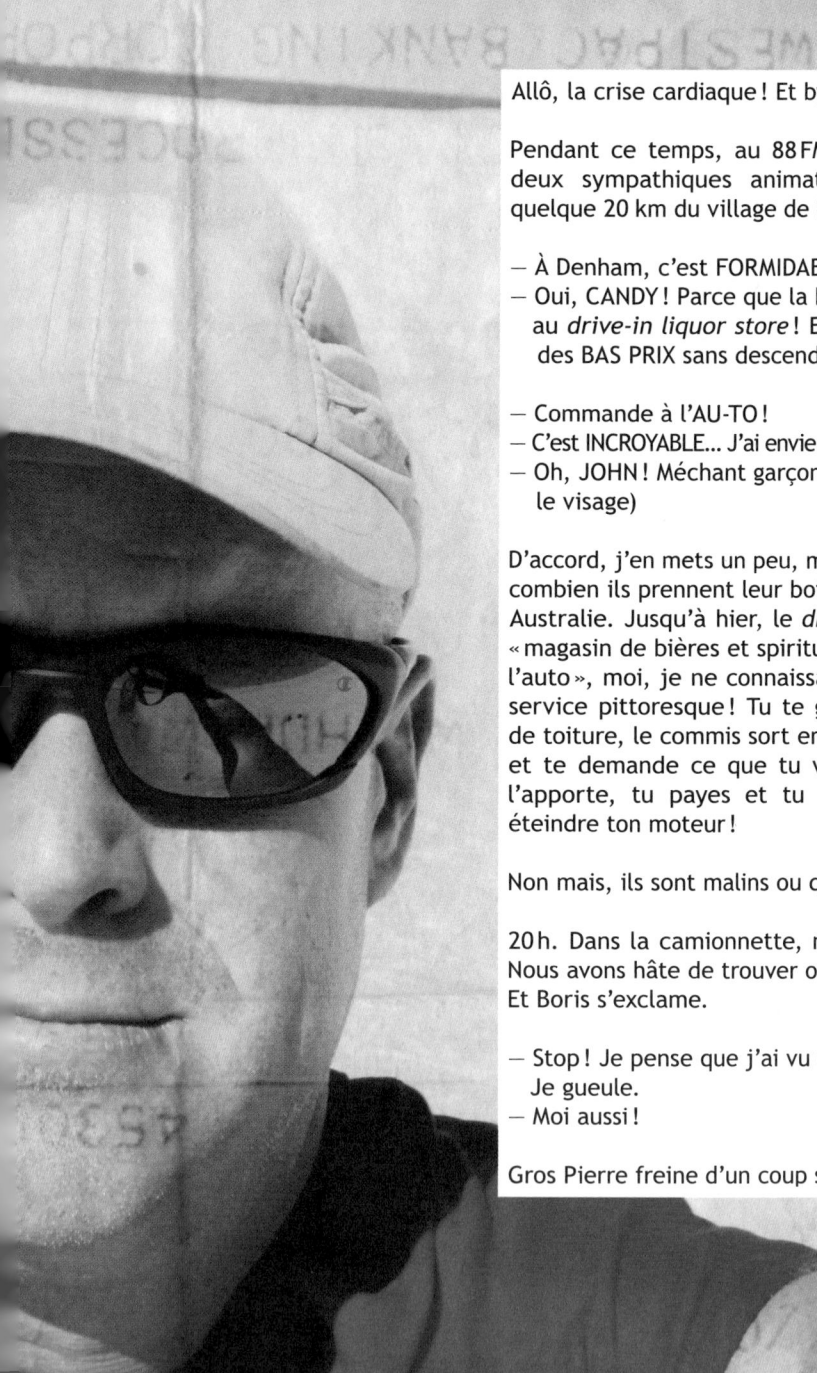

Allô, la crise cardiaque ! Et bye-bye, le déductible…

Pendant ce temps, au 88 FM Radio Tourisme, nos deux sympathiques animateurs sont excités, à quelque 20 km du village de DENHAM.

— À Denham, c'est FORMIDABLE, John !
— Oui, CANDY ! Parce que la bière est À PRIX RÉDUIT au *drive-in liquor store* ! Et vous pouvez profiter des BAS PRIX sans descendre de VOTRE voiture !!!

— Commande à l'AU-TO !
— C'est INCROYABLE… J'ai envie de me CARESSER, Candy !
— Oh, JOHN ! Méchant garçon ! (Bruit de claque dans le visage)

D'accord, j'en mets un peu, mais c'est pour vous dire combien ils prennent leur boisson au sérieux, ici, en Australie. Jusqu'à hier, le *drive-in liquor store*, ou « magasin de bières et spiritueux avec commande à l'auto », moi, je ne connaissais pas... Vraiment, un service pittoresque ! Tu te gares sous une espèce de toiture, le commis sort en courant de sa « shop » et te demande ce que tu veux boire ; puis, il te l'apporte, tu payes et tu repars… Sans avoir à éteindre ton moteur !

Non mais, ils sont malins ou quoi, ces Australiens ?

20 h. Dans la camionnette, nous sommes nerveux. Nous avons hâte de trouver où se garer pour dormir. Et Boris s'exclame.

— Stop ! Je pense que j'ai vu une affiche !
Je gueule.
— Moi aussi !

Gros Pierre freine d'un coup sec.

Devant une maison-caravane, en effet, des enfants jouent au ballon. Un homme sort d'une espèce de cabane. Il tient son pantalon d'une main et, de l'autre, il pointe en direction de notre camionnette. Tous les enfants se retournent. Et ils nous fixent intensément.

L'homme vient cogner à la vitre, en criant quelque chose comme :

— *What'whan'ripper in the night !!!*

Le ballon rebondit devant la camionnette, comme dans un film au ralenti. Les enfants et les adultes sont tous blonds. Avec les yeux bleus. Tous. J'en suis blême.

— Ma foi, mais… C'est « Le village des damnés », tab… !

Non.

C'est un *caravan park*, un camping pour véhicules récréatifs. Le hic, c'est que des gens y habitent en permanence. Et ils sont étranges. Coupes Longueuil, tatouages ratés, en robe de chambre derrière leurs clôtures en bouchons de bière…

Mais on s'y habitue assez rapidement.

Parce qu'un *caravan park* c'est, finalement, un peu comme un cinéparc. Entrée payante, on se gare entre deux voitures, on sort ses chaises pliantes puis on s'installe avec sa petite bière et son sac de chips à saveur de koala. Sauf qu'ici, au lieu de regarder un film, les rednecks australiens, ils potinent sur leurs nouveaux voisins, venus de contrées étrangères...

— Drôle de couleur, hein?
— Brun?
— Ouain... Brun, mais pas brun.
— Beige foncé?
— Ça doit être une famille d'Indiens.
— Ah... On devrait peut-être rentrer le chien?
— Non, Candy, ça, c'est pour les Viet-na-miens!
— Ah! Ces deux-là, je les mélange toujours.

>>>

Le dernier matin, avant de rebrousser chemin et de rentrer à Perth où je dois sauter dans l'avion qui me mènera de l'Australie à je-ne-sais-où, nous partons tous les trois, mon fils Boris, Big Pete et moi, marcher sur la plage. Au revoir, l'océan.

Au revoir Papa et Fiston.

J'ai les yeux mouillés. C'est le moment de parler à Boris. Comment vais-je lui dire?

« Je suis fier de toi, mon garçon. Je vais m'ennuyer. Mais je sais que tu es capable de... »

Et là, je vais éclater en sanglots?
Non. Mauvais plan.

Et puis, est-ce que j'ai vraiment besoin de le lui dire?

Big Pete lâche un cri.

— *Whale!* Baleine!

Une baleine à bosse, à l'horizon, saute, claque sa queue sur la surface de l'eau et fait aller ses nageoires comme si elle nous saluait.

Formidable!

Ça me rappelle instantanément une vieille aventure, aux îles Fidji, d'il y a cinq ans... L'histoire d'une baleine et son petit. Vous vous souvenez? Elle m'avait fait rêver qu'un jour, moi aussi, j'explorerais le monde avec mon fils.

Peut-être est-ce la même baleine?

Ah. Je sais que c'est impossible.

Mais aujourd'hui, je fais comme si c'était vrai.

FIN.